LES
VIVACES

Le jardinier paresseux

LES VIVACES

Larry Hodgson

BROQUET inc.

418, chemin des Frênes, L'Acadie, Qc, CAN. J2Y 1J1
Tél.: (514) 357-9626 / Télécopieur: (514) 357-9625
Internet: http://www.stjeannet.ca/broquet
Courrier électronique: broquet@stjeannet.ca

Données de catalogage avant publication (Canada)

Hodgson, Larry

Les vivaces

(Collection Le Jardinier paresseux)
Comprend des réf. bibliogr. et un index.

ISBN 2-89000-442-2

1. Plantes vivaces. 2. Plates-bandes. 3. Floriculture. 4.
Jardinage biologique. I. Titre. II. Collection.

SB434.H621997   635.9'3281   C96-941532-X

Illustrations: Claire Tourigny

Photographies: Larry Hodgson (sauf mention contraire)

Correction: Michel Dubreuil

Révision: Francine Labelle

Révision: Susanne Roy

Infographie: Antoine Broquet

Copyright © Ottawa 1997
Broquet inc.
Dépôt légal — Bibliothèque nationale du Québec
1er trimestre 1997. Édition révisée 1er trimestre 1998

ISBN 2-89000-442-2

4

Table des matières

D'abord et avant tout... devenir un jardinier paresseux

Ce n'est pas facile de commencer sa «carrière» de jardinier amateur dans la paresse. Car devenir paresseux s'apprend et se cultive souvent au coût d'énormes efforts.

Ce livre a pour but de vous aider à passer de la condition de jardinier débordé (où nous commençons tous) à celle de jardinier paresseux (où les plus sages d'entre nous finiront). À moins d'avoir beaucoup de temps à investir dans le jardinage ou assez d'argent pour payer quelqu'un pour faire le travail (je connais peu de jardiniers qui ont de telles possibilités), il *faut* apprendre à «arrondir les coins» si l'on veut se doter d'un terrain bien fleuri. Il est donc nécessaire d'avoir acquis une certaine connaissance des principes de base du jardinage puisque ce livre vous permettra de savoir quand les appliquer, puis quand les oublier.

Il y a deux façons d'apprendre à faire du jardinage: primo, l'approche théorique, qui consiste à lire sur l'horticulture, à assister à des conférences, à regarder des émissions spécialisées à la télévision et à écouter les conseils des autres; secundo, l'approche directe, c'est-à-dire en s'y mettant. La première méthode, très utile, vous aidera à éviter bon nombre de gaffes, mais seulement la deuxième vous donnera l'expérience nécessaire pour réussir

*V*oici une suggestion qui peut vous être utile: visitez un jardinier expert et observez ce qu'il fait. Vous serez sans doute surpris de voir qu'il a adopté, par lui-même, l'essentiel des techniques enseignées dans ce livre... même s'il ne le sait pas!

votre jardin. D'ailleurs, si on suit les conseils qui ont fait leur preuve et que l'on obtient du succès, on n'apprend qu'une chose: que cette technique est bonne. Vous n'avez aucune idée si telle technique ou une autre aurait donné des résultats équivalents ou même supérieurs. Erreur après erreur, en perdant plus de végétaux qu'on en sauve, on finit donc par connaître davantage ce dont la plante a vraiment besoin.

Il vous faut donc mettre la main à la pâte, ou plutôt dans la terre ou la boue, et jardiner. Une fois que vous aurez acquis une certaine expérience, découvrir des méthodes qui donnent de bons résultats sans trop d'efforts deviendra plus facile. Ce livre s'adresse davantage aux jardiniers qui ont déjà une certaine expérience en horticulture et qui commencent à se rendre compte que, si certaines limites se doivent d'être respectées en ce domaine, il en existe d'autres que l'on peut outrepasser.

Néanmoins, attention aux conseils des autres, même à ceux des experts. La plupart (et malheureusement, j'ai tendance à faire la même chose) vous expliquent comment il *faudrait* faire mais, en réalité, ne le font pas eux-mêmes. Tel est le bon vieux dicton du «faites ce que je dis, pas ce que je fais». Ce n'est pas dans le but de garder des secrets qu'ils agissent ainsi mais, d'une part, parce qu'ils ont un peu honte d'admettre qu'ils ne suivent pas les normes communément recommandées et, d'autre part, parce que souvent, ils ne réalisent même pas qu'ils ont adopté des techniques hors norme. C'est pourquoi il est toujours plus utile de regarder un jardinier travailler plutôt que de l'écouter parler. En préparant les livres de cette collection, j'ai essayé de prêter atten-

tion davantage à ce que je faisais réellement plutôt qu'à ce que je recommandais normalement... et j'ai vite découvert que j'étais beaucoup plus paresseux que je ne le pensais! Je ne suis à la lettre presque aucune technique horticole normalement recommandée et, pourtant, mes plantes poussent bien. J'essaierai donc, dans ce guide, de vous montrer davantage les techniques qui donnent de bons résultats sans nécessiter trop d'efforts plutôt que les techniques normalement recommandées: celles-ci, souvent efficaces, deviennent très accaparantes.

Il y a cependant une autre raison de ne pas suivre trop à la lettre les conseils des autres: la méthode que vous employez déjà est souvent la meilleure, vu votre situation. L'horticulture, malgré ce que certains préten-

Le jardinier paresseux vit en harmonie avec son jardin.

13

dent, n'est pas une science exacte: il y a toujours plus qu'un moyen d'accomplir une tâche. Si vous réussissez déjà bien sans trop d'efforts, tant mieux... ne changez rien à votre technique! Si ça ne va pas et que, parvenu au comble de la frustration, vous vous arrachez les cheveux, c'est alors que les conseils des autres deviennent utiles. J'ai souvent fait la gaffe de suivre les conseils d'un maître dans le domaine alors que je réussissais déjà bien avec une plante. Le résultat? Assez souvent, une plante de moins. J'ai fini par comprendre: personne n'a exactement les mêmes conditions de culture que moi et, de ce fait, même le meilleur expert ne peut que *suggérer* des techniques.

Les principes de base du jardinier paresseux

Je suis, et je l'admets librement, un jardinier paresseux. Qui plus est, je vous encourage à en devenir un, vous aussi. Il y a beaucoup trop de gens qui sont attirés par le jardinage, mais qui hésitent à s'y lancer, de peur que ce passe-temps ne devienne trop accaparant. Il y a aussi trop de jardiniers qui songent à abandonner le jardinage parce que ce loisir prend trop de leur temps. Aux deux groupes, ainsi qu'aux jardiniers invétérés qui veulent s'adonner davantage à cette activité, mais qui trouvent leurs journées trop courtes pour réaliser tout ce qu'il y a à faire, je dis: «Pas si vite!» Le jardinage ne doit pas monopoliser tout votre temps. On peut même s'occuper d'un jardin magnifique sans y investir plus d'une heure d'entretien par semaine; du moins, une fois celui-ci établi. Il s'agit de désapprendre une série de techniques compliquées, longues et souvent coûteuses qui ont été depuis longtemps promues comme étant «la façon de jardiner» et d'apprendre à les remplacer par des méthodes faciles et peu exigeantes en termes de temps et d'efforts.

Bien sûr, il est difficile de désapprendre. Surtout que certaines des techniques les plus coûteuses en termes de temps sont solidement ancrées dans nos habitudes et nos convictions. Il faut vraiment s'entêter à vouloir réduire les efforts consentis dans le jardinage pour pouvoir y arriver... et il est parfois beaucoup

Les dix principes de base du jardinier paresseux

1. Ne plantez que des végétaux bien adaptés à votre climat et à vos conditions de culture.

2. Plantez des végétaux là où ils *peuvent* pousser, pas là où vous voudriez les voir pousser.

3. Apprenez à travailler étape par étape, même sur une période de plusieurs années, au lieu d'essayer de tout faire en même temps.

4. Supprimez les végétaux ou les techniques qui exigent beaucoup de temps; sinon, réduisez-les.

5. En aménagement, évitez soit de placer les plantes en ligne droite, soit de les tailler selon des formes géométriques; de telles formes n'existant pas dans la nature, les maintenir exigera un effort surhumain.

6. Autant que possible, choisissez des plantes qui vivent longtemps plutôt que des végétaux éphémères.

7. Essayez de prévenir plutôt que guérir.

8. Placez en avant-plan toute plante exigeante (nous finissons toujours par céder au charme d'une d'entre elles), là où vous la verrez facilement, mieux à même de répondre à ses moindres désirs ou, encore, au fin fond du jardin, là où ses sautes d'humeur seront moins évidentes et donc moins dérangeantes.

9. Apprenez à accepter l'imperfection. Quelques insectes, quelques mauvaises herbes ou une touche de maladie ont rarement tué des plantes. Or, un travail acharné et une volonté de les éliminer coûte que coûte ont provoqué plus d'une crise cardiaque chez le pauvre jardinier.

10. Soyez le plus «biologique» possible. Les traitements chimiques dérangent l'environnement et ne mènent qu'au cycle infernal du «traitement-pour-corriger-les-problèmes-créés-par-le-traitement-précédent».

plus difficile de faire confiance à dame Nature que de s'engager dans une action tout autant herculéenne qu'inutile! Or, toujours garder son but en tête: un jardin beau et productif sans trop d'entretien. Cela mérite de se le répéter souvent. C'est pourquoi j'ai développé les dix principes du tableau de la page précédente: des constatations élémentaires qui, si vous êtes prêt à les accepter, vous aideront à devenir un jardinier paresseux.

On peut résumer tous ces principes par une seule règle d'or: *collaborer avec dame Nature au lieu d'essayer de la combattre car, de toute façon, elle finit toujours par gagner.* Plus vous respecterez ses exigences, plus le jardinage sera facile. Plus vous vous obstinerez à faire le contraire de ce qu'elle veut, plus vous aurez du travail. C'est aussi simple que cela!

Pour être un jardinier paresseux heureux, apprenez à collaborer avec dame Nature plutôt que d'essayer de la combattre.

Le jardinier paresseux et les vivaces

Jardiner dans la paresse ne se limite pas aux seules vivaces. On peut, bien sûr, appliquer les principes qui précèdent à toutes formes de jardinage. Mais comme le sujet de ce livre porte sur la culture des vivaces, regardons tout d'abord où ces plantes figurent au palmarès de la facilité de culture.

Palmarès de la facilité de culture

Le tableau suivant présente une liste de plantes selon le nombre d'interventions qu'elles requièrent en moyenne. Même si les arbres sont classés comme extrêmement faciles à cultiver, il existe néanmoins quelques arbres qui ne le sont pas; par exemple, tout arbre qui n'est vraiment pas adapté au climat local, mais que l'on s'entête à vouloir cultiver de toute façon. Et même si on peut considérer les légumes d'un niveau très exigeant au plan de la culture, demandant des soins à chaque semaine, sinon à tous les jours, il existe toutefois des exceptions, comme l'asperge ou la rhubarbe que l'on peut essentiellement planter et oublier.

Type de plante	Niveau de difficulté	Fréquence des soins (en moyenne)[1]
Arbre	Extrêmement facile	Zéro à deux interventions par année
Arbuste	Très facile	Zéro à deux interventions par année
Vivace	Facile	Deux ou trois interventions par année
Bulbe rustique	Facile	Deux ou trois interventions par année
Bisannuelle	Un peu exigeant	Trois ou quatre interventions par année
Bulbe tendre	Exigeant	Cinq à dix interventions par année
Annuelle	Exigeant[2]	Cinq à dix interventions par année
Légume	Très exigeant	Une intervention par semaine
Pelouse	Extrêmement exigeant	Une ou deux interventions par semaine
Plante d'intérieur	Extrêmement exigeant	Une ou deux interventions par semaine
Plante en pot	Superexigeant	Jusqu'à deux interventions *par jour*!

1. Sauf l'arrosage en cas de sécheresse prolongée.
2. Si elle est achetée et prête à planter; par contre, on peut lui assigner la mention de «très exigeant» si on la sème soi-même en caissette ou de «facile» si on lui permet de se ressemer de son propre gré.

Comme vous pouvez le voir, les vivaces, dans leur ensemble, représentent un «bon compromis» pour le jardinier paresseux. Elles exigent plus d'entretien que les arbres et les arbustes, mais moins que les annuelles et beaucoup moins que les légumes et la pelouse. D'ailleurs, un jardin composé uniquement d'arbres et d'arbustes – nécessitant un entretien pratiquement nul – tend à être monotone et à manquer non seulement de couleur, mais aussi de vie et de mouvement. Les vivaces apportent cette diversité de formes et de coloris en embellissant votre cour le printemps, l'été, l'automne et, parfois même, l'hiver.

Partant des principes précédents, guidé par le désir d'utiliser les vivaces comme éléments décoratifs dans votre aménagement paysager, il est possible de dresser un «portrait type» de la vivace idéale... du moins, pour le jardinier paresseux. Voici ses principales caractéristiques:

- bien adaptée aux conditions climatiques générales du Québec;

- bien adaptée aussi aux conditions variables (soleil et ombre, milieux humides et secs, etc.);

- possédant une bonne longévité;

- résistante aux maladies et aux insectes;

- ayant une croissance plus vigoureuse que les mauvaises herbes, mais pas au point qu'elle ne *devienne* de la mauvaise herbe;

- dotée d'attraits pendant une longue période et quand même belle en dehors de sa période de floraison;

- capable de s'établir rapidement pour donner un bel effet décoratif dès la première année;

- facile à multiplier;

- n'exigeant que peu ou pas de taille, de tuteurage ou de division;

- facilement disponible;

- propre à attirer une faune désirable (oiseaux mangeurs d'insectes, insectes bénéfiques, etc.).

Malheureusement, il n'existe essentiellement aucune vivace qui possède toutes ces qualités. Même que certaines de ces caractéristiques sont presque contradictoires. Par exemple, une plante qui vit longtemps est presque toujours lente à s'établir et il n'existe presque aucune plante de plein soleil qui réussit parfaitement à l'ombre, et vice versa. En plus d'apprendre les techniques horticoles qui rendent le jardinage facile, aussi faut-il savoir choisir des vivaces qui se rapprochent le plus du portrait idéal que vous vous en faites... autre élément où ce livre vous sera utile!

Qu'est-ce qu'une vivace?

Puisque ce livre traite des plantes vivaces, aussi bien donc en donner une définition. La réponse, toutefois, n'est pas aussi évidente que l'on pourrait s'y attendre. D'abord, d'un point de vue purement botanique, toute plante pérenne, c'est-à-dire qui revient d'année en année, est vivace, et ce, par rapport à une plante annuelle qui ne vit que un an ou une plante bisannuelle qui complète son cycle vital en deux ans. Un érable, un nymphéa et un pissenlit sont donc tous des vivaces, botaniquement parlant.

Pour l'horticulteur, cependant, la définition s'est modifiée. On dit généralement qu'une vivace est une plante herbacée, donc non ligneuse (sans bois), dont la souche persiste pendant plusieurs années. Par contre, en pratique, on élargit aussi la définition pour incorporer certaines plantes ligneuses, surtout celles qui sont très basses (thym laineux, pervenche, etc.) de même que certains sous-arbrisseaux qui ont une souche et parfois des

*L'*horticulteur dit généralement qu'une vivace est une plante herbacée, donc non ligneuse (sans bois), dont la souche persiste pendant plusieurs années.

branches ligneuses, mais qui se dégénèrent presque jusqu'au sol à tous les ans (sauge russe, hibiscus vivace). C'est cette définition (plutôt vague, certes, mais qui colle très bien aux habitudes des jardiniers) que nous utiliserons ici. Autrement dit, si une plante est généralement considérée comme une vivace par les horticulteurs, c'est ainsi que je la traiterai dans ce livre.

En outre, même si, par définition, une vivace vit plusieurs années, cela ne veut pas dire qu'elle soit éternelle. Certaines vivaces ont une longévité à peine plus grande qu'une bisannuelle, soit de trois à cinq ans, tandis que d'autres vivent plus longtemps qu'un être humain. De toute évidence, les premières sont moins intéressantes pour le jardinier paresseux que les deuxièmes. La plupart des vivaces ont cependant une durée de vie moyenne se situant entre six et quinze ans. Il ne faut donc pas se surprendre si une plante préférée, depuis longtemps établie dans votre plate-bande, commence peu à peu à dépérir ou, encore, se dégrade rapidement à la suite d'un soubresaut inhabituel du climat. Elle est tout simplement rendue à la fin de sa vie. Pour maintenir une vivace particulièrement intéressante, il est donc toujours sage de faire une certaine multiplication.

Même si les bulbes, les plantes grimpantes et les graminées sont de véritables vivaces dans plusieurs sens du terme, vous avez peut-être remarqué qu'ils sont exclus de cet ouvrage. En effet, l'usage veut qu'on traite ces plantes à part des autres. Or, qui suis-je pour vouloir contrer les habitudes de plusieurs générations de jardiniers? Je discuterai de ces plantes dans d'autres livres de cette collection.

Certaines vivaces ont une longévité à peine plus grande qu'une bisannuelle, soit de trois à cinq ans, tandis que d'autres vivent plus longtemps qu'un être humain.

Annuelle	Bisannuelle	Vivace		
			Automne	Troisième année
			Été	
			Fin du printemps	
			Début du printemps	
			Automne	Deuxième année
			Été	
			Fin du printemps	
			Début du printemps	
			Automne	Première année
			Été	
			Fin du printemps	
			Début du printemps	

Le cycle de vie des plantes herbacées.

Section I
La culture des vivaces sans peine

Savoir bien utiliser les vivaces

La planification

S i tout commence avec un plan, comme disent les professionnels de l'aménagement paysager, ils ont un peu raison.

Néanmoins, dans bien des cas, les plus beaux jardins ont été élaborés à partir d'une ébauche rudimentaire – née souvent d'un vague concept sorti de la tête du propriétaire –; de plus, ils ont été maintes fois modifiés. Alors allez-y. Faites un plan: dessinez sur une feuille les contours de votre terrain et indiquez ce que vous voulez faire (c'est une bonne façon d'occuper les longs mois de l'hiver). Par contre, ne laissez pas votre planification restreindre vos réalisations. Si la plate-bande qui paraissait amplement étendue sur le papier vous semble bien maigre dans la réalité, élargissez-la. Si la quantité de roches nécessaires pour faire une rocaille était jugée suffisante dans vos plans, mais insignifiante dans le jardin, rajoutez-en. Si le beau mariage de couleurs qui fut soigneusement planifié s'avère plutôt endormant, changez les plantes de place ou rajoutez-en d'autres. Comme l'art de jardiner en a toujours été un de compromis et de changements, ne vous gênez pas pour en faire.

Il est utile d'avoir un plan des plates-bandes, mais laissez toujours de la place pour la fantaisie.

*D*éfinition d'une pelouse: «Tapis de graminées que les jardiniers plantent en attendant d'avoir le temps de le changer en plate-bande.»

De toute façon, vous ne couvrirez pas tout votre terrain de vivaces (quoique cela demeure une possibilité pour les vrais mordus du jardinage), mais seulement une partie plus ou moins grande qu'on nomme généralement une plate-bande. À l'origine, une plate-bande était une bande de terre longue, droite et relativement mince, d'où son appellation. De nos jours, cependant, le mot est devenu synonyme de «jardin de fleurs», surtout au Québec, et c'est en ce sens que je l'emploierai dans ce livre. D'ailleurs, la plupart des jardins de vivaces naissent effectivement sous forme d'une bande de terre longue et étroite; or, si vous êtes un fervent amateur de vivaces, il faut s'attendre à ce que vos plates-bandes grossissent d'année en année.

On a beaucoup écrit sur la planification d'une plate-bande. Si la question vous intéresse, je vous suggère d'acheter un livre ou de suivre un cours sur le sujet. Cependant, la planification d'une plate-bande a pour objectif de vous assurer, du moins en tant que jardinier paresseux, que votre jardin soit beau en toute saison sans que cela n'exige trop d'efforts; pour cela, un diplôme en aménagement paysager n'est pas requis. En fait, il s'agit de prévoir une variété de végétaux telle qu'il y ait toujours beaucoup de fleurs ou de beaux feuillages tout en laissant à chaque plante suffisamment d'espace pour pousser sans qu'elle gêne ses voisines. Si quelque chose n'est pas à votre goût et qu'un beau matin, vous vous sentez particulièrement décidé, vous n'avez qu'à la changer de place.

Les périodes de floraison

Les livres de jardinage précisent rarement la période de floraison des vivaces, et c'est avec raison; en effet, la floraison de celles-ci dépend grandement du climat local. D'ailleurs, je suis toujours un peu déçu par les livres qui essaient d'établir une période précise de floraison (au début de juin, à la fin d'août, etc.), car elle ne correspond jamais à la mienne. Après tout, la même vivace peut fleurir à la fin mai à Montréal, au début de juin à Québec et à la mi-juillet à Forestville. Lorsqu'un livre paru en France m'incite à penser que mes pulsatilles fleuriront en février, je suis mort de rire! Tout au plus peut-on dire qu'une telle plante fleurit au début de l'été, à la mi-été, à la fin de l'été... car la spécificité de la période estivale dépend des conditions locales! Étant donné la variété des climats au Québec, on ne peut même pas prévoir quelles vivaces vont fleurir en même temps: les delphiniums et les pavots orientaux viennent en fleurs en même temps dans le nord du Québec, mais il y a souvent deux ou trois semaines de décalage entre leurs floraisons dans le sud de la province.

Si vous voulez savoir à tout prix à quelle date telle ou telle vivace fleurit dans votre région, je vous suggère de visiter un jardin public local à toutes les deux semaines environ, au cours d'un été «normal», et d'inventorier les plantes en fleurs. Mieux que n'importe quel livre ou calendrier, cela vous donnera une idée plus précise des dates de floraison propres à vos conditions climatiques.

Il est donc très difficile de planifier un jardin sur des dates de floraison précises, d'autant plus qu'un printemps particulièrement hâtif ou tardif de même qu'une sécheresse prolongée peuvent complètement changer la période de floraison estivale. C'est en utilisant une bonne variété de vivaces dans votre plate-bande que vous réussirez à éviter les écarts et les vides entre les floraisons.

Sous le climat du nord-est de l'Amérique du Nord, il y a une pléthore de vivaces à floraison estivale et cette période est donc, en général, abondamment fleurie. Cependant, les jardiniers québécois oublient souvent d'inclure dans leurs plates-bandes une bonne variété de vivaces et de bulbes à floraison printanière et automnale. Grâce à une bonne planification (et quelques ajustements, il va sans dire), il est possible d'avoir une plate-bande bien fleurie à partir de la fonte des neiges au tout début du printemps jusqu'au retour des flocons de neige à la fin de l'automne, et ce, quelle que soit la région où vous habitez.

La plupart des vivaces ont une période de floraison relativement courte. Cela n'enlève rien à leur beauté ni à l'intérêt qu'elles suscitent, mais il est plus compliqué de réaliser un jardin parfaitement fleuri durant tout l'été à partir d'une série de plantes dont pas une ne fleurit pendant plus de deux semaines. C'est pourquoi, il est si intéressant d'utiliser à profusion les vivaces à floraison prolongée: bien que rares, les meilleures fleurissent du début de l'été jusqu'à l'automne sous bien des climats. Si vous choisissez prioritairement de telles plantes pour créer votre plate-bande, son aménagement sera plus aisé car vous aurez la garantie d'une floraison durant une longue période. Vous pourrez alors ajouter des vivaces à courte période de floraison au gré de vos fantaisies et le jardin brillera toujours par sa beauté.

En dehors de la période de floraison...

En choisissant des vivaces pour vos plates-bandes, essayez d'aller au-delà du concept de «floraison». Ce que je veux dire par là, c'est que certaines plantes sont absolument magnifiques lorsqu'elles sont en fleurs... mais d'une laideur décevante lorsqu'elles ne le sont plus! D'autres encore disparaissent après la floraison, laissant un vide dans le jardin (ce qui est quand même moins terrible qu'une plante d'une telle laideur qu'elle dépare le jardin durant tout l'été!). Pourtant, il existe bon nombre de vivaces qui présentent un feuillage très attrayant en toute saison et qui aident à «pallier aux vides» entre les floraisons. En fait, certaines vivaces se cultivent même pour leur seul feuillage (pensez aux armoises) alors que d'autres, bien que leurs fleurs soient jolies, sont surtout appréciées pour leur beau feuillage (les hostas, par exemple). Utilisez ces vivaces à feuillage attrayant autant que les vivaces à floraison prolongée pour constituer la base de votre plate-bande.

Enfin, essayez de placer les vivaces dont le feuillage n'a aucun attrait à l'arrière de la plate-bande, dans une position où l'on verra très bien leurs fleurs, mais très peu leur feuillage.

La hauteur des plants

La règle de base pour une belle plate-bande consiste à placer les plantes basses en avant-plan, les plus grandes au fond et les plantes de hauteur intermédiaire au milieu. Par contre, si on applique cette règle avec trop de rigueur, le jardin risque de prendre une apparence par trop monotone. Il serait sage de briser la règle de temps à autre en plaçant quelques plantes de hauteur intermédiaire à l'avant, quelques plantes hautes au milieu, tout en laissant les plantes basses de l'avant-plan déborder à l'occasion vers le centre de la plate-bande.

De chaque vivace qu'ils veulent cultiver, quelques jardiniers notent avec précision la hauteur spécifique, telle qu'indiquée dans un livre de référence, un catalogue ou sur l'étiquette, et ce, dans le but d'essayer de faire une plate-bande parfaitement équilibrée. Malheureusement, une telle approche a toutes les chances de décevoir, car les vivaces obéissent rarement aux règles de la hauteur spécifiée. De façon générale, une vivace sera plus courte – et parfois même beaucoup plus – dans un sol pauvre ou sec que dans un sol riche ou humide. Très souvent, aussi, une vivace cultivée dans un endroit ombragé sera plus haute que la même plante cultivée dans un endroit ensoleillé… mais, dépendant de l'espèce, il se peut que le contraire se produise! Enfin, plusieurs vivaces atteignent une taille inférieure à leur maximale durant les premières années suivant la plantation ou la division, puis elles finissent par s'élever à leur pleine hauteur. Il faut donc considérer la hauteur mentionnée comme une moyenne

Il ne faut pas vous fier sur la hauteur des plantes indiquée dans les livres.

La plus modeste des plates-bandes a besoin de quelques plantes beaucoup plus grandes que les autres, même si celles-ci ne sont pas très nombreuses.

et ne pas être surpris lorsque la taille atteinte n'est pas celle prévue. Cette variabilité de la hauteur est très irritante pour l'amateur pointilleux, mais le jardinier paresseux peut bien s'accommoder de ces irrégularités. De toute façon, si vraiment ça ne convient pas, vous n'avez qu'à changer la plante de place.

Enfin, n'oubliez pas que même la plus modeste des plates-bandes a besoin de quelques plantes beaucoup plus grandes que les autres, même si celles-ci ne sont pas très nombreuses. Sinon, votre jardin perdra de son attrait. Dans une rocaille, une plante «plus haute» ne dépassera peut-être pas 60 cm. En revanche, dans une plate-bande moyenne, il faut souvent des plantes de 150 cm et même de 200 cm pour marquer une différence notable.

L'espacement des plants

Il est important d'allouer à chaque vivace assez d'espace pour son expansion. Contrairement à la majorité des arbres et arbustes à feuilles caduques, avec le temps, la plupart des vivaces se développent à partir du pied pour prendre leur expansion. Or, si les plantes sont trop tassées ou si vous utilisez une toile géotextile pour éliminer la croissance des mauvaises herbes entre vos plants, les vivaces n'auront pas la chance de se déployer normalement et les moins solides viendront peut-être à disparaître. Aussi, quand vous plantez une jeune vivace, n'oubliez pas que sa taille initiale ne se maintiendra que temporairement et prévoyez amplement d'espace pour sa croissance.

Cependant, il y a un inconvénient à laisser beaucoup d'espace entre chaque

Quand les vivaces sont plantées assez serrées, les mauvaises herbes n'ont aucune chance!

31

vivace: tout espace vacant est sujet à être envahi par les mauvaises herbes, car dame Nature déteste le vide et cherche toujours à le combler. Voici un truc que vous pouvez utiliser lorsque vous aménagez votre première plate-bande mixte: il consiste à incorporer beaucoup d'annuelles et de bulbes au cours des premières années pour laisser le temps aux vivaces et aux arbustes de s'acclimater et d'atteindre leur taille adulte. Ainsi, en réservant tout l'espace cultivable aux plantes désirables, les indésirables n'auront aucune chance d'y progresser. Une autre technique pour réprimer les mauvaises herbes en attendant que les plantes permanentes atteignent leur taille adulte consiste à faire une utilisation abondante du paillis (pour des renseignements à ce sujet, voir *Le paillis* à la page 99).

Entre le fait de laisser peu d'espace entre les vivaces, ce qui risque d'affecter leur croissance, et celui d'en allouer trop, ce qui profite aux mauvaises herbes, il existe un compromis. Il s'agit de placer chaque vivace de façon à ce que son feuillage, une fois parvenu à maturité, touche légèrement celui de sa voisine. Par exemple, si une plante mature doit atteindre un diamètre de 30 cm, on peut l'espacer de 28 cm ou de 25 cm d'une autre.

Mais comment connaître la superficie occupée par une vivace parvenue à maturité? Malheureusement, beaucoup de livres ne fournissent pas ce détail important. Dans la section *Vivaces pour le jardinier paresseux* (voir à la page 161), nous allons essayer de corriger cette lacune en donnant une étendue *moyenne* pour chaque plante (moyenne car, comme c'est le cas pour la hauteur, la superficie variera quelque peu selon les conditions climatiques). En distançant les plants selon leur étendue moyenne ou juste un peu moins, vous créerez une couverture végétale complète qui empêchera la croissance des mauvaises herbes tout en laissant à chaque plante suffisamment d'espace pour s'épanouir, à son grand bonheur... et à celui du jardinier paresseux!

La couleur

Nombre d'experts (surtout ceux ayant une formation en aménagement paysager) préconisent pour les fleurs un choix très précis de couleurs afin de créer une plate-bande d'une apparence parfaitement harmonieuse. Or, suivre ce conseil s'avère décevant. En effet, une fleur change de couleur selon l'intensité de la lumière qui la frappe à une période spécifique de la journée, compte tenu de sa maturité, du fait qu'elle se trouve au soleil ou à la mi-ombre, etc. Vous serez donc plus content de votre plate-bande en choisissant vos couleurs préférées plutôt qu'en suivant les recommandations d'un expert! Si vous aimez des fleurs bleues, jaunes et orangées, plantez-en!

En outre, les experts nous mettent en garde contre le fait de mélanger trop de plantes dans une même plate-bande, car cette dernière risque de ressembler davantage à une pizza toute garnie qu'à un jardin harmonieux. Pourtant, je n'ai jamais vu un jardin qui ressemblait à une pizza toute garnie. Curieusement, on dirait même que les couleurs qui jurent si épouvantablement sur le papier peint de la salle de bains de tante Éloïse se marient parfaitement bien dans le jardin. À croire que les fleurs naturelles ont le pouvoir d'harmoniser leurs coloris. Or, on

Mélangez les couleurs à votre guise: dame Nature gère très bien le mélange des couleurs.

retrouve dans la nature toutes les couleurs et toutes les teintes dans un champ de fleurs sauvages et, pourtant, c'est un ravissement pour l'oeil. Si dame Nature se permet de mélanger impunément n'importe quelles couleurs, nous aussi, nous pouvons le faire.

Dame Nature possède cependant quelques trucs, qu'elle utilise largement d'ailleurs, pour s'assurer que les couleurs qu'elle présente soient toujours harmonieuses. D'abord, elle exhibe ses végétaux non pas individuellement, mais par talle. Alors que quelques fleurs rouges placées çà et là dans un champ de fleurs bleues pourraient nous paraître bizarres, trois ou quatre grosses talles de fleurs rouges dans le même champ de fleurs deviennent tout à fait ravissantes. Suivant les penchants de dame Nature, ne plantez donc jamais une vivace isolée, à moins qu'elle ne soit de grande taille (un seul plant de pivoine, par exemple), mais en groupes. Trois plants d'une vivace de taille normale créeront un impact intéressant dans une plate-bande de taille moyenne, alors qu'il faudra cinq petites vivaces ou plus pour obtenir le même effet. Si votre plate-bande est très vaste, il faut planter des talles composées d'un bon nombre de plantes.

De plus, dame Nature utilise une ruse pour harmoniser les couleurs les plus disparates: elle emploie le vert à profusion, créant par là un lien entre tous les végétaux et un écart entre leurs fleurs. Ainsi, une fleur rouge vif n'est pas vraiment en contact direct avec une fleur bleue, car les deux sont séparées par du vert. C'est d'ailleurs la raison pour laquelle il est plus difficile d'incorporer harmonieusement des plantes au feuillage rouge ou pourpre dans une plate-bande que des plantes au feuillage vert, et ce, indépendamment de la couleur de leurs fleurs. En fait, l'oeil est prêt à accepter n'importe quelle combinaison de couleurs florales, mais pas n'importe quelle combinaison de couleurs pour le feuillage. Il faut donc utiliser les plantes au feuillage pourpré avec beaucoup de discrétion et de discernement, si tel est votre désir.

Enfin, si jamais telle association de couleurs vous paraît trop discordante, une solution consiste à séparer les couleurs criardes par une plantation de fleurs blanches ou par des plantes au feuillage argenté ou panaché. Pour simplifier le processus, vous n'avez qu'à inclure, lors de la plantation, une bonne proportion de plantes à fleurs blanches et de végétaux au feuillage argenté ou panaché. Si vous le faites dans votre plate-bande, vous éviterez le problème des couleurs conflictuelles.

Et si une plante ne convenait pas...

Au cours de l'été, vous remarquerez sans doute certaines plantes qui poussent mal ou qui s'avèrent moins attrayantes que vous ne le prévoyiez là où vous les avez plantées. Dans ce cas, il est inutile de vous plaindre à qui veut l'entendre. Notez plutôt ces constatations dans votre carnet de jardinage et, à l'automne ou au printemps prochain, déplacez-les en un endroit qui leur conviendra mieux. Le jardinier paresseux n'a peut-être pas beaucoup de travaux à faire dans son jardin, mais changer les plantes de place représente une des activités qui revient occasionnellement sur le tapis...

Des styles de jardin pour vos vivaces

Un jardin de vivaces peut être aménagé de bien des façons. Voici quelques-unes des plus courantes, accompagnées de commentaires appropriés.

Le massif

Il s'agit d'une plate-bande plantée d'une grande quantité de végétaux se limitant à quelques espèces disposées de telle sorte qu'elles forment un tapis multicolore. Alors que les annuelles, avec leur floraison dense et continue, de même que certains arbustes bas au feuillage coloré conviennent bien au massif, c'est moins le cas des vivaces qui offrent généralement une floraison de moindre durée. En dehors de la floraison, donc, un massif de vivaces présente très peu d'intérêt, à moins qu'il ne s'agisse d'une vivace cultivée surtout pour son feuillage. C'est dans un très grand jardin que vous aurez l'occasion exceptionnelle de voir des massifs de vivaces cultivées pour leurs fleurs; il s'agit, certes,

Un massif.

de vivaces à la floraison particulièrement durable. Toutefois, sachez que les vivaces servent très bien de couvre-sols. À cet effet, vous pouvez lire les commentaires apparaissant sous la rubrique *Le tapis végétal* (voir à la page 43).

Si vous tenez quand même à faire un massif de vivaces, je vous conseille de les planter, non pas selon un quadrillage, mais en quinconce. Cette disposition offre non seulement une plantation paraissant plus fournie, mais aussi fort naturelle.

La plate-bande à la française

Il s'agit d'une plate-bande généralement rectiligne ou de forme géométrique dans laquelle on incorpore des plantes à massif, des annuelles pour la plupart. Très peu populaire au Québec à cause de l'entretien

Une plate-bande
à la française...
à Versailles,
naturellement!

énorme qu'elle exige, cette option convient d'ailleurs très peu aux vivaces.

La plate-bande en mosaïque

Le style en mosaïque se présente tel un tapis de plantes basses au feuillage coloré ou, plus rarement, comme un amalgame de fleurs voyantes qui dessinent une forme géométrique, un nom ou une image s'apparentant au tapis perse. Pour des raisons difficiles à saisir, ce style utilise très rarement les vivaces, mais plutôt des annuelles ou, parfois, des arbustes tapissants. De toute façon, vous comprendrez que ce type de jardin, qui plus que la plate-bande à la française exige une minutie peu commune, ne convient pas au jardinier paresseux.

Une mosaïque.

La plate-bande de vivaces (plate-bande à l'anglaise)

On retrouve ici le concept d'origine importé d'Angleterre, celui de la plate-bande de fleurs telle que nous la connaissons aujourd'hui. Des vivaces plantées par groupes de trois ou cinq (ou plus pour de vastes plates-bandes) sont savamment réparties dans des bandes de terre de largeur variable afin de donner l'impression que le jardin est toujours en pleine floraison. En fait, ce n'est pas vraiment le cas car, comme vous le savez maintenant, la plupart des vivaces ont une floraison relativement courte. Malgré cela, les talles de fleurs, parce qu'elles sont disposées dans une abondance relative, donnent l'impression que la plate-bande est toute fleurie. Il s'agit donc de mélanger avec soin différentes vivaces en tenant compte de leur période de

Une plate-bande à l'anglaise.

38

floraison et de leur hauteur respective pour obtenir de la couleur en permanence un peu partout dans le jardin.

Il n'y a pas de règle qui détermine la largeur ou la forme d'une plate-bande de vivaces. Elle peut être longue et étroite, sinon courte et large, plate ou en pente, plus ou moins rectiligne, ondulée ou presque ronde, mais elle est rarement d'une géométrie parfaite. Une plate-bande de vivaces paraît toujours mieux lorsqu'elle a un avant-plan composé de plantes plus basses et un arrière-plan de plantes plus hautes. De plus, elle s'adosse généralement à un écran: clôture, haie, maison, forêt, etc.

La véritable plate-bande de vivaces à l'anglaise ne tolère pas la présence d'annuelles ou d'arbustes (les Britanniques peuvent sembler un peu pointilleux sur le sujet), mais l'utilisation de bulbes rustiques (qui se classent, après tout, parmi les plantes vivaces) est permise.

La plate-bande mixte

En Amérique du Nord, presque personne ne fait de véritable plate-bande à l'anglaise qui se compose uniquement de plantes vivaces: c'est tout simplement trop limitant. Même les plus puristes en la matière tolèrent quelques arbustes afin de donner plus de hauteur et de relief à l'ensemble. Quant aux autres, ils utilisent plusieurs annuelles pour ajouter quelques taches de couleur un peu plus tenaces. Cette adaptation nord-américaine de la plate-bande de vivaces à l'anglaise est d'ailleurs tellement pragmatique que les Anglais commencent même à l'adopter. La plate-bande mixte, une fois bien établie,

*U*ne plate-bande de vivaces paraît toujours mieux lorsqu'elle a un avant-plan composé de plantes plus basses et un arrière-plan de plantes plus hautes.

Une plate-bande mixte.

constitue sans doute, avec le jardin de sous-bois, le type de plate-bande fleurie qui demande le moins d'entretien. Elle convient donc parfaitement au jardinier paresseux.

La rocaille

Une rocaille est une plate-bande où la pierre constitue l'élément dominant. On voit rarement de véritables rocailles au Québec, car nous avons tendance à planter des végétaux d'une quantité et d'une taille telles que les roches, qui devraient dominer l'ensemble, disparaissent presque complètement. Dans ce cas, on obtient une plate-bande mixte avec beaucoup de relief ponctuée de quelques roches. La composition peut être très jolie, mais ce n'est pas une rocaille.

Une véritable rocaille se compose de grosses roches et de petites plantes. Les plantes couvre-sols (voir *Le tapis végétal* à la page 43), qu'elles soient vivaces, annuelles ou arbustives, de même que les petits bulbes à floraison automnale et printanière conviennent parfaitement aux rocailles. Mais les vrais amateurs aiment surtout y planter des plantes alpines, naines par nature, originaires des hautes montagnes du monde. Le jardinier paresseux trouve souvent la rocaille difficile à entretenir, car les mauvaises herbes vivaces s'installent vite entre les roches et résistent à tout effort d'éradication. Si vous faites une rocaille sur votre parterre, partez donc du bon pied: assurez-vous que le sol soit parfaitement libre de mauvaises herbes, utilisez le paillis en abondance et attendez-vous à fournir plus d'efforts que dans une plate-bande mixte.

Comme ce type de plate-bande se doit d'imiter le flanc d'une montage, les puristes en la matière vous donneront les spécifications suivantes: toutes les roches doivent être de même nature, de même couleur, être orientées presque horizontalement, stratifiées, donc plates plutôt que rondes. Heureusement que dame Nature n'est pas aussi puriste que les jardiniers méticuleux!

On peut faire avec des roches disparates une très jolie rocaille, laquelle rappellera un éboulis ou un ancien lit de rivière. Les puristes ont cependant raison quand ils disent qu'une rocaille paraît plus naturelle lorsque les roches utilisées accusent une très grande taille et qu'elles sont enterrées sur plus de la moitié de leur hauteur de façon à sembler surgir du sol. Les rocailles les plus réussies sont généralement, comme pour la plate-bande à l'anglaise, adossées contre un mur de pierre, de brique, de bois ou contre un écran formé par une haute végétation.

Une rocaille.

Le jardin en contenant

Voilà une idée très intéressante et sûrement fort réalisable avec des vivaces, mais seulement si vous vivez en Floride! Au Québec, plantées dans un contenant, même les vivaces les plus résistantes au froid ont tendance à geler en hiver, car le froid pénètre profondément leur sol. Comme les racines d'une plante sont généralement plus gélives que les bourgeons dormants, même les plantes qui sont théoriquement rustiques peuvent geler. De plus, les magnifiques pots décoratifs dans lesquels on aime tant faire ces jardins ont tendance à fendre sous l'effet répété du gel et du dégel. Si vous êtes un jardinier paresseux, réservez la culture en contenant aux annuelles et plantez vos vivaces en pleine terre. Si vous voulez quand même meubler quelques contenants de vivaces (les variétés qui se bouturent bien conviennent tout

spécialement), considérez-les alors comme des plantes annuelles destinées à être remplacées par d'autres, une fois le printemps venu.

Le jardin dans une auge (sorte de grand contenant bas fait de pierre ou de simili-pierre abritant un mini-paysage alpin) gagne en popularité et donne de bons résultats à condition que le sol soit parfaitement drainé (une terre au travers de laquelle l'eau coule presque instantanément) et que l'on choisisse des plantes très résistantes au froid. C'est le milieu idéal pour cultiver les minuscules végétaux qui

Un jardin en contenant.

proviennent des hautes montagnes ou des régions arctiques. À cause de leur petite taille, elles ne supportent pas la compétition avec les autres plantes et, comme elles ont l'habitude de pousser sur des roches ou dans des sols que le gel pénètre profondément, elles ne sont pas particulièrement importunées par nos hivers rigoureux.

Le tapis végétal

En complément au jardin de fleurs, il se peut que vous ayez besoin d'un tapis végétal, soit de la verdure pour camoufler les endroits dépourvus de végétation: sous les arbres, dans les pentes trop abruptes d'une pelouse, entre les dalles d'une terrasse, d'un sentier, entre les pierres d'un muret, etc. Plusieurs plantes vivaces peuvent se prêter à cette utilisation et même ajouter une certaine

Un jardin en auge.

Au Québec, plantées dans un contenant, même les vivaces les plus résistantes au froid ont tendance à geler en hiver, car le froid pénètre profondément leur sol.

43

Un tapis végétal.

floraison. Bien que la section *Vivaces pour le jardinier paresseux* décrive abondamment les meilleures plantes couvre-sols, il n'en demeure pas moins que la question dépasse les limites de cet ouvrage, car outre les vivaces, la catégorie des plantes tapissantes comprend aussi des arbustes, des conifères, des plantes grimpantes, des annuelles, etc. Je traiterai davantage de ce sujet dans un autre livre de cette collection, lequel portera uniquement sur les plantes couvre-sols.

Le jardin de sous-bois

Tous les types de plates-bandes que nous avons vus peuvent prendre place au soleil ou à l'ombre: ce sont alors les plantes qui changent, non pas le style de jardin. Par contre, il existe un type de plate-bande, le jardin de sous-bois, qui se retrouve à l'ombre ou à la mi-ombre, dans une zone nécessairement boisée. Il s'agit essentiellement d'une plate-bande mixte, mais à l'allure plus sauvage. On y cultive nombre de plantes indigènes, de fougères et de végétaux au beau feuillage, mais moins de plantes à fleurs que dans une plate-bande mixte ordinaire. Cette «allure plus sauvage» rend le jardin de sous-bois particulièrement facile à maintenir: même les souches et les branches mortes ne le déparent pas. Cependant il est lent à établir, car les plantes poussent moins vite à l'ombre. Il faut aussi tenir compte d'une compétition élevée au niveau des racines car, contrairement à la plupart des jardins créés de toutes pièces, ce terrain est déjà habité. Il faut donc généralement creuser de petits trous et ne planter que de petites plantes. Bien arrosées, elles finissent néanmoins par bien s'établir et même par s'étendre. Si c'est le cas, vous avez l'assurance que votre jardin de sous-bois est bien implanté. À partir de ce moment, celui-ci n'exigera que peu de soins de votre part.

Un jardin de
sous-bois.

*O*n y cultive
nombre de
plantes indigènes,
de fougères et de
végétaux au beau
feuillage, mais
moins de plantes
à fleurs que dans
une plate-bande
mixte ordinaire.

En aménageant une forêt naturelle, il est très important de ne pas déranger la litière forestière, source de vie de ce type de jardin et surtout de ses arbres. Niveler le terrain en appliquant une épaisse couche de terre, par exemple, est à proscrire, car on tue ainsi les racines qui maintiennent la forêt en vie. Vous pouvez, par contre, étendre à tous les ans un surplus de feuilles mortes (de préférence déchiquetées) pour enrichir le sol et favoriser une plus belle croissance. En outre, on peut réduire la densité du feuillage d'une forêt naturelle en éliminant quelques arbres, surtout les plus faibles, pour faire pénétrer un peu plus de lumière. Il ne faut cependant pas préserver de façon systématique les arbres matures et éliminer les plus jeunes, comme le font tant de gens qui connaissent peu les besoins d'une forêt. À la place, éliminez une part égale d'arbres âgés, matures, de taille moyenne et jeunes, de façon à assurer non seulement une apparence naturelle, mais une certaine relève.

45

L'entretien principal que requiert le jardin de sous-bois consiste à supprimer de jeunes arbres: notamment, dans le sud de la province, les érables à sucre et de Norvège; dans le nord, les sapins et les épinettes, espèces qui germent en grande quantité dans tout secteur moyennement ombragé et qui prolifèrent dans la litière forestière. Vous pouvez, soit les arracher, soit les couper au sol. De plus, l'application d'une mince couche de paillis effectuée à tous les printemps et le fait de planter densément aideront beaucoup à réduire l'invasion des jardins de sous-bois par ces petits arbres qui auront vite fait de devenir grands.

Si vous voulez des suggestions de plantes pour agrémenter un jardin de sous-bois, consultez le tableau *Plantes tolérant des emplacements ombragés* (voir à la page 58).

Le pré fleuri

Sur un petit terrain, il est difficile d'obtenir un pré fleuri qui donne un bel effet. En revanche, ce type de jardin s'avère une des meilleures façons d'aménager et d'embellir un grand terrain en y investissant un minimum d'efforts. En effet, le pré fleuri de vivaces, une fois établi, n'exige qu'une seule «tonte» annuelle en fin de saison (en fait, il faut plutôt faucher, étant donné la hauteur des plantes), et ce, dans le seul but de prévenir l'envahissement du pré par des arbustes et des arbres. Il n'y a pas de fertilisation ni d'amendement ni de tuteurage ni même, si vous êtes tolérant, de désherbage à faire. En effet, la plupart des plantes considérées comme des mauvaises herbes ailleurs (chardon, bardane, pissenlit, etc.) sont très acceptables dans ce type de jardin, voire bienvenues, car elles ajoutent de la couleur à ce tapis toujours changeant que constitue le pré fleuri.

Trop de jardiniers essaient de faire des prés fleuris à partir de semences de fleurs annuelles. Or, leur succès est souvent de courte durée. Car, même si les annuelles proposées pour les prés fleuris sont censées se réensemencer après la première année, peu le font sous notre climat. Au lieu de cela, les graminées et mauvaises herbes vivaces finissent par dominer le pré, laissant peu de place aux annuelles pour germer et pousser. Après une première année pendant laquelle les fleurs sont nombreuses et l'effet des plus réussi, la floraison diminue donc de saison en saison, jusqu'à

Un pré fleuri.

ce que le «pré fleuri» devienne un champ comme tout autre.

La solution est facile: semez plutôt un mélange de fleurs sauvages annuelles et vivaces. Les annuelles donneront de la couleur durant la première année pour céder peu à peu la place aux vivaces prenant plus de temps à s'établir. Par contre, les meilleures vivaces pour le pré fleuri ne sont pas toujours disponibles sous forme de semences ou sont très difficiles à cultiver en semis. Le jardinier paresseux combinera donc les vivaces sauvages semées avec d'autres vivaces plantées.

La technique est simple: la première année, hersez le secteur tôt au printemps (on peut aussi retourner le sol durant l'automne qui précède) et semez à la volée de grandes quantités de graines de fleurs sauvages annuelles et vivaces. Dans le sol récemment

*L*e pré fleuri de vivaces, une fois établi, n'exige qu'une seule «tonte» annuelle en fin de saison.

retourné, les graines trouveront facilement leur place pour germer. Les annuelles viendront vite en fleurs et, parfois, certaines vivaces réussiront aussi à fleurir avant la fin de la saison. À l'automne, fauchez le pré, en laissant les tiges et les feuilles coupées au sol afin qu'elles se décomposent et qu'elles enrichissent le sol. Au printemps suivant, beaucoup d'annuelles germeront encore, mais l'effet le plus spectaculaire se produira au cours de la deuxième année quand les vivaces semées l'été précédent atteindront enfin une taille suffisante pour fleurir. Au cours de cet été et des autres qui suivront, utilisez les espaces vides pour planter des vivaces difficiles à semer, mais qui par leur port, leur ténacité, leur résistance aux intempéries et leur capacité de se propager par leurs racines, conviendront bien à un pré fleuri. Ce sont souvent ces vivaces plutôt que celles semées qui, peu à peu, viendront à dominer le pré (les vivaces qui se sèment facilement ont tendance à avoir la vie courte) et qui feront de lui un jardin extraordinaire à l'allure sauvage.

Les meilleures vivaces pour le pré fleuri (à part celles déjà incluses dans les mélanges de semences vendus à cette fin, comme la gaillarde, la marguerite et la rudbeckie) sont celles qui, combatives de nature, s'étendront par rejets ou stolons tout autour du plant mère. De plus, il faut qu'elles aient une hauteur minimale de 60 cm, de préférence 90 cm et plus, car non seulement les petites plantes seront-elles difficiles à voir, mais l'ombre projetée par les plantes voisines finira par les étouffer. (Les plantes à floraison printanière font exception à cette règle, car la plupart fleurissent à un moment où il n'y a rien pour les cacher; en outre, elles absorbent presque toute l'énergie solaire dont elles ont besoin avant que les autres ne soient en feuilles pour les ombrager.) Enfin, pour préserver l'aspect sauvage d'un tel pré, il faut éviter les formes trop artificielles (fleurs doubles, feuillage panaché, etc.) et se garder de planter quoi que ce soit en ligne droite.

Parmi les vivaces convenant à un pré fleuri, considérez les plantes ci-contre. Remarquez que plusieurs des plantes jugées trop envahissantes ou de moindre intérêt pour la plate-bande deviennent d'excellents sujets pour le pré fleuri. De plus, n'oubliez pas que les bulbes à floraison printanière, surtout les narcisses et les petits bulbes comme le crocus, le scille et le chionodoxa, s'avèrent des impératifs pour le pré fleuri.

Plantes pour un pré fleuri

Achillée (*Achillea**)
Aconit (*Aconitum**)
Amsonie (*Amsonia**)
Anthémis (*Anthemis**)
Armoise (*Artemisia**): variétés hautes
Asclépiade (*Asclepias**)
Aster (*Aster**)
Astilbe (*Astilbe**)
Astrance (*Astrantia**)
Baptisia (*Baptisia**)
Barbe de bouc (*Aruncus**)
Boltonie (*Boltonia**)
Brunnera (*Brunnera macrophylla*)
Campanule (*Campanula**): variétés hautes
Centaurée (*Centaurea**)
Céphalaire (*Cephalaria**)
Chardon bleu (*Echinops**)
Chrysanthème rustique (*Dendrathema**)
Cimicifuge (*Cimicifuga**)
Coréopsis (*Coreopsis**)
Cupidon (*Catananche**)
Doronic (*Doronica**)
Éphémérine (*Tradescantia**)
Érigéron (*Erigeron**)
Érynge (*Eryngium**)
Eupatoire (*Eupatorium**)
Filipendule (*Filipendula**)
Fraxinelle (*Dictamnus albus*)
Gaillarde (*Gaillardia**)
Galane (*Chelone**)
Gazon d'Espagne (*Armeria**)
Géranium vivace (*Geranium**)
Gypsophile (*Gypsophila paniculata*)
Hélianthe (*Helianthus**)
Hélénie (*Helenium**)
Héliopside (*Heliopsis**)
Hémérocalle (*Hemerocallis fulva* et autres variétés hautes)
Iris (*Iris pseudacorus, I. sibirica, I. versicolor,* etc.)

Julienne des dames (*Hesperis matronalis*)
Knautia (*Knautia macedonica*)
Liatride (*Liatris**)
Ligulaire (*Ligularia**)
Lin (*Linum**)
Lobélie (*Lobelia**)
Lupin des jardins[1] (*Lupinus* x)
Lychnide (*Lychnis**)
Lysimaque (*Lysimachia**)
Macleaya (*Macleaya**)
Marguerite (*Leucanthemum**)
Mauve (*Malva**)
Mertensia (*Mertensia**)
Monarde (*Monarda**)
Myosotis (*Myosotis**)
Onagre (*Oenothera**)
Penstémon (*Penstemon**)
Phlox (*Phlox**): variétés hautes
Physostégie (*Physostegia virginiana*)
Pigamon (*Thalictrum**)
Polémonie (*Polemonium**)
Potentille vivace (*Potentilla**)
Pyrèthre (*Tanacetum coccineum*)
Rose trémière (*Alcea**)
Rudbeckie jaune (*Rudbeckia**)
Rudbeckie pourpre (*Echinacea purpurea*)
Salicaire (*Lythrum**)
Saponaire (*Saponaria officinalis*)
Sauge superbe (*Salvia**)
Sauge russe (*Perovskia atriplicifolia*)
Scabieuse (*Scabiosa**)
Sceau-de-salomon (*Polygonatum**)
Sidalcée (*Sidalcea**)
Statice vivace (*Limonium**)
Thermopsis (*Thermopsis**)
Trèfle (*Trifolium**)
Trolle (*Trollius**)
Valériane (*Valeriana**)
Verge d'or (*Solidago**)
Véronique (*Veronica**): variétés hautes

---

* *Plusieurs espèces différentes conviennent.*
[1] *Régions aux étés frais seulement.*

Le jardin de fleurs coupées

Un jardin de fleurs coupées peut se composer de fleurs annuelles, bisannuelles, vivaces et d'arbustes à fleurs, seuls ou mélangés, ainsi que de fleurs pouvant être cueillies fraîches ou séchées.

Le jardins de fleurs coupées de Gérard Gagnon, Loretteville, (Québec).

Autrefois, derrière chaque maison de campagne, on trouvait un petit coin du potager où poussaient des fleurs, non pas pour décorer le jardin, mais pour récolter des fleurs coupées afin d'embellir la maison. L'utilisation de fleurs coupées (fraîches et séchées) revient à la mode depuis quelques années et de plus en plus de jardiniers songent donc à posséder leur propre «jardin de coupe».

Le jardin de fleurs coupées peut être situé n'importe où en autant que son emplacement ne paraisse pas trop car, comme on y cueille souvent les fleurs, il est rarement très coloré. Les citadins aux terrains restreints, par exemple, peuvent réserver une partie du jardin communautaire à cet usage. Notez qu'un emplacement ensoleillé convient mieux à ce type de jardin,

La conservation des fleurs coupées:

A. Plongez immédiatement la tige dans l'eau.
B. Dans la maison, supprimez les feuilles inférieures.
C. Recoupez la tige florale, sous l'eau, avec un angle de 45°.
D. Ajoutez à l'eau un produit pour la conservation des fleurs coupées.
E. Recoupez la tige florale, sous l'eau, à tous les deux ou trois jours.

car cela augmente la variété des fleurs qu'on peut y cultiver. Comme son apparence n'est pas un facteur important, il n'y a qu'une seule règle spécifique qui régit son aménagement: plantez amplement de vos fleurs préférées! Il vaut quand même mieux y laisser assez d'espace pour la circulation piétonnière puisqu'il y aura beaucoup de va-et-vient. En outre, on peut placer les plantes hautes du côté nord pour ne pas qu'elles jettent trop d'ombre sur les plantes basses. Un jardin de fleurs coupées peut se composer de fleurs annuelles, bisannuelles, vivaces et d'arbustes à fleurs, seuls ou mélangés, ainsi que de fleurs pouvant être cueillies fraîches ou séchées.

Pour que vos fleurs coupées fraîches perdurent, prélevez-les en début de journée, au moment où leurs tissus sont pleinement gorgés d'eau. Apportez avec vous un seau d'eau fraîche et plongez-y la tige coupée sans tarder. En vase, les fleurs colorées mais encore en bouton durent généralement plus longtemps que les fleurs pleinement épanouies à la récolte. S'il s'agit d'un épi composé de plusieurs fleurs, choisissez-en un qui possède une ou deux fleurs ouvertes mais plusieurs autres sur le point d'éclore. N'oubliez pas de cueillir quelques feuilles décoratives pour compléter votre arrangement. De retour à la maison, nettoyez chaque fleur en supprimant toute feuille qui sera immergée dans l'eau lors de l'arrangement final et enlevez toute partie fanée ou abîmée. Recoupez la tige florale à la longueur désirée au moyen d'un couteau tranchant, mais cette fois sous l'eau (la circulation des liquides en sera améliorée) et à un angle de 45°. Pour les plantes qui exsudent une sève laiteuse (pavots, euphorbes, etc.), brûlez légèrement l'extrémité inférieure avec une allumette ou un briquet afin d'arrêter le «saignement» (ou l'écoulement de la sève). Par la suite, vous pouvez composer votre arrangement floral selon vos goûts.

Pour que les fleurs qui composent votre arrangement durent le plus longtemps possible, rajoutez un produit de conservation pour fleurs coupées (en vente chez les fleuristes) ou, si vous ne le faites pas, changez l'eau quotidiennement. Il vaut la peine aussi de recouper la tige, toujours sous l'eau et à un angle de 45°, à tous les deux ou trois jours, pour stopper le développement des bactéries qui peuvent proliférer sur la plaie et ainsi boucher les vaisseaux qui apportent l'eau à la fleur. N'oubliez pas que les fleurs coupées se conserveront mieux à une température fraîche.

Presque toutes les vivaces à longues tiges font de bonnes ou d'excellentes fleurs coupées. Pour des renseignements à ce sujet, consultez les descriptions individuelles de la section *Quelques vivaces de choix* (voir à la page 159).

Quant aux fleurs séchées, il existe de nombreuses techniques de conservation, mais les limites de cet ouvrage ne me permettent

Plantes faisant de bonnes fleurs séchées

Achillée (*Achillea**)
Alchemille (*Alchemilla**)
Armoise (*Artemisia**)
Asclépiade (*Asclepias**)
Astilbe (*Astilbe**)
Astilboïde (*Astilboides tabularis*)
Astrance (*Astrantia**)
Barbe de Jupiter (*Jovibarba**)
Buglosse (*Anchusa**)
Centaurée (*Centaurea**)
Chardon bleu (*Echinops**)
Cimicifuge (*Cimicifuga**)
Coqueret (*Physalis**)
Cupidon (*Catananche**)
Épiaire (*Stachys**)
Épimède (*Epimedium**)
Érynge (*Eryngium**)
Eupatoire (*Eupatorium**)
Filipendule (*Filipendula**)
Fougères: diverses espèces
Gaillarde (*Gaillardia**)
Gazon d'Espagne (*Armeria**)
Gypsophile (*Gypsophila**)

Hélénie (*Helenium**)
Héliopside (*Heliopsis**)
Joubarbe (*Sempervivum**)
Lavande (*Lavandula**)
Liatride (*Liatris**)
Monarde (*Monarda**)
Pavot d'Orient (*Papaver orientale**)
Physostégie (*Physostegia**)
Pied-d'alouette (*Delphinium**)
Pivoine (*Paeonia**)
Pulsatille (*Pulsatilla**)
Rodgersia (*Rodgersia**)
Rudbeckie jaune (*Rudbeckia**)
Rudbeckie pourpre (*Echinacea**)
Salicaire (*Lythrum**)
Sauge russe (*Perovskia**)
Sauge superbe (*Salvia**)
Sédum (*Sedum**)
Statice vivace (*Limonium**)
Stokésie (*Stokesia**)
Valériane (*Valeriana**)
Verge d'or (*Solidago**)
Véronique (*Veronica**)

* Plusieurs espèces différentes conviennent.

pas de les traiter. Par contre, la vaste majorité des vivaces qui peuvent faire de bonnes fleurs séchées se conservent facilement si on les suspend à l'envers dans un endroit bien aéré et légèrement ombragé durant quelques semaines.

Les plantes du tableau ci-dessus sont toutes assez faciles à faire sécher. Il faut noter que ce n'est pas seulement la fleur elle-même que l'on conserve, mais parfois la gousse (la capsule de graines) et le feuillage.

Bien situer vos plates-bandes

Vos plates-bandes sont peut-être déjà établies. Dans ce cas, loin de moi l'idée de vouloir vous les faire changer de place. Par contre, si vous en êtes à planifier une première plate-bande ou si vous désirez en rajouter une nouvelle, voici quelques conseils.

On peut faire une plate-bande presque n'importe où. Les seuls endroits contre-indiqués pour une plate-bande de vivaces sont sans doute une terrasse de béton ou une aire de stationnement en asphalte. Autrement, le choix de l'emplacement relève essentiellement de l'espace disponible. Vous pouvez faire une plate-bande au soleil ou à l'ombre, sur un sol sec ou humide, riche ou pauvre. Ce sont ces derniers facteurs qui

Une plate-bande ensoleillée.

détermineront votre choix de plantes bien plus que l'emplacement.

Emplacements ensoleillés

Un emplacement ensoleillé (au moins 4 h de soleil par jour en plein été et, de préférence, 6 h) offre la plus grande gamme de possibilités en ce qui a trait à la sélection des plantes. En effet, il y a plus de végétaux qui prospèrent au soleil qu'à la mi-ombre ou à l'ombre. Le jardin ensoleillé est d'ailleurs le lieu idéal pour l'édification d'un jardin de *fleurs*. Avec beaucoup de soleil, il est facile d'obtenir des fleurs durant toute la saison de jardinage.

La liste des plantes tolérant des emplacements ensoleillés serait trop longue à donner. Presque toutes les vivaces peuvent pousser dans un site ensoleillé, surtout si l'on s'assure que le sol ne se dessèche pas.

*P*resque toutes les vivaces peuvent pousser dans un site ensoleillé, surtout si l'on s'assure que le sol ne se dessèche pas.

Une plate-bande ombragée.

Les plantes à feuillage panaché, comme ce hosta, créent un joli effet de rayons de soleil perçant dans une plate-bande autrement ombragée.

Emplacements ombragés

Un emplacement ombragé convient parfaitement pour une plate-bande, mais le choix des végétaux qui peuvent y croître est plus restreint. En outre, même les plantes qui tolèrent l'ombre y fleurissent moins bien que dans un site ensoleillé. Pour un jardin situé à l'ombre, on choisira donc le plus souvent des plantes à feuillage décoratif: par la couleur, par la forme, par la texture. Que la plante fleurisse plus ou moins reste secondaire. De plus, il est dans la nature de tout jardin d'être de plus en plus ombragé au fil des ans à cause de la croissance des arbres environnants, par exemple. Il ne faut pas se surprendre qu'une plate-bande «ensoleillée» devienne avec le temps, une plate-bande «ombragée».

Il est cependant difficile de définir l'ombre, car certains emplacements ne reçoivent pas de soleil du tout (le côté nord d'un mur, par exemple), restant dans l'ombre pendant toute la journée, alors que d'autres sites «ombragés» reçoivent du soleil plusieurs heures par jour. Pour les fins de ce livre, définissons donc la mi-ombre comme le résultat d'un ensoleillement direct de 2 h à 4 h par jour ou d'un ensoleillement diffus (quand le soleil perce partiellement à travers un feuillage léger) pendant la meilleure partie de la journée. L'ombre serait le résultat d'un ensoleillement direct de moins de 2 h par jour, d'un ensoleillement diffus de moins de 6 h par jour ou d'un éclairage très diffus (quand le soleil perce à peine à travers un feuillage dense) ou pratiquement nul.

Certains emplacements sont cependant très ombragés en été, mais se retrouvent presque en plein soleil au printemps, avant que les feuilles des arbres ne se soient déployées. Ils sont classés ici parmi les emplacements ombragés, mais il faut savoir que beaucoup de plantes fleurissant au printemps ou au début de l'été y poussent avec vigueur, car elles reçoivent l'énergie solaire nécessaire pour croître adéquatement avant que le site ne devienne ombragé.

Vous n'êtes pas encore certain si votre plate-bande se trouve dans une zone ombragée ou mi-ombragée, à cause de la difficulté de démêler les deux conditions? Parmi les plantes décrites dans ce livre, essayez celles allant à la mi-ombre. Si elles réussissent à bien croître et à fleurir assez abondamment, c'est que votre plate-bande s'accommode de la mi-ombre. Si elles ne poussent pas bien ou fleurissent peu, votre plate-bande se trouve à l'ombre.

L'intérêt que les plantes à feuillage panaché[1], argenté, gris ou doré peuvent ajouter à une plate-bande ombragée mérite d'être mentionné. Leur coloration plus pâle donne l'impression d'une percée de soleil et met alors du relief dans le vert monotone de beaucoup de jardins ombragés. Par contre, les plantes panachées et dorées (c'est moins le cas des plantes à feuillage argenté ou gris) manquent de chlorophylle et sont souvent (mais pas toujours) moins vigoureuses que les autres. Il faut donc choisir avec soin ces sujets à feuillage plus pâle que la normale (on les trouve d'ailleurs, si l'on cherche un peu, parmi presque tous les genres), en ne sélectionnant que des cultivars réputés pour leur grande résistance.

La plupart des plantes du tableau de la page suivante, tolèrent une ombre assez dense; par contre, leur floraison sera

1. Le terme «panaché» indique un feuillage marbré ou strié de deux couleurs, généralement blanc ou crème, mais parfois jaune ou rose. Cette caractéristique est souvent indiquée par le mot *variegata* associé au nom botanique de la plante.

Plantes tolérant des emplacements ombragés

Aconit (*Aconitum**)
Actée (*Actaea**)⌐
Alchémille (*Alchemilla**)⌐
Amsonie (*Amsonia**)
Ancolie (*Aquilegia**)
Anémone (*Anemone**)
Asaret (*Asarum**)⌐
Aspérule odorante (*Galium odoratum*)⌐
Aster (*Aster**)
Astilbe (*Astilbe**)⌐
Astilboïde (*Astilboides tabularis*)
Astrance (*Astrantia**)
Barbe de bouc (*Aruncus**)⌐
Bergenia (*Bergenia**)⌐
Brunnera (*Brunnera macrophylla*)⌐
Bugle rampante (*Ajuga**)⌐
Buglosse azurée (*Anchusa**)⌐
Campanule (*Campanula**)
Centaurée (*Centaurea**)
Cimicifuge (*Cimicifuga**)⌐
Coeur saignant (*Dicentra**)⌐
Cupidon (*Catananche**)
Digitale (*Digitalis**)
Doronic (*Doronicum**)
Éphémérine (*Tradescantia**)
Épimède (*Epimedium**)⌐
Érynge (*Eryngium**)
Étoile d'or (*Chrysogonum virginianum*)
Eupatoire (*Eupatorium**)
Euphorbe amygdaloïde (*Euphorbia amygdaloide*)
Faux-fraisier (*Duchesnea indica*)
Filipendule (*Filipendula**)
Fougère: divers genres⌐
Fraisier (*Fragaria**)
Fumeterre (*Corydalis**)⌐
Galane (*Chelone**)⌐
Gazon d'Espagne (*Armeria**)
Géranium vivace (*Geranium**)
Hellébore (*Helleborus**)⌐
Hémérocalle (*Hemerocallis**)
Herbe aux écus (*Lysimachia nummularia*)
Herbe-aux-goutteux (*Aegopodium podagraria*)⌐
Heuchère (*Heuchera**)⌐
Heucherelle (x *Heucherella**)⌐
Hosta (*Hosta**)⌐

Julienne des dames (*Hesperis matronalis*)
Lamier (*Lamium**)⌐
Lierre anglais (*Hedera helix*)⌐
Ligulaire (*Ligularia**)
Lobélie (*Lobelia**)
Lysimaque (*Lysimachia**)
Marguerite (*Leucanthemum**)
Mertensia de Virginie (*Mertensia pulmonarioides*)⌐
Monarde (*Monarda**)
Muguet (*Convallaria majalis*)⌐
Myosotis (*Myosotis**)
Népèta (*Nepeta**)
Oeillet (*Dianthus**)
Oenanthe panachée (*Oenanthe javanica* 'Flamingo')
Pachysandre (*Pachysandra terminalis*)⌐
Pétasite (*Petasites japonicus*)
Petite pervenche (*Vinca minor*)⌐
Phlox stolonifère (*Phlox stolonifera*)
Physostégie (*Physostegia**)
Pied-d'alouette (*Delphinium**)
Pigamon (*Thalictrum**)
Plante caméléon (*Houttuynia cordata* 'Chameleon')
Plante ombrelle (*Darmera peltiphyllum*)
Platycodon (*Platycodon**)
Polémonie (*Polemonium**)
Primevère (*Primula**)⌐
Pulmonaire (*Pulmonaria**)⌐
Pyrèthre (*Tanacetum coccineum*)
Quatre-temps (*Cornus canadensis*)⌐
Rhubarbe (*Rhubarbum**)
Rodgersia (*Rodgersia**)
Rudbeckie pourpre (*Echinacea**)
Sagine (*Arenaria**)
Sceau-de-salomon (*Polygonatum**)⌐
Sidalcée (*Sidalcea**)
Statice vivace (*Limonium**)
Stokésie (*Stokesia**)
Thym (*Thymus**)
Tiarelle cordifoliée (*Tiarella cordifolia*)⌐
Trille grandiflore (*Trillium grandiflorum*)⌐
Trolle (*Trollius**)
Valériane (*Valeriana**)
Violette (*Viola**)⌐
Waldsteinie (*Waldsteinia**)⌐

* Plusieurs espèces différentes conviennent.
⌐ Plantes très bien adaptées à l'ombre.

supérieure dans un emplacement mi-ombragé (celles qui sont le mieux adaptées à l'ombre sont accompagnées du symbole ◻).

Emplacements moyennement humides

Il n'y a aucune difficulté à cultiver la majorité des vivaces dans un sol qui reste un peu humide en permanence. Même qu'un sol humide et bien drainé constitue le milieu idéal pour presque tous les végétaux. Bien que le concept d'un sol à la fois «humide» et «bien drainé» puisse sembler contradictoire aux yeux du novice, c'est en fait un état que tout jardinier moindrement expérimenté comprend parfaitement. D'une part, après une pluie ou un arrosage, un tel sol retient comme une éponge une bonne quantité d'humidité, laquelle suffit à alimenter la plante pendant plusieurs jours et même une semaine ou plus; d'autre part, il laisse s'écouler tout surplus de la surface. Par exemple, après une forte pluie, on peut y marcher sans s'enfoncer dans la boue. Conséquemment, les plantes qui y poussent ne souffrent ni de «noyade» (manque d'oxygène aux racines par suite de la présence d'eau stagnante) ni de sécheresse: c'est le paradis terrestre pour les végétaux! Un sol riche en humus offre généralement de telles conditions.

Les seules plantes qui ne tolèrent pas un sol un peu humide en permanence sont celles qui ont évolué dans des conditions de sécheresse. Même si elles poussent généralement très bien durant tout l'été dans un sol humide, elle s'adaptent moins bien à l'humidité durant l'hiver, parce qu'elles sont habituées à se dessécher complètement avant l'arrivée du froid. Il faut donc offrir à ces rares végétaux un sol plutôt sablonneux ou pierreux qui s'égoutte très bien après une averse.

Plantes ne tolérant pas un emplacement moyennement humide

Opuntia (*Opuntia**)
Orostachys (*Orostachys**)
Sauge russe (*Perovskia**)

Tritome (*Kniphofia**)
Yucca (*Yucca**)

* Plusieurs espèces différentes conviennent.

Les plantes des lieux humides agissent comme des pompes qui, absorbant le surplus d'humidité, drainent très efficacement le site.

Un emplacement très humide.

Inutile de fournir la liste complète des plantes tolérant un sol moyennement humide, car presque toutes les vivaces entrent dans cette catégorie! Le tableau précédent indique néanmoins les rares plantes qui ont absolument besoin d'un drainage parfait.

Emplacements très humides

Personne n'a besoin de vous dire que votre sol est très humide: vous pouvez le voir vous-même. Au printemps, il est parfois couvert d'eau ou reste très humide pendant plusieurs semaines; si on marche dessus après une forte pluie, l'eau ressort du sol à chaque pas, comme s'il s'agissait d'une serviette détrempée que l'on s'emploie à essorer. D'ailleurs, si un tel sol reste détrempé pendant une semaine ou plus après une bonne pluie, il est non seulement très humide, mais même marécageux.

Il y a deux façons de considérer un emplacement marécageux ou très humide. Si vous êtes un jardinier travaillant, vous pouvez le drainer en mettant tous les efforts que cela impose (découpage de la pelouse, obtention des bons permis de la ville, pose de drains agricoles, etc.); si vous cultivez la paresse, vous n'avez qu'à y planter des végétaux qui aiment un sol très humide. Or, vous serez surpris d'apprendre que c'est la deuxième solution qui l'emporte: si vous y recourez, vous réglerez très souvent le problème du surplus d'eau, car les plantes des lieux humides agissent comme des pompes qui, absorbant le surplus d'humidité, drainent très efficacement le site.

Plantes tolérant des emplacements très humides

Alchemille (*Alchemilla**)
Asclépiade incarnate (*Asclepias incarnata*)
Aster (*Aster**)
Astilboïde (*Astilboides tabularis*)
Barbe de bouc (*Aruncus**)
Bergenia (*Bergenia**)
Brunnera (*Brunnera macrophylla*)
Cimicifuge (*Cimicifuga**)
Digitale (*Digitalis**)
Doronic (*Doronica**)
Éphémérine (*Tradescantia**)
Eupatoire (*Eupatorium**)
Filipendule (*Filipendula**)
Fougère: la plupart des espèces
Galane (*Chelone**)
Hélénie (*Helenium**)
Herbe aux écus (*Lysimachia nummularia*)
Herbe-aux-goutteux (*Aegopodium podagraria*)
Heucherelle (x *Heucherella**)
Hosta (*Hosta**)

Iris (*Iris sibirica, I. versicolor, I. pseudacorus*, etc., sauf *I.* x *germanica*, l'iris barbu)
Ligulaire (*Ligularia**)
Lobélie (*Lobelia**)
Lysimaque (*Lysimachia**)
Mertensia de Virginie (*Mertensia pulmonarioide*)
Monarde (*Monarda**)
Myosotis (*Myosotis**)
Pensée (*Viola**)
Pétasite (*Petasites**)
Plante caméléon (*Houttuynia cordata* 'Chameleon')
Plante ombrelle (*Darmera peltata*)
Plantes semi-aquatiques[1]
Primevère (*Primula**)
Pulmonaire (*Pulmonaria**)
Rodgersia (*Rodgersia**)
Salicaire (*Lythrum**)
Tiarelle cordifoliée (*Tiarella cordifolia*)
Trolle (*Trollius**)
Violette cucullée (*Viola obliqua*)

* *Plusieurs espèces différentes conviennent.*
[1] *Consultez un livre sur les jardins d'eau pour récolter des suggestions.*

*U*n site constamment détrempé peut vous permettre de réaliser un magnifique jardin d'eau.

.

Quant aux endroits qui sont humides seulement au printemps, c'est une situation très courante dans la nature et la plupart des vivaces s'en accommodent très bien. À vous d'éviter d'y planter des vivaces qui requièrent un excellent drainage ou un sol plutôt sec.

Enfin, si le site est vraiment détrempé, au point qu'il reste constamment immergé, ne vous plaignez surtout pas! Le jardin d'eau que tant de jardiniers souhaitent avoir, un jour, mais qui va leur coûter si cher (en argent et en efforts) à construire, vous l'avez gratuitement. Vous n'avez qu'à creuser pour l'approfondir et le garnir de plantes aquatiques, voilà tout! Il y aura davantage de renseignements sur le jardin d'eau dans un autre livre de cette collection.

Emplacements secs

Un emplacement sec.

Aucune plante n'aime vraiment la sécheresse durant la période de croissance, mais plu-

Plantes tolérant des emplacements secs et ensoleillés

Achillée (*Achillea**)
Adonis (*Adonis**)
Anthémis (*Anthemis**)
Armoise (*Artemisia**)
Arabette (*Arabis**)
Asclépiade tubéreuse (*Asclepias tuberosa*)
Aubriétie (*Aubrieta**)
Baptisia (*Baptisia**)
Barbe de Jupiter (*Jovibarba**)
Centaurée de montagne (*Centaurea montana*)
Céraiste (*Cerastium**)
Chardon bleu (*Echinops**)
Corbeille d'or (*Alyssum**)
Coréopsis (*Coreopsis**)
Épiaire (*Stachys**)
Euphorbe (*Euphorbia**)
Fraxinelle (*Dictamnus albus*)
Gaillarde (*Gaillardia**)
Gazon d'Espagne (*Armeria**)
Gypsophile (*Gypsophila**)
Hémérocalle (*Hemerocallis**)
Joubarbe (*Sempervivum**)
Liatride (*Liatris**)

Lin vivace (*Linum**)
Lychnide (*Lychnis**)
Mauve (*Malva**)
Oeillet (*Dianthus**)
Opuntia (*Opuntia**)
Orostachys (*Orostachys**)
Pavot d'Islande (*Papaver nudicaule*)
Penstémon (*Penstemon**)
Phlox nain (*Phlox subulata* et autres)
Potentille vivace (*Potentilla**)
Pulsatille (*Pulsatilla**)
Rudbeckie jaune (*Rudbeckia**)
Rudbeckie pourpre (*Echinacea purpurea*)
Sauge russe (*Perovskia atriplicifolia*)
Sauge superbe (*Salvia**)
Sédum (*Sedum**)
Statice vivace (*Limonium**)
Thermopsis (*Thermopsis**)
Thlaspi toujours vert (*Iberis sempervirens*)
Thym (*Thymus**)
Tritome (*Kniphofia**)
Valériane rouge (*Centranthus**)
Yucca (*Yucca**)

* Plusieurs espèces différentes conviennent.

sieurs sont capables de la supporter. Les sols naturellement secs sont généralement sablonneux ou rocailleux et contiennent peu de matières organiques, mais ce n'est pas toujours le cas. On les trouve aussi au sommet d'une pente, dans une rocaille, près d'un mur faisant face au sud, sous la saillie d'un toit ou au pied d'un arbre. On peut transformer un sol trop bien drainé en y ajoutant beaucoup de matière organique telle que du compost ou du fumier décomposé (voir, à cet effet, la rubrique *Sols pauvres* à la page 64) ou en y plantant des végétaux qui aiment ce type de sol. Quant aux sols qui sont secs parce que la pluie ne les atteint pas (par exemple, sous un toit qui fait saillie), il serait sage d'envisager l'installation d'un tuyau perforé ou tout autre type d'irrigation.

Les plantes mentionnées précédemment, tolèrent toutes un sol sec (bien qu'elles préfèrent souvent, du moins durant la saison de croissance, un sol légèrement humide); plusieurs d'entre elles ne s'accommodent pas des sols très humides, surtout l'hiver. Néanmoins, malgré leur tolérance aux sols secs, toutes ces plantes auront besoin d'arrosages abondants au cours de la première année afin de favoriser leur établissement.

Toutes les plantes du tableau ci-dessous tolèrent les emplacement secs et ombragés, mais peuvent néanmoins avoir besoin d'arrosages supplémentaires durant les périodes de sécheresse.

Plantes tolérant des emplacements secs et ombragés

Alchémille (*Alchemilla**)
Barbe de bouc (*Aruncus**)
Bergenia (*Bergenia**)
Épimède (*Epimedium**)
Herbe-aux-goutteux (*Aegopodium podagraria*)

Muguet (*Convallaria majalis*)
Pulmonaire (*Pulmonaria**)
Sceau-de-salomon (*Polygonatum**)
Thym (*Thymus**)

* Plusieurs espèces différentes conviennent.

Sols pauvres

Un sol sec est souvent pauvre, mais il existe aussi des sols humides qui contiennent peu d'éléments minéraux. Le nombre de plantes qui tolèrent une telle situation ou qui, même, la préfèrent, est assez surprenant. Néanmoins, à long terme, il vaut mieux travailler à améliorer la qualité du sol.

Il est possible d'améliorer les conditions d'un sol pauvre en y mélangeant physiquement beaucoup de matière organique, entre autres, du compost ou du fumier décomposé, mais c'est un travail ardu. Il est donc plus facile de commencer par y planter des végétaux tolérant les sols pauvres, puis d'ajouter, chaque année, sur la surface, une couche de 5 cm à 10 cm de matière organique (compost, fumier bien décomposé, paillis à décomposition rapide ou tourbe mélangée avec compost ou fumier). Nul besoin de retourner le sol (vous et moi laisserons ce travail fastidieux aux jardiniers plus travaillants) car les vers de terre se feront un plaisir de faire le boulot à notre place! Au fur et à mesure que le sol s'enrichira, les plantes qui aiment les sols pauvres commenceront à décliner et vous n'aurez alors qu'à y substituer des plantes préférant un sol plus riche.

Une solution aisée pour transformer les sols pauvres consiste à y planter des végétaux qui les enrichissent naturellement. Toutes plantes de la famille des légumineuses (*Baptisia*, *Thermopsis*, etc.), par exemple, enrichiront le sol en azote, car celles-ci abritent, dans des nodules de leurs racines, des colonies de bactéries capables d'extraire l'azote de l'atmosphère pour le retourner au sol.

Plantes tolérant des sols pauvres

Achillée (*Achillea**)	Gypsophile (*Gypsophila**)
Anthémis (*Anthemis**)	Joubarbe (*Sempervivum**)
Armoise (*Artemisia**)	Mauve (*Malva**)
Asclépiade (*Asclepias**)	Orostachys (*Orostachys**)
Baptisia (*Baptisia**)	Potentille vivace (*Potentilla**)
Barbe de Jupiter (*Jovibarba**)	Rudbeckie jaune (*Rudbeckia**)
Céraiste (*Cerastium**)	Rudbeckie pourpre (*Echinacea**)
Coréopsis (*Coreopsis**)	Sauge russe (*Perovskia atriplicifolia*)
Épiaire (*Stachys**)	Sédum (*Sedum**)
Gaillarde (*Gaillardia**)	Thermopsis (*Thermopsis**)
Gazon d'Espagne (*Armeria**)	Thym (*Thymus**)

* Plusieurs espèces différentes conviennent.

Sols glaiseux

Si vous avez un problème avec un terrain trop glaiseux, c'est probablement parce que le constructeur de votre maison a ramassé la bonne terre de surface pour la revendre à vos voisins et que vous vous retrouvez avec une terre de sous-sol en guise de terre à jardin. Il ne faut pas croire que vous êtes le seul à avoir ce problème: des centaines de milliers de jardiniers québécois vivent la même situation.

Les sols glaiseux (ou argileux) sont parmi les plus difficiles à convertir en bonnes terres de jardin. Compacts, sans aucune aération, boueux quand ils sont humides, durs comme du béton quand ils sont secs et lents à se réchauffer au printemps, ils se prêtent difficilement à la culture. Comme pour les sols pauvres, on peut les améliorer en rajoutant, à tous les ans, de la matière organique (compost, fumier bien décomposé, paillis à décomposition rapide ou tourbe mélangée avec compost ou fumier), mais c'est un travail de longue haleine. La solution la plus simple – car c'est vraiment un travail très laborieux – consiste à recouvrir les sols glaiseux avec au moins 20 cm de bonne terre et, de préférence, 30 cm [voir *Une nouvelle plate-bande (presque) sans effort* à la page 70]. Ce faisant, vous ne faites que recréer le milieu naturel qui était sans doute la condition de votre terrain avant la construction de votre demeure.

Bien qu'un sol glaiseux soit très peu intéressant à la surface, il constitue généralement un excellent sous-sol souvent très riche en éléments minéraux. De toute façon, les racines des plantes qui poussent dans la terre de qualité que vous avez étalée à la surface finiront par pénétrer le sous-sol glaiseux, contribuant ainsi, de jour en jour, à diminuer sa densité.

Par contre, une chose qu'il ne faut jamais faire avec un sol glaiseux, c'est d'y ajouter du sable dans le but de «l'alléger». Non seulement le sol *ressemblera*-t-il à du béton, il le *deviendra* effectivement!

Endroits à forte compétition racinaire

Que faire des sols envahis par les racines des arbres? S'il s'agit d'un sous-bois naturel que vous comptez convertir en jardin, son sol est sans doute riche en matière organique et vous n'aurez pas de difficultés à y cultiver des plantes qui poussent à l'ombre. À cet effet, consultez *Le jardin de sous-bois* (voir à la page 44). Par ailleurs, peut-être que cette condition vient du fait que quelqu'un (vous ou le propriétaire précédent) a eu la très mauvaise idée de planter un érable de Norvège sur le terrain, sans doute l'arbre le moins indiqué pour les gens qui aiment jardiner. Si c'est le cas, vous pouvez, soit couper l'arbre pour récupérer votre jardin, soit recouvrir la zone de 20 cm de bonne terre de jardin pour y planter, sans tarder, une grande quantité de plantes couvre-sols, probablement les seules capables de subir l'attaque des racines

envahissantes qui referont surface. Vous obtiendrez quelque chose qui ressemble plus à un tapis végétal qu'à une belle plate-bande et il faudra arroser cet endroit plus souvent que le reste du jardin; néanmoins, ce sera plus intéressant à voir qu'une pelouse à moitié rapiécée ou un sol mis à nu.

En outre, vous pouvez planter des vivaces dont la floraison rehaussera l'aspect du tapis végétal, surtout des vivaces qui tolèrent les lieux secs et ombragés (voir la

Un endroit à forte compétition racinaire.

Sachez comment planter au pied d'un arbre dont les racines font surface.

67

liste à la page 64), mais attendez-vous à ce que leur floraison soit moins abondante que vous ne l'aviez prévu, à cause de la forte densité des racines et du feuillage des arbres.

Sols acides et alcalins

Il vaut la peine de faire analyser le sol de vos plates-bandes à tous les quatre ou cinq ans. Cette analyse vous informera, entre autres choses, du niveau d'acidité ou d'alcalinité du sol, lequel sera mesuré selon ce que l'on appelle l'échelle du pH. Selon cette échelle qui s'étend de 0 à 14, le chiffre 7 représente la valeur neutre. Toute mesure donnant un pH inférieur à 7 indique un sol acide; toute mesure supérieure à 7 indique un sol alcalin. Les jardineries offrent des nécessaires d'analyse en laboratoire: vous n'avez qu'à récolter un échantillon du sol en suivant les directives puis l'envoyer au laboratoire spécifié pour des fins d'analyse. Les résultats obtenus en laboratoire sont de beaucoup supérieurs à ceux recueillis avec une trousse d'analyse maison, car ils sont plus précis.

Dans le sud du Québec, la plupart des sols sont légèrement acides et présentent un niveau de pH qui se situe entre 6 et 6,9. Heureusement, la majorité des plantes de jardin aiment un sol légèrement acide, ce qui facilite votre tâche. Dans le nord, par contre, surtout là où poussent les conifères, les sols peuvent varier d'un niveau moyennement acide à un niveau très acide. On trouve aussi des sols calcaires dans certaines régions.

On peut corriger les sols trop alcalins en leur ajoutant du soufre ou de la tourbe de sphaigne (*peat moss*) et les sols trop acides en leur ajoutant de la chaux dolomitique (les résultats de l'analyse du sol vous indique-

*O*n peut corriger les sols trop alcalins en leur ajoutant du soufre ou de la tourbe de sphaigne (*peat moss*) et les sols trop acides en leur ajoutant de la chaux dolomitique.

ront la quantité à mettre), mais il faudra procéder à des analyses régulières, car un sol modifié a toujours tendance à retourner à son état initial, surtout après quelques années. La solution la plus intéressante pour vous, le jardinier paresseux, est donc de cultiver des végétaux qui s'accommodent des conditions de votre sol. Si celui-ci est juste un peu trop alcalin ou acide en regard de vos besoins, le fait de le recouvrir d'une couche de terre de qualité, tel qu'expliqué dans la section *Une nouvelle plate-bande (presque) sans effort* (voir à la page 70), suffira à solutionner le problème.

Plantes pour sols acides et alcalins

Presque toutes les vivaces poussent bien dans un sol légèrement acide (pH de 6,0 à 6,9). Voici deux listes de plantes qui peuvent tolérer des sols plus extrêmes.

Plantes pour un sol acide (pH de 5,9 ou moins)

Anémone (*Anemone**)
Aspérule odorante (*Galium odoratum*)
Astilbe (*Astilbe**)
Barbe de bouc (*Aruncus**)
Bergenia (*Bergenia**)
Cimicifuge (*Cimicifuga**)
Épimède (*Epimedium**)
Filipendule (*Filipendula**)
Fougères: toutes sauf l'adiante
Hémérocalle (*Hemerocallis**)
Herbe-aux-goutteux (*Aegopodium podagraria*)
Hosta (*Hosta**)
Iris japonais (*Iris ensata*)
Muguet (*Convallaria majalis*)
Pachysandre (*Pachysandra terminalis*)
Penstémon (*Penstemon**)
Pigamon (*Thalictrum**)
Plante ombrelle (*Darmera peltata*)
Primevère (*Primula**)
Pulmonaire (*Pulmonaria**)
Sceau-de-salomon (*Polygonatum**)

Plantes pour un sol neutre ou alcalin (pH de 7 ou plus)

Achillée (*Achillea**)
Alchémille (*Alchemilla**)
Armoise (*Artemisia**)
Barbe de Jupiter (*Jovibarba**)
Bergenia (*Bergenia**)
Centaurée de montagne (*Centaurea montana*)
Fumeterre (*Corydalis**)
Gypsophile (*Gypsophila**)
Joubarbe (*Sempervivum**)
Lamier (*Lamium**)
Lavande (*Lavandula**)
Lychnide (*Lychnis**)
Oeillet (*Dianthus**)
Orostachys (*Orostachys**)
Pavot (*Papaver**)
Potentille vivace (*Potentilla**)
Sauge (*Salvia**)
Valériane rouge (*Centranthus rubra*)
Verge d'or (*Solidago**)
Yucca (*Yucca**)

Plusieurs espèces différentes conviennent.

Une nouvelle plate-bande (presque) sans effort

La méthode traditionnelle pour réaliser une nouvelle plate-bande consiste à supprimer la végétation ou la pelouse, à faire un double bêchage pour ameublir le sol en profondeur et à y ajouter beaucoup d'amendements. Cette façon de procéder est très valable et convient bien à ceux qui ont le dos solide et beaucoup de temps devant eux. Il existe, et vous l'avez sans doute déjà deviné, une méthode qui donne de meilleurs résultats et qui requiert moins d'efforts. Plutôt que de remuer le sol, ce qui ne fait que ramener à la surface les graines dormantes des mauvaises herbes annuelles et éparpiller partout dans la plate-bande les racines des mauvaises herbes vivaces, vous *recouvrez* l'ancien sol de terre et vous recommencez à zéro.

Pour ce faire, il suffit de munir l'ancienne surface, qui était autrefois une pelouse, un champ ou un sous-bois, d'une barrière pour empêcher la croissance des anciens colonisateurs du site et d'ajouter par-dessus une épaisse couche de bonne terre de jardin exempte de mauvaises herbes.

Délimitez d'abord la nouvelle plate-bande en enfonçant dans le sol une bordure en plastique ou en métal. Cette bordure empêchera les plantes indésirables venant de la pelouse ou de toute autre plantation adjacente d'envahir votre plate-bande.

Installation d'une bordure de gazon.

A. Avec une bêche, faites une tranchée délimitant le secteur.
B. Insérez la bordure de plastique ou de métal.
C. Retassez le sol avec le pied.

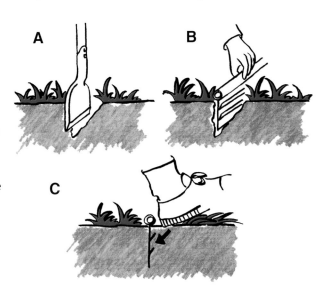

Après coup, il faut isoler la surface de la nouvelle plate-bande avec une barrière assez résistante pour empêcher la croissance des mauvaises herbes ou des graminées venant de la pelouse. Pour ce faire, utilisez au moins trois feuilles de papier journal. Contrairement aux agrotextiles (ces étoffes vendues comme barrières pour la végétation), le papier journal a l'avantage de se décomposer après quelques années, permettant à vos plantes d'enfouir leurs racines profondément dans le sol; de plus, si vous lisez le journal à tous les matins, le matériau ne vous coûtera rien. S'il vente lorsque vous posez le papier, humidifiez-le pour qu'il reste en place. Il est très important de superposer les feuilles (à au moins 20 cm du contour) de telle sorte que les mauvaises herbes à racines traçantes ne puissent pas se faufiler à travers les interstices.

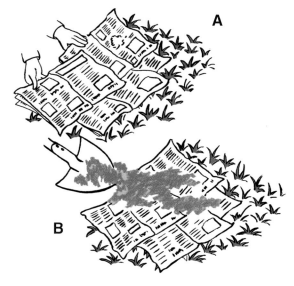

A. Le papier journal constitue une excellente barrière contre les mauvaises herbes.

B. Recouvrez le papier journal de 20 cm à 30 cm de bonne terre.

Recouvrez ensuite le papier journal de 20 cm à 30 cm de terre de jardin achetée chez un fournisseur fiable, lequel pourra vous garantir qu'elle est exempte de mauvaises herbes à racines traçantes. Transporter toute cette terre demande certes beaucoup d'efforts, mais quand même moins que la façon de procéder habituelle où il faut arracher la pelouse puis retourner le sol en profondeur. Qui plus est, votre nouvelle plate-bande ne recélera aucune mauvaise herbe, ce qui constitue un net avantage par rapport à la méthode traditionnelle où la pousse de ces indésirables s'avérait pratiquement garantie!

Pour contrôler les mauvaises herbes à rhizome perçant, recouvrez d'abord le sol d'une toile géotextile puis d'une bonne couche de terre de qualité.

A. Terre de jardin.
B. Géotextile
C. Rhizome

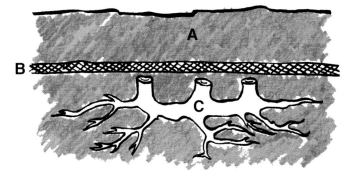

Si vous avez un problème d'infestation causé par l'herbe-aux-goutteux ou, le plus souvent, par la renouée du Japon (voir *Les faux amis* à la page 125) et qu'il affecte l'endroit où vous voulez installer votre nouvelle plate-bande, le papier journal ne suffira pas comme barrière: à croire que ces deux plantes ont la capacité de percer l'asphalte ou, même, le béton! Utilisez plutôt une toile géotextile conçue pour être enterrée et recouvrez-la d'au moins 30 cm de terre; cela vous donnera une profondeur de sol suffisante pour recevoir la plupart des vivaces. Si vous voulez planter des vivaces à racines profondes ou des arbustes dans une plate-bande munie d'une toile géotextile, attendez deux ans; au cours de ce délai, les derniers rhizomes de l'herbe-aux-goutteux ou de la renouée du Japon finiront par mourir définitivement; lorsque vous creuserez, faites un trou de plantation plus large que la normale et assurez-vous d'enlever le maximum de toile géotextile au fond du trou: de cette façon, votre plante pourra pousser normalement et déployer ses racines à une bonne profondeur.

Après deux ans, on peut retirer des sections de géotextile afin de planter des végétaux à racines profondes.

A. Sol d'origine
B. Géotextile
C. Sol rajouté

La culture des vivaces

Chaque semaine, vous pouvez passer des heures à entretenir une plate-bande ou n'y accorder que quelques minutes seulement.

Que votre plate-bande soit très grande ou petite, au soleil ou à l'ombre, dans un sol humide ou sec, pourvue d'une terre riche ou pauvre n'y change rien. En fait, tout dépend des plantes que vous avez choisies... et de leur niveau d'adaptation! En effet, si vos vivaces sont bien adaptées à votre climat et aux conditions de votre plate-bande et qu'elles sont réputées pour leur résistance aux maladies et aux insectes, elles n'exigeront presque pas de soins. En revanche, si vous plantez des vivaces capricieuses ou mal adaptées, attendez-vous à mettre beaucoup d'efforts pour les garder en santé. Planter chaque vivace dans un site qui lui convient parfaitement est donc un premier pas vers le rêve de tout jardinier paresseux: la fameuse et célèbre «plate-bande-qui-pousse-toute-seule»!

La plantation des vivaces

Il n'existe pas de saison spécifique pour planter des vivaces. Les plantes achetées en pot, surtout, ne subissent presque aucun

*I*l n'y a que les périodes de canicule qui obligent à retarder la plantation.

traumatisme aux racines lors du repiquage; on peut donc les transplanter à l'été ou à l'automne aussi facilement qu'à la période habituelle, soit au printemps. Il n'y a que les périodes de canicule qui obligent à retarder la plantation mais, même là, cela ne dure que quelques jours. Et ce n'est pas que les plantes soient incapables de supporter le traumatisme causé par une période de chaleur excessive (si on les arrose assez, rien ne les dérange), comme de l'effort pénible que doit consentir un jardinier paresseux forcé à creuser des trous par une température de 35 °C!

Plants en pot

Sans doute que la plupart des vivaces que vous achèterez seront vendues en pot. On en facilite ainsi l'expédition et, de plus, le contenant rigide protège les racines lors du transport, favorisant une transplantation sans encombre.

La plantation se fait le plus facilement dans un sol légèrement humide, mais non détrempé. Par temps de sécheresse, pensez donc à arroser votre site de plantation la veille afin de bien humidifier le sol. Lors de ces printemps gris où chaque jour semble apporter de la pluie, vous n'aurez pas d'autre choix que de planter dans un sol détrempé: mettez alors votre manteau et vos bottes de caoutchouc avant de sortir dans le jardin. Dans les sols argileux qui n'ont pas été améliorés par des amendements de matière organique, il est préférable d'attendre avant de faire la plantation, même si cela retarde votre projet de quelques semaines. En effet, on peut détruire irrémédiablement la structure de ces sols fragiles en les retournant alors qu'ils sont boueux.

Si vous avez le temps, l'énergie et le matériel pour le faire, avant de creuser votre trou pour planter, étendez sur la surface du sol une couche variant de 7,5 cm à 10 cm de compost, de fumier décomposé ou d'autres amendements organiques. Ces produits améliorent la texture du sol et l'enrichissent du même coup. À défaut de compost et de fumier, vous pouvez appliquer une quantité égale de tourbe horticole, à condition de la saupoudrer d'une bonne poignée de poudre d'os par plante, car la tourbe horticole amé-liore peut-être la texture du sol, mais non sa richesse. Lorsque vous creusez, ces amende-ments seront aussitôt mélangés au sol. Personnellement — cela dit, par pure paresse — , je plante la plupart de mes vivaces sans ajouter d'amendement, ce qui ne semble pas les déranger du tout. Par contre, j'applique à la surface, à tous les ans, un paillis à décom-

Avant de planter, disposez les plantes, dans leur pot, pour apprécier l'effet qu'elles auront.

position rapide sur toutes mes plates-bandes: le sol devient alors, tout naturellement, riche et meuble.

Avant de planter, disposez les vivaces, dans leur pot, aux endroits souhaités de votre site de plantation afin de mieux apprécier l'effet qu'elles produiront. N'oubliez pas de tenir compte de la superficie qu'occupera votre plant en choisissant un espacement convenable. En outre, les plantes devraient être placées de telle façon que, parvenues à maturité, leurs feuilles se touchent à peine: il en résultera une couverture végétale complète qui empêchera la croissance des mauvaises herbes tout en laissant à chacune des plantes assez d'espace pour s'épanouir. À moins que votre plate-bande ne soit très étroite, évitez de planter les vivaces en rangées simples: l'effet sera beaucoup trop artificiel. Disposez-les plutôt en triangle ou en groupe de cinq ou sept, en espaçant également chaque plant l'un de l'autre, et ce, dans tous les sens. Si vous prévoyez planter des végétaux dans une bande assez étroite (entre la maison et le trottoir, par exemple), faites au moins deux rangées ou trois, de préférence, en positionnant les plantes de la deuxième rangée selon un angle de 45° par rapport à celles de la première (plantation en quinconce): de cette façon, la plantation paraîtra beaucoup plus dense et naturelle.

Avant de commencer à creuser, assurez-vous d'avoir à la portée de la main un arrosoir rempli d'eau ou un tuyau muni d'un pistolet d'arrosage: vous en aurez besoin. Quant aux outils nécessaires pour procéder à la plantation, une pelle de jardin suffira pour les grosses vivaces alors qu'un transplantoir conviendra pour les plantes plus petites.

Pour planter une vivace achetée en pot, choisissez d'abord son emplacement puis creusez un trou qui a deux fois le diamètre du pot et qui est un peu plus profond que la motte de racines[1], en déposant la terre excavée à côté du trou. Il est inutile de mélanger la terre prélevée et la couche d'amendements puisque cette opération se fera d'elle-même au cours de votre travail. Ne dépensez donc pas votre énergie inutilement. Pour extirper la plante, tournez-la à l'envers en tenant sa base entre vos doigts puis tirez sur le pot. Il faut parfois frapper le dessous du pot avec la paume de la main pour le dégager; au cas où nombre de racines sortiraient par les trous de drainage, découpez le pot avec un sécateur. Redressez ensuite le plant pour examiner ses racines. Si elles sont également réparties dans le terreau, plantez la motte telle

1. Si votre plate-bande se trouve sur un fond rocheux, il ne sera peut-être pas possible de creuser un trou aussi profond que la hauteur de la motte de racines. Dans ce cas, défaites la motte et étalez les racines dans tous les sens autour du plant, de façon à pouvoir positionner sa couronne au ras du sol.

quelle, sans la défaire. Si les racines font le tour de la motte, (c'est le signe que le plant est resté trop longtemps dans son contenant), dégagez-les un peu pour qu'elles soient orientées vers l'extérieur.

Rajoutez un peu de terre au fond du trou, juste assez pour que le plant soit légèrement inférieur à la surface du sol (peut-être 5 mm ou 10 mm). Lorsque la terre de remplissage se tassera (elle le fera après quelques jours sous l'effet de la pluie), cela ramènera la couronne au bon niveau.

En utilisant la terre prélevée et mélangée avec les amendements, remplissez d'abord le trou à moitié puis arrosez bien. Cela assure aux racines inférieures leur part d'humidité. Terminez de remplir le trou puis tassez solidement le sol avec le pied ou la main. Ensuite, entourez le site de plantation d'un cercle de terre (on dit couramment un «beigne de terre») pour former une cuvette qui retiendra l'eau de pluie et d'arrosage pendant la période d'acclimatation, surtout si le site de plantation est en pente. Enfin, arrosez abondamment une seconde fois. (Si le «beigne de terre» vous dérange, vous pouvez l'enlever après quelques semaines; sinon, la pluie le fera à votre place. Par contre, les plantes qui requièrent un sol sec ou un très bon drainage exigent à tout prix que vous enleviez le cercle de terre avant l'arrivée de l'hiver.)

Il se vend des engrais qui favorisent la transplantation et qui sont très riches en phosphate, un élément reconnu pour stimuler l'enracinement. Bien des jardiniers méticuleux aiment utiliser ce produit pour arroser les vivaces fraîchement transplantées. Néanmoins, la différence est si peu notable dans le cas des plantes à croissance relativement lente, comme les vivaces, que l'emploi de ces engrais est tout à fait superflu.

Pour terminer la plantation en beauté, appliquez une couche de paillis de 7 cm à 10 cm d'épaisseur tout autour du plant, en ayant soin de ne pas l'étouffer. Vous garderez ainsi les racines plus humides et plus fraîches, ce qui favorisera une reprise plus rapide et plus saine. Par contre, si vous transplantez tôt au printemps, mieux vaut attendre que le sol se réchauffe avant d'appliquer le paillis: la reprise en sera d'autant plus rapide.

Si vous avez acheté des vivaces en pot mais que vous ne pouvez pas les transplanter tout de suite, placez-les à l'ombre ou à la mi-ombre et n'oubliez pas de les arroser souvent pour empêcher leurs racines de se dessécher.

A

Comment planter une vivace?

A. Avec une pelle, creusez juste un peu plus profondément que la hauteur de la motte et doublez son diamètre.

B. Tenez la plante renversée et retirez le pot.

C. Si les racines ont pris la forme du pot, défaites-les avec les doigts.

D. Rajoutez juste assez de terre au fond du trou pour que la couronne soit légèrement enterrée, puis mettez-y la plante.

E. Remplissez de terre à mi-hauteur puis arrosez bien.

F. Comblez ensuite le trou et tassez la terre pour éliminer les poches d'air.

G. Faites un «beigne» autour du plant, surtout si le terrain est en pente, et remplissez-le d'eau.

H. Paillez autour du plant.

B

C

D

E

F

G

H

79

Plants à racines nues

Lors de la plantation, les plantes déterrées ou divisées exigent des soins semblables à ceux que requièrent les vivaces mises en pot. Par contre, leur système racinaire est beaucoup plus sensible et il ne faut pas se surprendre si la plante flétrit davantage et qu'elle fleurit peu, sinon pas du tout, au cours de la première année. Certaines vivaces à lente croissance, comme la pivoine, peuvent même prendre deux ou trois ans pour récupérer complètement à la suite d'une transplantation à racines nues. Quand vous déterrez une vivace pour la transplanter ailleurs dans la plate-bande, prélevez toujours la plus grosse motte possible, surtout dans le cas d'une plante à longues racines, du fait que vous aurez inévitablement à en trancher plusieurs.

Idéalement, il faut transplanter les plantes à racines nues tout de suite après leur prélèvement. Si cela est impossible, arrosez-les bien et enveloppez-les dans de la jute ou du plastique. Il est très important de ne pas les laisser cuire au soleil. Si vous devez les transporter sur une longue distance en automobile, n'oubliez pas de garer à l'ombre lors d'un arrêt. Si l'attente doit durer plusieurs

Planter un végétal à racines nues ou une plante en pot exige la même technique. Il importe de bien supprimer les racines brisées avant la plantation.

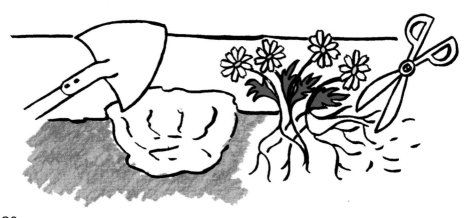

jours, mieux vaut les planter temporairement dans un pot de taille appropriée. Il faut, bien sûr, les garder humides jusqu'à la plantation, et ce, sous toutes conditions.

Il est facile de juger de la profondeur requise pour transplanter une plante achetée en pot: il s'agit de placer la motte de terre à un niveau légèrement inférieur à la surface du sol. Par contre, avec les plants à racines nues ou les divisions, la terre d'origine est souvent perdue. Dans ce cas, recherchez la couronne, c'est-à-dire le point de jonction entre les racines et la tige; par ailleurs, si vous vous y prenez tôt au printemps, recherchez les bourgeons dormants. La couronne doit être très légèrement enfouie de façon qu'elle soit positionnée à fleur de terre après le compactage du sol. Il y a souvent une démarcation très nette entre la partie pâle, qui était enterrée, et celle de couleur foncée, qui était exposée au soleil. Si tel est le cas, fiez-vous à ce repère pour déterminer la profondeur de la plantation.

La meilleure période pour transplanter les vivaces déterrées dans le jardin arrive tôt au printemps, avant que n'apparaisse la végétation (ou peu après) ou à l'automne, au moins un mois avant que la terre ne gèle. La raison en est très simple: les plantes s'adap-

En plaçant la plante, veillez à ce que la couronne soit légèrement enterrée.

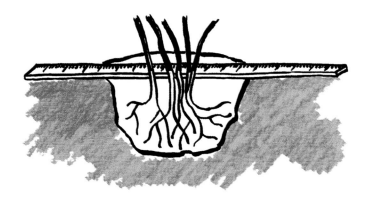

tent plus facilement lorsqu'on les transplante quand elles sont dormantes. Par contre, quel jardinier, après avoir remarqué une magnifique vivace dans le jardin d'un ami, ne s'en est pas fait offrir une division? Comme cela arrive normalement lorsque la plante est en fleurs au beau milieu de l'été, faut-il vraiment attendre à l'automne ou au printemps pour aller la chercher? Idéalement, oui... mais si l'ami reste à 300 km de votre demeure, ne vaut-il pas mieux prendre un risque et l'emporter? Le taux de succès d'une transplantation à racines nues en pleine croissance est d'environ 85 % alors qu'une division faite dans les mêmes conditions se cote à 60 % et plus. À vous de juger si le jeu en vaut la chandelle...

Quand vous faites venir des vivaces par la poste (et c'est généralement la seule façon d'obtenir des variétés rares qui ne se trouvent pas dans les jardineries locales), elles sont parfois expédiées à racines nues. Le vendeur les a généralement très bien emballées pour qu'elles supportent le transport et a vu à ce que les plantes soient livrées le plus rapidement possible. Le taux de succès obtenu avec ces plantes est donc très élevé... à condition de ne pas les laisser moisir dans leur boîte d'emballage! Dès la réception ou au cours des deux ou trois jours suivants, déballez-les; si vous ne pouvez pas les planter immédiatement, empotez les plants en les gardant à l'abri des rayons du soleil jusqu'au moment de leur plantation. Si vous les recevez tôt au printemps, mais que la période pour planter n'est pas encore arrivée dans votre région, vous pouvez les laisser dans leur boîte en autant que vous ayez un endroit très frais (moins de 10 ° C), comme un caveau à légumes ou un réfrigérateur, pour les conserver. Il faut néanmoins surveiller de très près leur état et les découvrir à l'occasion pour pulvériser leurs racines avec de l'eau fraîche si elles montrent des signes de flétrissement.

La technique de plantation pour une vivace à racines nues ou une division de bonne taille est identique à celle employée pour une vivace en pot, sauf, bien sûr, qu'il n'y a pas de contenant à enlever: vous placez l'une ou l'autre dans un trou préparé à l'avance, à la bonne profondeur, en étalant un peu les racines avant de rajouter de la terre selon la technique ci-haut mentionnée. S'il s'agit de planter un petit rejet n'ayant que quelques racines, il n'est pas nécessaire de creuser un trou aussi important. Il suffit d'enfoncer le transplantoir dans le sol jusqu'à l'extrémité de la lame et d'y faire

une fente en pratiquant un mouvement répété vers l'avant et l'arrière. Glissez le rejet dans le petit trou en étalant un peu ses racines avant de le remplir de terre et arrosez bien.

Soins après la plantation

Il faut arroser fréquemment les vivaces nouvellement plantées durant la première année (jusqu'à deux fois par semaine par temps de sécheresse). Cela leur permet de se faire des racines fortes et profondes. Si maintenir en permanence un bon taux d'humidité est important pour les nouveaux plants, il l'est encore plus pour les vivaces à racines nues. À partir de la deuxième année, la plupart des vivaces s'accommoderont de la pluie, sauf durant les périodes de grave sécheresse.

Les vivaces plantées au printemps ont amplement le temps de faire de nouvelles racines et de s'ancrer fermement dans leur nouvel emplacement. En revanche, ce n'est pas toujours le cas des vivaces repiquées en été ou en automne. Pour leur premier hiver, il est toujours sage de leur fournir une bonne protection grâce à un épais paillis organique. Pour plus de renseignements, consultez la section *La protection hivernale* (voir à la page 127).

Pour planter un rejet en quelques instants, enfoncez le transplantoir dans le sol et exécutez des mouvements vers l'avant et l'arrière pour faire une fente.

Si maintenir en permanence un bon taux d'humidité est important pour les nouveaux plants, il l'est encore plus pour les vivaces à racines nues.

L'arrosage

Malheureusement, tout n'est pas sous le contrôle du jardinier, et c'est notamment le cas de la pluie. Grâce à une pluie régulière et abondante, mais non excessive, il devient possible d'avoir une plate-bande de vivaces qui, une fois bien établie, n'exige que peu de soins. Dans l'est du Québec ainsi que dans les parties plus au nord, un été suffisamment pluvieux est relativement fréquent et, malgré les hivers généralement plus froids que dans le sud-ouest, le jardinage y est beaucoup plus facile. Dans l'est du Québec, je n'ai eu à arroser mes plates-bandes (exception faite, bien sûr, des végétaux fraîchement transplantés) qu'un seul été en 22 ans! En revanche, dans le sud-ouest, où les sécheresses se multiplient, l'entretien du jardin nécessite plus de soins.

Il y a cependant deux choses que vous pouvez faire pour être certain que vos plates-bandes profitent au maximum des averses et des arrosages qu'elles reçoivent. Premièrement, assurez-vous que leur sol est riche en matière organique. D'une part, la matière organique aide les sols secs ou trop bien drainés à mieux absorber l'eau; d'autre part, elle permet aux sols trop lourds de mieux se drainer. Deuxièmement, utilisez toujours un paillis organique, car il aide le sol à rester humide, même en période de canicule (pour plus de renseignements sur le sujet, voir la section *Le paillis* à la page 99).

En matière d'arrosage, vous obtiendrez le summum de la facilité grâce à un système d'irrigation. Avec des gicleurs ou des goutteurs bien disposés à travers la plate-bande, une minuterie électronique programmée selon les heures et les jours où l'arrosage est permis sur votre terrain et un lecteur d'humidité pour empêcher le système de se mettre en marche lorsqu'il y a eu suffisamment de pluie, l'arrosage devient si bien contrôlé que l'on a même plus besoin d'y penser. Un jardin qui s'arrose tout seul? Un autre rêve du jardinier paresseux! L'installation d'un tel système est cependant coûteuse et demande beaucoup d'efforts (bien que ceux qui ont les moyens d'installer un système d'irrigation automatique peuvent sûrement se payer le luxe de faire faire l'installation par un professionnel). Pour ces raisons, peu d'amateurs, même très paresseux, décident d'y recourir. Par contre, si votre jardin requiert une irrigation constante (comme un jardin au sol excessivement sablonneux de l'ouest du Québec, par exemple), il vaut la peine de trouver les sous nécessaires. Vous éviterez que l'arrosage devienne une tâche si accaparante qu'elle vous gâche tout le plaisir du jardinage. Un détail très important: à la fin de la saison, il faut *absolument* vider le système d'irrigation de toute son eau au moyen d'un compresseur à air, et ce, même si le manufacturier (généralement américain ou européen) prétend que ce n'est pas nécessaire, sinon l'eau restée dans les tuyaux risque de les faire éclater en gelant.

Il existe cependant un moyen peu coûteux pour arroser une plate-bande sans se donner trop de peine: le tuyau perforé (tuyau suintant). Il s'agit d'un tuyau d'arrosage fait de pneus recyclés, lequel permet à l'eau de s'échapper par les nombreux trous minuscules de ses parois. Il fournit l'eau lentement et sûrement sans même mouiller les sentiers du jardin. Facile à installer, on peut l'étendre à travers la plate-bande pour qu'il passe au pied des plantes les plus exigeantes. Dissimulé sous une couche de paillis, il passe inaperçu aux yeux des visiteurs. Mais faites bien attention, car un tuyau caché risque de couler fort longtemps avant qu'on ne remarque la bévue! Or, il existe une simple

Un système
d'irrigation
en fonction.

Photo: Rainbird Irrigation

Un boyau suintant
est très pratique.

*U*n site
constamment
détrempé peut
vous permettre
de réaliser un
magnifique jardin
d'eau.

minuterie mécanique, peu coûteuse même, qui ferme l'eau au bout d'une période fixée au début de l'irrigation: son achat est donc très fortement conseillé. Si vous avez plusieurs plates-bandes, installez un raccordement multiple ou en Y à votre robinet extérieur: vous serez à même d'ouvrir ou de fermer l'alimentation de chaque tuyau perforé à partir d'une manette. De toute façon, vous ne pourrez alimenter qu'un seul «circuit» d'irrigation à la fois, car la pression sera trop faible pour suffire en même temps à toutes les parties du jardin.

En outre, vous pouvez utiliser un arroseur rotatif ou oscillant pour arroser la plate-bande, mais vous gaspillerez beaucoup d'eau. En effet, ce genre d'appareil mouille inutilement certains endroits (les sentiers et les terrasses) et en arrose excessivement d'autres: par exemple, certains secteurs sont doublement irrigués quand on essaie d'atteindre les moindres recoins de la plate-bande. De plus, le jet d'eau est souvent obstrué par des plantes hautes et n'atteint pas également toutes les parties du jardin. Dans ce cas, on peut surélever l'arroseur au moyen d'un support ou d'un piquet pour qu'il soit au niveau de la plante la plus haute de la plate-bande: l'eau pénètre alors partout de façon plus uniforme.

Évidemment, ce n'est pas toujours la plate-bande au complet que vous voulez arroser, mais seulement quelques plantes, celles plantées récemment (les plantes bien établies exigent beaucoup moins d'eau). Pour éviter de briser certaines plantes de la plate-bande en traînant le tuyau d'arrosage jusqu'à celles qui ont besoin d'eau — vous serez ensuite forcé de ramasser un tuyau boueux et lourd en risquant d'amocher *d'autres* plantes —, utilisez donc un arrosoir de jardin: les modèles munis d'une pomme d'arrosage amovible à l'extrémité sont bien pratiques, car ils permettent d'arroser en douceur, sans déterrer les plantes fragiles.

Compte tenu de vos conditions, si l'arrosage s'avère une tâche ardue, ayez davantage recours aux plantes qui tolèrent la sécheresse (voir la section *Emplacements secs* à partir de la page 62). Pensez à regrouper vos plantes selon leurs besoins, en plaçant dans le même secteur les plantes qui nécessitent beaucoup d'eau et, dans un autre, celles qui exigent un drainage parfait. De cette façon, vous pourrez concentrer vos arrosages sur les plantes qui en ont le plus besoin. Idéalement, les plantes qui exigent beaucoup d'eau occuperont la partie la plus humide de votre plate-bande, alors que celles qui tolèrent la sécheresse pourront être placées dans un secteur plus sec tel qu'une pente ou une rocaille. Enfin,

Pour des plantes à irriguer individuellement, rien de mieux qu'un arrosoir.

n'oubliez pas de former une cuvette ou un «beigne de terre» pour irriguer les végétaux récemment plantés et ceux qui requièrent plus d'eau: la pluie aura ainsi plus de chance d'atteindre leurs racines.

Il va sans dire que vous devez arroser en respectant les exigences de votre municipalité; sinon, vous risquez de payer une amende. Un arrosage fait tôt le matin, avant que le soleil ne réchauffe la terre, ou par temps gris quand il ne vente pas, est le plus efficace, car il y a moins d'eau qui se perd par évaporation. Malheureusement, plusieurs municipalités nous obligent à arroser le soir. C'est quand même acceptable, même si un peu plus de pertes se produisent. La pire période pour arroser se situe au milieu de la journée, surtout si le soleil plombe: presque toute l'eau se perd par évaporation.

Enfin, voici un petit truc rapide mais très efficace pour profiter au maximum de ce que la nature vous offre: au cours d'une longue période de sécheresse, si les prévisions météo annoncent qu'il va enfin pleuvoir, arrosez légèrement votre plate-bande quelques heures avant la pluie. En voici la raison: un sol très sec repousse l'eau, laquelle ira se perdre dans les égouts ou dans les canaux de drainage; en revanche, un sol déjà légèrement humidifié absorbera toute la pluie, irriguant votre plate-bande en profondeur.

La fertilisation

Devoir revenir à la tâche pour ajouter des engrais, solubles ou autres, à la plate-bande n'a rien d'intéressant pour le jardinier paresseux. Aussi bien trouver des moyens de s'en

Au cours d'une longue période de sécheresse, si les prévisions météo annoncent qu'il va enfin pleuvoir, arrosez légèrement votre plate-bande quelques heures avant la pluie.

passer. Au printemps, donc, recouvrez le sol de la plate-bande d'une couche de 7,5 cm à 10 cm de compost, de fumier bien décomposé ou de feuilles que vous avez déchiquetées avec la tondeuse au cours de l'automne précédent. N'importe quel paillis à décomposition rapide sera aussi très efficace. Nul besoin de faire pénétrer ces amendements dans le sol: les vers de terre et autres micro-organismes travailleront à leur décomposition et l'eau de pluie transportera leurs éléments nutritifs jusqu'aux racines. Si vous avez peur que votre sol soit *très* pauvre, épandez d'abord un engrais organique à dissolution lente (de la poudre d'os ou de la farine de sang, par exemple) sur le sol avant d'y étendre l'amendement organique. Non seulement ces éléments enrichissent-ils le sol, mais ils améliorent sa texture et agissent comme un paillis pour maintenir le sol plus humide et moins chaud.

Il peut arriver, malgré une application annuelle de matière organique, que certaines plantes montrent des signes de ralentissement au milieu de l'été. Si une sécheresse sévit, vous savez comment y remédier; mais si ce n'est pas le cas et que le feuillage des plantes paraît un peu jauni sans qu'il n'y ait traces d'insectes ou de maladies, il se peut que ces plantes manquent d'éléments nutritifs. Dans ce cas, pulvérisez-les avec un engrais foliaire organique, tel qu'une émulsion d'algues et de poissons. Les éléments nutritifs atteignent plus rapidement les cellules affectées quand ils sont pulvérisés sur les feuilles plutôt qu'appliqués sur le sol, et il y a aussi moins de pertes. L'avantage d'un engrais foliaire organique sur un composé 15-30-15 artificiel est qu'il vous donne la certitude de fournir tous les oligoéléments dont ont besoin les plantes pour bien pousser.

Vous aimeriez appliquer un engrais un peu plus fort? Utilisez alors des cristaux d'engrais à dissolution lente à la surface du sol avant de mettre le paillis ou la couche d'amendement annuel. Tout engrais recommandé pour les vivaces fait l'affaire, mais évitez les engrais riches en azote (quand le premier des trois chiffres apparaissant sur l'étiquette est de beaucoup supérieur aux autres) qui pourraient provoquer une croissance rapide marquée par un manque de rigidité et une trop grande sensibilité aux insectes. D'ailleurs, si vous manquez d'engrais «pour plantes vivaces», sachez que tout produit de fertilisation à dissolution lente ne contenant pas un taux exagéré d'azote, comme c'est le cas de l'engrais tout usage, de celui pour arbustes, pour rosiers, etc., convient bien. Les vivaces, voyez-vous, ne savent pas lire les étiquettes; elles ne sauront donc pas que l'engrais qu'on leur a donné était censé servir à des plants de tomates...

Le tuteurage

Voilà encore une tâche que le jardinier paresseux aimerait bien éviter... et dont il peut, fort heureusement, se passer! Pour réduire au mieux les opérations de tuteurage, évitez de planter dans un endroit trop exposé au vent les vivaces hautes qui risquent de s'affaisser.

Un tuteur est rarement esthétique.

Les vivaces qui ne reçoivent pas assez de lumière ont aussi tendance à produire des tiges peu résistantes. Les planter dans un endroit plus ensoleillé les aidera à se maintenir droites, sans tuteurage. En outre, les plantes à fleurs doubles ploient davantage sous la pluie que les plantes à fleurs simples: le choix de ces dernières vous facilitera donc la vie. Quant aux plantes hautes que vous tenez à cultiver malgré tout et qui nécessiteront un support, placez-les au fond de la plate-bande parmi des vivaces ou des arbustes de hauteur moyenne sur lesquelles elles pourront s'appuyer.

Il arrive toutefois au jardinier le plus compétent d'avoir des plantes parfaitement bien situées, mais qui plient excessivement ou cassent malgré les bons soins qu'il leur prodigue. La solution la moins commode et la moins attrayante consiste à placer un tuteur individuel près de chaque plante et de l'y fixer au moyen d'un fil ou d'une attache quelconque. Non seulement ces tuteurs déparent-ils la plante au moment où elle atteint son apogée, soit lors de sa floraison, mais l'on brise des feuilles, voire des tiges entières, quand on en effectue l'installation. Pis encore, le jardinier paresseux se doit d'enlever les tuteurs chaque automne (du moins, les attaches) et de les replacer lors de chaque période de floraison: quel gaspillage de temps et d'énergie! Mieux vaut alors trouver une autre solution.

Heureusement qu'il existe d'autres façons de s'en sortir, mais elles se préparent à l'avance, au printemps, en l'absence de végétation. Il s'agit, par exemple, de munir la plante d'un support au travers duquel il lui est possible de pousser et sur lequel ses tiges pourront s'appuyer quand viendra le moment de la floraison, évitant ainsi de recourir à des attaches dangereuses et fastidieuses. On appelle communément ce genre d'appui un «support à pivoine» (la pivoine est une plante réputée pour s'écraser au sol après la moindre pluie).

Le support à pivoine commercial se compose d'un anneau de métal surélevé et renforcé par deux ou trois piquets. L'anneau peut être grillagé, pour offrir un soutien maximal. Au printemps, on enfonce autour du plant les piquets du support à une profondeur d'environ 20 cm et les tiges comme le feuillage pousseront au travers, le rendant presque invisible.

Pour ceux qui préfèrent fabriquer leurs propres supports, vous pouvez, le printemps venu, enfoncer autour des plantes sujettes à plier trois ou quatre minces piquets dans le

*L*es vivaces qui ne reçoivent pas assez de lumière ont tendance à produire des tiges peu résistantes.

Support à pivoine commercial.

Plutôt que d'utiliser un support à pivoine pour empêcher une plante de ployer sous son propre poids, des fils entourant plusieurs piquets de bois permettent aux tiges de s'y appuyer, au fur et à mesure de leur croissance, tout en cachant ces supports avec leurs feuilles.

sol. Entourez-les avec du fil disposé horizontalement à tous les 30 cm en partant du sol. Il n'est pas recommandé d'utiliser des tuteurs de la même hauteur que la plante, car ils seront trop visibles lors de la floraison. Un appui à mi-hauteur ou même moins suffit le plus souvent.

Il existe une façon encore plus simple: elle consiste à disposer, tôt au printemps, au-dessus des vivaces hautes, des branches mortes au travers desquelles les tiges florales pourront se faufiler durant leur croissance et sur lesquelles elles pourront s'appuyer, le cas échéant. Et pourquoi ne pas employer une cage à tomates pour supporter une grande vivace?

En mettant ces moyens en pratique, vous serez agréablement surpris par le très bel effet que produit une vivace haute dont la tige est supportée à mi-hauteur et dont la tête ploie légèrement, comparativement à une autre qui, attachée à des tuteurs par trop visibles, adopte une position rigide et artificielle.

Mais que faire des supports à pivoine quand vient l'automne? Si vous êtes un jardinier méticuleux, vous les ramasserez pour les remiser pendant l'hiver. Quant au jardinier paresseux, il les laissera sur place, en permanence, du moins tant que la plante aux tiges fragiles demeurera à cet endroit. Après tout, les vivaces étant des végétaux qui repoussent à tous les ans, le travail serait donc à recommencer chaque printemps: aussi bien le faire une bonne fois pour toutes!

Quelques tiges florales s'écrasent sur vos plates-bandes malgré vos efforts pour éviter de les tuteurer? Qu'à cela ne tienne! Un bon jardinier paresseux ne fait ni un ni deux... il les ramasse pour faire des arrangements floraux dans sa demeure!

La taille

Il y a trois principales sortes de taille à pratiquer sur les vivaces: la suppression des fleurs fanées, la taille d'embellissement puis le nettoyage. Regardons ce qui peut être fait pour éliminer les trois ou en réduire les opérations.

La suppression des fleurs fanées

Le but recherché en supprimant des fleurs après la floraison est, théoriquement, d'empêcher les plantes de consacrer trop d'énergie à la formation de graines. Il faut cependant savoir que cette façon de faire n'est pas obligatoire. Si on laisse mûrir les graines sur une véritable vivace, elle n'en mourra pas (exception faite du pavot bleu et des autres plantes monocarpiques, mais alors, ce ne sont pas de vraies vivaces). Qui plus est, je n'ai jamais remarqué de différence majeure entre la croissance d'une *vivace* (il faut mettre ce mot en relief, car c'est souvent le contraire avec les annuelles) dont on a laissé mûrir les graines et celle dont on les a fidèlement supprimées. Il existe bien certaines vivaces, comme l'anthémis, la centaurée et le delphinium, qui peuvent refleurir légèrement au cours de l'été si les fleurs fanées sont éliminées: si vous avez vraiment envie de tailler, faites-le avec celles-là. Il m'arrive même, malgré ma grande paresse, de supprimer une tige florale ou deux lors de mes pérégrinations à travers le jardin, mais j'essaie de ne pas en faire une religion.

La vraie raison pour laquelle les jardiniers méticuleux suppriment les fleurs fanées de leurs vivaces, c'est qu'ils ont peur que la tige florale dépare la plante. Parfois, ils ont raison. Néanmoins, tout jardinier paresseux que vous êtes, si une tige florale fanée vous dérange vraiment, ne vous gênez pas pour la rabattre! Par contre, en supprimant systématiquement toutes les fleurs fanées de vos vivaces, vous manquerez un aspect très intéressant de leur cycle vital, car plusieurs ont des tiges florales presque aussi attrayantes une fois séchées que quand elles sont vivantes alors que d'autres produisent des capsules, des fruits ou des gousses décoratives. Les tiges florales plumeuses de l'astilbe, par exemple, sèchent en donnant un beau beige tirant parfois vers le rose et persistent jusqu'à l'automne, créant l'impression d'une floraison qui se perpétue jusqu'aux neiges. De plus, on peut couper ces tiges florales séchées pour en faire de jolis arrangements dans la maison.

Il existe aussi un autre grand avantage à laisser vos vivaces monter en graines: c'est qu'elles peuvent alors se ressemer, et ce, au meilleur intérêt du jardinier paresseux, car ces plants gratuits remplissent les vides dans la plate-bande, sans que vous ayez à y mettre le moindre effort. D'ailleurs, une vivace germant d'elle-même dans un autre secteur de la plate-bande se comporte souvent mieux que son plant d'origine, car elle a choisi l'emplacement qui lui convenait le mieux.

Il existe toutefois des vivaces qui deviennent vite de mauvaises herbes si on les laisse monter en graines: sous la rubrique *Des vivaces à éviter* (voir à la page 488), l'on vous conseillera justement sur plusieurs vivaces qu'il vaux mieux, pour cette raison, ne pas planter. Si jamais vous avez eu le malheur de le faire, il *faut* à tout prix supprimer leurs tiges florales sitôt leurs fleurs fanées.

La taille d'embellissement

Plusieurs vivaces (certains géraniums, par exemple) deviennent quelque peu dégarnies au cours de l'été, laissant leurs tiges molles retomber négligemment, état qui n'est pas, soit dit en passant, sans charme. Le fait de les tailler stimulera souvent une nouvelle croissance plus dense. Personnellement, je place de telles plantes au milieu de ma plate-bande où je ne les remarquerai pas après la floraison, mais si les vôtres sont en avant-plan, taillez-les si le coeur vous en dit.

Certaines vivaces tapissantes, notamment celles décrites dans la section *Des tapis de fleurs au printemps* (voir à la page 296), deviennent «fatiguées» après la floraison. Dans le tapis uniforme qu'elles formaient apparaissent alors des trous et des sections mortes. Il est inutile de passer des heures à tailler à la main ces plantes composées de milliers de petites tiges. Si elles sont plantées en bordure de votre plate-bande, le long d'un sentier ou d'un gazon, il existe une solution facile. Il suffit de passer la tondeuse sur elles, la prochaine fois que vous entretiendrez votre pelouse. Sinon, le taille-bordures les ramènera à une hauteur plus raisonnable en quelques secondes. En les taillant à une hauteur de 7 cm à 10 cm du sol après la floraison, vous vous assurez d'une belle repousse dans les semaines suivantes ainsi que d'une plante encore plus densément fleurie au printemps suivant.

Enfin, il existe des plantes à floraison printanière, comme le pavot oriental (*Papaver orientale*) et le coeur-saignant des jardins (*Dicentra spectabilis*), dont le feuillage meurt au sol après la floraison, à la manière de celui de la tulipe. Plantez-les derrière des vivaces à floraison plus tardive et ce «défaut» ne sera pas visible. Sinon, arrachez les parties mortes à la main.

Le nettoyage

Toute bonne chose a une fin, et c'est le cas des vivaces en fin de saison, quand la plupart brunissent ou jaunissent sous l'effet du gel. Beaucoup de jardiniers mettent des efforts surhumains à nettoyer les vivaces de leurs feuilles et de leurs tiges brunissantes, à l'automne, en pensant que c'est obligatoire. Il existe cependant deux écoles de pensée au sujet du «ménage automnal»: celle du pour et celle du contre.

La première école insiste sur l'importance de tout nettoyer à l'automne, car ramasser les feuilles mortes éliminerait les insectes et spores indésirables qui pourraient hiverner sur la plante. La deuxième prétend qu'il vaut mieux ne *pas* ramasser les feuilles mortes des vivaces à l'automne, sous un climat froid, parce que les accumulations de végétation morte aident à protéger la plante, non seulement contre la froidure, les vents glacés atteignant moins facilement la couronne des plantes feuillues à cause de la neige isolante qui s'y accumule davantage, mais aussi contre le déchaussement provoqué par le gel et le dégel. De plus, enlever les feuilles mortes supprime non seulement les spores et les insectes nuisibles en latence, mais aussi les contrôles naturels que dame Nature s'occupe sagement d'opérer auprès des plantes qui en ont grand besoin.

Qui a raison? À vous de décider. Car il existe des études contradictoires sur le sujet. En tant que jardinier paresseux, je préfère croire en ces nombreuses études qui démontrent effectivement ce qui suit: les vivaces auxquelles on a laissé le feuillage à l'automne se trouvent en meilleur état au printemps, comparativement à celles qui ont été «nettoyées», et elles souffrent moins des insectes et des maladies au cours de l'été suivant. En outre, je n'ai jamais eu de maladies ni d'infestations graves d'insectes dans mes plates-bandes en plus de 20 ans de jardinage, et ce, malgré le fait que j'ai souvent réussi à cultiver des plantes qui, en théorie, ne pouvaient pas se maintenir sous mon climat. Comme je n'ai jamais nettoyé mes plates-bandes à l'automne

Dans cette plate-bande de vivaces, des tiges encore debout restent à éliminer. Or, les feuilles et les tiges écrasées par la neige seront vite cachées par les nouvelles pousses.

(et très peu au printemps, d'ailleurs), je considère la négligence en matière de nettoyage automnal comme l'une des clés de mon succès.

Il existe toutefois un juste compromis entre la manie du nettoyage et le «laissez-faire-la-nature»: ne ramassez à l'automne que le feuillage des plantes sujettes aux maladies ou aux insectes (l'iris à barbe, le phlox et la rose trémière sont des exemples bien connus de plantes ayant des faiblesses sur ce plan). De toute façon, comme le jardinier paresseux évite habituellement les vivaces sujettes aux maladies et aux insectes, la question se trouve vite réglée: il n'est donc pas nécessaire de ramasser les feuilles et les tiges mortes des vivaces à l'automne.

Il y a même une raison esthétique à ne pas faire le ménage à l'automne: plusieurs vivaces, avant d'être écrasées sous le poids de la neige ou de disparaître quand celle-ci s'accumule, ajoutent un certain relief et mettent un dernier brin de couleur dans la plate-bande. Les sédums d'automne (*Sedum*), la monarde (*Monarda*) et l'érynge (*Eryngium*) ne sont que trois exemples de plantes dont les fleurs séchées, encore dressées sur la neige, ajoutent beaucoup de charme au jardin hivernal.

«Mais si on ne fait pas le ménage dans les vivaces à l'automne, sûrement qu'on doit le faire au printemps», direz-vous? Pas nécessairement. Car les tiges et les feuilles des vivaces, après avoir été écrasées par le poids de la neige, disparaîtront au printemps sous le couvert de la nouvelle végétation (sans parler du paillis et des amendements organiques que vous ajouterez) et finiront par se décomposer pour nourrir la plate-bande. Il ne restera que les rares brindilles rigides à ramasser après le dégel. De plus, il est plus facile d'effectuer le

*L*es tiges et les feuilles des vivaces, après avoir été écrasées par le poids de la neige, disparaîtront au printemps sous le couvert de la nouvelle végétation et finiront par se décomposer pour nourrir la plate-bande.

nettoyage au printemps plutôt qu'à l'automne: les brindilles se cueillent sans effort, par simple traction, et vous n'avez pas besoin de vous pencher, alors que l'utilisation du sécateur à l'automne exige de la force pour tailler et enlever les parties de la plante qui résiste encore. À croire qu'une paresse mûrie à point... a plus de saveur que le fruit du travail!

La taille du paresseux

La façon la plus facile pour le jardinier paresseux de tailler ses vivaces est de toujours apporter un sécateur avec lui, lors de ses nombreuses incursions dans ses plates-bandes (le fait est connu qu'un jardinier paresseux se promène beaucoup plus qu'il ne travaille). Si vous trouvez une fleur fanée qui vous déplaît ou une plante qui commence à obstruer un sentier, vous aurez ainsi l'outil idéal sous la main. Et il ne vaut pas la peine de transporter les rebuts jusqu'au tas de compost: lancez-les derrière une vivace ou un arbuste où ils se décomposeront de façon toute naturelle, sans demander d'efforts de votre part.

Pas la peine d'ajouter les brindilles supprimées au tas de compost: lancez-les derrière une vivace ou un arbuste où elles se décomposeront.

Le paillis

L'utilisation du paillis s'avère non seulement indispensable au jardinier paresseux, mais elle est essentielle à n'importe quel jardin. La différence entre une plate-bande couverte de paillis organique et une plate-bande qui ne l'est pas, c'est comme le jour et la nuit. Dans une plate-bande paillée, les plantes deviennent plus denses, plus florifères et verdoyantes; la plate-bande même paraît plus attrayante. Pourquoi cet effet? Parce que le paillis aide la plate-bande de mille et une façons, dont les plus évidentes sont décrites dans les lignes qui suivent.

SUPPRESSION DES MAUVAISES HERBES: Les graines des mauvaises herbes annuelles, souvent présentes en grande quantité dans le sol, exigent généralement de la lumière pour germer. Une fois recouvertes de paillis, elles n'ont aucune chance. Par ailleurs, la surface irrégulière et aérée du paillis ne favorise pas

Une plate-bande bien paillée (ici, avec des écales de cacao) est rarement envahie par les mauvaises herbes.

la germination des nouvelles graines de mauvaises herbes qui, transportées par le vent, la pluie et les animaux, ne tarderaient pas à envahir la plate-bande la plus parfaite. Enfin, même les mauvaises herbes vivaces qui se propagent par les racines ont de la difficulté à percer à travers une couche de paillis; si elles le font, elles en sont affaiblies et deviennent donc plus faciles à éliminer. Un paillis organique supprime facilement 90 % des mauvaises herbes, ce qui justifie forcément son emploi.

CONSERVATION DE L'HUMIDITÉ: Pour bien pousser, la vaste majorité des vivaces ont besoin d'un sol qui contient en permanence un peu d'humidité. Les paillis, pour leur part, forment une espèce de coupe-vapeur qui réduit l'évaporation. Force est de constater qu'un sol recouvert de paillis reste humide beaucoup plus longtemps qu'un sol qui ne l'est pas. La différence est remarquable: en période de sécheresse, les plantes cultivées avec l'utilisation d'un paillis fanent moins rapidement et exigent moins d'eau que les plantes non paillées. Il arrive même qu'une plate-bande paillée n'exige *aucun* arrosage durant tout l'été! Vous auriez tendance à croire que le paillis augmente la capacité des sols lourds à retenir l'eau? Ce n'est pas le cas. Au contraire, les paillis décomposables améliorent (du moins à long terme) la texture de ces sols compacts en augmentant leur capacité de drainage.

TEMPÉRATURE DU SOL PLUS CONSTANTE: Le sol recouvert de paillis (sauf le paillis de pierre) reste plus frais en été, pour le grand bien des plantes durant une période de canicule, et subit moins les fluctuations de l'hiver; en conséquence, la probabilité qu'une vivace récemment plantée soit déracinée par l'action du gel et du dégel s'en trouve fortement réduite.

QUALITÉ ESTHÉTIQUE ACCRUE: Les paillis dérobent à la vue bien des petits défauts (sol irrégulier ou parsemé de pierres, feuillage fané de l'année précédente, etc.). De surcroît, ils ont souvent une belle coloration. Il en résulte une plate-bande de meilleure apparence.

PROPRETÉ DES PLANTS: La pluie et l'arrosage salissent les plantes en les recouvrant de terre de jardin, ce qui non seulement diminue leur aspect décoratif, mais aussi leur capacité d'absorber la lumière solaire. Le paillis élimine ce défaut en préservant la plante: il garde le sol là où il devrait être, c'est-à-dire autour des racines.

Érosion diminuée: Les sols en pente, en particulier, sont très sensibles à l'érosion causée par la pluie, mais une couche de paillis combinée avec une plantation dense et accrue permet de réduire leur usure. En outre, il ne faut pas oublier qu'une surface plane est sujette à l'érosion causée par le vent, laquelle peut être contrée par l'utilisation du paillis.

Écologique et naturel: En dehors des sites exposés à une érosion hors de tout contrôle ou des coins désertiques nourris d'aucune matière organique, dans la nature, en général, le sol n'est jamais exposé au soleil. Dans la forêt, la terre est recouverte de feuilles mortes; dans la plaine, des brins de graminées en décomposition protègent le sol. Si les plantes n'ont pas évolué dans des conditions extrêmes où le sol était exposé aux intempéries, pourquoi donc les leur faire subir dans votre plate-bande?

Les différents paillis

Il existe un vaste choix de paillis, mais tous ne sont pas égaux. On peut les diviser, grosso modo, en deux groupes: les paillis de longue durée et les paillis à décomposition rapide.

Les paillis de longue durée ont actuellement la faveur des professionnels en horticulture. D'une part, ils ajoutent une belle touche de finition aux aménagements paysagers; d'autre part, ils n'ont pas à être remplacés souvent, ce qui donne aux clients bénéficiant d'un service d'aménagement l'impression d'en avoir pour leur argent. De plus, durant les premières années, il y a relativement peu de mauvaises herbes et les plantes semblent bien à leur aise. Les problèmes «ne font surface» qu'à long terme, quand les végétaux se mettent à dépérir et que les mauvaises herbes s'installent.

L'un des problèmes que l'on rencontre avec le paillis de longue durée n'est pas le matériau lui-même comme le fait qu'il soit combiné avec une toile géotextile, cette étoffe imputrescible servant de barrière aux mauvaises herbes. La technique employée couramment consiste à recouvrir toute la surface de la plate-bande avec cette toile dans laquelle on découpe des rondelles ou des croix. C'est à travers ces perforations que l'on plante les végétaux. On recouvre ensuite la toile agrotextile de paillis décoratif et le tour est joué! On se targue d'avoir une belle plate-bande «sans entretien»! C'est du moins le cas pendant les premières années. Par la suite, cependant, bien que les conifères et les arbustes s'en accommodent relativement bien, les vivaces, elles, semblent s'y languir, allant même jusqu'à présenter des signes de dépérissement: elles ont de la difficulté à atteindre leur taille et à offrir une floraison abondante. Pourquoi? Contrairement à la plupart des végétaux ligneux, les vivaces se renouvellent chaque année, à partir de leur base, en s'étendant graduellement vers l'extérieur. Elles ont donc besoin d'espace pour s'épanouir. Confrontées à une barrière impénétrable, confinées dans leur environnement restreint, les plantes herbacées s'affaiblissent. En outre, il est quasiment impossible de les extirper de la toile géotextile pour les diviser ou les transplanter.

De plus, quoique la barrière géotextile empêche les mauvaises herbes de pénétrer dans le sol de la plate-bande, elle n'empêche pas les autres de germer dans les interstices du paillis, une fois qu'une certaine quantité de matière organique s'y est accumulée après quelques années. Ces nouvelles mauvaises herbes forment alors une couche de racines épaisse, juste au-dessus de la toile géotextile, et deviennent presque inextirpables. La plate-bande «sans entretien» au paillis de longue durée exige bientôt autant d'entretien qu'une plate-bande qui n'a jamais eu de paillis du tout! Aussi n'est-il pas rare de voir des propriétaires frustrés détruire tout ce qu'ils ont bâti pour recommencer à zéro.

De façon générale, même si les paillis organiques à décomposition rapide sont moins couramment utilisés dans les plates-bandes, ils sont, du point de vue du jardinier paresseux, supérieurs aux paillis de longue durée. D'abord, grâce à leur décomposition accélérée, ils enrichissent le sol et améliorent sa structure. Une application annuelle de paillis rapidement décomposable remplace toute application d'engrais que vous tenteriez de faire et transforme lentement, mais sûrement, le sol le plus revêche en une riche «litière de forêt» dans laquelle presque toutes les plantes réussissent à pousser. De plus, comme ces paillis sont remplacés fréquemment, les mauvaises herbes n'ont pas le temps de s'y installer. Sans toile géotextile pour les obstruer, les vivaces peuvent prendre toute l'expansion dont elles ont besoin. Enfin, quand vous avez besoin de remplacer une plante ou d'en planter une nouvelle, vous n'avez pas à manipuler un paillis artificiel, lourd et peu maniable, ni même à découper des trous dans un toile détrempée: il suffit de planter à travers le paillis comme s'il faisait partie du sol et d'en rajouter un petit peu à la fin de la plantation.

Voici les principales caractéristiques de plusieurs paillis disponibles sur le marché. Cependant, vous en trouverez bien d'autres, à force de chercher.

Paillis de longue durée

PAILLIS DE PIERRE: On voit souvent des paillis de galet de rivière, de pierre colorée et même de gravier largement employés dans les aménagements professionnels. Sans compter les problèmes habituels que l'on rencontre avec les paillis permanents, le paillis de pierre a la particularité d'assécher le feuillage et les racines des plantes par la chaleur qu'il dégage en été et de transmettre, en hiver, davantage de froid au sol, d'où la perte occasionnelle de végétaux pourtant considérés, dans la région, comme des plantes rustiques. Bien qu'il existe certaines vivaces qui ne sont pas dérangées outre mesure par ces deux facteurs (les plantes à feuillage grisâtre, en particulier, qui adorent un été chaud et sec), ce n'est pas le cas de la majorité. En outre, le paillis de pierre exige beaucoup d'entretien, car la moindre feuille sèche qui s'y retrouve le dépare et oblige à le râteler ou à le nettoyer très fréquemment avec un aspirateur de jardin. Durée: infinie.

COPEAUX DE BOIS MINÉRALISÉS: Souvent colorés dans des teintes pour le moins bizarres (bleu, jaune, rouge, etc.), ces copeaux ont été traités pour faire obstacle à leur décomposition. Ce paillis permanent réchauffe moins le sol que le paillis de pierre, ce qui permet une croissance supérieure. De plus, si la couleur des copeaux s'apparente à une teinte naturelle, les feuilles mortes et autres déchets qui se logent sur le paillis demeurent peu visibles. Il faut cependant nettoyer la surface de temps à autre, car les matières végétales n'ont pas tendance à s'y décomposer, mais plutôt à s'y accumuler. Le problème majeur qui résulte de l'emploi de copeaux minéralisés, c'est qu'ils finissent par se mélanger au sol quand on divise les vivaces ou qu'on les transplante; comme les copeaux ne pourrissent pas, ils détruisent à jamais la texture du sol. Durée: infinie.

ÉCORCE DE CONIFÈRE: Il s'agit d'un paillis très décoratif, mais il vaut mieux choisir une marque composée de morceaux d'écorce assez petits, car les vivaces ont de la difficulté à se frayer un chemin à travers de gros morceaux. L'écorce de conifère enlève de l'azote au sol en se décomposant; il faut donc en rajouter par des fertilisations régulières. Durée: six ans et plus, selon la grosseur des morceaux d'écorce et des conditions (au cours des dernières années, l'apparence de l'écorce est souvent décevante).

COPEAUX DE BOIS NON MINÉRALISÉS: Ces copeaux font un assez bon paillis, surtout quand on peut les obtenir gratuitement, mais ils ont le défaut de se décomposer très lentement, fournissant ainsi peu d'éléments nutritifs au sol. En outre, comme ils brûlent beaucoup d'azote en se décomposant, ils nécessitent, comme l'écorce de conifère, de fréquentes fertilisations avec un engrais riche en azote. Durée: trois ans ou plus, selon le type de bois et les conditions climatiques.

Paillis se décomposant rapidement

BOIS RAMÉAL: Ce matériau est constitué de branches d'arbres et d'arbustes déchiquetées avec leurs feuilles caduques. Composé d'un mélange de copeaux de bois, de rameaux, de brindilles émiettés et de feuilles vertes déchiquetées, il offre une apparence moins uniforme que les copeaux de bois (ce qui a pour effet de mieux dissimuler les feuilles mortes à l'automne) et se décompose beaucoup plus rapidement. Comme il contient une bonne partie de feuilles vertes riches en azote, il enrichit le sol plutôt que de l'affaiblir. Durée: environ deux ans.

AIGUILLES DE PIN: Ces aiguilles forment un paillis léger et décoratif qui enrichit peu à peu le sol. Par contre, elles l'acidifient en même temps. Si vous utilisez ce genre de paillis autour des plantes qui aiment une certaine acidité, il n'y a pas de problème; autrement, ajoutez de temps à autre un peu de chaux dolomitique, en vous basant sur les résultats de vos analyses de sol. Vous pouvez obtenir des aiguilles de pin gratuitement, s'il y a des pins dans votre secteur. Durée: deux à trois ans avec les aiguilles de pin blanc; plus encore avec les autres.

FEUILLES DÉCHIQUETÉES: Aucun autre paillis n'est si facilement disponible. Il s'agit de ramasser les feuilles sur votre terrain à l'automne et de les passer sous la tondeuse ou dans une déchiqueteuse (les feuilles entières se compactent trop). Si vous en manquez, vos voisins en mettent sûrement des sacs pleins au bord du chemin. Les feuilles ont une excellente capacité d'enrichir le sol! Il est parfois nécessaire de les arroser après l'épandage pour éviter qu'elles ne s'envolent au vent (de toute façon, ce sont surtout les feuilles entières qui posent un problème à cet égard). Durée: une seule saison.

D'ailleurs, il est très intéressant de noter que le jardinier paresseux n'a pas à ramasser les feuilles d'automne qui tombent sur ses plates-bandes. Le jardinier méticuleux, lui, investit beaucoup d'efforts pour le faire, mais à quelle fin? Pour embellir la plate-bande aux mois d'octobre et de novembre? (Personnellement, je trouve une belle couche de feuilles brunes très décorative!) Bien que les feuilles d'automne nuisent effectivement au gazon, elles ne dérangent en rien les vivaces qui ont eu des millions d'années pour s'adapter à leur présence. Les feuilles

105

très larges, notamment celles de l'érable de Norvège, font un peu exception, car elles forment une couche hermétique qui empêche toute aération. Elles pourraient donc faire pourrir certaines vivaces capricieuses au cours de l'hiver. Il serait préférable de les enlever si elles sont très nombreuses et de les passer sous la tondeuse pour les déchiqueter, avant de les remettre dans la plate-bande.

COMPOST: En soi, le compost fait un excellent paillis extrêmement riche en éléments nutritifs... à condition que vous puissiez en trouver assez ou en fabriquer vous-même! Autrement, il est coûteux, car il faut en rajouter à tous les ans. Durée: une seule saison.

ROGNURES DE GAZON: Si vous utilisez des rognures de gazon, il ne faut pas en faire des couches trop épaisses, car elles se compactent trop, formant une barrière impénétrable, et peuvent sentir très mauvais: une épaisseur de 2 cm à 3 cm suffit. Ce matériau pèche un peu par son aspect inesthétique, mais le problème se corrige après une semaine ou deux, quand les rognures se mettent à brunir. Il est encore plus efficace lorsqu'il est mélangé avec de la tourbe horticole (qu'il complète merveilleusement), du compost ou des feuilles déchiquetées. Mais attention: ne l'utilisez pas dans votre plate-bande si la pelouse a été traitée avec des herbicides. Durée: moins d'une saison.

TOURBE HORTICOLE (*PEAT MOSS*): Utilisée seule, la tourbe horticole a plus tendance à s'agglutiner pour former une barrière qui repousse la pluie, ce qui en fait un mauvais paillis. Par contre, mélangée avec d'autres paillis à décomposition rapide, elle tend à hériter de leurs caractéristiques et à faire un matériau acceptable. Durée: un an à deux ans, selon le produit avec lequel on l'a mélangée.

PAILLE: Comme son nom l'évoque, il s'agit du tout premier paillis. En revanche, la paille convient mieux au potager qu'à la plate-bande, et ce, pour des raisons esthétiques. De plus, elle est difficile à obtenir en ville et contient parfois des graines de mauvaises herbes. Durée: une saison.

ÉCALES DE CACAO: À tous les égards, les écales de cacao font un excellent paillis et elles se décomposent rapidement pour former un riche humus. La senteur de chocolat (certaines personnes l'aiment; d'autres pas) des écales ne dure que quelques jours. Il s'agit peut-être du meilleur paillis pour la plate-bande décorative. Durée: une à deux saisons.

ÉCALES DE SARRASIN: Similaires aux écales de cacao, les écales de sarrasin sont plus sujettes à être déplacées par le vent. Arrosez-les après l'application pour les faire tenir en place. Durée: une à deux saisons.

Les défauts du paillis

Ce serait bien extraordinaire de pouvoir prétendre que les paillis n'ont que de bons côtés, tellement ils facilitent la vie du jardinier paresseux... mais ils ont aussi leurs petits défauts!

D'abord, comme les paillis ont un effet sur la température du sol, ils ralentissent le réchauffement de la terre au printemps. Les végétaux des plates-bandes paillées prennent donc plus de temps à pousser au printemps, surtout si la plate-bande est ombragée. Il existe cependant un petit avantage à ce contretemps: comme les plantes restent plus longtemps à dormir, elles sont moins sujettes aux dommages causés par un gel tardif, lequel affectera les bourgeons qui se sont épanouis trop hâtivement. Les jardiniers plus méticuleux vont jusqu'à râteler la plate-bande au début du printemps afin d'enlever le paillis; ils le remettent ensuite au début de l'été quand la température commence à se réchauffer. De son côté, le jardinier paresseux attend sagement son printemps en acceptant un court délai.

Vous savez que les paillis organiques gardent le sol plus humide et que certaines vivaces ne s'en accommodent pas, surtout l'hiver. Évidemment, tout dépend de vos conditions, mais faites preuve de vigilance: si vous remarquez que certains secteurs de la plate-bande comptent des pertes hivernales douteuses, mieux vaut éviter d'y planter les vivaces qui sont énumérées parmi les *Plantes ne tolérant pas un emplacement moyennement humide* (voir à la page 59). Une autre solution consisterait à appliquer un paillis très aéré (fait de paille ou d'aiguilles de pin, par exemple) plutôt qu'un paillis dense (composé de feuilles déchiquetées).

De plus, il faut s'attendre à ce qu'un sol humide attire davantage de colimaçons et de limaces qu'un sol sec. Ce défaut se trouve souvent compensé (mais pas toujours) par le fait que les ennemis des mollusques, eux aussi, préfèrent un sol paillé (pour avoir des suggestions sur le traitement des mollusques, voir à la page 122). Si les limaces posent de véritables problèmes, vous pouvez quand même essayer un paillis d'aiguilles de pin qui, semble-t-il — j'avoue néanmoins n'en avoir jamais fait l'expérience —, les repousse quelque peu.

Enfin, en ce qui me concerne du moins, le pire défaut attribuable au paillis, c'est qu'il empêche autant la germination des plantes désirables que celles des mauvaises herbes. Car il faut dire que plusieurs vivaces, si on leur en donne la chance, se ressèment à partir des graines produites dans votre jardin. Bien que ces semis s'avèrent rarement l'exacte réplique des cultivars d'origine, ils possèdent un avantage majeur: ils seront parfaitement acclimatés à votre jardin, car la nature ne permet qu'aux plants les plus forts de survivre. Après une dizaine d'années de sélection naturelle, vous obtiendrez votre propre souche de vivaces: peut-être la plante qui en résultera sera-t-elle moins haute que le plus populaire des cultivars, peut-être moins colorée, mais bigrement bien acclimatée à vos conditions. Souvent, c'est tout le contraire avec les hybrides, surtout les plus anciens, car l'homme les a sélectionnés pour leur coloris et leur port, mais pas toujours pour leur capacité de s'adapter à des conditions très diverses. Les plants spontanés font donc la joie du jardinier paresseux... surtout qu'ils viennent combler un vide dans la plate-bande, et ce, sans demander le moindre effort! Aussi, pour favoriser leur croissance quand vous utilisez un paillis, prenez soin de laisser, çà et là, quelques espaces dénudés dans la plate-bande. Vous n'aurez qu'à supprimer

Le pire défaut attribuable au paillis, c'est qu'il empêche autant la germination des plantes désirables que celles des mauvaises herbes.

toute mauvaise herbe et à laisser pousser les végétaux désirables.

Le paillis vivant

Il ne faut pas oublier qu'une couverture végétale complète fait quelque peu office de paillis vivant. Comme le terrain n'est pas directement exposé aux éléments, mais plutôt couvert d'un dense feuillage, il demeure plus frais et plus humide qu'un sol qui ne bénéficie pas de cette protection. De plus, les mauvaises herbes annuelles peuvent difficilement y germer. Il est cependant utile d'épandre un paillis biodégradable (surtout à décomposition rapide) entre les plants couvre-sol en attendant qu'ils prennent leur taille adulte. Cela empêchera l'installation de mauvaises herbes dans le tapis végétal.

La façon habituelle de former une bonne couverture végétale consiste à planter

La pachysandre est l'une des nombreuses plantes tapissantes pouvant tenir le rôle de paillis naturel.

les couvre-sols en leur fournissant un espacement presque aussi grand que leur étendue maximale, de façon à ce que le feuillage de chaque plant touche à celui de tous ses voisins (voir *La plantation des vivaces* à la page 73). On peut aussi obtenir un très joli paillis vivant en plantant des vivaces tapissantes parmi des vivaces de plus grande taille. À moins que votre plate-bande ne soit extrêmement ensoleillée, il est préférable de choisir à cet effet des plantes couvre-sol qui peuvent tolérer un peu d'ombre (comme le lamier, la waldsteinie, la pachysandre, etc.), car les vivaces plus hautes auront un effet ombrageant souvent très important sur le tapis qui les entoure.

Des notes à prendre

Il est toujours important pour un jardinier de prendre des notes. D'ailleurs, le jardinier paresseux est souvent plus apte à le faire: étendu dans son hamac et contemplant ses belles plates-bandes, il a davantage le temps de penser que le jardinier méticuleux qui, lui, n'a de minutes que pour agir. En tout temps, prenez l'habitude d'avoir avec vous un petit carnet ou un agenda, un stylo ou un crayon, pour noter autant les bons comme les mauvais côtés de vos plates-bandes. C'est ainsi que vous vous rappellerez, au printemps prochain, que tel coin du jardin était plutôt dégarni en juillet de l'an dernier, ce qui vous permettra de prévoir planter quelque

En notant tout, vous pourriez rehausser l'allure de vos plates-bandes sans trop d'efforts.

chose dans le secteur qui fleurira durant cette période. Procédez de la même façon en regard des mélanges de couleurs qui vous satisfont peu, des plantes trop hautes ou trop basses et des végétaux qui, en fin de compte, n'ont pas vraiment donné satisfaction et qu'il faut alors enlever. D'ailleurs, apportez votre carnet aux réunions de votre société d'horticulture pour noter le nom des vivaces recommandées par les conférenciers et les autres membres: vous ferez ainsi de belles découvertes.

Un accès facile

Si votre plate-bande est très large, prévoyez de petits sentiers d'accès qui vous permettront d'y pénétrer sans déranger les racines des plantes, ce qui arrive inévitablement quand vous posez vos pieds n'importe où.

À travers une plate-bande, de petits sentiers facilitent le travail et éliminent le piétinement qui compacte le sol.

Car plus on marche dans un jardin, plus on compacte le sol, et moins les plantes y poussent bien. Vous pouvez, par exemple, faire des sentiers en utilisant des roches plates, des tuiles, des pavés ou des morceaux de bois: j'ai même employé des morceaux d'asphalte dans mes propres plates-bandes! Ces sentiers d'accès n'ont pas besoin d'être très visibles (la végétation aura vite fait de les cacher partiellement, sinon entièrement, de la vue) en autant que vous savez où ils se trouvent. Pour établir les espacements de votre parcours, calculez l'un de vos pas moyens. Quant aux points d'appui, vous devriez pouvoir poser les deux pieds dessus pendant que vous travaillez dans un secteur.

Les ennemis de la plate-bande

l semble qu'une jolie plate-bande soit appréciée par tous... même par les insectes nuisibles, les spores porteuses de maladies et surtout, par les mauvaises herbes!

D'ailleurs, une plante fleurie a plus de chances d'avoir des parasites, car elle met toutes ses énergies à fleurir plutôt qu'à se défendre contre les envahisseurs. Cependant, le sage jardinier, paresseux de nature, planifie son jardin dès sa conception afin d'éviter le pire de ces fléaux.

La bonne plante à la bonne place

Une plante «stressée» (eh oui! les végétaux aussi sont sujets au stress!) est plus vulnérable aux insectes et aux maladies qu'une plante bien à l'aise dans son emplacement. Formée de cellules moins rigides et plus faibles, ce qui rend ses tissus plus faciles à percer, elle émet des hormones que les insectes peuvent capter et qu'ils interprètent comme une invitation à bouffer! Or, le fait de bien choisir les végétaux de votre plate-bande constitue la première ligne de défense contre les insectes et les maladies.

Recherchez donc des plantes adaptées à votre climat et renommées pour leur résistance aux insectes et aux maladies puis plantez-les dans un site qui leur convient. Une plante de plein soleil sera plus vulnérable si vous la plantez à l'ombre (et vice versa), alors qu'une plante qui préfère un sol sec risque d'attirer des ennemis si on la met dans un coin humide.

D'ailleurs, certaines plantes ont la réputation d'être résistantes aux insectes et aux maladies, tandis que d'autres sont reconnues pour leur constante fragilité. Plantez beaucoup des premières [une grande partie de la section *Des vivaces vraiment sans entretien!* (voir à la page 164) leur est consacrée] et évitez les dernières (voir à la page 488, *Des vivaces à éviter*).

Aussi, à la suite d'une sélection et d'une hybridation poussées, certains cultivars modernes sont-ils devenus beaucoup moins vulnérables aux maladies et aux insectes que des variétés plus anciennes. La monarde 'Marshall's Delight', par exemple, n'est presque jamais atteinte de blanc alors que la vaste majorité des monardes anciennes y sont très susceptibles. Or, lorsqu'on hybride une variété résistante avec une autre plus vulnérable, parmi les nombreux semis résultant de ce croisement, deux ou trois risquent d'avoir hérité à la fois de la bonne résistance de la première et des caractéristiques ornementales de la deuxième. Mais il ne faut jamais crier victoire! Il suffit qu'une nouvelle lignée de maladie ou qu'une nouvelle race d'insectes se pointe à l'horizon pour avoir à tout recommencer. Dans l'ensemble, cependant, on peut dire que les hybrides modernes démontrent beaucoup plus de résistance aux maladies et aux insec-

*U*ne plante de plein soleil sera plus vulnérable si vous la plantez à l'ombre (et vice versa), alors qu'une plante qui préfère un sol sec risque d'attirer des ennemis si on la met dans un coin humide.

tes que ceux d'il y a 50 ans. Enfin, ceux que nos petits enfants cultiveront seront sans doute plus résistants que les nôtres.

Néanmoins, que faire si une plante soigneusement choisie pour sa résistance aux insectes et aux maladies s'avère plus vulnérable que prévu? Bien sûr, vous pouvez toujours l'arracher et l'envoyer au compost. Mais pourquoi ne pas essayer de la changer de place et la mettre dans une partie de la plate-bande qui sera plus appropriée à ses besoins? Il est parfois surprenant de constater qu'un geste aussi simple puisse, à lui seul, régler un problème que l'on croyait insurmontable.

Comment savoir si une plante résiste aux maladies ou aux insectes? Les catalogues de vivaces — tout jardinier sérieux devrait en faire venir plusieurs — et plusieurs livres de jardinage le précisent, y compris celui-ci. De plus, sachez que la plupart des plantes à feuillage odoriférant ont une protection natu-

Certaines plantes sont plus vulnérables que d'autres aux insectes et aux maladies.

relle contre les insectes et les maladies; c'est aussi le cas des plantes dont le feuillage est collant ou très poilu.

Enfin, il faut spécifier que «résistant» ne veut pas dire «immunisé». Tous les insectes et toutes les maladies connaissent un cycle de recrudescence suivi d'une baisse importante. De plus, certaines années présentent des conditions particulières propices à leur développement. Durant ces périodes de recrudescence, même les plantes résistantes risquent de souffrir d'infestation. Heureusement que celle-ci s'avère généralement moins importante que celle qui affecte les variétés sans résistance particulière.

Le compagnonnage et les vivaces

On a beaucoup écrit sur le compagnonnage, c'est-à-dire sur le voisinage des plantes dont les caractéristiques peuvent se compléter, de façon à stimuler la croissance dans le potager et à éloigner les insectes et les maladies. Ce principe s'avère même un tenant de base de la culture biologique. Ainsi, planter des haricots près des choux deviendrait bénéfique pour les uns et les autres. Est-ce que ce procédé peut trouver son application dans la plate-bande de vivaces?

Malheureusement, je peux difficilement vous répondre, car mes propres expériences en matière de compagnonnage dans le potager me portent à croire que ce concept est basé sur l'habitude beaucoup plus que sur des résultats probants (c'est un des rares cas où je n'épouse pas les concepts du jardinage biologique). Parmi les jardiniers biologiques, même les plus ardents admettront que le principe du compagnonnage des vivaces n'a été que très peu étudié.

Il existe toutefois un «compagnonnage logique» qui s'applique à toute plantation. Il faut, par exemple, éviter de planter une même plante sur de vastes étendues, car si jamais une colonie d'insectes ou une maladie s'y installait, l'une ou l'autre aurait beau jeu pour envahir tout le secteur. En mélangeant les espèces, on peut donc facilement réduire les infestations. Ainsi, si vous plantez une plante haute à côté d'une plus petite, assurez-vous que la plus grande soit située du côté nord pour ne pas ombrager sa voisine. Il faut comprendre aussi que toute plante par trop envahissante ne fera pas bon ménage avec un végétal moins fort, car elle aura tendance à empiéter sur lui au cours de sa croissance. Enfin, les légumineuses de toutes sortes, comme le baptisia (*Baptisia australis*), enrichissent le sol en azote et deviendront donc de bonnes voisines pour les plantes qui préfèrent un sol riche. Quant aux plantes censées éloigner les insectes de la plate-bande (notamment, plusieurs fines herbes) ou, inversement, capables d'attirer les insectes, ce qui libère les plantes voisines, à vous d'en faire l'expérience. Néanmoins, je n'ai jamais obtenu de résultat positif en cultivant ce type de plantes pour contrôler les insectes.

Une certaine tolérance

La première fois qu'un novice remarque une tache sur une plante ou un insecte en train de croquer une feuille, c'est la panique. Le voici qui court chercher le pesticide le plus puissant qu'il peut trouver sur le marché et il finit par tuer la plante, laquelle, s'il avait bien lu l'étiquette, se trouvait inscrite dans la liste des végétaux ne tolérant pas ce produit! Or, à force de jardiner pendant plusieurs années, on finit par acquérir une certaine tolérance en regard des «méfaits» causés par la nature. En effet, combien de fois l'ennemi provoque-t-il vraiment de dégâts tels que la vie de la plante s'en trouve en danger? La réponse est simple: «Presque jamais». Pourquoi, alors, s'en alarmer?

Dans certains cas, qui demeurent rares, l'infestation (insecte ou maladie) atteint des proportions importantes, au point que la plante tout entière en est déparée. Il faut alors agir. S'il s'agit d'une colonie de petits insectes vivant sur le feuillage ou les tiges, on n'a qu'à pulvériser un fort jet d'eau pour en déloger les coupables. Si quelques-uns retournent sur la plante deux ou trois jours plus tard, répétez l'expérience. Vous verrez que l'insecte revient rarement une troisième fois. Si c'est l'intérieur de la feuille ou de la tige qui se trouve atteint (c'est le cas des mineuses qui creusent des tunnels translucides dans les feuilles d'ancolie, par exemple) ou si la feuille est couverte de duvet ou de poudre blanche ou grise, un jet d'eau ne suffit pas. Advenant que la maladie ne touche que quelques feuilles, supprimez-les! Et pourquoi déployer tout l'arsenal du «pesticidophile» afin de tuer une pauvre chenille (le plus souvent, il n'y en a qu'une seule)? Mettez des gants de jardinage et écrasez-la! Mais avant de l'écraser, pensez-y à deux fois. Cette chenille que vous trouvez laide ne deviendra-t-elle pas, un jour, un magnifique papillon? Sortez votre livre de poche sur les insectes pour le savoir.

La plupart du temps, l'infestation par les insectes et les maladies n'atteint que quelques feuilles, et la plante continue de fleurir malgré cela. Dans ce cas, on n'a même pas à agir, surtout si l'on est un jardinier paresseux.

Il importe de se demander, même quand le problème semble grave, si la vie de la plante est vraiment en danger. Un cas typique est celui du blanc, une maladie qui s'attaque annuellement à certaines plantes spécifiques: phlox, monardes, etc. À tous les ans, le feuillage du plant se recouvre, vers le milieu de l'été, d'une poudre blanchâtre et, éventuellement, les feuilles les plus atteintes noircissent. Par contre, la floraison continue comme si de rien n'était et, l'année suivante, la plante refait surface, aussi vigoureuse et florifère que jamais. De plus, il existe littéralement des milliers de souches de blanc, dont chacune est généralement très spécifique à certaines plantes hôtes. Le blanc qui s'attaque à vos phlox n'ira donc pas envahir vos rudbeckies, vos pivoines ou vos campanules. Vaut-il vraiment la peine de traiter dans ce cas-là? Pas si vous êtes un jardinier paresseux! Le secret, c'est de placer la plante sujette aux infestations mineures au fond de la plate-bande: qu'il soit vert, gris ou noir, son feuillage ne sera pas visible, mais ses fleurs pourront ravir l'oeil. On peut alors laisser passer la maladie sans même intervenir: loin des yeux, loin de la gâchette... et de la bombe aérosol!

La plupart du temps, l'infestation par les insectes et les maladies n'atteint que quelques feuilles, et la plante continue de fleurir malgré cela.

En dernier recours

Un pesticide ne devrait s'employer qu'en dernier recours, et cela, tant pour les pesticides «biologiques» que pour les pesticides «chimiques». Or, quand on s'en sert, il vaut mieux limiter son utilisation aux plantes atteintes ou à leurs parties seulement. Le problème, c'est que les pesticides n'attaquent pas que les ennemis des plantes, mais aussi leurs amis, entre autres, les insectes et arthropodes bénéfiques: coccinelles, araignées, etc. Lorsqu'on tue les prédateurs des insectes indésirables, rien ne pourra contrer la prochaine génération nuisible qui pourra proliférer davantage. La conséquence: il faut utiliser encore plus d'insecticide, puis la génération suivante devient encore plus importante... Il s'agit donc d'un cercle infernal: plus on traite, plus il faut traiter.

Lorsque vous utilisez un pesticide, recherchez toujours le produit le plus efficace mais le moins dangereux pour l'environnement. Les pesticides biologiques sont supérieurs aux produits chimiques, car la plupart ne persistent que quelques jours dans l'environnement. Il ne faut cependant pas s'imaginer que les pesticides biologiques sont plus sécuritaires que les pesticides chimiques: on peut très bien s'empoisonner avec l'un ou l'autre. Portez donc toujours des vêtements à manches longues, des gants, un chapeau, des lunettes de protection et un masque lorsque vous appliquez un pesticide, que ce soit du *Diazinon* (chimique) ou de la roténone (biologique).

Personnellement, je n'utilise aucun insecticide plus puissant que le savon (un produit

*L*orsqu'on tue les prédateurs des insectes indésirables, rien ne pourra contrer la prochaine génération nuisible qui pourra proliférer davantage.

que j'applique, d'ailleurs, en des endroits précis) et aucun fongicide. Pourquoi risquer ma santé pour sauvegarder quelques fleurs? Je déplace les plantes qui causent des problèmes ou, si cela ne réussit pas, je les mets au compost. Le plus curieux, c'est que même si mes plates-bandes n'ont jamais goûté aux pesticides «durs», elles ne sont pas plus sujettes aux maladies et aux insectes que celles des autres. Je dirais même qu'elles le sont beaucoup, beaucoup moins!

Quelques ennemis et comment les traiter

Vous avez des problèmes avec quelques insectes, maladies ou autres parasites dans votre plate-bande? Voici quelques-uns des ennemis les plus courants des jardins et des conseils judicieux pour les traiter.

ARAIGNÉES ROUGES (TÉTRANYQUES)
Ces petites mites sont très courantes dans la nature, mais se montrent davantage lors d'un été chaud et sec. Il faut une loupe pour les voir: on ne les remarque généralement que lorsque leurs «fils d'araignée» abondent, signe qu'elles sont très nombreuses. Un fort jet d'eau répété à deux ou trois reprises suffit le plus souvent à les chasser; sinon, pulvérisez un savon insecticide.

PERCE-OREILLES (FORFICULES)
Ces insectes, dont l'apparence est peu ragoûtante avec leur abdomen qui se termine par des pinces, sont peu nuisibles aux plantes tant que leur nombre reste limité. Ces omnivores consomment même une grande quantité d'insectes nuisibles. En revanche, si leur nombre augmente, ils se mettent à manger des plantes. Leur préférence se porte vers les plantes nanties de feuilles enroulées ou de fleurs étroites et tubulaires: le jour, ils se cachent dans ces espaces étroits... et mangent! Le résultat: des feuilles et des fleurs complètement déchiquetées. Basés sur leur besoin de se cacher pendant le jour, de nombreux trucs ont été inventés pour attraper les perce-oreilles: balai laissé debout (ils se

cachent parmi les fibres), papier journal enroulé, boîte de sardines entrouverte, etc. Bien que ces stratagèmes soient très efficaces pour les attraper, pour chaque perce-oreille que vous tuerez, sachez qu'un autre viendra prendre sa place. Durant les années de forte population (le cycle peut durer quatre ou cinq ans!), il n'y a essentiellement rien d'autre à faire que d'éliminer de vos plates-bandes les végétaux que les perce-oreilles endommagent le plus.

Pucerons

Ils ressemblent à de petites boules arrondies sur des pattes très minces et affichent diverses couleurs (vert, orange, noir, etc.). On les voit rarement solitaires, car ils vivent en colonie. À l'occasion, on remarque des individus ailés. Un jet d'eau suffit normalement pour les faire tomber, sinon un traitement au savon devrait s'avérer efficace.

Chenilles

Transportez les chenilles qui se transformeront en beau papillon dans un champ ou une forêt. Elles s'occuperont de trouver des plantes à leur goût. Les autres s'éliminent facilement entre le talon et une roche ou entre deux doigts de la main (gantée). Si elles se présentent en grand nombre, essayez un savon insecticide.

Mineuses, tordeuses et perceuses

À vous de deviner: les premières tracent des sentiers à l'intérieur d'une feuille, les deuxièmes enroulent les feuilles et les troisièmes percent des trous dans les tiges. En ce qui a trait aux vivaces, les dommages occasionnés par les mineuses et les tordeuses sont souvent d'ordre esthétique et restent, généralement, très limités. Si vous ne pouvez tolérer leur présence, supprimez les feuilles attaquées. Les perceuses peuvent, par contre, faire plus de dégâts. Coupez les tiges atteintes à 10 cm plus bas que la blessure et détruisez-les.

PUNAISES, CHARANÇONS, ALTISES, ETC.

Ces insectes divers percent des trous dans le feuillage, mais provoquent rarement une défoliation importante. On peut les traiter en utilisant un savon insecticide.

LIMACES ET COLIMAÇONS

Les limaces représentent peut-être le plus grand fléau pouvant affecter la plate-bande de vivaces (les colimaçons sont moins problématiques). Elles aiment les endroits humides et frais et ont une vie très longue: jusqu'à dix ans et plus! Plusieurs moyens existent pour les contrôler, mais les résultats s'avèrent davantage psychologiques que réels: au moins, avez-vous l'impression de faire quelque chose! Malheureusement, bien que vous puissiez en éliminer des centaines à tous les ans, il en viendra autant. Si cela peut vous donner l'impression d'être utile, laissez des soucoupes remplies de bière dans la plate-bande pour qu'elles s'y noient, épandez des coquilles d'oeufs écrasées sur le sol (leur effet est éliminé après une première pluie) ou ramassez-les, tôt le matin, et écrasez-les. Sinon, apprenez à vivre avec elles en éliminant les plantes qu'elles préfèrent pour les remplacer par celles qu'elles n'aiment pas, entre autres, les végétaux à feuillage poilu.

MALADIES DES FEUILLES

Ces maladies laissent des taches, des trous, des dépôts sur les feuilles ou les font jaunir par endroits. Elles sont difficiles à prévenir et, une fois les dégâts causés, la feuille atteinte ne récupérera pas: il est donc inutile de traiter. Évitez d'acheter les plantes qui y sont trop sujettes ou plantez-les au fond du jardin, là où les dégâts seront moins visibles. Une pulvérisation avec un antitranspirant, un produit vendu pour protéger durant l'hiver les feuilles des arbustes à feuillage persistant, aide à prévenir plusieurs maladies des feuilles (néanmoins, le produit n'est pas officiellement homologué en tant que pesticide).

MALADIES DES TIGES, DE LA COURONNE ET DES RACINES
Nombreuses, ces maladies sont difficiles à cerner. Les pires provoquent la pourriture, ce qui peut tuer la plante. Pour les prévenir, évitez de planter des végétaux dans des lieux qui ne leur conviennent pas (trop d'ombre, trop d'humidité, etc.). Pour traiter les maladies s'attaquant aux tiges, supprimez la section atteinte. Pour traiter les maladies de la couronne ou des racines, déterrez la plante, coupez les parties affectées jusqu'aux tissus sains et saupoudrez la blessure de soufre avant de la replanter dans un lieu plus approprié. Comme il n'est pas garanti que la plante guérisse ou survive, le jardinier paresseux décide souvent de l'arracher.

MAMMIFÈRES INDÉSIRABLES
Écureuils, ratons laveurs, marmottes, lièvres, chevreuils et autres mammifères visitent parfois les plates-bandes au grand dam du jardinier. On peut attraper les contrevenants ou mettre une clôture pour empêcher les animaux les plus gros d'atteindre les plantes, mais ils sont  difficiles à décourager. Un peu de poivre de Cayenne sur leurs plantes préférées les décourage quelquefois; il existe aussi des produits répulsifs commerciaux, souvent constitués d'urine de carnivore, qui s'avèrent parfois efficaces; or, si les animaux aiment vraiment une plante, ils trouveront le moyen de retourner la manger. À part de les chasser ou de les attraper, il y a donc peu de moyens de les éliminer une fois pour toutes. Apprenez plutôt à vivre avec eux en découvrant quelles plantes ils préfèrent et en éliminant celles-ci de votre plate-bande. Il est d'ailleurs impossible de faire une liste des plantes que les écureuils n'aiment pas, car ces créatures ont des goûts bien particuliers: dans telle région, ils adorent les fleurs des tulipes, dans une autre,

ils n'ont même pas découvert que ces fleurs se mangent. C'est la même chose pour les chevreuils, les ratons laveurs et, à un moindre degré, pour les marmottes et les lièvres.

Les mauvaises herbes

Jusqu'à maintenant, nous avons surtout discuté de maladies et d'insectes. Mais que dire des mauvaises herbes, ces plantes indésirables qui s'amusent à sortir çà et là à travers nos belles plates-bandes de fleurs?

Il faut d'abord savoir comment prévenir les mauvaises herbes, surtout les mauvaises herbes vivaces, car il n'existe souvent aucun «traitement» vraiment efficace. Celui qui hérite d'une plate-bande remplie de chiendent, de chardon, de prèle ou d'herbe-aux-goutteux, tous des végétaux aux longs stolons envahissants, n'aura pas de cesse qu'il les fasse disparaître. Par contre, si on les élimine avant même d'entreprendre la plate-bande, elles seront beaucoup plus faciles à contrôler.

La façon la plus simple d'éliminer les plantes indésirables et fort envahissantes, ce n'est pas d'essayer de les arracher (elles repoussent à partir des racines que l'on n'a pas pu extraire) ni de les empoisonner avec des pesticides (la plupart y résistent obstinément), mais de les «étouffer». Recouvrez les secteurs envahis avec au moins trois feuilles de papier journal puis recouvrez le papier de 7,5 cm à 10 cm de terre ou de paillis. Incapables de percer le papier journal et à court de lumière, les mauvaises herbes ne peuvent faire autrement que mourir, et ce, même si le délai peut dépasser un an. Pour

La façon la plus simple d'éliminer les plantes indésirables et fort envahissantes, ce n'est pas d'essayer de les arracher, ni de les empoisonner avec des pesticides, mais de les «étouffer».

les mauvaises herbes annuelles, le papier journal n'est même pas nécessaire: renouveler régulièrement la couche de paillis suffit à les chasser de la plate-bande. De plus, une plate-bande bien remplie par la végétation se trouve rarement affectée par une grande quantité de mauvaises herbes. En conséquence, si vous plantez vos vivaces assez densément, vous réduirez de beaucoup le problème.

Même si vous utilisez un paillis et des plantations denses, il reste que quelques mauvaises herbes réussiront à s'infiltrer dans la plate-bande. Abandonnez l'idée de les enlever au moyen d'une binette, d'une houe ou d'un cultivateur (sarcloir): chaque fois que l'on retourne le sol avec ces outils, on ne fait qu'exposer plus de graines de mauvaises herbes à la lumière, ce qui leur donne la possibilité de germer. Au lieu de cela, arrachez les mauvaises herbes à la main, en tirant lentement mais fortement, surtout après une pluie, quand le sol est un peu humide. Vous devriez réussir à enlever tout le système racinaire. Comblez aussitôt le trou avec du paillis frais. Peu de mauvaises herbes réussiront à repousser vigoureusement après un tel traitement, si vos plates-bandes sont abondamment paillées.

Vous pouvez jeter les mauvaises herbes annuelles dans le compost à condition qu'elles ne soient pas déjà en graines; aussi, gardez-vous d'y introduire des graines viables ou des racines de mauvaises herbes vivaces. Voici une autre technique plus facile pour éliminer les mauvaises herbes arrachées: si votre plate-bande est paillée, vous n'avez qu'à les lancer parmi les vivaces, dans un coin peu visible. Incapables de s'enraciner à nouveau ou de s'ensemencer à travers le paillis, elles mourront... et, se décomposant, iront enrichir le sol!

Les faux amis

On dit que toute plante, même la plus désirable qui soit, est une mauvaise herbe quelque part dans le monde. Le dicton n'est pas tout à fait exact (certaines plantes sont si rares et si délicates dans leur milieu naturel que personne n'oserait les considérer comme des mauvaises herbes), mais il y a néanmoins un peu de vrai dans cette croyance. J'appelle ces «plantes-désirables-se-révélant-des-mauvaises-herbes» de faux amis.

Attention aux faux amis! Sous ces plantes «ornementales» se cachent d'inextirpables mauvaises herbes.

Considérez, par exemple, les graminées de pelouse. Il n'y a pas de plante mieux appréciée dans une cour arrière... à condition qu'elle reste dans la pelouse! Or, dans une plate-bande, ces graminées deviennent des envahisseuses redoutables. Pour les contrer, assurez-vous d'entourer vos plates-bandes de bordures de plastique ou de métal et tondez souvent votre pelouse afin que les graminées ne montent pas en graines. Par la suite, il sera facile de les contrôler en épandant un bon paillis dans la plate-bande et en effectuant l'arrachage nécessaire.

Plusieurs vivaces ornementales, envahissantes par nature, peuvent devenir de redoutables mauvaises herbes. Elles peuvent vous rendre un fier service comme couvre-sols (les petites variétés) ou brise-vents (variétés hautes) dans les secteurs où rien d'autre ne peut pousser, mais attention: si elles échappent à votre contrôle, vous serez prêt à vendre votre âme au diable afin de vous en départir. C'est pourquoi il ne faut jamais planter ces végétaux avant de vous être assuré qu'ils resteront sous

contrôle. Pour cette raison, plantez-les au centre d'une barrière impénétrable: un seau de plastique, par exemple, dont vous avez prélevé le fond et que vous calez presque jusqu'au rebord dans la plate-bande. De plus, supprimez les tiges florales de ces végétaux avant qu'elles ne montent en graines. Les pires ennemis, à cet égard, sont la raiponce (*Campanula rapunculoides*), la renouée du Japon ou le bambou (*Fallopia japonica*, anc. *Polygonum cuspidatum*), le macleaya (*Macleaya cordata*) et l'herbe-aux-goutteux (*Aegopodium podagraria*). Enfin, gardez en mémoire que presque toutes les plantes vivaces, surtout les variétés tapissantes, peuvent devenir envahissantes, soit par leurs rejets, soit à cause de leurs graines, si elles profitent de conditions propices.

Un seau enfoncé dans le sol devient une excellente barrière pour contrer les plantes envahissantes.

La protection hivernale

Au Québec, les jardiniers hyperactifs adorent les protections hivernales. Ils en utilisent d'ailleurs beaucoup plus que les jardiniers de n'importe quel pays au monde. Même dans les Prairies canadiennes où les hivers sont plus froids et la couverture de neige moins fiable, les gens ne protègent pas leurs plates-bandes comme on le fait ici. En observant nos jardins à l'automne, on croirait que rien ne peut survivre à l'hiver québécois sans être emmitouflé comme une momie. Tout juste si nous n'employons pas de couvertures chauffantes pour préserver nos jardins!

En tant que jardinier paresseux, il faut apprendre à faire confiance à la nature. Dans mon jardin, aucune vivace, pas même la plus précieuse, ne reçoit de protection spéciale après un premier hiver. Il faut se faire à l'idée qu'une plante qui meurt n'est pas bien adaptée à nos conditions: aussi bien la remplacer par l'une ou l'autre des milliers de vivaces qui méritent notre attention. Cependant, rien ne vous empêche de donner une autre chance à une plante décimée par un hiver particulièrement rude. Dans ce cas, essayez de la placer dans un endroit mieux protégé.

Par contre, il n'est pas inutile de protéger une plante durant son premier hiver — je ne le fais pas souvent, mais je sais que je devrais —. Bien à l'abri sous un paillis spécialement épais, elle sera moins sujette au déchaussement à la suite du gel et du dégel. Dans ce cas, n'importe quel produit organique peut servir de paillis: ceux dont il est fait mention à la section *Le paillis* (voir à la page 99) ou d'autres. Les branches de sapin provenant d'un arbre de Noël font d'ailleurs un excellent paillis.

Il existe toutefois un paillis hivernal d'application générale facile à utiliser chaque année: les feuilles mortes déchiquetées. Plutôt que de les amasser avec un râteau en

*I*l faut se faire à l'idée qu'une plante qui meurt n'est pas bien adaptée à nos conditions: aussi bien la remplacer par l'une ou l'autre des milliers de vivaces qui méritent notre attention.

grattant la pelouse, passez la tondeuse sur elles en orientant le déflecteur vers la plate-bande. S'il n'y a pas assez de feuilles, allez quérir celles de vos voisins (il vaut mieux, bien sûr, attendre qu'ils les aient mises dans un sac); étendez-les sur votre pelouse et passez-les à la tondeuse en les soufflant sur la plate-bande. Vous obtiendrez ainsi un paillis qui, pendant l'hiver, pourra offrir une protection extraordinaire et qui, le printemps venu, se compostera très rapidement. Somme toute, vous n'aurez qu'à le remplacer à tous les ans.

Les feuilles mortes constituent une protection hivernale facile à trouver et à appliquer.

Les vivaces et le froid

Personne n'a besoin de vous dire que le climat du Québec est marqué par le froid. Nos étés courts et souvent frais succèdent à des hivers ponctués de longues périodes où la température descend sous le point de congélation. Plusieurs régions du Québec subissent régulièrement des températures extrêmes: 35° C sous zéro et moins. Par

Les vivaces ont rarement à supporter la pleine force de l'hiver, car leurs racines et leurs bourgeons se retrouvent enfouis dans le sol ou la neige lorsque sévissent les périodes de grand froid.

contre, il faut dire que les vivaces ont rarement à supporter la pleine force de l'hiver, car leurs organes vitaux (leurs racines et leurs bourgeons) se retrouvent enfouis dans le sol ou la neige lorsque sévissent les périodes de grand froid. Or, la température de la neige, quand elle n'est pas exposée au vent, se tient généralement à 0 °C, sinon un peu moins. Contrairement aux arbres et aux arbustes qui souffrent des pires épreuves hivernales, nos vivaces sont donc relativement bien protégées.

Pour cette raison, il arrive souvent que les zones de rusticité attribuées aux vivaces ne semblent pas coller à la réalité. Ces zones, qui s'échelonnent de 0 (si froid que presque rien ne peut y pousser) à 11 (un climat tropical où ne sévit jamais le froid), sont établies selon la température minimale que les végétaux peuvent subir dans une région donnée. Or, très souvent, les jardiniers établis en zone 3 réussissent très bien avec des vivaces codées zone 5. La raison en est simple: dans ces jardins, les plantes sont suffisamment couvertes de neige pour ne pas avoir à subir les pires froids prévus en zone 3. Dans mes plates-bandes situées en zone 4, par exemple, de la fin de décembre jusqu'au mois d'avril, j'ai habituellement 1 m de neige (au moins) et je réussis souvent à cultiver des vivaces codées zone 6, et même zone 7. Néanmoins, faire pousser des plantes hors zone reste toujours risqué et il faut le faire en bonne connaissance de cause. Il suffit d'un seul hiver sans neige, ou si peu, pour perdre des plantes qui s'étaient pourtant bien adaptées pendant cinq ou six ans.

Les jardiniers établis dans les zones 1 et 2 ont une difficulté supplémentaire: sauf exception, il semble que personne n'ait pris la peine de vérifier la rusticité des végétaux dans ces régions. Hormis quelques plantes indigènes locales qui sont correctement répertoriées, la plupart du temps, et plus en matière de vivaces qu'en regard des arbres et des arbustes, l'indication «zone 3» veut tout simplement dire que la plante est apte à supporter au moins les conditions de la zone 3. Mais cela ne prouve pas son incapacité à survivre en zones 1 ou 2. Les jardiniers qui vivent dans ces régions sont donc mal servis par le système de classification par zones de rusticité: ils se doivent constamment d'expérimenter pour savoir quelles vivaces ils peuvent cultiver sans problème. Ce livre, bien qu'il aborde la question, ne peut vous aider davantage: je n'ai malheureusement pas tous les renseignements nécessaires pour mieux vous diriger. Cependant, quelles chances ont les plantes codées zone 3 de pousser en zone 2? De façon générale, disons qu'elles sont assez bonnes.

En tant que jardinier paresseux, mieux vaut choisir des végétaux adaptés à votre zone ou à des zones plus froides. Par exemple, si vous demeurez en zone 5, sélectionnez des vivaces codées 5, 4, 3, 2 ou 1, mais pas 6. Si vous décidez de cultiver des vivaces adaptées à des zones plus chaudes, placez-les toujours dans un lieu où la neige s'accumule bien, tel qu'à l'ombre d'un arbre ou d'un arbuste. Un emplacement près des fondations de la maison peut convenir aussi, mais seulement si vous paillez bien le secteur en hiver, car il est très sujet aux dégels qui décimeront rapidement les plantes gélives. Par contre, évitez de les planter au pied d'un mur en brique ou en pierre qui ne reçoit pas de chaleur:

*S*i vous décidez de cultiver des vivaces adaptées à des zones plus chaudes, placez-les toujours dans un lieu où la neige s'accumule bien, tel qu'à l'ombre d'un arbre ou d'un arbuste.

dans ce cas, le froid descend particulièrement loin dans le sol.

De façon générale, les jardineries indiquent maintenant la zone des végétaux qu'ils vendent. Il s'agit de la comparer à celle de votre jardin. Si vous ne la connaissez pas, votre société d'horticulture locale saura vous en informer.

Enfin, prenez garde aux zones de rusticité indiquées dans les publications américaines. Elles sont basées sur les degrés Fahrenheit; les nôtres, sur les degrés Celsius. Il en résulte un décalage de 1 point environ. Donc, si les auteurs d'un livre de jardinage ou d'un catalogue provenant des États-Unis attribuent la zone 4 à une plante spécifique, ajoutez la valeur de 1 à leur chiffre: cela signifie que cette plante, au Québec, sera rustique dans la zone 5. En revanche, il faut dire que les auteurs américains semblent penser que la pratique du jardinage s'arrête à la zone 4 (notre zone 5): bien souvent, une plante à laquelle on attribue cette zone est, en réalité, rustique sous un climat beaucoup plus froid.

La multiplication des vivaces

*D*ans le meilleur des mondes, les jardineries offriraient une sélection complète de vivaces en pot et, de plus, tout jardinier paresseux aurait suffisamment d'argent pour les acheter.

On n'aurait donc pas besoin de parler de multiplication, une tâche exigeante en temps et en effort. Malheureusement (mais fort heureusement pour les jardiniers qui se passionnent pour la multiplication), ce n'est pas le cas. Il importe donc de savoir comment multiplier les vivaces, que ce soit pour obtenir les variétés seulement disponibles sous forme de semis, pour acquérir plusieurs exemplaires d'une plante coûteuse, pour rajeunir un spécimen vieillissant ou réduire la taille d'une plante devenue trop massive.

Les semis

Peu de jardiniers amateurs multiplient leurs vivaces par semis, et ce, pour plusieurs raisons. D'abord, la majorité des vivaces prennent beaucoup de temps à mûrir à partir de semences. Elles sont non seulement plus lentes à germer que les annuelles, mais croissent moins rapidement. Il n'y a que les plus rapides qui fleuriront durant la première année et plusieurs prendront trois, quatre ou même cinq ans pour atteindre une taille appréciable et fournir une floraison abondante. Or, plusieurs requièrent des conditions particulières pour germer, lesquelles ne sont pas toujours à la portée d'un jardinier amateur. Enfin, sauf dans le cas des vivaces sauvages et de quelques rares cultivars, les semences de vivaces ne produisent pas de spécimens conformes à l'original. Ainsi, si vous gardez des semences provenant d'un magnifique pavot oriental blanc, les plants (qui ne fleuriront que la deuxième année après le semis) risquent autant de produire des pavots rouges, roses et orangés que des pavots de la couleur désirée. Même les semences commerciales ne donnent pas toujours satisfaction à cet égard. Un sachet qui contient supposément des delphiniums de diverses couleurs (la photo montre effectivement une gamme complète de fleurs rouges, roses et blanches ponctuées par les bleues et violettes habituelles) ne produit souvent... que des delphiniums bleus et violets dont votre jardin recèle déjà moult exemplaires!

Cela dit, deux grands avantages décident le jardinier à cultiver des vivaces à partir de semis: le prix et la disponibilité.

Pour le prix que coûte un plant de vivace, vous pouvez obtenir plusieurs sachets de graines (au total, 200 ou 300 graines). Si l'on calcule en moyenne que 50% des graines vont germer, voilà une façon très peu coûteuse de se doter d'une nouvelle plate-bande. Par la suite, les graines qui seront produites par vos propres vivaces ne vous coûteront rien! Bien sûr, il faudra prévoir des pots, du terreau, des étiquettes, de l'éclairage, etc. pour élever tant de semis, mais la dépense sera quand même minime en comparaison de l'achat d'un même nombre de plants achetés en pot. Par ailleurs, même si vous pouviez bouturer et diviser des plantes achetées, il serait pratiquement impossible d'en produire autant et aussi rapidement qu'avec des graines.

Quant à l'accessibilité du produit, il existe bien quelque 100 000 vivaces (espèces, variétés et cultivars) qui pourraient se cultiver au Québec, dont plus de 10 000 sont facilement disponibles (si l'on sait dans quels catalogues les chercher) sous forme de semences. Malgré cela, la plupart des jardineries n'offrent que 150 à 250 variétés et même les spécialistes en ont rarement plus de 500. Il faut admettre que c'est très peu comparativement aux possibilités. C'est donc tout un monde qui s'offre à celui qui veut investir un peu d'effort et cultiver à partir de semis.

On peut semer les graines des vivaces à l'intérieur comme à l'extérieur. L'avantage principal à faire les semis à l'intérieur? On prend une longueur d'avance sur la saison, assez pour que les vivaces à croissance rapide parviennent à fleurir, du moins légèrement, dès la première année. En outre, il est plus facile de répondre aux besoins (bonne chaleur et forte humidité) qu'exigent tant de graines. Le semis fait à l'intérieur s'avère donc la méthode de choix pour les vivaces réputées faciles à cultiver de cette façon.

En ce qui a trait aux graines semées à l'extérieur, elles germent plus lentement et de façon irrégulière. Aussi subissent-elles une variété de conditions climatiques telle que même les graines les plus difficiles à germer finissent par trouver le milieu qu'il leur faut. Par exemple, certaines graines exigent des périodes de froid ou de gel de diverses durées, ou même des périodes alternées de gel et de chaleur, pour parvenir à germer. D'autres ne germent que lorsque l'enveloppe de la graine a été abîmée, ce qui se produit tout naturellement sous l'effet du gel et du dégel, lorsque les graines sont exposées aux conditions du jardin. Les vivaces semées à l'extérieur ne fleurissent pas au cours de la première année (sauf dans de rares exceptions), pas plus au cours de la deuxième, ou sinon très peu. Étant donné sa lenteur, le semis effectué à l'extérieur est souvent réservé aux graines les plus difficiles et autrement impossibles à cultiver.

Malheureusement, lorsque vous semez des graines d'une vivace peu connue, il n'est pas toujours possible de connaître les conditions propices à leur germination. Alors, comment savoir s'il vaut mieux les semer à l'intérieur ou à l'extérieur? La solution du jardinier paresseux, c'est de faire les deux. Semez donc la moitié des graines à l'intérieur à la fin de l'hiver; si elles ne germent pas, semez l'autre moitié dans le jardin afin qu'elles y arrivent soit le même été, soit l'été suivant, soit plus tard, après trois ou quatre ans.

Le semis intérieur

On peut semer des graines de vivaces à l'intérieur à n'importe quel moment, mais la plupart des amateurs choisissent de le faire à la fin de février ou au début de mars, et ce, pour deux raisons.

Premièrement, en agissant de cette façon, on prolonge la période de croissance pour que les semis des vivaces qui se comportent le mieux puissent fleurir dès la première année. Deuxièmement, il est difficile de conserver longtemps des semis à l'intérieur: un semis trop hâtif (en décembre ou en janvier, par exemple) risque donc de donner des plantes qui, au lieu d'être à leur meilleur lorsqu'arrive le printemps, se trouvent déjà sur leur déclin.

Une deuxième période très propice pour entreprendre des semis de vivaces à l'intérieur se situe à la fin de mai ou au début de juin, lorsque le rebord des fenêtres, de même que les tablettes montées sous un éclairage fluorescent, se libèrent enfin des nombreux semis d'annuelles et de légumes. Les vivaces semées à l'intérieur durant cette période ne fleuriront pas au cours de la première année, mais elles seront suffisamment avancées pour permettre leur plantation dans le jardin vers la fin de la saison. La majorité des vivaces semées au début de l'été et ayant une croissance relativement rapide fleuriront sans problème au cours de l'été suivant.

La technique pour semer les vivaces à l'intérieur ne diffère aucunement de celle pour les semis d'annuelles ou de légumes. Si vous avez déjà de l'expérience en la matière, vous n'avez donc pas à lire cette section. Pour les autres, cependant, ce qui suit vous explique comment faire.

Pour une germination rapide, prenez les graines plus grosses qu'une tête d'épingle et faites-les tremper dans de l'eau tiède (un thermos aidera à maintenir la température) durant une période de 10 h à 24 h avant le semis. Ne faites pas tremper les graines plus petites car elles sont difficiles à récupérer à

La majorité des vivaces semées au début de l'été et ayant une croissance relativement rapide fleuriront sans problème au cours de l'été suivant.

La plupart des graines se sèment en rang, une à une, mais les plus petites sont tout simplement disséminées à la surface.

cause de leur taille. Préparez ensuite des plateaux de semences ou des pots selon le nombre de plants prévus. Assurez-vous que le contenant soit très propre et pourvu de trous de drainage. Remplissez-le presque jusqu'au bord de terreau pasteurisé, en l'humidifiant bien avec de l'eau tiède, puis égalisez la surface au moyen d'une brique ou d'un bout de planche. Tracez des sillons d'une profondeur égale au triple du diamètre de la graine, placez-y les graines, une à la fois, en les espaçant de 1 cm à 2 cm environ, puis recouvrez-les d'une mince couche de terreau. Si vous faites vos semis dans des pots individuels, semez trois graines par pot, quitte à supprimer tout surplus si les trois germent. Il n'est pas nécessaire de recouvrir les graines plus petites qu'une tête d'épingle. Éparpillez-les plutôt uniformément sur la surface du terreau pour ensuite les pulvériser légèrement avec de l'eau tiède. Dans les deux cas, couvrez le contenant du semis au moyen d'une vitre ou d'un sac de plastique transparent afin de maintenir une bonne humidité tout en laissant pénétrer la lumière.

La vaste majorité des vivaces exigent de la lumière et une température chaude pour germer. On les placera près d'une fenêtre ensoleillée ou, mieux encore, tout près d'une lampe fluorescente à deux tubes dont la douce chaleur favorisera la germination. Certaines graines exigent de la noirceur pour germer (le catalogue ou le sachet de semis devrait le spécifier): enfermez leurs contenants dans un sac de plastique vert ou noir au début. Ouvrez cependant le sac à tous les jours pour vérifier l'état des semis, car il faut les exposer à la lumière dès qu'elles germent. Enfin, il existe bon nombre de vivaces qui exigent une

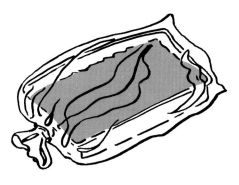

Une pellicule de plastique conservera l'humidité du sol et préviendra les changements trop brusques de température.

Si certaines graines nécessitent de 5 à 14 jours pour germer, comme la plupart des annuelles, d'autres peuvent prendre un mois ou plus.

exposition au frais pour germer. Après l'ensemencement, placez le contenant au réfrigérateur ou dans une chambre froide pendant un mois (ou plus, si les recommandations du sachet le spécifient) avant de l'exposer à la chaleur et à la lumière.

La germination des graines de vivaces est souvent irrégulière. Si certaines nécessitent de 5 à 14 jours pour germer, comme la plupart des annuelles, d'autres peuvent prendre un mois ou plus. Une fois que les semis ont levé, enlevez la vitre ou le sac de plastique transparent pour assurer une meilleure circulation d'air. À partir de ce moment, une exposition parfaite à la lumière est nécessaire et une baisse de température est souhaitable, sinon les semis risquent de s'étioler. Il faut surveiller régulièrement l'arrosage de façon à ce que les racines des semis soient toujours humides, mais jamais détrempées.

Commencez à fertiliser les semis lorsqu'ils ont quatre vraies feuilles (tout engrais soluble peut convenir). À partir de ce stade, il est possible que vous ayez à les repiquer dans des pots individuels s'ils commencent à se toucher. Quand la température se réchauffe au printemps, vous pouvez commencer à les acclimater aux conditions extérieures, en les exposant d'abord à l'ombre puis, peu à peu, à un ensoleillement de plus en plus accru.

138

Quand il n'y a plus danger de gel, plantez les vivaces à croissance rapide dans leur emplacement permanent (n'oubliez pas d'allouer assez d'espace pour leur croissance future) où elles devraient fleurir avant la fin de l'été. Dans le cas des vivaces à croissance plus lente, repiquez-les dans une «pépinière» improvisée (une plate-bande désaffectée, peu visible, ou un coin du potager) jusqu'à ce qu'elles atteignent une taille plus importante. Vous pourrez alors les transplanter dans leur lieu permanent.

Retirez les semis de leur pot et repiquez-les dans des contenants individuels.

Les semis extérieurs

Chaque jardinier semble avoir sa méthode pour faire des semis de vivaces à l'extérieur. Si votre méthode réussit bien et n'exige pas trop d'efforts, c'est parfait: ne changez rien! Voici cependant une technique que j'ai mise au point à partir des différents conseils de jardiniers amateurs et que je trouve très satisfaisante.

La façon de semer des vivaces à l'extérieur ressemble à n'importe quel autre semis... sinon que cela exige beaucoup plus de temps. Inutile de gaspiller une grande partie de votre jardin en semant de longues rangées qui risquent de rester vides (mais que les nombreuses mauvaises herbes tenteront d'envahir) pendant plusieurs mois. Il vaut mieux faire des ensemencements concentrés sur une très petite surface pour que ce soit plus facile à surveiller et à désherber.

Pour ce faire, prenez une boîte de conserve dont vous aurez enlevé les deux extrémités (vous pouvez utiliser aussi un vieux pot

A. Enfoncez une boîte métallique dans le sol jusqu'aux trois quarts de sa hauteur.

B. Semer à l'intérieur de la boîte permet, plus tard, de distinguer vos vivaces des mauvaises herbes.

pourvu de trous de drainage) et enfoncez-la dans le sol, presque jusqu'au rebord, dans l'endroit de la plate-bande ou du potager qui correspond le mieux aux conditions idéales de culture que nécessite la plante. Ainsi sèmerez-vous à l'ombre les vivaces qui préfèrent l'ombre, au soleil celles qui requièrent le plein soleil et dans un sol très humide, celles qui en ont besoin, etc. Le semis peut s'effectuer à n'importe quelle période de l'été et même à l'automne. Si vous savez que les vivaces semées nécessitent une stratification (traitement au froid) avant de germer, faites alors vos semis à l'automne!

En utilisant le sol de votre jardin, remplissez la boîte de conserve presque entièrement de terre, ajoutez-y une mince couche de terre riche puis mélangez le tout. S'il s'agit d'une vivace originaire de la forêt, il vaut mieux utiliser, plutôt que du terreau commercial, une bonne litière de feuilles prélevée dans un boisé voisin, car ce type de plante pousse souvent en symbiose avec des champignons microscopiques qu'on ne trouve qu'en milieu forestier. Semez les graines à l'intérieur du contenant en les espaçant bien, grattez légèrement afin de les couvrir de terre (cependant, n'enterrez pas les graines minuscules) puis arrosez.

Par la suite, arrosez régulièrement pour garder le sol humide et surveillez l'apparition des mauvaises herbes. Le fait d'avoir semé les graines à l'intérieur d'un contenant est très utile: vous n'avez qu'à vous occuper d'une toute petite surface et vous ne risquez pas de confondre les semis de la plante désirée avec ceux des mauvaises herbes; tout végétal qui pousse à l'extérieur du contenant s'avère nécessairement une mauvaise herbe. En outre, les graines risquent moins d'être emportées par la pluie.

L'attente sera plus ou moins longue (certaines graines, heureusement peu nombreuses, peuvent prendre jusqu'à trois ou quatre ans avant de germer!), mais de petits germes finiront par se montrer, tous en même temps dans le cas de certaines vivaces, sinon un ou deux à la fois. Quand les pousses auront suffisamment prospéré pour se toucher, repiquez-les dans une pépinière improvisée (voir à la page 139); ensuite, quand les jeunes plants seront assez grands, plantez-les dans leur emplacement permanent.

Les vivaces suivantes sont particulièrement faciles à cultiver à partir de semis; si elles sont semées à l'intérieur, plusieurs fleuriront même dès la première année, surtout celles qui sont accompagnées du symbole †.

Vivaces faciles à cultiver à partir de semis

Achillée (*Achillea**)†
Amsonie (*Amsonia**)
Ancolie (*Aquilegia**)†
Anthémis (*Anthemis**)†
Asclépiade (*Asclepias**)
Astrance (*Astrantia**)
Aubriétie (*Aubrieta**)
Campanule (*Campanula**)†
Centaurée (*Centaurea**)†
Chardon bleu (*Echinops**)
Coqueret (*Physalis**)†
Corbeille-d'or (*Alyssum**)
Coréopsis (*Coreopsis**)†
Cupidon (*Catananche**)
Doronic (*Doronicum**)
Érigéron (*Erigeron**)
Érynge (*Eryngium**)
Gaillarde (*Gaillardia**)†
Gazon d'Espagne (*Armeria**)
Hibiscus (*Hibiscus**)†
Julienne des dames (*Hesperis matronalis*)†
Lin vivace (*Linum**)†
Lupin (*Lupinus* x)

Lychnide (*Lychnis**)†
Marguerite (*Leucanthemum**)†
Mauve (*Malva**)†
Monarde (*Monarda**)
Népèta (*Nepeta**)†
Oeillet vivace (*Dianthus**)†
Onagre (*Oenothera**)
Pavot (*Papaver**)
Pensée vivace (*Viola**)†
Pied-d'alouette (*Delphinium**)
Platycodon (*Platycodon**)
Potentille vivace (*Potentilla**)
Primevère (*Primula**)
Pyrèthre (*Tanacetum**)†
Rose trémière (*Alcea**)†
Rudbeckie (*Rudbeckia**)†
Rudbeckie pourpre (*Echinacea**)
Scabieuse (*Scabiosa**)
Statice vivace (*Limonium**)
Stokésie (*Stokesia**)†
Thym (*Thymus**)†
Trolle (*Trollius**)
Valériane (*Valeriana**)†
Violette (*Viola**)

* Plusieurs espèces différentes conviennent.
† Peut fleurir la première année d'un semis intérieur hâtif.

La division

La plupart des livres qui portent sur les vivaces traitent de la division comme d'une obligation. Il n'y est pas question de «si», mais plutôt de «quand». Or, des millions de sortes de plantes herbacées poussent dans le monde et aucune ne se lève à tous les trois ou quatre ans pour demander d'être coupée en quatre. Au regard du jardinier paresseux, la division des plantes, loin d'être un impératif, représente en fait une méthode servant à contrôler le développement de certaines variétés trop vigoureuses et à en rajeunir d'autres très avancées en âge. Certes, il existe des plantes qui *exigent* une division pour rester en santé, mais il serait malaisé de les recommander à ceux qui souhaitent réduire les efforts qu'ils ont à investir dans leur jardin.

La division est aussi le moyen le plus rapide pour produire un petit nombre de nouveaux plants à partir d'une vivace. Contrairement à la multiplication par semis, on obtient des plantes identiques au plant mère; en outre, les plants séparés possèdent déjà un système racinaire relativement bien développé, ce qui leur permet d'être exposés aux exigences d'une vie autonome. La division offre un excellent taux de succès; de plus, les plants séparés atteignent rapidement la floraison, parfois même au cours de l'année. Il reste néanmoins que cette méthode de multiplication demeure la plus traumatisante: le plant mère lui-même doit se remettre de ses blessures.

Pour les plantes à floraison estivale et automnale, la division se fait généralement au printemps, au moment où les plants commencent à pousser; pour les plantes à floraison printanière, elle se fait à l'automne, environ deux mois avant que le sol ne gèle. Or, en dehors de ces périodes de choix, si une occasion se présente d'obtenir un rejet, ne vous gênez pas pour profiter de la méthode. Les divisions effectuées hors-saison nécessitent un peu plus de soins, notamment en tenant le sol constamment humide jusqu'à ce que les plantes semblent bien rétablies.

Certaines vivaces se prêtent particulièrement bien à la division: il s'agit de celles qui produisent de nombreux rejets bien séparés du plant mère. Ces végétaux ne portent

Contrairement à la multiplication par semis, la division nous permet d'obtenir des plantes identiques au plant mère.

Il suffit d'un transplantoir pour séparer certains rejets.

pas de denses touffes de feuillage et de tiges comme la majorité des vivaces, mais sont constitués de plusieurs plants distincts les uns des autres. La multiplication de ces plantes (elles sont d'ailleurs presque toujours des vivaces un peu envahissantes) s'avère facile. Découpez un cercle autour d'un rejet, déterrez-le, taillez les racines très longues ou blessées et replantez-le dans un endroit approprié selon la méthode expliquée dans la section *Plants à racines nues* (voir à la page 80). Ensuite, il suffit de remplir de terre le trou creusé près du plant mère. Ce dernier ne subit aucun stress à la suite de cette intervention.

La plupart des vivaces, cependant, poussent en touffes denses et se composent effectivement d'un bon nombre de plants individuels, tous issus du plant mère, chacun doté d'un système racinaire indépendant. Bien qu'il ne soit pas toujours facile de distinguer le plant mère de ses rejetons, il est aisé de diviser ces vivaces, car presque n'importe quelle partie, aussi petite soit-elle, contient au moins un plant.

En traitant de la division des vivaces, la plupart des livres vous expliquent qu'il faut déterrer la motte au complet avant de procéder à la division: un tel effort n'est pas nécessaire. On utilise cette technique (fort traumatisante pour le plant mère) quand on veut le diviser au complet pour en faire une série de jeunes plants. Si vous désirez un ou deux plants pour remplir un vide dans la plate-bande, pourquoi mettre la plante tout entière dans un état de choc en la déterrant au complet? Procédez plutôt comme les jardiniers paresseux: avec une bêche tranchante, découpez tout simplement une section dans la touffe, comme vous le feriez pour extraire une pointe de tarte ou de pizza. Dépendant de vos besoins, la section pourra être petite ou grosse (habituellement, on peut prélever jusqu'aux deux tiers du plant mère sans vraiment affecter sa floraison). La section prélevée contiendra deux, trois ou plusieurs dizaines de rejets. Ils sont faciles à distinguer lorsque la section est extraite du sol et qu'on a dégagé quelques feuilles mortes: on constate alors que chaque rejet a une tige (ou un bourgeon, si le travail est effectué pendant que la plante est en dormance) et ses propres racines.

Pour diviser une touffe de vivaces, découpez-en tout simplement une partie.

Pour obtenir plus de plants, divisez la touffe en rejets individuels, attribuant à chacun une tige (ou un bourgeon) et des racines.

Pour créer un effet décoratif immédiat, plantez une section complète ailleurs dans le jardin: vous obtiendrez ainsi plusieurs rejets réunis de telle sorte que ceux du milieu auront à peine été dérangés par la transition. Une telle division s'apparente à la plantation d'une plante parvenue à maturité: la floraison devrait survenir l'année suivante ou, si la division est faite très tôt au printemps, l'année même.

Pour obtenir un grand nombre de petits rejets qui ne fleuriront tout probablement que l'été suivant, sinon dans la troisième année, séparez individuellement les rejets de la section prélevée et replantez-les séparément. Certaines vivaces se divisent très facilement en rejets: vous n'avez qu'à faire tomber un peu de terre avec vos doigts et à tirer délicatement sur les plants pour les détacher en conservant le plus grand nombre de racines. D'autres sont plus obstinées: il faut les découper au couteau. Il va de soi qu'en taillant une touffe de vivaces, plusieurs rejets seront tranchés en deux. Il est rarement utile d'essayer de sauver ces derniers: concentrez vos efforts sur les rejets sains et compostez les autres.

Replantez les rejets selon la méthode expliquée dans la section *Plants à racines nues* (voir à la page 80) et gardez-les assez humides durant le premier été.

Le rajeunissement

La division ne sert pas seulement à la multiplication des vivaces, mais aussi à leur rajeunissement. En effet, certaines vivaces se déploient constamment vers l'extérieur, laissant le centre de la touffe vieillir et mourir. Dans certains cas (les chrysanthèmes, par

En vieillissant, le centre de certaines vivaces dépérit, ne laissant qu'un contour en forme de beigne.

exemple), c'est presque à tous les deux ans qu'il faut rajeunir les plants — c'est trop fréquent pour un jardinier paresseux qui préfère des vivaces exigeant moins de labeur!

Pour ce genre de vivaces, vous pouvez utiliser la technique de division traditionnelle, qui consiste à déterrer toute la motte de racines, à découper la partie vivante en sections et à les replanter ailleurs. C'est beaucoup d'effort, quand on considère que le plant rajeuni ne donnera pas sa floraison maximale avant 12 mois au moins.

La méthode du paresseux, cependant, est beaucoup plus facile et donne une floraison fort enviable dès la première année après l'intervention. Il suffit de découper une rondelle dans le centre de la vivace vieillissante pour supprimer la partie morte ou mourante. Remplissez ensuite le trou avec de la bonne terre ou du compost puis arrosez. Très rapidement, la zone se remplira de jeunes tiges vigoureuses tandis que le pourtour où s'est déployée la plante fleurira abondamment. Après un an ou deux (tout dépend de la vitesse de croissance de la plante), découpez la

Pour rajeunir une vivace vieillissante, enlevez le centre décrépit et comblez le vide avec de la terre fraîche.

partie vieillissante, maintenant à l'extérieur, pour ne garder que la touffe centrale rajeunie. À répéter cet exercice régulièrement, en découpant soit le centre vieillissant, soit le pourtour mourant, même la vivace la plus exigeante restera en parfait état, des années durant.

Pour garder le contrôle

Rien n'empêche deux vivaces de s'entremêler, comme le font ces achillées blanches et ces monardes rouges.

Outre la multiplication et le rajeunissement, une troisième raison justifie la division des vivaces: les contrôler. Lorsque les conditions leur plaisent, beaucoup de vivaces ne se gênent pas pour prendre de l'expansion, envoyant leurs rejets de plus en plus loin du plant mère dans le but évident de conquérir toute la plate-bande. Si toutes les autres vivaces que vous cultivez dans ce secteur sont assez fortes, elles toléreront la compétition sans broncher et

renverront l'envahisseur dans son coin. Il n'y a d'ailleurs aucune règle qui empêche deux espèces de vivaces de cohabiter en autant que l'une et l'autre fassent bon ménage. Ces mélanges «deux-plantes-en-une» font même souvent un effet extraordinaire dans la plate-bande: des monardes rouges qui jaillissent d'une mer d'achillées blanches, par exemple!

Par contre, il arrive souvent que certaines vivaces deviennent trop entreprenantes. Vous n'avez alors qu'à les remettre à leur place en découpant les rejets excédentaires que vous replanterez ailleurs ou donnerez à des amis jardiniers. Pour empêcher que l'empiétement ne se répète, découpez une tranchée autour de l'envahisseur et installez-y une bordure de plastique ou de métal. Il sera ainsi confiné pour le reste de sa vie... et vous aurez la paix!

Le marcottage

Le marcottage ressemble un peu à du «bouturage sur place». On plie la tige de la plante à marcotter jusqu'au sol et on l'enterre légèrement à son point de contact en laissant dépasser l'extrémité feuillue. On utilise habituellement une pierre ou une épingle à cheveux pour tenir la tige en place. Si le marcottage est effectué au début de juillet, la partie enterrée devrait s'être bien enracinée à l'automne. On peut ensuite couper la tige entre le nouveau plant et le plant mère puis transplanter la nou-

On réalise un marcottage en couchant des tiges pour les mettre en contact avec le sol.

velle vivace dans son emplacement permanent ou attendre au printemps suivant pour le faire.

Les plantes rampantes se marcottent d'ailleurs par elles-mêmes, en formant de nouvelles plantes presque partout où elles adhèrent au sol. Les vivaces suggérées pour le bouturage (voir la section suivante) ainsi que d'autres vivaces à tiges lâches, tels le géranium (*Geranium*), la gypsophile (*Gypsophila*) et la potentille vivace (*Potentilla*), se prêtent bien aussi au marcottage.

Le bouturage

Il y a deux façons de bouturer une plante: par les racines ou par les tiges. Examinons les deux possibilités.

Le bouturage des racines

Plusieurs vivaces, comme le pavot oriental, ont des racines charnues qu'on peut découper en sections, chacune ayant la capacité de produire de nouveaux plants. Facile, cette technique mérite d'être mieux connue.

Le bouturage des racines se fait normalement au printemps lorsque vous avez à déplacer une plante. La méthode traditionnelle consiste à prélever quelques racines

épaisses et à les couper en sections de 8 cm à 10 cm de longueur. Couchez ces sections sur le côté dans un pot ou un plateau rempli de terreau humide. (Certains livres recommandent de les mettre debout en plaçant la partie supérieure vers le haut... mais il est assez difficile de déterminer où se trouve la partie supérieure quand on n'a sous les yeux qu'une racine nue!) Recouvrez ensuite les sections de 1 cm ou 2 cm de terreau en le gardant humide. De jeunes plants apparaîtront après quelques semaines. Plantez-les à l'extérieur dans un coin désaffecté ou peu visible de la plate-bande. L'année suivante, les plants devraient être assez costauds pour recevoir un emplacement de choix.

Et voilà pour la méthode traditionnelle. En tant que jardinier paresseux, cependant, la méthode la plus facile consiste à utiliser comme boutures les racines qui ont été coupées accidentellement en travaillant dans le jardin. D'ailleurs, il n'est pas rare qu'une racine sectionnée et abandonnée dans la plate-bande produise un nouveau plant. Vous n'aurez alors qu'à le récolter lorsqu'il aura atteint une taille intéressante.

Le bouturage des tiges

Il est surprenant de constater que le bouturage des tiges ne soit pas pratiqué couramment par les amateurs de vivaces: cette technique aisée offre pourtant l'opportunité d'obtenir de nouveaux plants sans déranger le plant mère outre mesure. Néanmoins, si la division peut s'effectuer sur presque toutes les vivaces, il en va autrement du bouturage, car certaines plantes ne s'y prêtent pas. De façon générale, disons que toute plante ayant des tiges feuillues ramifiées, plutôt que des rosettes de feuilles sans tige apparente, peut être bouturée. En cas de doute, cependant, pourquoi ne pas tenter l'expérience? Après tout, vous n'aurez sacrifié qu'une seule tige pour satisfaire votre curiosité!

Le bouturage s'effectue en utilisant les nouvelles pousses du printemps ou l'extrémité d'une tige forte qui n'a pas encore fleuri. Il s'agit de prélever une tige ou une section de tige (environ 10 cm de longueur) et de faire glisser son extrémité inférieure dans un pot rempli de terreau synthétique (fait à base de tourbe) humide. On peut réaliser plusieurs boutures dans un même pot. Si vous tentez de bouturer une plante jugée rebelle à

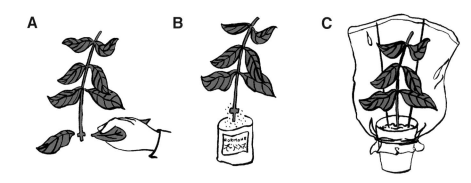

A   **B**   **C**

Pour bouturer une vivace:
A. Prélevez une section de tige et supprimez les feuilles inférieures.
B. Plongez l'extrémité de la tige dans une hormone d'enracinement et mettez-la dans du terreau.
C. Recouvrez la bouture d'un sac de plastique jusqu'à ce qu'elle se soit enracinée.

cette forme de multiplication, il vaut la peine de plonger son extrémité inférieure dans une hormone d'enracinement (vendue en jardinerie) afin de favoriser la formation de racines. Couvrez le pot d'un sac de plastique transparent et placez le contenant dans un lieu légèrement ombragé, tout en surveillant le terreau de façon à pouvoir l'arroser s'il s'assèche. Lorsque les boutures commencent à développer de nouvelles feuilles, c'est le signe qu'elles sont enracinées. Enlevez alors la pellicule de plastique puis continuez de faire vos arrosages au besoin. Environ un mois plus tard, repiquez à l'extérieur les boutures enracinées, de préférence dans un endroit temporaire où elles auront tout le loisir de se développer davantage. Ensuite, avant que les plants n'occupent trop d'espace, transplantez-les dans leur emplacement permanent.

Les plantes suivantes se prêtent particulièrement bien au bouturage: armoise (*Artemisia*), buglosse (*Ajuga*), campanule (*Campanula*), herbe aux chats (*Nepeta*), lamier (*Lamium*), lysimaque (*Lysimachia*), oeillet vivace (*Dianthus*), orpin (*Sedum*), phlox (*Phlox*), physostégie (*Physostegia*), scabieuse (*Scabiosa*), éphémérine (*Tradescantia*), véronique (*Veronica*) et presque toutes les vivaces rampantes. Pour satisfaire votre curiosité, n'hésitez pas à tenter l'expérience sur d'autres vivaces.

Un calendrier de soins pour le jardinier paresseux

*L*es activités suivantes sont organisées selon un ordre logique afin que vous sachiez que faire, étape par étape, tout au long des mois et des saisons de jardinage. Néanmoins, si vous n'avez pas le loisir de suivre cet échéancier, vous pouvez toujours vous y essayer plus tard, au cours de la saison prochaine, sinon dans un an. Rien ne presse dans le jardin d'un jardinier paresseux!

Printemps

- Acclimatez graduellement les plants semés à l'intérieur aux conditions du jardin.
- Attendez toujours que le sol soit bien asséché avant de commencer à travailler dans le jardin.
- Agrandissez les plates-bandes si elles sont devenues trop étroites (ce travail s'effectue plus facilement à l'automne).
- Plantez de nouvelles vivaces et divisez les anciennes ou transplantez-les si leur état l'exige, surtout celles à floraison

*E*n tant que jardinier paresseux, apprenez à contrôler l'enthousiasme printanier! Ce que vous ne pouvez faire au printemps, vous le ferez à l'automne.

estivale ou automnale. N'oubliez pas d'arroser régulièrement les nouveaux plants.

- Semez à l'extérieur les vivaces à croissance lente.
- Pour les plantes qui se multiplient mieux de façon végétative (ce qui signifie en utilisant une partie de la plante ou une division) au printemps, prenez des boutures de la tige ou des racines, sinon marcottez leurs tiges.
- Si le feuillage mort de certaines vivaces les dépare, arrachez-le, jetez-le au compost ou déposez-le dans la plate-bande entre deux plants de vivaces.
- Appliquez une nouvelle couche de compost et de paillis organique si l'un ou l'autre a besoin d'être ajouté.
- Enlevez manuellement toute mauvaise herbe.
- Vérifiez le système d'irrigation et mettez-le en marche.
- Prenez des photos de vos plates-bandes à toutes les deux semaines.
- Étendez votre hamac.

Été

- Si vous n'avez pas eu le temps de le faire au printemps, plantez de nouvelles vivaces et divisez les anciennes ou transplantez-les si leur état l'exige.
- N'oubliez pas d'arroser les nouveaux plants régulièrement au cours de l'été.
- Semez à l'extérieur les vivaces à croissance lente.
- Pour les plantes qui se multiplient mieux de façon végétative durant l'été, prenez

des boutures de la tige ou des racines ou marcottez leurs tiges.

- Enlevez manuellement toute mauvaise herbe.
- Arrosez les plates-bandes, si nécessaire.
- Si un cas de maladie ou d'infestation d'insectes semble grave, traitez selon une méthode écologique. Sinon, laissez faire dame Nature.
- Supprimez les fleurs fanées de vos vivaces, si vous y tenez vraiment.
- Si vous voulez multiplier vos vivaces par semis, récoltez les semences au fur et à mesure qu'elles sont prêtes.
- Si certaines vivaces semblent «fatiguées», appliquez un engrais foliaire.
- Prenez des photos de vos plates-bandes à toutes les deux semaines.
- Coupez beaucoup de fleurs pour créer des arrangements floraux.
- Buvez plusieurs boissons (c'est très important pour votre santé) pendant que vous regardez pousser vos plates-bandes, bien étendu dans votre hamac.

*L'*été est fait pour profiter du jardin, non pas pour y travailler. Installez-vous dans votre hamac et regardez-le se métamorphoser!

Automne

- Plantez de nouvelles vivaces tout en divisant ou en transplantant les anciennes si leur état l'exige, surtout celles à floraison printanière.
- Semez à l'extérieur les vivaces qui requièrent une longue période de froid pour germer.
- Si vous voulez multiplier vos vivaces par semis, récoltez les semences au fur et à mesure qu'elles sont prêtes.
- Enlevez manuellement toute mauvaise herbe.

L'automne apporte des jours frais où travailler dans la plate-bande est un véritable plaisir. Profitez-en pour accomplir les travaux que vous n'aviez pas pu terminer au printemps.

- Prenez des photos de vos plates-bandes à toutes les deux semaines.
- Agrandissez les plates-bandes si elles sont devenues trop étroites.
- Utilisez la tondeuse pour déchiqueter les feuilles mortes et soufflez-les dans la plate-bande. Mieux encore, faites faire ce travail par l'un de vos adolescents: c'est excellent pour leur développement.
- Fermez le système d'irrigation et vidangez-le.
- À la toute fin de la saison, protégez les vivaces nouvellement plantées si vous croyez qu'il y a un risque qu'elles soient déchaussées par l'action du gel et du dégel (si vous avez épandu beaucoup de feuilles mortes déchiquetées sur la plate-bande, ce travail est déjà fait).
- Rangez le hamac pour l'hiver.

Hiver

- Nettoyez vos outils de jardin, aiguisez-les et huilez-les avant de les ranger pour l'hiver.
- Dressez la liste des cadeaux de Noël que vous désirez en vous basant sur les produits qu'il vous faudra pour votre jardin, l'an prochain.
- Identifiez les photos et les diapositives que vous avez prises de vos plants et de vos plates-bandes, l'été précédent, et classifiez-les.
- Révisez les notes que vous avez prises au cours de la saison de croissance et dressez une liste des actions à poser ou des projets à entreprendre au cours de la saison prochaine.

- Achetez des revues et des livres de jardinage (un bon jardinier n'en a jamais trop!) et lisez ceux que vous aviez achetés au cours de l'été, mais n'aviez pas eu encore le temps de lire.
- Si vous avez déjà un plan de votre jardin, mettez-le à jour en tenant compte des changements que vous avez effectués au cours de l'année. Sinon, dessinez-en un en inscrivant les noms des plantes qui y poussent.
- Faites venir le plus grand nombre de catalogues de vivaces et de semences: leur lecture vous aidera à bien passer l'hiver!
- Ne tardez pas à commander vos plants et vos semences car, premier arrivé, premier servi!
- Si vous pelletez votre entrée et vos allées, lancez la neige (pas de la glace) sur les plates-bandes pour les protéger de l'hiver. Mais attention! Il doit s'agir de neige propre, non contaminée par les déglaçants.
- Semez à l'intérieur les vivaces à croissance rapide.
- Assurez-vous du bon état de votre hamac.

*L'*hiver, c'est la saison de planification. Installez-vous avec une tasse de chocolat chaud devant un foyer où crépite un joli feu, vos catalogues en main... et laissez-vous emporter par la rêverie!

Quelques vivaces de choix

Vivaces pour le jardinier paresseux

*I*l serait vain de vous présenter ici, comme on le fait dans la plupart des livres d'horticulture, une encyclopédie de toutes les vivaces disponibles sur le marché.

D'abord, vu l'intention, les limites et la taille de cet ouvrage, il n'y a pas assez d'espace pour le faire. En outre, fournir une liste strictement alphabétique de toutes les vivaces aurait pour effet de répéter inutilement des renseignements, car deux vivaces qui requièrent sensiblement les mêmes soins et qui servent aux mêmes fins n'ont pas forcément le même nom. J'ai donc décidé de présenter les vivaces en les regroupant selon certaines caractéristiques qui leur sont communes, et ce, dans le but de faciliter la tâche au jardinier paresseux. Les habitués des listes alphabétiques me pardonneront, je l'espère, cette forme de présentation, mais ils pourront se consoler en consultant l'index pour retracer leurs plantes préférées.

En plus des vivaces habituelles, vous remarquerez qu'un effort a été fait pour présenter une sélection de vivaces relativement peu connues, mais bien adaptées au Québec. Après tout, parmi les vivaces que connaissent les jardiniers, plusieurs ne sont *pas* de bons

sujets pour agrémenter une plate-bande requérant un entretien minimal: pourquoi fournir alors une foule de détails sur leur culture? De toute façon, les autres livres traitant de jardinage en parlent amplement: vous n'aurez qu'à consulter ces derniers si vous voulez plus de renseignements à leur sujet.

Une sélection de vivaces bien adaptées à l'ensemble du Québec nous force à en éliminer quelques-unes qui conviennent pourtant bien à des régions spécifiques. Plusieurs vivaces dont la rusticité est remise en cause en certains endroits, par exemple, se comportent très bien dans les parties plus chaudes de la zone 5, mais n'ont pas été incluses, car elles suscitent l'intérêt d'un nombre trop limité de jardiniers. L'inverse aussi se produit: des vivaces très bien acclimatées au nord ou à l'est de la province réagissent mal au sud-ouest, pour la simple raison qu'elles nécessitent un été frais. Plusieurs de ces vivaces sont mentionnées dans *Des vivaces à éviter* (voir à la page 488). Si les raisons qui justifient leur absence parmi les plantes que nous recommandons dans cette section ne s'appliquent pas à vos conditions, allez-y et cultivez-les!

Vous noterez que chaque vivace y est décrite selon des éléments portant sur la hauteur, l'étalement, la période de floraison, la zone de rusticité, etc. Il faut comprendre que ces critères sont strictement approximatifs. La hauteur, par exemple, varie non seulement selon le cultivar, mais compte tenu des conditions de culture. L'étalement résulte d'une moyenne basée sur celle d'une plante parvenue à maturité. Par ailleurs, la plupart des vivaces sur lesquelles on n'effectue pas de division peuvent largement dépasser leur moyenne d'étalement. Quant à la période de floraison, veuillez me pardonner si j'ai employé des expressions marquées d'imprécisions telles que «à la fin du printemps», «à la mi-été» ou «au début de l'automne»: il a fallu tenir compte de tous les lecteurs. Car, bien que les régions du Québec aient un printemps, un été et un automne, un fait demeure évident: nous ne les expérimentons pas tous en même temps. Quant à la zone de rusticité, à moins d'une indication spécifique, celle qui est mentionnée correspond à la zone la plus froide où la plante réussit à s'acclimater sans autre protection qu'une couche normale de neige. Si plus d'un chiffre apparaît sous la caractéristique «zone de rusticité», vous pouvez en conclure que celle-ci varie selon le cultivar ou l'espèce et que certains végétaux sont donc plus résistants au froid.

Enfin, mille excuses aux botanistes férus de rigueur scientifique et de la terminologie qui en découle, mais j'ai jugé bon ici d'utiliser un langage à la portée de tous. C'est pourquoi certaines fleurs composées sont désignées par «fleurs» plutôt qu'«inflorescences»; tout comme les fleurs regroupées (pour la plupart) sont dénommées «grappes» ou «épis» au lieu de «cymes», «corymbes», «panicules» ou autres termes plus spécifiques. Or, comme la description des plantes s'accompagne souvent de photos, je vous suggère d'utiliser vos connaissances botaniques pour faire ressortir le terme exact.

$\mathcal{C}$ommençons par les vivaces qui n'exigent vraiment pas de soins.

Les plantes suivantes sont les meilleurs choix pour le jardinier vraiment paresseux. En effet, une fois qu'elles sont bien établies, il n'y a pratiquement aucuns soins à leur prodiguer, sinon de désherber... En outre, une grande partie d'entre elles sont assez fortes pour étouffer toute plante indésirable! Il n'est donc pas surprenant de voir souvent ces plantes dans des jardins depuis longtemps abandonnés: 30 ans, 40 ans, voire 60 ans sans recevoir de soins ne les dérangent absolument pas. Et il ne faut

ॐ

Aconit

Baptisia

Coeur-saignant des jardins

Fraxinelle

Hellébore ou rose de Noël

Hémérocalle

Hosta

Pivoine commune

ॐ

pas croire que leur grande persistance tient au fait qu'elles sont envahissantes: les huit plantes répertoriées ci-bas restent fidèlement à leur place, année après année. Pour qui les collectionne, elles font la différence entre une plate-bande exigeant beaucoup de labeur et une autre qui n'en exige pas du tout...

Ces plantes durables accusent cependant quelques défauts inévitables: toutes, sauf l'hémérocalle, prennent du temps à s'établir; elles sont lentes ou capricieuses lorsqu'elles proviennent de semis; la plupart ne s'accommodent pas du fait d'être déplacées. En conséquence, plantez-les à demeure, donnez-leur de bons soins pendant quelques années et ensuite... laissez-les pousser à leur guise!

*A*conit

Aconit
(*Aconitum*)

Hauteur: 90-120 cm.

Étalement: 30-150 cm.

Emplacement: Ensoleillé ou mi-ombragé.

Sol: Bien drainé, humide et riche en matière organique.

Floraison: Du milieu jusqu'à la fin de l'été.

Multiplication: Division au printemps ou à l'automne, parfois difficile à reproduire par semis.

Utilisation: Plate-bande, arrière-plan, sous-bois, pré fleuri, fleur coupée.

Zone de rusticité: 2 à 4.

Aconitum napellus

Autrefois, l'aconit et le delphinium (ou pied-d'alouette) étaient presque autant appréciés l'un que l'autre. Or, si vous visitez un jardin ancien, qu'il soit abandonné ou bien entretenu, vous ne verrez plus de delphiniums. C'est que cette plante fragile et nantie de nombreux défauts (voir à la page 497) n'a tout simplement pas la force de survivre longtemps sous notre climat. Quant à l'aconit, vous le verrez toujours présent et, comme il n'est nullement envahissant, vous le trouverez probablement à l'endroit précis où son premier propriétaire l'a planté, il y a nombre d'années (40, 80, voire 100 ans)!

L'aconit ressemble beaucoup au delphinium (de hauts épis de fleurs bleues ou violettes, plus rarement blanches, roses ou rouges, habillé d'un feuillage découpé et décoratif), mais il en diffère par le fait que ses fleurs sont couvertes d'un petit «capuchon de moine». De plus, sa période de floraison est plus longue (jusqu'à deux mois). En combinant les aconits qui commencent à fleurir à la mi-été avec les autres, mieux connus, dont la floraison se produit à l'automne, on peut obtenir une floraison presque continue allant de juillet jusqu'aux premiers gels.

L'aconit est l'une des rares plantes qui fleurit mieux à la mi-ombre qu'en plein soleil. On peut même obtenir une floraison satisfaisante dans les lieux où il n'y a que 2 h de soleil par jour, mais il fleurit mal dans les emplacements sans ensoleillement. Pour le cultiver en plein soleil, par contre, on doit s'assurer que son sol reste constamment humide.

La division de l'aconit est le plus souvent déconseillée et ne s'avère nécessaire que pour multiplier la plante, car la même souche peut très bien se maintenir pendant dix ans et plus sans requérir la moindre intervention. Si vous la divisez, la tâche n'est pas aussi ardue que plusieurs livres semblent vouloir le laisser croire: les racines en forme de carottes s'arrachent sans grande difficulté, mais elles sont très toxiques (toute la plante l'est d'ailleurs, mais à un moindre degré). C'est pourquoi il faut toujours se laver les mains après les avoir manipulées.

Les hauts épis de certains aconits (notamment *A.* x *cammarum bicolor*) peuvent se briser dans les endroits venteux. Plantez-les derrière d'autres végétaux pouvant les supporter, sinon, récoltez leurs tiges cassées en guise de fleurs coupées!

Variétés recommandées: Il existe un grand nombre d'espèces et d'hybrides d'aconit, mais assez peu sont cultivés au Québec. Les trois qui suivent sont les plus disponibles. Aussi, comme leur culture est aisée, n'ayez aucune hésitation à acheter une variété nouvelle.

- *A. napellus* (aconit napel): Il s'agit de l'espèce la plus connue et une de celles qu'on trouve le plus souvent dans les anciens jardins. Fleurs généralement bleu foncé ou violettes. Il existe aussi des cultivars aux fleurs blanches, roses et rouges. Floraison: du milieu à la fin de l'été. Hauteur: 90-120 cm. Zone 2.

- *A.* x *cammarum* (aconit hybride): Aussi très répandu dans les anciens jardins, surtout *A.* x *cammarum bicolor*. Fleurs bleues et blanches. Floraison: du milieu jusqu'à la fin de l'été. Hauteur: 90-120 cm. Zone 2.

- *A.* x *henryi* 'Spark's Variety' (aconit d'automne): Fleurs bleu foncé. Floraison: de la fin de l'été jusqu'aux premiers gels. Hauteur: 90-120 cm. Zone 2.

Aconitum x *cammarum bicolor*
Photo: Jacques Allard

Baptisia
(Baptisia australis)

Hauteur: 90-120 cm.

Étalement: 90 cm.

Emplacement: En plein soleil ou légèrement ombragé.

Sol: Bien drainé et même sec.

Floraison: À la fin du printemps.

Multiplication: Semis faits à l'extérieur, à l'automne, ou à l'intérieur, à la fin de l'hiver.

Utilisation: Haie, pentes, en isolé, massif, plate-bande, arrière-plan, pré fleuri, fleur coupée.

Zone de rusticité: 2 à 3.

Baptisia australis

Si vous recherchez une plante peu exigeante pour remplacer le joli lupin si difficile à conserver dans le sud-ouest du Québec, voici la sélection idéale. Les fleurs bleu-violet du baptisia (appelé aussi faux-indigotier, car certaines espèces de baptisia jouent le même rôle que l'indigo servant à produire une teinture) sont peut-être portées dans des grappes plus lâches que le lupin, mais elles ont la même forme. Contrairement au lupin ayant la vie courte, très vulnérable aux insectes et sensible aux étés chauds, le baptisia vit 60 ans ou plus, n'est rarement affecté que par quelques taches sur ses feuilles et *aime* les étés chauds (il tolère bien les étés frais aussi). Le problème réside surtout en la difficulté à le trouver sur le marché et sa piètre apparence en jardinerie. Comme beaucoup de plantes qui ne nécessitent pas d'entretien, il ne se comporte bien qu'une fois planté dans le jardin. C'est alors qu'il reprend une belle forme, mais sa croissance demande beaucoup de temps. Malgré cela, dans deux ou trois ans, il deviendra sûrement l'une des vedettes de vos plates-bandes. Le baptisia se multiplie assez facilement par semis, mais son développement se fait très lentement et la floraison ne se produit pas avant la troisième année.

Après la floraison, le feuillage trifolié, dense et bleuté du baptisia contribue à lui donner l'aspect d'un arbuste haut et bien fourni dans la plate-bande. D'ailleurs, dans le Yukon, où peu d'arbustes ornementaux survivent à l'hiver, on se sert couramment de cette plante pour ériger une haie. Les gousses de graines pourpre très foncé du baptisia constituent un troisième attrait et on peut les faire sécher en guise de décoration intérieure.

Comme toutes les légumineuses, le baptisia exige non seulement peu d'engrais, mais il enrichit même le sol dans lequel il pousse. Il s'adapte donc très bien aux sols pauvres ou sablonneux où peu de vivaces tiennent le coup. D'ailleurs, il tend à former des tiges hautes (150 cm) et moins solides lorsque le sol est trop riche: dans ce cas, pour éviter de recourir à un tuteur, plantez-le au fond de la plate-bande où il pourra s'appuyer contre ses voisines. Aucun tuteur n'est requis lorsqu'il pousse dans un sol moins riche.

Variétés recommandées:

🌿 *B. australis* (baptisia austral): C'est le baptisia que l'on trouve le plus couramment. Fleurs bleu-violet. Gousses violet foncé. Hauteur: 100 cm. Zone 2.

🌿 *B. australis* 'Purple Smoke': Comme le précédent, mais avec des fleurs bicolores: violet grisâtre et pourpre foncé. Hauteur: 100 cm. Zone 2.

🌿 *B. pendula* (baptisia blanc): Fleurs blanches. Gousses noires pendantes. Feuillage joliment pourpré à son épanouissement. Hauteur: 100 cm. Zone 3.

🌿 *Thermopsis caroliniana* (thermopsis de la Caroline): D'accord, ce n'est pas un vrai baptisia, mais son comportement est semblable. Fleurs jaune vif. Hauteur: 90-150 cm. Zone 3.

🌿 *T. montana* (thermopsis de montagne): Comme le précédent, mais plus court (60 cm). Il faut aussi le diviser de temps à autre pour restreindre sa croissance car, contrairement aux baptisias et au *T. caroliniana*, il s'étend en largeur avec le temps. Zone 3.

Thermopsis montana

Coeur-saignant des jardins
(*Dicentra spectabilis*)

Hauteur: 60-90 cm.

Étalement: 90 cm.

Emplacement: Mi-ombragé.

Sol: Bien drainé, frais et assez humide; riche en matière organique.

Floraison: À la fin du printemps.

Multiplication: Division et bouturage des racines au printemps ou après la floraison, bouturage des tiges après la floraison; semis à l'automne.

Utilisation: Bordure, en isolé, massif, rocaille, plate-bande, sous-bois, endroits humides, fleur coupée.

Zone de rusticité: 2.

Photo: Jacques Allard

Dicentra spectabilis

Il s'agit du bon vieux coeur-de-Marie ou du coeur-de-Jeannette de nos grands-parents. D'ailleurs, si la maison de vos grands-parents existe encore, allez la voir à la fin du printemps: il y a de bonnes chances que le coeur-saignant y pousse encore, exactement là où ils l'ont planté il y a 40, 60 ou 80 ans.

Il existe des coeurs-saignants à floraison beaucoup plus durable (vous les trouverez à la page 252), mais ils n'ont pas le charme de la variété ancienne. Le coeur-saignant des jardins porte un feuillage découpé sur des tiges gracieusement arquées à l'extrémité desquelles pendent de nombreuses petites fleurs roses en forme de coeur.

Dicentra spectabilis 'Alba'

Dans les régions aux étés chauds, cette plante a tendance à entrer en dormance après la floraison, perdant tout son feuillage. Dans ce cas, plantez-la avec d'autres, comme le ligulaire ou le hosta, qui viendront combler le vide qu'elle laisse en été. Dans les régions aux étés frais, par contre, le port arbustif délicat et le feuillage légèrement bleuté de cette vivace la rendent attrayante tout au long de l'été. Pour s'assurer de la permanence du feuillage, plantez le coeur-saignant dans un emplacement, le côté est de la maison par exemple, où il recevra du soleil le matin quand il fait frais, mais sera à l'ombre à compter de midi quand le soleil culmine.

Variétés recommandées:

🌿 *Dicentra spectabilis*: Fleurs roses.

🌿 *D. spectabilis* 'Alba': Fleurs blanches. Plant un peu moins vigoureux.

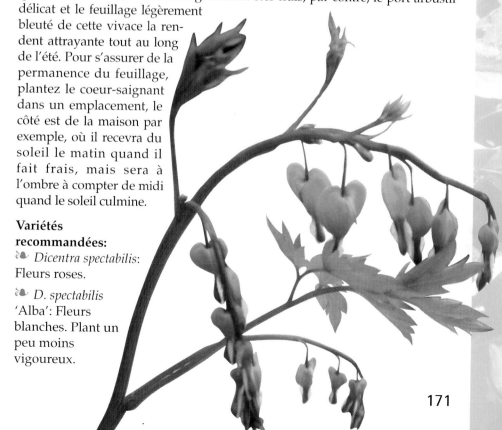

171

Fraxinelle

Fraxinelle
(*Dictamnus albus*)

Hauteur: 60-90 cm.

Étalement: 90 cm.

Emplacement: En plein soleil ou légèrement ombragé.

Sol: Bien drainé et moyennement riche en matière organique.

Floraison: Au début de l'été.

Multiplication: Semis faits à l'extérieur, à l'automne, ou à l'intérieur, après 60 jours au réfrigérateur.

Utilisation: En isolé, haie, massif, rocaille, plate-bande, fleur coupée.

Zone de rusticité: 3.

Dictamnus albus 'Purpureus'

Même si la fraxinelle s'avère sans contredit l'une des meilleures vivaces pour le jardinier paresseux, l'on se demande pourquoi elle n'est jamais très populaire. À croire que le consommateur moderne recherche une plante donnant des résultats instantanés et qu'il choisit celle qui semble la plus fournie et la plus vigoureuse dans son pot. La fraxinelle ne paraîtra jamais très attirante dans les petits pots dans lesquels on vend les jeunes vivaces, car elle déteste l'espace limité qu'ils offrent, surtout leur profondeur réduite: ses longues racines ne tolèrent tout simplement pas d'être confinées ainsi. Conséquemment, une fraxinelle en pot a l'air si chétive et si peu attrayante que le jardinier non averti ira acheter une autre vivace qui semble plus vigoureuse. Triste fin, n'est-ce pas, pour une plante si noble?

Si vous voulez des fraxinelles, semez leurs graines vous-même. Comme leurs semis n'aiment pas être dérangés, semez sur place, à l'automne, à l'intérieur d'une boîte de conserve dont les deux extrémités auront été enlevées (consultez la section *Les semis extérieurs* à la page 139). Leur croissance sera lente au début, même très lente: il faudra attendre trois ans avant de voir les premières fleurs et sept ou huit années pour que les plantes parviennent à maturité. Mais, en récompense de votre patience, la fraxinelle n'exigera aucuns soins: aucun arrosage (les racines des plants adultes sont si profondes que, même en cas de sécheresse extrême, elles vont puiser dans des réserves d'eau qui ne sont accessibles qu'aux arbres et aux arbustes), aucune taille (ne supprimez surtout pas les tiges florales après la floraison car leurs gousses de graines sont très décoratives), aucun tuteurage, aucune division (surtout pas!) et aucun traitement contre les insectes et maladies (elle semble n'avoir aucun ennemi).

Si vous décidez d'acheter un jeune plant (n'oubliez pas que la fraxinelle paraîtra probablement très chétive, mise en pot), ne vous attendez pas à une reprise miraculeuse. Au cours de la première année, la plante ne changera sans doute pas, mais elle devrait par la suite s'ajuster à son milieu et présenter une croissance accrue à partir de la deuxième année.

Cette plante, bien que lente et difficile à établir, est attrayante en toute saison. Ses fleurs blanches ou roses sont portées par des épis denses haut dressés au-dessus d'un feuillage luisant et décoratif. Les gousses de graines bronzées et étoilées ne sont pas sans intérêt, non plus. Cette plante a le port d'un petit arbuste dense. En outre, le feuillage est parfumé quand on le froisse et dégage une senteur de citron. Pour amuser vos voisins, invitez-les par une soirée chaude et sans vent puis tenez une allumette contre la tige florale ou la gousse de graines. L'huile qui rend la plante si aromatique est inflammable et la flamme de l'allumette cause une mini-explosion: toute la tige florale flambe brièvement, mais sans causer le moindre dommage, même pas aux pétales qui ont l'air si fragiles.

Vous voulez déplacer une fraxinelle mature? Ne le faites pas! Car, habituellement, la plante dépérit et ne récupère pas. Si, pour une raison quelconque, vous devez le faire, essayez de diviser les longues carottes poilues tenant lieu de racines, au lieu de prendre toute la plante. Parfois, cela réussit!

Une petite note: certaines personnes sont sensibles à l'huile dont est enduite la fraxinelle et peuvent souffrir d'une affection cutanée si leur peau vient en contact avec la plante et qu'elles s'exposent ensuite au soleil. Par précaution, portez donc toujours des gants si vous avez à manipuler la fraxinelle.

Variétés recommandées:

❧ *D. albus*: Fleurs blanches.

❧ *D. albus* 'Purpureus': Fleurs blanches veinées de rose.

Dictamnus albus

Hellébore ou Rose de Noël

Hellébore ou rose de Noël
(Helleborus)

Hauteur: 20-30 cm.

Étalement: 30 cm.

Emplacement: Mi-ombragé ou ombragé.

Sol: Bien drainé, humide et riche en matière organique.

Floraison: Tôt au printemps.

Multiplication: Division ou semis au printemps.

Utilisation: Bordure, rocaille, plate-bande, sous-bois.

Zone de rusticité: 3 à 5.

Photo: Jardin botanique de Montréal

Helleborus niger

L'hellébore est vraiment une plante de collectionneur. Les non-initiés lèvent le nez sur elle dans les jardineries, car elle coûte plus cher que les autres et se trouve parmi ces végétaux que la mise en pot n'avantage guère. Par contre, dans le jardin, c'est tout le contraire! Il s'agit d'une plante à croissance très lente (elle peut prendre jusqu'à trois ans avant de commencer à fleurir) mais, une fois établie, elle fleurit fidèlement chaque année. Son feuillage fortement découpé et luisant est persistant et enjolive donc le jardin dès la fonte des neiges. La floraison (des fleurs relativement grosses ressemblant à des anémones) suit de très près. D'ailleurs, son nom, rose de Noël, vient du fait qu'elle fleurit en plein hiver... sous un climat beaucoup plus doux que le nôtre, bien sûr! Cette plante n'exige absolument aucun entretien, ni division ni taille ni contrôle des rejets égarés: c'est la plante parfaite pour les jardiniers paresseux... qui savent récolter les fruits de leur patience!

Assurez-vous de la planter dans un endroit qui reçoit du soleil au printemps, mais qui est protégé du soleil en été (sous des arbres à feuilles

Photo: Jacques Allard

Hybrides d'*Helleborus orientalis*

caduques, par exemple). De plus, une couverture de neige abondante n'est pas que souhaitable, mais obligatoire, sinon les feuilles persistantes seront brûlées par les vents froids de l'hiver et les boutons floraux formés l'automne dernier s'assécheront. La plante n'en meurt pas, mais... L'emplacement idéal que l'on puisse donner à cette plante s'avère donc le sous-bois, car l'ombre estivale et la couverture de neige y sont constantes.

Si vous voulez une nouvelle hellébore, il faut presque l'acheter. La division demeure possible, mais le traumatisme est tel que la plante ne fleurira pas pendant plusieurs années. Quant aux semis, eh bien, disons qu'il y a peu de vivaces plus lentes à parvenir à la floraison: il faut attendre sept ans, plus même... car la germination peut prendre trois ans!

Variétés recommandées:

🌿 *H. niger* (rose de Noël): Fleurs blanches ou rose verdâtre. Feuilles très foncées. Zone 3.

🌿 *H. foetidus* (hellébore fétide): Fleurs jaune verdâtre. Senteur désagréable, mais seulement si on met le nez dans la fleur. Feuillage vert brillant. Zone 4.

🌿 *H. purpurascens* (hellébore pourpre): Fleurs violet très foncé. Zone 3.

🌿 *H. orientalis* (rose de Carême): Fleurs blanches ou rose verdâtre. Feuilles très foncées. Zone 5.

175

Hémérocalle

Hémérocalle
(*Hemerocallis*)

Hauteur: 25-120 cm.

Étalement: 60-90 cm.

Emplacement: Ensoleillé ou mi-ombragé.

Sol: Bien drainé et modérément riche en matière organique.

Floraison: Estivale (la période exacte varie selon le cultivar).

Multiplication: Division au printemps ou après la floraison.

Utilisation: Bordure, couvre-sol, en isolé, haie, massif, rocaille, murets, plate-bande, pré fleuri, bac, pentes, endroits humides, fleur coupée.

Zone de rusticité: 3.

Hemerocallis 'Stella de Oro'

On appelle aussi l'hémérocalle le «lis d'un jour», car les fleurs s'ouvrent normalement le matin pour se refermer le soir (chez certains hybrides, par contre, la fleur dure deux jours). Il ne faut pas y voir un défaut, car chaque tige florale porte plusieurs fleurs qui s'ouvrent l'une après l'autre et la floraison persiste donc assez longtemps.

Il était difficile de décider dans quelle catégorie placer cette plante: en effet, plusieurs cultivars mériteraient pleinement leur inclusion dans la catégorie *Des vivaces (presque) toujours en fleurs* tandis que d'autres [surtout l'hémérocalle fauve (*H. fulva*) qui est si répandue le long des chemins de fer au Québec] ont de longs rhizomes très envahissants et auraient leur place dans la section *Des vivaces à éviter*. La majorité de ces plantes, cependant, restent bien à leur place, revenant fidèlement année après année sans que l'on ait besoin d'y toucher, ce qui explique leur inclusion dans le groupe *Des vivaces vraiment sans entretien!*

Les hémérocalles s'adaptent à presque toutes les conditions possibles, même aux sols secs (bien qu'elles préfèrent un sol humide, voire très humide) et à la mi-ombre (un plein ensoleillement est toutefois préférable pour obtenir la meilleure floraison). Leur gracieux feuillage graminiforme et joliment arqué paraît assez tard au printemps, ce qui rend ces plantes très utiles dans la plate-bande: elles masquent les vides causés par la disparition du feuillage des plantes issues de bulbes à floraison printanière. Il existe aussi des hémérocalles aux feuilles persistantes, mais elles sont généralement moins rustiques que les autres et leur feuillage est souvent endommagé par le froid.

Il n'y a pas si longtemps, l'on ne trouvait que des hémérocalles jaunes ou orange. La préférence allait surtout vers *H.* 'Hyperion' (fleur jaune et parfumée, 60-90 cm) et *H. fulva* (orange fauve, 90 cm, malheureusement très envahissante). De nos jours, cependant, il existe des hémérocalles de presque toutes les couleurs: rouges, roses, violettes et blanches, bicolores ou

Hemerocallis 'Black-Eyed Stella'

même tricolores. Vous trouverez aussi des cultivars à fleurs doubles. La plupart des cultivars ont une période de floraison d'environ deux semaines mais, parmi ceux-ci, vous trouverez des cultivars très hâtifs, hâtifs, de mi-saison, tardifs et très tardifs: il est donc possible, en choisissant bien les plantes appropriées, de préparer un mélange d'hémérocalles qui assurera une floraison continue durant tout l'été. Par ailleurs, il se présente aussi quelques hybrides à floraison très prolongée qui fleurissent vraiment pendant tout l'été, ne s'arrêtant souvent qu'avec les premiers gels. Malheureusement, au moment où j'écris ces lignes, tous ces cultivars sont constitués de variétés naines et leur gamme de couleurs est encore limitée. On ne saurait tarder, cependant, à transmettre la caractéristique de la floraison continue à des hybrides plus grands en y incorporant toute la gamme des couleurs possibles. Restez donc à l'affût des nouveautés parmi les hémérocalles.

Variétés recommandées: Présenter une liste complète des cultivars d'hémérocalles s'avère impossible, car il en existe plus de 1000; en outre, des dizaines de nouvelles plantes s'ajoutent à la liste chaque année. Les quelques cultivars suivants représentent un échantillon des rares hémérocalles à floraison continue ou durable qui étaient disponibles au moment où ce livre a été écrit.

🌿 *H.* 'Stella de Oro': C'est la première hémérocalle à floraison continue et, de loin, la plus populaire. Il s'agit d'une toute petite plante de seulement 25 cm à 40 cm de hauteur portant des fleurs jaune doré. Contrairement aux cultivars de plus grande taille, ces plantes miniatures fleurissent relativement peu au cours des premières années: il faut leur accorder environ trois ans pour bien s'établir. Plantez toujours ces hémérocalles par groupe de cinq plants au moins, sinon elles auront peu d'effet à cause de leur petite taille.

🌿 *H.* 'Black Eyed Stella': Comme la précédente, mais les fleurs ont une auréole rouge au centre.

🌿 *H.* 'Butterscotch Ruffles': Fleurs aux couleurs pêche et jaune. Hauteur: 60 cm.

🌿 *H.* 'Chorus Line': Rose et parfumée. Hauteur: 50 cm.

🌿 *H.* 'Little Grapette': Teinte raisin. Hauteur: 30 cm.

🌿 *H.* 'Pandora's Box': Crème au centre marron. Parfumée. Hauteur: 40-50 cm.

Hemerocallis 'Black-Eyed Stella'
Photo: All America Daylily Selections

Hosta

Hosta 'Sum and Substance'

Hosta
(*Hosta*)

Hauteur: 10-120 cm.

Étalement: 25-120 cm.

Emplacement: Ensoleillé jusqu'à ombragé.

Sol: Humide, mais bien drainé et moyennement riche en matière organique.

Floraison: En été.

Multiplication: Division au printemps.

Utilisation: Bordure, couvre-sol, en isolé, haie, massif, rocaille, plate-bande, sous-bois, bac, pentes, fleur coupée.

Zone de rusticité: 3.

Une fois planté, le hosta demeure pour la vie. D'ailleurs, les plantes de grosseur moyenne prennent souvent cinq ou six ans pour parvenir à leur taille maximale; d'autres, plus grandes, prennent 15 ans. Qui voudrait donc déranger un hosta en le déplaçant ou en le divisant? Avec ses feuilles larges ou étroites, nervurées ou lisses, bleutées, vertes ou jaunes, panachées ou non, il offre une variété de formes, de textures et de couleurs peu communes... et il ne s'agit là que de son feuillage! Ses épis floraux sont beaux aussi avec des clochettes blanches, bleues ou violettes, et malgré une croyance populaire qui veut que les fleurs du hosta offrent moins d'attrait que son feuillage, sachez que certains cultivars sont cultivés spécifiquement pour leurs immenses fleurs parfumées.

Si le hosta est la plante par excellence pour les lieux ombragés, il est faux de croire qu'il peut pousser sans éclairage. D'ailleurs, plusieurs cultivars languiront s'ils sont plantés dans un coin extrêmement sombre. De plus, il existe plusieurs cultivars de hostas, notamment ceux au feuillage jaune, qui ne prennent toute leur coloration qu'au soleil. Un hosta cultivé en plein soleil exige comme seule condition un sol plutôt humide: chaleur et sécheresse combinées ne lui font aucun bien. Les hostas au feuillage panaché sont les seuls qu'il vaut mieux planter à l'ombre ou à la mi-ombre: les parties sans chlorophylle de leur feuillage risquent de brûler si on les expose au plein soleil du midi.

Le hosta pousse tardivement au printemps. On a donc tout intérêt à l'entourer de petits bulbes printaniers tels que crocus, scille, chionodoxa, etc. Quand les grosses feuilles du hosta se déroulent enfin, elles viennent masquer le feuillage jaunissant des bulbes. Les deux plantations se complètent donc parfaitement!

Si vous cherchez un moyen de ne plus jamais travailler dans une section de votre jardin, plantez-y des hostas. Espacez-les de telle sorte que leur feuillage, une fois parvenu à maturité, forme une couverture végétale complète et épandez un paillis épais pour empêcher les mauvaises herbes de percer pendant la longue période d'établissement des plantes. Une fois que les hostas auront atteint leur taille maximale, vous pourrez oublier le paillis: aucune mauvaise herbe ne sera capable de pénétrer leur dense feuillage.

Hosta 'Sum and Substance'

Le hosta a cependant un défaut majeur: il est très sujet aux ravages des limaces. L'ombre qu'il projette et le sol qu'il garde humide créent un milieu qui convient parfaitement à ces petites bestioles. Pratiquement impossibles à éliminer, vous pouvez réduire le nombre des limaces en utilisant l'une des méthodes mentionnées dans la section *Quelques ennemis et comment les traiter* (voir à la page 122).

Variétés recommandées: Il serait futile d'essayer d'énumérer ici tous les hostas recommandés. Pour vous donner une idée de leur grand nombre, des volumes complets ont été écrits à leur sujet. Dans le but de promouvoir les plantes dignes d'éloges qui, bien que disponibles au Québec, ne semblent pas encore connaître toute la popularité qu'elles méritent, en voici deux que je suggère.

❧ *H. plantaginea* (hosta parfumé): Cette plante au feuillage entièrement vert et les cultivars qui en sont dérivés, comme 'Royal Standard' et 'Sugar and Cream' (une variante au feuillage panaché), produisent d'énormes fleurs blanches en forme de lis à la fin de l'été et au début de l'automne. De plus, elles sont extraordinairement parfumées. Donnez-leur un emplacement assez éclairé si vous voulez obtenir une floraison maximale. Hauteur du feuillage: 60 cm. Hauteur de la tige florale: 75 cm. Étalement: 90 cm.

❧ *H.* 'Sum and Substance': Quel hosta énorme, car il n'en faut qu'un seul pour remplir une petite plate-bande! Ses grandes feuilles affichent un beau jaune doré, même à l'ombre, mais il devient encore plus beau dans un emplacement où il reçoit assez de soleil. Ses fleurs lavande présentent un attrait secondaire. L'avantage principal de cette plante réside peut-être dans le fait que son feuillage épais n'est presque jamais touché par les limaces. L'*American Hosta Society* le classe presque toujours comme le hosta le plus populaire auprès de ses membres: c'est dire à quel point cette plante a du mérite! Quand j'ai acheté mon premier plant de ce cultivar, une petite division coûtait 50 $US . Son prix dépasse celui des hostas ordinaires, mais il est beaucoup plus abordable maintenant. Hauteur du feuillage: 75 cm. Hauteur de la tige florale: 95 cm. Étalement: 150 cm.

Hosta plantaginea

Pivoine commune

Hybride semi-double de *Paeonia lactiflora*

Pivoine commune
(*Paeonia lactiflora*)

Hauteur: 75-120 cm.

Étalement: 90 cm.

Emplacement: En plein soleil ou légèrement ombragé.

Sol: Bien drainé et riche en matière organique.

Floraison: À la fin du printemps.

Multiplication: Par sections de racines comportant un ou plusieurs bourgeons, tôt au printemps ou à l'automne.

Utilisation: Bordure, en isolé, haie, massif, rocaille, plate-bande, fleur coupée, fleur séchée.

Zone de rusticité: 3.

Cette plante, fort populaire du temps de nos grands-parents, revient à la mode. Tant mieux, car il serait difficile de trouver une plante aussi facile à cultiver et aussi fiable en termes de floraison. Chaque année, cette pivoine produit de grosses fleurs parfumées roses, rouges, blanches, crème ou bicolores (mesurant jusqu'à 20 cm de diamètre) montées sur des tiges solides. Quand les fleurs se fanent, il reste un beau feuillage luisant et découpé qui demeure attrayant pendant tout l'été et même à l'automne, car celui-ci prend une belle coloration rougeâtre avec l'arrivée des nuits fraîches. Une pivoine bien établie ne nécessite nul entretien, sinon le désherbage. Même la suppression des fleurs fanées demeure facultative (vous pouvez cependant la faire si les gousses vous dérangent vraiment), car la formation de graines ne semble pas affaiblir le plant, malgré ce qu'en dit la croyance populaire.

Autrefois, la mode «penchait» vers les fleurs doubles, mais il y avait un prix à payer: ces fleurs extrêmement lourdes s'écrasaient au sol après la moindre pluie, obligeant à l'emploi d'un tuteur. Le jardinier paresseux évitera donc les pivoines doubles pour se porter vers les cultivars à fleurs simples, semi-doubles ou «japonais» (à fleurs d'anémone), ces derniers ayant un centre composé d'anthères jaunes particulièrement développées. Le problème, c'est que les jardineries se basent souvent sur la couleur, non sur le cultivar, pour vendre leurs pivoines. Comment donc savoir si une pivoine étiquetée «de couleur rouge» produit des fleurs simples ou doubles? La solution: éviter les plantes ainsi étiquetées et n'acheter que des cultivars bien identifiés par un nom suivi d'une description.

Comme c'est le cas avec toutes les vivaces qui n'exigent pas d'entretien, la pivoine est lente à s'établir et prend au moins quatre ou cinq ans avant d'atteindre sa taille adulte, puis 10 à 15 ans avant de parvenir à son apogée. Pourquoi risquer de la détruire en la divisant? Pour le jardinier paresseux, la pivoine est une plante permanente au même titre qu'un arbre ou un arbuste: on la plante puis l'on n'y touche plus! La seule raison de diviser une pivoine se justifie par le fait que son emplacement devienne tellement ombragé qu'il en diminue la floraison. Il est alors préférable de diviser la plante au lieu d'essayer de la transplanter telle quelle, travail qui donne rarement satisfaction, car une grosse pivoine transplantée ne fleurira probablement pas avant trois ou quatre ans. Une division, par contre, devrait mener à une floraison, du moins légère, après un an ou deux, mais la plante ayant subi cette transformation ne pourra retrouver son équilibre et parvenir à sa pleine maturité qu'au bout de dix ans environ.

Diviser une pivoine demande un certain effort. À la fin d'août (ou tôt au printemps, avant que le feuillage n'apparaisse), déterrez toute la motte en sectionnant les racines très longues (il est inutile d'essayer de les extraire intactes car elles sont trop fragiles). Coupez la talle par sections constituées par au moins une racine et un ou plusieurs bourgeons roses (yeux) puis laissez-les sécher au soleil pendant une journée ou deux avant de les replanter. Curieusement, ce sont souvent les petites sections constituées de racines plus minces qui s'établissent le plus facilement. Replantez les divisions de façon à ce que les bourgeons se trouvent à 4 cm sous le sol, pas plus. Si la plantation ne respecte pas cette profondeur, il peut se passer plusieurs années avant que la plante ne commence à fleurir. Enfin, arrosez bien et appliquez une bonne couche de paillis pour prévenir la pousse des mauvaises herbes et attendez patiemment que la pivoine finisse de s'établir.

Les pivoines font de magnifiques fleurs coupées, mais il ne faut pas être trop glouton lors de la récolte. Contrairement à la plupart des vivaces, la pivoine produit son feuillage à partir de la tige florale. Si on la coupe, celle-ci

ne produira pas d'autres feuilles. Si vous récoltez plusieurs fleurs avec leur tige suffisamment longue pour composer un beau bouquet, il est certain que vous affaiblirez un jeune plant. Attendez donc huit à dix ans, soit le temps que votre plante s'établisse, avant de commencer à faire des récoltes massives de fleurs. Elle pourra alors se laisser dégarnir totalement sans vraiment en souffrir.

Il ne faut pas s'inquiéter des petites fourmis qui visitent les fleurs des pivoines. Elles ne leur font aucun tort, mais viennent seulement chercher le liquide sucré qui s'en dégage. D'ailleurs, c'est tout à l'avantage de la pivoine d'attirer les fourmis, car celles-ci s'attaqueront aux insectes nuisibles qui pourraient manger la fleur, protégeant la plante contre les envahisseurs.

Variétés recommandées: Il existe bel et bien des centaines de cultivars de pivoines. Malheureusement, la plupart des jardineries n'en offrent que trois ou quatre sortes identifiées seulement par la couleur. Évitez ces plantes sans nom et entrez plutôt en contact avec un spécialiste qui vend des plantes identifiées: vous obtiendrez alors un bien meilleur choix. Vous trouverez des pivoines communes désignées par deux noms, *P. lactiflora* et *P. officinalis* (on trouve aussi le nom *P. japonica*, mais il s'agit de l'espèce *P. lactiflora* aux fleurs de type japonais), mais il n'y a pas de distinction majeure entre les deux espèces. Vous pouvez donc choisir l'une ou l'autre à votre guise. La seule règle consiste à éviter les pivoines à fleurs doubles, à moins que vous n'envisagiez de les tuteurer. Comme toutes les pivoines font d'excellentes plantes décoratives, faites votre choix selon vos goûts.

P. tenuifolia (pivoine à feuilles de fougère): Il vaut la peine de faire une mention spéciale de cette pivoine rare et très différente des autres. Plus petite (60 cm) et plus hâtive que la plupart des autres, cette pivoine, qui produit un feuillage découpé à la manière de la fougère, attire toujours les regards. Le cultivar 'Flore Pleno', à fleurs doubles, est le seul disponible et peut coûter *très* cher.

Paeonia lactiflora 'Mme Edouard Doriat'

Des vivaces à entretien minimal

*L*es plantes présentées dans cette section forment un deuxième groupe. Comparativement aux premières (consultez la section *Des vivaces vraiment sans entretien!* à la page 164), elles requièrent un entretien minime. De façon générale, les plantes de cette section se distinguent surtout des premières par une croissance plus rapide, d'où la nécessité d'investir un peu de temps à contrôler leurs élans. En effet, elles ont tendance à laisser leur partie centrale se dégarnir pour se déployer vers l'extérieur. Il faut donc les rajeunir ou les diviser de temps à autre ou, à tout le moins, enlever les rejets pour les empêcher d'envahir les plantations voisines. Mais que le jardinier paresseux, pour qui j'ai fait la sélection de ces plantes, se rassure: l'entretien minimal qu'elles exigent ne presse absolument pas! Si vous êtes comme lui, vous pouvez laisser passer quatre ou cinq ans, voire sept ou huit ans, avant de vous mettre à la tâche. En attendant, reposez-vous et cultivez le *farniente*!

Alchémille

Amsonie bleue

Asclépiade tubéreuse

Bergenia

Buglosse azurée ou langue-de-boeuf

Centaurée

Digitale vivace

Doronic

Érigéron ou vergerette

Euphorbe

Gazon d'Espagne

Hélianthe ou tournesol vivace

Liatride

Lychnide

Lysimaque

Opuntia

Pavot d'Orient

Penstémon

Physostégie

Pigamon

Platycodon

Polémonie ou échelle de Jacob

Potentille vivace

Statice vivace

Alchémille

Alchemilla mollis

Alchémille
(*Alchemilla mollis*)

Hauteur: 30-45 cm.

Étalement: 60 cm.

Emplacement: Ensoleillé jusqu'à ombragé.

Sol: Bien drainé et humide.

Floraison: Du début jusqu'à la fin de l'été.

Multiplication: Division au printemps, semis en tout temps.

Utilisation: Bordure, couvre-sol, rocaille, murets, plate-bande, sous-bois, pentes, fleur coupée, fleur séchée.

Zone de rusticité: 3.

Il est difficile de fournir une description qui puisse vraiment rendre justice à l'alchémille, cette plante que l'on nomme aussi mantelet-de-dame ou patte-de-lion. Son feuillage arrondi et lobé, analogue aux feuilles du nymphéa, est légèrement argenté et ses fleurs portées en grappes plumeuses, auxquelles plusieurs livres préfèrent attribuer la couleur jaune, paraissent plutôt verdâtres. «Une plante à fleurs vertes? Plutôt désolant.» direz-vous? Pas dans son cas. En fait, la plante a un charme indescriptible et une légèreté tout à fait unique qui conviennent parfaitement aux plates-bandes d'antan, car son effet incite à la rêverie. De plus, les enfants seront fascinés par la façon dont la moindre goutte d'eau perle sur la surface de son feuillage, en se déplaçant au gré du vent.

Bien que l'alchémille puisse pousser dans n'importe quel emplacement, la mi-ombre lui convient le mieux, car elle a tendance à brûler en plein soleil et à fleurir peu dans les endroits très ombragés. Elle a tendance à se ressemer un peu trop allègrement aux dires de certains jardiniers qui n'utilisent pas de paillis. Pour prévenir tout risque d'envahissement, il s'agit d'éviter la dispersion des graines en récoltant les fleurs pour les utiliser immédiatement en bouquets ou pour les faire sécher. En outre, son feuillage garnit bien les arrangements de fleurs fraîchement coupées.

Aucune division n'est requise pour cette plante, à moins qu'il faille la multiplier.

Variétés recommandées: Seul *A. mollis* se cultive couramment, mais il existe plusieurs autres espèces, généralement plus petites, chacune plus charmante que l'autre.

Alchemilla mollis

Amsonia tabernaemontana

Amsonie bleue
(*Amsonia tabernaemontana*)

Hauteur: 60 cm.

Étalement: 30 cm.

Emplacement: Ensoleillé ou mi-ombragé.

Sol: Ordinaire, bien drainé et plutôt humide.

Floraison: Au début de l'été.

Multiplication: Division, semis ou bouturage des tiges au printemps.

Utilisation: Bordure, massif, plate-bande, pré fleuri, fleur coupée.

Zone de rusticité: 4.

Comment se fait-il que l'amsonie soit si peu connue? C'est pourtant une plante dont la culture est fort aisée et qui pousse si densément qu'elle tient tête aux mauvaises herbes. Elle plaît par son feuillage étroit, sa bonne résistance à l'hiver et, surtout, par sa floraison, magnifique non seulement par ses grappes de fleurs étoilées, mais d'une couleur inusitée dans un jardin: un beau bleu pâle. Si vous ne la connaissez pas, n'hésitez pas à vous la procurer.

Variétés recommandées: Seul *A. tabernaemontana* se cultive couramment. Il existe pourtant plusieurs autres espèces, dont *A. hubrechtii* qui est encore beaucoup plus jolie mais elle n'a pas encore été expérimentée au Québec.

Sans fleur, l'amsonie fait un joli arbuste ou même une haie.

Amsonia tabernaemontana

Asclépiade tubéreuse

Asclepias tuberosa

Asclépiade tubéreuse
(*Asclepias tuberosa*)

Hauteur: 30-90 cm.

Étalement: 40 cm.

Emplacement: Au soleil.

Sol: Ordinaire et bien drainé, voire pauvre et sec (ne tolère pas les sols humides).

Floraison: Du milieu jusqu'à la fin de l'été.

Multiplication: Semis au printemps; difficile à diviser.

Utilisation: Bordure, massif, plate-bande, pré fleuri, pentes, fleur coupée, fleur séchée.

Zone de rusticité: 5 (zone 3 dans un sol parfaitement drainé).

Cette plante dressée aux grappes bien fournies de fleurs orange et aux longues feuilles qui rappellent celles du saule forme une dense touffe après quelques années. Aussi, elle mérite d'être considérée comme une plante permanente. De toute façon, une fois qu'elle sera établie, vous aurez de la difficulté à la déplacer. Il lui faut à tout prix un sol parfaitement drainé, surtout dans l'est du Québec, où elle a tendance à pourrir dans un sol un tant soit peu humide. L'asclépiade tubéreuse forme une gousse de graines aux aigrettes soyeuses qui est semblable (mais plus mince) à celle de nos «petits cochons» des champs (*A. syriacus*).

Attention! Comme l'asclépiade prend du temps à pousser au printemps, il faut bien marquer son emplacement pour ne pas la déranger.

Cette plante est visitée par la chenille multicolore du monarque, ce joli papillon orange et noir qui voyage jusqu'au Mexique à tous les hivers. N'allez surtout pas la tuer! Laissez-la plutôt manger quelques feuilles de votre asclépiade: la plante ne s'en trouvera pas affaiblie. Si vous vous sentez incapable de le faire, apportez la chenille dans un champ voisin et déposez-la sur une asclépiade sauvage.

Variétés recommandées:

❧ *A. tuberosa*: Généralement, l'espèce n'est disponible que sous forme de plant, mais l'on trouve quelques mélanges aux couleurs variées (rouge, jaune, orangé, etc.), comme 'Gay Butterflies' que l'on peut acheter en sachet de graines. De toute façon, même en semant des graines provenant d'un mélange soi-disant équilibré, la majorité des plants produiront des fleurs orange identiques à l'espèce ci-haut décrite.

❧ *A. syriaca* (asclépiade commune ou petits cochons): Cette plante aux denses grappes globulaires garnies de fleurs roses et parfumées est trop envahissante pour la plate-bande, mais convient très bien aux prés fleuris ou aux coins sauvages. Elle tolère mieux les sols humides que l'espèce *A. tuberosa*. Floraison: du milieu de l'été jusqu'à l'automne. Hauteur: 100-150 cm.

❧ *A. incarnata* (asclépiade incarnate): Il est regrettable que cette plante indigène soit rarement offerte sur le marché, car il s'agit d'une vivace remarquable ayant un beau port, de longues feuilles vert foncé et de magnifiques grappes de fleurs roses qui se maintiennent durant une longue période. N'essayez pas d'aller chercher cette plante à l'état sauvage, car elle se transplante mal. Néanmoins, elle se reproduit facilement par semis. Bien qu'issue des lieux humides, elle s'accommode d'un sol passablement sec dans un jardin. Floraison: du milieu de l'été jusqu'à l'automne. Hauteur: 100-150 cm.

Asclepias incarnata

Bergenia

Bergenia cordifolia 'Silberlicht'

Bergenia
(*Bergenia*)

Hauteur: 40-45 cm.

Étalement: 60-90 cm.

Emplacement: Ensoleillé ou ombragé.

Sol: Presque tous les sols, sauf ceux qui sont très secs.

Floraison: Au printemps.

Multiplication: Division au printemps ou à la fin de l'été; semis au printemps.

Utilisation: Bordure, couvre-sol, massif, rocaille, murets, plate-bande, sous-bois, pentes, endroits humides, fleur coupée.

Zone de rusticité: 2.

Il n'y a presque pas d'endroit où vous ne pouvez cultiver le bergenia: soleil ou ombre, sol sec ou humide, endroit exposé ou protégé, etc. Il est cependant à son plus beau dans un sol humide et à l'abri du soleil le plus ardent. Les fleurs printanières rouges, roses, blanches ou bicolores du bergenia, portées en grappe sur une tige florale élevée, sont plutôt éphémères (quoique toujours bienvenues, car elles éclosent à un moment où peu d'autres vivaces sont en fleurs), mais le feuillage est toujours décoratif. Les grandes feuilles luisantes en forme de cuiller affichent un vert foncé durant l'été et vont du rouge vin au rouge vif en automne et au printemps. Comme elles sont persistantes, il est important de ne pas les couper en automne (travail que le jardinier paresseux accomplit rarement de toute façon).

Variétés recommandées:

🌿 *B. cordifolia* (bergenia cordifolié): Théoriquement, avec des fleurs roses. Comme c'est l'espèce d'origine de la plupart des hybrides, plusieurs pépiniéristes désignent par ce nom tout bergenia non identifié.

🌿 *B. cordifolia* 'Purpurea': Fleurs presque rouges. Feuillage pourpré.

🌿 *B.* x 'Morgenröte'('Morning Red'): Fleurs rouge pourpré. Feuilles bronzées.

🌿 *B.* x 'Silberlicht' ('Silver Light'): Fleurs blanches devenant roses.

Bergenia cordifolia

Buglosse azurée

Anchusa azurea 'Little John'

Buglosse azurée
ou langue-de-boeuf
(*Anchusa azurea*)

Hauteur: 30-150 cm.

Étalement: 30-45 cm.

Emplacement: Ensoleillé ou mi-ombragé.

Sol: Bien drainé et humide.

Floraison: Du début jusqu'à la fin de l'été.

Multiplication: Division, semis ou bouturage des racines au printemps.

Utilisation: Bordure, couvre-sol, en isolé, haie, massif, rocaille, murets, entre les dalles, plate-bande, arrière-plan, sous-bois, pré fleuri, bac, pentes, endroits humides, fleur coupée, fleur séchée.

Zone de rusticité: 3.

La buglosse devient de plus en plus populaire à cause de ses belles fleurs d'un bleu véritable. Son port, par contre, pèche par sa défaillance, car la plante manque de solidité et les tiges florales ont tendance à ployer jusqu'au sol. Il faudra donc la planter avec d'autres végétaux plus robustes qui sauront soutenir ses belles fleurs.

La buglosse azurée produit des semis spontanés et peut devenir un peu envahissante dans les jardins où le sol n'est pas paillé. Un bon paillis élimine cet inconvénient. Bien que la plante apprécie un peu d'humidité, elle pourrit facilement durant l'hiver dans les sols mal drainés. Vous pouvez la diviser quand son centre dépérit, mais si elle est plantée derrière d'autres végétaux, ce défaut ne paraîtra pas.

Variétés recommandées:

- *A. azurea* 'Dropmore': Fleurs bleu azur. Hauteur: 100-120 cm.
- *A. azurea* 'Loddon Royalist': Fleurs bleu gentiane. Hauteur: 90 cm.
- *A. azurea* 'Little John': Il existe maintenant plusieurs cultivars nains de buglosse qui ont moins tendance à «s'écraser» en pleine floraison. Celui-ci n'est qu'un exemple des plantes de cette catégorie. Fleurs bleu foncé. Hauteur: 45 cm.

Centaurée

Centaurea montana

Centaurée
(*Centaurea*)

Hauteur: 50-120 cm.

Étalement: 30-60 cm.

Emplacement: Ensoleillé ou mi-ombragé.

Sol: Bien drainé.

Floraison: Du milieu jusqu'à la fin de l'été.

Multiplication: Division ou semis au printemps.

Utilisation: Bordure, en isolé, massif, plate-bande, pré fleuri, fleur coupée, fleur séchée.

Zone de rusticité: 3 ou 4.

La centaurée produit un grand nombre de fleurs à aigrettes le plus souvent bleues ou violacées, mais certaines espèces en offrent aussi des jaunes. Il existe plusieurs variétés qui se caractérisent par la facilité à les cultiver. Elles se distinguent les unes des autres par divers aspects (voir la description des *Variétés recommandées*).

La plupart de ces plantes s'accommodent des lieux mi-ombragés mais risquent d'y développer un port moins rigide; si elles sont au soleil, elles se tiennent très droites. Elles s'adaptent très bien à des sols variés, sablonneux même et assez secs (C. *montana* croît mieux dans un sol légèrement alcalin). Cependant, toutes «vieillissent mal», le centre s'affaiblissant après quelques années de culture. Il est possible de corriger ce problème en découpant le centre dégénéré et en comblant le trou avec une terre riche. Vous pouvez accroître la période de production des fleurs en taillant les plantes après une première floraison, mais la deuxième ne sera pas toujours à la hauteur de vos attentes: à vous de juger si cela en vaut vraiment la peine.

Variétés recommandées:

C. montana (centaurée de montagne, bleuet vivace): Fleurs bleues. Feuilles simples de couleur argentée quand elles sont jeunes. C'est la plus courante des centaurées et elle se cultive très facilement. Par contre, elle devient quelque peu envahissante par ses semis et vieillit plus rapidement que ses cousines. Floraison: du début jusqu'au milieu de l'été. Hauteur: 60 cm. Zone 3.

C. dealbata (centaurée de Perse): Fleurs lilas allant jusqu'au pourpre. Feuillage découpé, vert foncé et blanc sur le revers. Floraison assez prolongée: du début jusqu'au milieu de l'été. Hauteur: 60 cm. Zone 4.

C. hypoleuca 'John Coutts' (centaurée rose): Fleurs rose vif. Il y a deux types de feuilles: découpées (à la base du plant) et entières (sur la tige florale). Les deux sont blanches sur le revers. Floraison assez prolongée: du début jusqu'au milieu de l'été. Hauteur: 60 cm. Zone 4.

C. macrocephala (centaurée à grosses fleurs): Énormes fleurs jaunes en forme de boule rappelant celle du chardon. Feuilles entières. Excellente fleur séchée. Floraison: au milieu de l'été. Hauteur: 120 cm. Zone 3.

Catananche caerulea (cupidon bleu): Très semblable à la centaurée. Fleurs bleues au centre foncé pendant presque tout l'été. Feuilles étroites et argentées. Exige un sol parfaitement drainé. Hauteur: 60 cm. Bonne fleur séchée. Zone 3.

Catananche caerulea 'Alba': Fleurs blanches.

Stokesia laevis, anc. *S. cyanea* (stokésie): Autre plante très proche de la centaurée, la stokésie ne convient qu'au jardinier paresseux de la zone 5, car sa rusticité est limitée. Fleurs bleues, roses ou blanches. Hauteur: 30-45 cm.

Centaurea hypoleuca
'John Coutts'

Digitale vivace
(*Digitalis*)

Hauteur: 75-120 cm.

Étalement: 30-40 cm.

Emplacement: Ensoleillé ou mi-ombragé.

Sol: Bien drainé, humide et riche en matière organique.

Floraison: Au début de l'été.

Multiplication: Division au printemps ou à l'automne; semis au printemps.

Utilisation: Plate-bande, arrière-plan, sous-bois, endroits humides, fleur coupée.

Zone de rusticité: 2 à 4.

Digitalis grandiflora

La digitale pourpre (*Digitalis purpurea*) est une magnifique fleur à naturaliser dans un sous-bois. Elle convient cependant moins bien dans une plate-bande car, en tant que bisannuelle qui se renouvelle à partir de ses graines à la fin d'un cycle, elle n'y trouvera pas toujours assez d'espace pour laisser pousser des semis. Il existe toutefois des digitales vivaces qui repousseront année après année à partir d'une même souche. Si aucune n'offre une aussi vaste variété de couleurs que la digitale pourpre, leur port est fort gracieux, comme toutes les autres d'ailleurs. Si l'on coupe la tige florale pour faire des bouquets (une excellente idée!), il arrive que la digitale vivace refleurisse à la fin de l'été.

Variétés recommandées:

🌿 *D. grandiflora* (*D. ambigua*) (digitale à grandes fleurs): Fleurs jaune soufre rayées de brun. Hauteur: 60-100 cm. Zone 2.

🌿 *D. lutea* (digitale jaune): Fleurs jaune citron. Hauteur: 30-90 cm. Zone 3.

🌿 *D.* x *mertonensis* (digitale rose): Grandes fleurs rose saumon. 80-90 cm. Zone 4.

🌿 *D. purpurea heywoodii* (digitale de Heywood): Une variante plutôt vivace (mais pas nécessairement de grande longévité) de la célèbre digitale pourpre. Fleurs blanc rosé. Feuillage argenté. 80-90 cm. Zone 4.

Digitalis grandiflora

Doronicum orientale

Doronic
(*Doronicum*)

Hauteur: 40-60 cm.

Étalement: 30-45 cm.

Emplacement: Ensoleillé ou mi-ombragé.

Sol: Bien drainé, humide et riche en matière organique.

Floraison: Du milieu jusqu'à la fin du printemps.

Multiplication: Division à la fin de l'été; semis au printemps.

Utilisation: Bordure, massif, rocaille, murets, plate-bande, pré fleuri, endroits humides, fleur coupée.

Zone de rusticité: 3.

On peut considérer cette plante, avec ses grandes inflorescences au disque et aux rayons jaunes, comme une version printanière de la marguerite. Elle est d'ailleurs la seule de cette catégorie à fleurir durant cette période et crée, par le fait même, un excellent contraste avec les fleurs plus massives des tulipes et des narcisses. Cette plante exige un sol qui reste humide en permanence, même si elle perd son feuillage comme elle peut le faire lors des étés chauds. En conséquence, elle convient particulièrement bien aux emplacements mi-ombragés, souvent plus humides que les coins ensoleillés. L'emploi d'un paillis organique est fortement recommandé.

Variétés recommandées: La nomenclature du doronic est un peu confuse. Il ne faut pas se surprendre de voir le même cultivar figurant sous plusieurs noms d'espèce dans différents catalogues. Actuellement, les experts considèrent la majorité des plantes disponibles d'origine hybride. Toutes ont des fleurs jaunes.

🌺 *D. orientale* (*D. caucasicum*, *D. cordatum magnificum*): C'est l'espèce la plus courante, mais la plupart des plantes vendues sous cette dénomination sont probablement des hybrides. Hauteur: 40-60 cm.

🌺 *D.* x 'Finesse': Fleurs aux rayons minces donnant une apparence frangée à la fleur. Hauteur: 40-50 cm.

🌺 *D.* x 'Magnificum': Très semblable à *D. orientale*. Hauteur: 40-50 cm.

🌺 *D.* x 'Miss Mason': Fleurs simples. Plante très florifère. Feuillage durable, même en pleine canicule. Hauteur: 45 cm.

🌺 *D.* x 'Frülingspracht' ('Spring Beauty'): Fleurs doubles. Hauteur: 45 cm.

Érigéron ou Vergerette

Erigeron speciosus

Érigéron ou vergerette
(*Erigeron*)

Hauteur: 25-60 cm.

Étalement: 30-60 cm.

Emplacement: Au soleil.

Sol: Bien drainé et de fertilité moyenne.

Floraison: Du début jusqu'à la fin de l'été.

Multiplication: Division au printemps ou à la fin de l'été; bouturage des tiges en été; semis au printemps (les cultivars ne se reproduisent pas fidèlement de cette façon).

Utilisation: Plate-bande, pré fleuri, fleur coupée.

Zone de rusticité: 2.

On peut considérer l'érigéron comme un aster d'été. Il en a la même forme et, surtout, offre des fleurs très semblables: de petites marguerites étoilées roses, rouges, violettes ou blanches au disque central jaune. Il souffre aussi, comme l'aster, d'une certaine faiblesse pour le blanc. Plantez-le au fond de la plate-bande où son feuillage sujet au blanc sera moins apparent. Si l'aster a besoin d'être rajeuni par des divisions assez fréquentes, l'érigéron peut très bien se comporter pendant quatre ou cinq ans avant que cela ne soit nécessaire.

Erigeron 'Azure Fairy'

Variétés recommandées: Les espèces sont rarement cultivées. On leur préfère une série d'hybrides complexes qui descendent le plus souvent de la source *E. speciosus,* dont quelques spécimens sont décrits ci-après.

❧ *E.* x 'Azure Fairy': Fleurs lavande et semi-doubles. Hauteur: 75 cm.

❧ *E.* x 'Foerster's Liebling': Fleurs roses et semi-doubles. Hauteur: 45-60 cm.

❧ *E.* x 'Rosa Juwel' ('Pink Juwel'): Fleurs simples, de couleur rose tendre. Hauteur: 60 cm.

❧ *E.* x 'Prosperity': Fleurs bleu-mauve et doubles. Hauteur: 50 cm.

207

Euphorbe

Euphorbia polychroma

Euphorbe
(*Euphorbia*)

Hauteur: 30-90 cm.

Étalement: 30-60 cm.

Emplacement: Ensoleillé ou mi-ombragé.

Sol: Bien drainé, ordinaire et plutôt sec.

Floraison: De la fin du printemps au début de l'été.

Multiplication: Division ou semis au printemps.

Utilisation: Bordure, couvre-sol, massif, rocaille, murets, entre les dalles, plate-bande, pentes, fleur coupée.

Zone de rusticité: 3 à 5.

Le grand genre *Euphorbia*, qui compte plus de 1500 espèces et un nombre incalculable d'hybrides et de cultivars, est hautement diversifié et rassemble à lui seul des arbres et des arbustes tropicaux, des succulentes, des annuelles, des vivaces, des mauvaises herbes cosmopolites, etc. Même la célèbre fleur de Noël, le poinsettia, est une euphorbe (*E. pulcherrima*). Les euphorbes vivaces dont la rusticité convient à notre climat sont pourtant rares et comprennent surtout des plantes basses au feuillage dense utilisées le plus souvent dans la rocaille ou en bordure d'une plate-bande. Leur feuillage très attrayant, qui persiste en dehors de la période de floraison, constitue l'une des caractéristiques de la plupart de ces plantes.

Les euphorbes se distinguent par leurs bractées colorées, ces petites feuilles situées à l'aisselle du pédoncule, qui viennent rehausser l'aspect peu emballant de leurs vraies fleurs. C'est le cas des espèces vivaces mais, contrairement au poinsettia où les bractées sont énormes, il faut regarder les petites inflorescences de très près pour apprécier cette particularité.

La sève laiteuse des euphorbes est caustique et parfois toxique. Il faut donc faire attention à ne pas en absorber par les yeux, la bouche ou une plaie ouverte. Certains individus y sont d'ailleurs tellement sensibles que le simple contact avec la peau peut provoquer une dermatite. Toute manipulation des euphorbes exige donc de porter des gants, surtout quand il y a risque d'écoulement de sève.

Heureusement que les euphorbes ne requièrent pas beaucoup d'entretien. Ce sont des plantes qui ne nécessitent ni taille particulière ni division. D'ailleurs, la division représente un risque pour la plante, car ses racines épaisses sont très vulnérables. Si vous devez recourir à cette technique, ce sera pour la multiplier: dans ce cas, tranchez la partie extérieure de la motte de racines pour prélever quelques sections du plant mère au lieu d'affecter celui-ci outre mesure en le déterrant. Comme certaines euphorbes ont des tiges souterraines envahissantes, il est préférable de les planter à l'intérieur d'une barrière enfoncée dans le sol.

Les euphorbes, de façon générale, préfèrent les emplacements chauds, secs et ensoleillés. Plusieurs peuvent tolérer la mi-ombre, mais leur croissance s'en trouve ralentie et leur port moins intéressant. Un drainage parfait est important, surtout si vous tentez de cultiver la plante au-dehors de sa zone de rusticité.

Variétés recommandées:

🍂 *E. polychroma*, anc. *E. epithymoides* (euphorbe coussin): Comme son nom commun le suggère, cette plante forme un joli coussin très fourni qui, en dehors de la période de floraison, fait office de petit arbuste. Les feuilles vertes deviennent rouges à l'automne. Les inflorescences jaune chartreuse (ou d'un jaune plus pur dans le cas de certains cultivars, comme 'Sonnegold') apparaissent au printemps avec parfois une deuxième floraison à la fin de l'été. Hauteur: 30-45 cm. Zone 3.

🍂 *E. cyparissias* (euphorbe-cyprès): Feuillage vert et très fin. Inflorescences jaunes à la fin du printemps. Plante envahissante. Hauteur: 25-30 cm. Zone 4.

🍂 *E. myrsinites* (euphorbe à feuilles de myrte): Feuilles épaisses bleu-gris fortement imbriquées les unes dans les autres sur une tige rampante en queue de renard. Inflorescences jaune soufre à la fin du printemps. Idéal pour la rocaille et les murets. Hauteur: 25-30 cm. Zone 4.

🍂 *E. amygdaloides* 'Rubra' (euphorbe amygdaloïde): La seule bonne euphorbe pour les coins ombragés. Elle forme des monticules denses de feuilles pourprées. Grappes de fleurs jaune verdâtre au printemps. Rusticité douteuse: zone 5, au mieux.

🍂 *E. griffithii* 'Fireglow' (euphorbe de Griffith): Plante très différente des autres à cause de son port presque arbustif. Feuilles longues et vertes ressemblant à celles du saule. Inflorescences rouge orange vif à la fin du printemps. Plante potentiellement envahissante. Hauteur: 60-90 cm. Zone 4 dans un sol bien drainé, zone 5 ailleurs.

Gazon d'Espagne

Armeria maritima

Gazon d'Espagne
(*Armeria maritima*)

Hauteur: 15-20 cm.

Étalement: 30-90 cm.

Emplacement: Ensoleillé ou mi-ombragé.

Sol: Plutôt pauvre et sec.

Floraison: De la fin du printemps jusqu'à la mi-été.

Multiplication: Division à la fin de l'été; semis à l'intérieur, à la fin de l'hiver, ou à l'extérieur, au printemps.

Utilisation: Bordure, couvre-sol, massif, rocaille, murets, entre les dalles, plate-bande, bac, pentes, fleur coupée, fleur séchée.

Zone de rusticité: 2.

Le nom «gazon» convient bien à cette plante qui, en dehors de la floraison, ressemble à un dense coussinet de gazon. Les inflorescences rouges, roses, pourpres ou blanches, dont la forme globulaire s'apparente à celles que produit la ciboulette, se dressent sur de courtes tiges.

Cette plante se cultive sans difficulté dans tous les sites ensoleillés ou très légèrement ombragés à condition que le sol soit bien drainé. Un sol trop humide ralentit la croissance et force la plante à se dégarnir du milieu. Le gazon d'Espagne se prête bien à la division à des fins de multiplication, mais rien n'empêche de le laisser pousser à sa guise. D'ailleurs, les jardiniers méticuleux qui s'évertuent à raser toutes leurs vivaces en automne seront peut-être déçus d'apprendre qu'il ne faut pas tailler le feuillage persistant de ces plantes: en effet, cela risque aussi bien d'éliminer la prochaine floraison printanière que de tuer la plante. Si vous voulez des semis, ils sont faciles à effectuer. Bien que la floraison soit modeste, les jeunes plants fleurissent souvent dès la première année à la suite d'un ensemencement hâtif.

Variétés recommandées: Le nombre, la diversité et la bonne qualité de ces plantes rendent inutile toute énumération. En revanche, les deux suivantes l'emportent peut-être sur les autres.

&. *A.* 'Alba': Fleurs blanches.

&. *A.* 'Düsseldorfer Stolz' ('Dusseldorf Pride'): Fleurs magenta vif. Très longue floraison: souvent jusqu'à la fin de l'été.

Armeria maritima

211

Hélianthe ou tournesol vivace
(*Helianthus*)

Hauteur: 120-250 cm.

Étalement: 60-90 cm.

Emplacement: Au soleil.

Sol: Ordinaire.

Floraison: De la fin de l'été jusqu'aux premiers gels.

Multiplication: Division au printemps ou à l'automne; bouturage des tiges à l'été.

Utilisation: Haie, massif, plate-bande, arrière-plan, pré fleuri, fleur coupée.

Zone de rusticité: 3.

Photo: Jacques Allard

Helianthus decapetalus 'Maximus Flore Pleno'

Si vous cherchez à jouer avec l'espace et la hauteur dans votre plate-bande, voici la plante idéale. Plusieurs cultivars sont si hauts qu'en les plantant au niveau du rez-de-chaussée, vous pourrez admirer leurs fleurs par la fenêtre du premier étage! Ces tournesols vivaces produisent une fleur en forme de soleil jaune (d'ailleurs, on les appelle souvent «soleils») identique au populaire et bien connu tournesol annuel (*H. annuus*). Par contre, les fleurs sont plus petites et se présentent en plus grand nombre. L'usage veut que l'on désigne le tournesol vivace par le nom botanique français «hélianthe» pour le distinguer des tournesols annuels.

La culture des tournesols vivaces est facilitée si leur sol demeure un peu humide durant l'été. S'ils sont plantés en plein soleil, aucun tuteurage n'est requis. La division ne s'impose que si vous voulez les multiplier.

Variétés recommandées:

🌿 *H. decapetalus*, anc. *H.* x *multiflorus* (hélianthe à dix rayons): Espèce indigène poussant dans les lieux humides, mais s'adaptant aux sols plus secs des jardins. Fleurs jaunes, simples ou doubles. Hauteur: 200 cm pour l'espèce; les cultivars sont généralement beaucoup plus petits.

🌿 *H. decapetalus* 'Capenoch Star': Fleurs simples et jaune citron. Hauteur: 100 cm.

🌿 *H. decapetalus* 'Maximus Flore Pleno' ('Flore Pleno' ou 'Multiflorus Maximus'): Grandes fleurs jaunes et doubles s'apparentant au dahlia. Hauteur: 120-150 cm.

🌿 *H. decapetalus* 'Loddon Gold': Fleurs doubles et jaune très foncé. Hauteur: 120-150 cm.

🌿 *H. salicifolius* (hélianthe à feuilles de saule): Plante très haute au feuillage mince et arqué très décoratif. Petites fleurs jaunes survenant très tard en saison. Hauteur: 250 cm.

🌿 *H. tuberosus* (topinambour): Cette plante, autrefois cultivée par les Amérindiens, se retrouve encore à l'état naturalisé au Québec. On la cultive encore pour ses racines tubéreuses comestibles, mais elle ne mérite pas une place de choix dans la plate-bande de fleurs. Premièrement, elle est trop envahissante; deuxièmement, sa floraison tarde tellement que, très souvent, elle ne se présente pas. Hauteur: 150-200 cm.

🌿 *Silphium perfoliatum* (silphium perfolié): Très grande plante semblable à l'hélianthe et portant des feuilles massives et des fleurs jaunes aux rayons tubulaires rappelant une chevelure ébouriffée. Hauteur: 200-250 cm.

🌿 *S. laciniatum* (silphium lacinié): Comme le précédent, mais avec une plus petite taille. Hauteur: 150-180 cm.

Helianthus salicifolius

Liatride

Liatride
(*Liatris*)

Hauteur: 60-120 cm.

Étalement: 45 cm.

Emplacement: Ensoleillé ou légèrement ombragé.

Sol: Bien drainé, humide et riche en matière organique.

Floraison: Du milieu jusqu'à la fin de l'été.

Multiplication: Division des tubercules ou semis au printemps.

Utilisation: En isolé, massif, plate-bande, arrière-plan, pré fleuri, endroits humides, fleur coupée, fleur séchée.

Zone de rusticité: 3.

Liatris spicata 'Kobold'

Curieuse plante que la liatride. Avec ses longues feuilles minces supportées par une tige dressée, on s'imagine qu'elle va pousser comme un lis, mais l'épi s'allonge pour révéler une série de petits boutons floraux s'ouvrant en fleurs plumeuses qui révèlent sa vraie parenté avec la marguerite! En outre, alors que la plupart des vivaces formant des épis produisent des fleurs qui s'épanouissent du bas vers le haut, celles-ci fleurissent à l'inverse, du haut vers le bas!

La liatride pousse à partir d'un petit cormus (bulbe solide) ou d'un rhizome (petite tige souterraine), selon l'espèce, mais elle est généralement considérée par les jardiniers comme une vivace plutôt qu'une plante à bulbe. Par contre, elle se vend sous deux formes, celle de bulbes séchés conservés dans de la sciure de bois ou de plants mis en pot (les bulbes coûtent souvent moins cher).

214

C'est une plante sans problème et de culture facile. Son seul défaut se révèle si le sol est trop détrempé au printemps: elle ne peut le supporter. Avant d'organiser votre plate-bande, n'oubliez pas que cette plante a un port rigidement dressé: il ne faut surtout pas aligner les liatrides en rang d'oignons, car cela donne un effet impardonnable. Il vaut mieux les planter de façon isolée, sinon, les disséminer parmi les autres plantes du jardin. La liatride remplace bien la salicaire dans les aménagements, car elle possède un port et une coloration similaires.

Variétés recommandées: Il existe plusieurs espèces de liatrides, toutes assez semblables. Les cultivars proposés ne sont que des exemples pour vous aider à mieux choisir.

🌺 *L. spicata* (liatride à épi) 'Floristan Violett' ('Floristan Violet'): Fleurs violettes. Hauteur: 75 cm.

🌺 *L. spicata* 'Floristan Weiss' ('Floristan White'): Fleurs blanches. Hauteur: 75 cm.

🌺 *L. spicata* 'Kobold': Typique des liatrides naines. Fleurs rose lavande vif. Floraison prolongée. Hauteur: 45 cm.

🌺 *L. scariosa* (liatride scarieuse) 'Alba': Celle-ci diffère de 'Floristan Weiss' par sa plus grande taille et par le fait que ses fleurs s'ouvrent presque toutes en même temps. Hauteur: 100 cm.

🌺 *L. pycnostachya* (liatride du Kansas): Fleurs rose pourpré. Le géant des liatrides! Elle s'accommode mieux des sols secs que des autres et pourrit plus facilement dans un sol humide. Hauteur: 120-150 cm.

Liatris spicata 'Floristan Weiss'

Lychnide

Lychnis coronaria

Lychnide

(*Lychnis*)

Hauteur: 20-90 cm.

Étalement: 30-90 cm.

Emplacement: Au soleil.

Sol: Bien drainé.

Floraison: Estivale (la période exacte varie selon l'espèce).

Multiplication: Division au printemps; semis à l'intérieur, à la fin de l'hiver, ou à l'extérieur, au printemps.

Utilisation: Bordure, massif, rocaille, murets, plate-bande, pré fleuri, fleur coupée.

Zone de rusticité: 3.

Comme ce genre est très diversifié, consultez la description des *Variétés recommandées* pour établir votre choix. De façon générale, les lychnides sont des vivaces passe-partout convenant à toutes les utilisations possibles, sauf aux jardins ombragés. Le genre est surtout connu pour les teintes vives de ses fleurs qui attirent les merveilleux colibris.

Variétés recommandées:

❧ *L. chalcedonica* (croix-de-Malte): Fleurs écarlate vif en grappes denses à la mi-été. Hauteur: 60-90 cm.

Lychnis coronaria 'Oculata'

L. x *arkwrightii* (lychnide d'Arkwright): Il ressemble au précédent (qui est, d'ailleurs, l'un de ses parents) par la couleur des fleurs et son port général, mais la plante est plus petite et les fleurs sont plus grosses et moins nombreuses. Floraison: durant presque tout l'été. Deux cultivars s'offrent couramment: 'Orange Zwerg' (fleurs orange vif, feuillage vert, 20-25 cm de hauteur) et 'Vesuvius' (fleurs vermeil foncé, feuillage pourpré, 30 cm de hauteur).

L. coronaria (lychnide coronaire, coquelourde des jardins): Fleurs rose-rouge très vif, solitaires ou en grappes très lâches. Feuillage très argenté, presque blanc. De courte vie, mais se multipliant spontanément par semis. Floraison: estivale. Hauteur: 60 cm.

L. coronaria 'Alba': Comme le précédent, mais avec des fleurs blanches.

L. coronaria 'Oculata': Comme le précédent, mais à fleurs blanches avec une grande macule centrale rose. Variété de choix, elle est rare et recherchée par les amateurs. Ses graines donnent surtout des plantes aux fleurs blanches, mais certaines auront la tache rose tant recherchée.

L. x *haageana* (lychnide de Haage): Très grosses fleurs orange écarlate en grappes. Floraison: au début de l'été. Hauteur: 24-45 cm.

L. viscaria (lychnide visqueuse): Fleurs rouges, violettes ou blanches, simples ou doubles, en petites grappes sur des tiges d'apparence frêle. Floraison: au début de l'été. Hauteur: 30-40 cm. Préfère un sol plus humide que les autres. Les tiges collantes piègent les mouches!

217

Lysimaque

Lysimaque
(*Lysimachia*)

Hauteur: 75-90 cm.

Étalement: 30 cm.

Emplacement: Ensoleillé ou mi-ombragé.

Sol: Bien drainé, humide et moyennement riche en matière organique.

Floraison: La période varie selon les espèces.

Multiplication: Division ou semis au printemps ou à l'automne.

Utilisation: Bordure, couvre-sol, en isolé, massif, plate-bande, sous-bois, pré fleuri, endroits humides, fleur coupée.

Zone de rusticité: 3 ou 4.

Lysimachia clethroides

Ce genre variable comprend plusieurs espèces intéressantes dont la description apparaît ci-dessous. Ces plantes partagent peu de points en commun, sinon qu'elles préfèrent un emplacement relativement humide, qu'elles sont très rustiques, se cultivent avec aisance et ne posent pas de problème particulier. Comme elles ont tendance à devenir envahissantes dans les lieux humides, entourez-les d'une barrière enfoncée dans le sol.

Variétés recommandées:

❧ *L. clethroides* (lysimaque de Chine): Si les goûts ne se discutent pas, il n'en reste pas moins que la très grande majorité des gens préfèrent cette lysimaque à toute autre. Ce sont ses épis floraux curieusement arqués (comme un col de cygne) et tous orientés dans le même sens qui confèrent un attrait et une grâce rarement vus chez une plante dont la culture est si facile. Alors que le genre auquel on l'associe produit surtout des fleurs jaunes, la lysimaque de Chine surprend par la coloration blanc pur de ses nombreuses petites fleurs. La plante pousse en touffes denses qui se déploient largement avec le temps, sans devenir aussi envahissante que la suivante. Floraison: du milieu jusqu'à la fin de l'été. Zone 3.

ᘒ *L. punctata* (lysimaque ponctuée): Avec ses tiges très dressées portant de petites feuilles vertes et des verticilles floraux jaune vif, cette plante ne ressemble pas beaucoup à l'espèce précédente mais se rapproche davantage d'une «lysimaque typique». Quoiqu'elle forme des touffes moins denses, elle aura tendance à occuper tout le reste de votre plate-bande. La lysimaque ponctuée est particulièrement envahissante dans un milieu humide, mais elle s'arrache facilement si vous voulez limiter son expansion. Floraison: du début jusqu'à la mi-été. Zone 4.

ᘒ *L. ciliata* 'Atropurpurea' (lysimaque ciliée pourpre): Cette plante ressemble à la précédente, mais sa floraison est moins dense. La caractéristique principale de ce cultivar: son feuillage pourpré qui contraste de façon inusitée avec ses fleurs jaune vif. Elle aussi peut devenir envahissante. Floraison: du début jusqu'à la mi-été. Zone 3.

ᘒ *L. nummularia* (herbe aux écus): Pour obtenir des renseignements sur cette plante très différente des autres lysimaques, veuillez vous référer à la page 470.

Lysimachia punctata

Opuntia

Opuntia humifusa

Opuntia
(*Opuntia*)

Hauteur: 10-45 cm.

Étalement: 30-35 cm.

Emplacement: Au soleil.

Sol: Très bien drainé, voire sec.

Floraison: Du début jusqu'au milieu de l'été.

Multiplication: Division ou bouturage des raquettes au printemps.

Utilisation: Bordure, couvre-sol, massif, rocaille, murets, entre les dalles, plate-bande, bac, pentes.

Zone de rusticité: 3 à 5.

Oui, il existe des cactus rustiques au Québec et il y en a même plusieurs! Ils appartiennent au genre *Opuntia* et produisent, pour la plupart, des raquettes aplaties ou arrondies et de grosses fleurs jaunes. Il faut faire attention aux opuntias, car leurs longues épines acérées peuvent carrément vous traverser la main! Même les cultivars qui semblent inoffensifs portent de petits poils effilés en forme de crochet appelés glochides; s'ils entrent dans la peau, ils peuvent être, sinon douloureux, fort désagréables et difficiles à arracher (voici un bon truc pour vous en départir: utilisez le côté collant d'un ruban à masquer).

La culture des opuntias requiert absolument un emplacement ensoleillé et un sol très bien drainé. Il est faux de croire qu'ils ont besoin d'une terre sablonneuse pour pousser: n'importe quel sol de jardin, même s'il est riche, leur convient. Par contre, il importe grandement que le sol se draine complètement à l'automne, car l'opuntia ne survivra pas à l'hiver si ses racines ne sont pas sèches. Ne vous découragez pas de l'apparence des opuntias raquettes en automne: il est normal qu'ils se ratatinent, deviennent rougeâtres et s'écrasent au sol. Au printemps suivant, les raquettes se gonfleront à nouveau pour reprendre leur coloration verte et leur port mieux dressé.

Variétés recommandées:

🌵 *O. humifusa* (opuntia raquette): Cette espèce originaire des dunes de sable de l'Est de l'Amérique du Nord, notamment de l'Ontario et du Maine, est celle qui se cultive le plus souvent ici, mais il ne s'agit pas de la plus intéressante. En effet, ses raquettes aplaties sont très sujettes à la pourriture et l'on doit la protéger contre l'hiver avec du sapinage, même dans les endroits où la neige abonde. Le cultivar le plus courant ne porte presque pas d'épines. Les plantes rustiques vendues sous les appellations *O. vulgaris* et *O. compressa* appartiennent généralement à cette espèce. Fleurs jaunes. Hauteur: 10-15 cm. Zone 4 (avec protection).

🌵 *O. polyacantha* (opuntia d'Alberta): Très variable, cette espèce produit des raquettes aplaties ou assez arrondies et peut s'avérer très épineuse ou non. Originaire des Plaines de l'Ouest, elle pousse en Alberta dans des régions où elle ne bénéficie même pas d'une bonne couverture de neige pour contrer l'hiver. Il s'agit de l'espèce la plus nordique. Hauteur: 10-15 cm. Fleurs jaunes. Zone 3.

🌵 *O. fragilis* (opuntia fragile): Originaire des Plaines de l'Ouest, du Manitoba jusqu'en Colombie-Britannique, cette espèce, épineuse ou non, très différente des deux premières, se présente souvent avec de petites raquettes parfaitement rondes, telles de grosses billes. D'ailleurs, lorsque la plante vit à l'état sauvage, les raquettes se détachent puis, poussées par le vent, roulent jusqu'à un nouvel emplacement où elles prendront racine. Elles feront de même dans votre jardin! Cultivez cette plante pour vous réjouir de la petite colonie de billes piquantes qu'elle produit, non pas pour ses fleurs jaune verdâtre car, comme beaucoup de végétaux qui se reproduisent surtout par mode végétatif, elle fleurit déjà très peu à l'état sauvage et sans doute pas du tout lorsqu'elle est cultivée. Hauteur: 5-10 cm. Zone 3.

🌵 *O. imbricata* (opuntia imbriqué): C'est le seul cactus au port dressé qui semble rustique sous notre climat. Il produit des segments minces et allongés passablement épineux qui s'imbriquent les uns dans les autres à la manière d'une chaîne, formant ainsi un petit arbuste aux branches épaisses. Petites fleurs roses. Hauteur: au moins 45 cm. Il est parfois rustique en zone 4 avec une protection hivernale.

Pavot d'Orient

Pavot d'Orient[1]
(*Papaver orientale*)

Hauteur: 60-120 cm.

Étalement: 45-60 cm.

Emplacement: Au soleil.

Sol: Bien drainé et riche en matière organique.

Floraison: Au début de l'été.

Multiplication: Division ou bouturage des racines à la fin de l'été; semis au printemps (après avoir passé quelques jours au congélateur) ou à l'automne.

Utilisation: Plate-bande, arrière-plan, pré fleuri, fleur coupée, fleur séchée.

Zone de rusticité: 2.

Papaver orientale

Les énormes fleurs colorées du pavot d'Orient font la transition entre le printemps et l'été. Elles ont la forme d'une coupe et affichent le plus souvent des couleurs très vives (le rouge, l'orange, le rose vif, etc.) quoique plusieurs hybrides modernes présentent des teintes moins accentuées (le rose pastel, le saumon, le blanc, etc.). La fleur peut être de couleur uniforme, mais il arrive souvent que le centre soit d'un noir très contrastant. On retrouve aussi quelques cultivars aux fleurs doubles.

Un ensoleillement maximal est préférable, sinon le pavot d'Orient produit des tiges florales si hautes qu'elles ne supportent plus le poids énorme des fleurs. On peut toutefois le cultiver avec succès dans un lieu légèrement ombragé à condition de le planter parmi des végétaux capables de soutenir ses grosses fleurs.

1. Si vous voulez des renseignement sur le pavot d'Islande, veuillez vous référer à la page 478.

Une fois que le pavot d'Orient se trouve bien établi (il fleurit rarement l'été même de la plantation), il vaut mieux ne pas le déranger. Si, pour une raison quelconque, il faut le déplacer, faites-le à la fin de l'été, quand la plante a perdu son feuillage. Vous pouvez profiter de ce déplacement pour tenter de faire des boutures de racines ou même une division, mais n'oubliez pas qu'il est préférable de le garder intact.

Comme le feuillage du pavot d'Orient disparaît après la floraison (sauf dans les emplacements frais), rappelez-vous de le planter là où d'autres plantes à floraison plus tardive pourront masquer le vide qu'il laisse dans la plate-bande.

Variétés recommandées: Les cultivars modernes sont beaucoup plus intéressants que les anciens, car leurs fleurs résistent mieux aux intempéries et leurs tiges florales plus fortes ne ploient pas sous le poids excessif des fleurs. Les cultivars mentionnés ici ne sont que des exemples: sachez qu'il en existe plus d'une centaine!

🌱 *P. orientale* 'Allegro': Il porte les mêmes fleurs énormes et rouge vif au centre noir que le pavot d'Orient de notre enfance, mais la plante est plus compacte. Hauteur: 60 cm.

🌱 *P. orientale* 'Perry's White': Fleurs blanches au centre pourpre. Hauteur: 80 cm.

🌱 *P. orientale* 'Salmon Glow': Doubles fleurs orange saumon. Hauteur: 70 cm.

🌱 *P. orientale* 'Prinzessin Victoria Louise': Fleurs orange saumon au coeur brun. Hauteur: 70 cm.

Papaver orientale

223

Penstémon

Penstémon
(*Penstemon*)

Hauteur: 45-90 cm.

Étalement: 45-60 cm.

Emplacement: Ensoleillé ou légèrement ombragé.

Sol: Bien drainé, voire assez sec.

Floraison: La période varie selon l'espèce.

Multiplication: Semis (pour les espèces seulement) à l'intérieur, en hiver, ou à l'extérieur, au printemps; division des rejets au printemps; bouturage des tiges en été.

Utilisation: Plate-bande, pré fleuri, fleur coupée (pour les espèces hautes).
Bordure, couvre-sol, massif, rocaille, murets, plate-bande, bac, pentes, fleur coupée (pour les espèces basses).

Zone de rusticité: 2 à 4.

Penstemon digitalis 'Husker Red'

Ce genre très variable mais relativement peu connu nous vient de l'Ouest de l'Amérique du Nord et comprend des plantes rampantes, des plantes dressées et même des sous-arbrisseaux. Ces plantes ont cependant un point en commun: toutes produisent de nombreuses fleurs tubulaires, généralement dans des teintes de rouge, de rose, de violet ou de blanc. À l'état sauvage, elles sont surtout pollinisées par les colibris: ne soyez donc pas surpris si ces oiseaux-mouches viennent visiter vos plantes dans la plate-bande.

224

Variétés recommandées:

⚜ *P. digitalis* 'Husker Red' (penstémon digitale): Cultivée surtout pour son feuillage rougeâtre, cette plante produit au début de l'été des fleurs blanches ou rose très pâle pourtant très attrayantes. Hauteur: 90 cm. Zone 4 (mais zone 3 sous une abondante couche de neige).

⚜ *P. barbatus* (penstémon barbu): Hauts épis garnis de fleurs tubulaires très attrayantes. Différents cultivars existent aux fleurs rouges ou roses. Leur grandeur varie: taille standard (60-90 cm) et taille naine (30 cm). Floraison particulièrement durable. La plante exige un drainage parfait. Zone 2.

⚜ *P. hirsutus* (penstémon hirsute): Espèce indigène. Fleurs violettes présentes pendant presque tout l'été. Hauteur: 25 cm. Zone 2.

⚜ *P. hirsutus* 'Pygmaeus': Variante naine de notre penstémon indigène. Zone 2.

⚜ *P.* x *hybrida* (penstémon hybride): Il s'agit d'un très grand groupe d'hybrides issus en bonne partie de *P. hirsutus*. Très populaires en Europe, ces plantes ne font que commencer à «percer» dans leur pays d'origine. Fleurs magnifiques de couleur rouge, rose, violette ou blanche, souvent bicolores, montées sur de minces épis, chacune surplombant une rosette. La hauteur varie selon le cultivar: 50-70 cm. Floraison: du milieu jusqu'à la fin de l'été. La rusticité de ces plantes varie, mais 'Prairie Fire' (écarlate) et 'Prairie Dusk' (rose-violet) s'accommodent bien de la zone 3.

⚜ *P. pinifolius* (penstémon à feuilles de pin): Petite plante de 25 cm à 40 cm de hauteur et de 30 cm de diamètre. Elle forme une boule de feuilles vertes en forme de mini-aiguilles de pin. Fleurs rouge vif pendant presque tout l'été. Zone 4.

Jacques Allard

Penstemon x 'Prairie Fire'

Physostégie
(*Physostegia virginiana*)

Hauteur: 45-90 cm.

Étalement: 60-90 cm.

Emplacement: Ensoleillé ou mi-ombragé.

Sol: Ordinaire, bien drainé et plutôt humide.

Floraison: De la fin de l'été jusqu'à l'automne.

Multiplication: Division ou semis au printemps; bouturage des tiges en été.

Utilisation: Massif, plate-bande, arrière-plan, sous-bois, pré fleuri, endroits humides, fleur coupée, fleur séchée (tiges florales avec capsules de graines).

Zone de rusticité: 2.

Monrovia Nursery Company

Physostegia virginiana

Vous ne promèneriez pas votre chien à travers une rue achalandée sans lui mettre une laisse. Dans un jardin de fleurs, il en va de même avec la physostégie: vous devez la contrôler. Il est facile d'y arriver en la plantant dans un contenant sans fond que vous aurez enfoncé dans le jardin et duquel elle ne pourra pas s'échapper. Si vous ne le faites pas, dans quatre ou cinq ans, vous n'aurez que des physostégies dans votre plate-bande! Remarquez que vous pourriez trouver pire...

La plante porte de nombreuses fleurs blanches ou roses sur des épis serrés au-dessus d'un feuillage étroit et vert foncé, et ce, à une période de l'été où les plates-bandes de vos voisins commencent à se dégarnir. En outre, elle se cultive aisément, mais n'est-ce pas toujours le cas avec les végétaux potentiellement envahissants? Heureusement, elle ne semble pas se multiplier spontanément à partir de semis. Ainsi, en l'entourant d'une bonne barrière au moment de la plantation, l'on ne risque pas de la voir s'étendre.

La physostégie possède une caractéristique des plus curieuses: si vous déplacez les fleurs à droite ou à gauche de la tige florale, elles conserveront leur position! Mieux encore, vous pourriez aligner toutes les fleurs du même côté de l'épi... À cause de ce trait inusité, les anglophones l'ont qualifiée de plante «obéissante». C'est une qualité fort appréciée lorsque vous l'utilisez comme fleur coupée.

Variétés recommandées:

🌺 *P. virginiana* 'Bouquet Rose': Fleurs rose-écarlate. Hauteur: 75-90 cm.

🌺 *P. virginiana* 'Summer Snow': Fleurs blanches particulièrement hâtives. Hauteur: 90 cm.

🌺 *P. virginiana* 'Variegata': Fleurs roses. Feuillage joliment panaché de blanc. Cultivar moins envahissant que les autres. Hauteur: 75 cm.

🌺 *P. virginiana* 'Vivid': Fleurs rose intense. Floraison tardive. Hauteur: 60 cm.

Physostegia virginiana

Pigamon

Pigamon
(Thalictrum)

Hauteur: 60-120 cm.

Étalement: 60-120 cm.

Emplacement: Ensoleillé ou mi-ombragé.

Sol: Bien drainé, humide et riche en matière organique.

Floraison: La période varie selon l'espèce.

Multiplication: Division ou semis au printemps.

Utilisation: En isolé, plate-bande, arrière-plan, sous-bois, pré fleuri, fleur coupée.

Zone de rusticité: 3 à 5.

Thalictrum aquilegifolium

Dans mon ancien quartier, pas très loin des remparts de Québec, il y avait plusieurs sites d'anciens jardins où poussaient (et poussent encore) diverses plantes plus ou moins connues des jardiniers modernes; or, quand on me demandait d'identifier une de ces plantes énigmatiques, c'était presque toujours le pigamon. Même les bons jardiniers confondaient le feuillage très légèrement découpé aux folioles en forme de fronde de capillaire et pensaient avoir affaire à une ancolie. Mais quand ils apercevaient les hautes tiges florales s'épanouir en fleurs plumeuses rappelant celles du souffle de bébé, alors là, de quoi pouvait-il bien s'agir?

Il n'y a que le pigamon qui corresponde à cette description. Il s'agit d'une grande plante à l'allure très vaporeuse, car feuillage et fleurs ne sont que légèreté. Il y a une grande variété d'espèces, mais toutes se cultivent facilement tant que le sol reste un peu humide. Plante très durable mais pas envahisseuse (sauf parfois par ses graines), le pigamon s'avère un excellent choix pour ceux qui préfèrent les végétaux n'exigeant que très peu de soins.

Avant d'acheter un pigamon, demandez au vendeur s'il s'agit d'une plante mâle ou femelle. En effet, les plantes femelles offrent des fleurs moins attrayantes et risquent d'envahir la plate-bande à cause de leurs graines. Quant aux plants mâles, ils ne font pas de graines et ne créeront donc pas de problème.

Variétés recommandées:

🌿 *T. aquilegifolium* (pigamon à feuilles d'ancolie): C'est l'espèce la plus connue au Québec et celle que l'on trouve dans les anciens jardins. L'espèce produit des fleurs allant du rose au rose foncé, mais l'on trouve aussi des cultivars aux fleurs violettes, rouges et blanches. Floraison: du début jusqu'au milieu de l'été. Hauteur: 80-120 cm. Zone 4.

🌿 *T. delavayi* (anc. *T. dipterocarpum*, pigamon de Delavay): Fleurs allant du rose au bleu lavande en forme de bouquets retombants. Floraison: de la fin de l'été jusqu'au début de l'automne. Hauteur: 80-120 cm. Zone 5 (mais zone 4, si une bonne couche de neige protège la plante).

🌿 *T. delavayi* 'Hewitt's Double': Comme la variété précédente, mais avec des fleurs doubles. Sans doute le plus attrayant de tous les pigamons.

🌿 *T. rochebrunianum* (pigamon de Rochebrun): Fleurs lilas aux étamines orange. Feuillage bleuté. Floraison: du milieu jusqu'à la fin de l'été. Hauteur: 120-200 cm. Zone 4.

🌿 *T. minus* 'Adiantifolium' (petit pigamon): Fleurs blanc verdâtre sans grand intérêt, mais le feuillage est superbe! Floraison: du début jusqu'au milieu de l'été. Hauteur: 60-90 cm. Zone 3.

🌿 *T. flavum* (pigamon jaune): Cette espèce surprend par sa coloration: les autres pigamons ont des fleurs roses, mauves ou blanches, mais les siennes forment des nuages de jaune. L'explication ne surgit que lorsqu'on y regarde de plus près. Les minuscules sépales de cette plante sont effectivement blancs, mais les étamines jaune vif et assez longues dominent, donnant la couleur à l'ensemble. Floraison: au milieu de l'été. Hauteur: 90-140 cm. Zone 4.

Platycodon

Platycodon
(*Platycodon grandiflorus*)

Hauteur: 35-75 cm.

Étalement: 75 cm.

Emplacement: Ensoleillé ou mi-ombragé.

Sol: Bien drainé, humide et riche en matière organique.

Floraison: Du milieu jusqu'à la fin de l'été.

Multiplication: Division ou semis au printemps.

Utilisation: Bordure, massif, rocaille, murets, plate-bande, arrière-plan, pré fleuri, pentes, fleur coupée.

Zone de rusticité: 3.

Platycodon grandiflorus 'Double Blue'

Cette plante ressemble beaucoup à la campanule à laquelle elle se trouve d'ailleurs apparentée. Elle produit des tiges de feuilles vertes ou bleutées coiffées de grosses fleurs en forme de cloche et de couleur bleue, violette, rose ou blanche. Les boutons gonflés ressemblent à des ballons avant d'éclore et les enfants s'amusent à les faire éclater en les pressant entre le pouce et l'index: ils émettent alors un bruit sourd. Le port des cultivars nains est plutôt arrondi, alors que les grands cultivars ont des tiges érigées.

Bien que la division soit difficile à effectuer, elle constitue le seul moyen de multiplier certains cultivars. En revanche, avec les lignées qui se prêtent à la reproduction par semis, la multiplication est meilleure.

Notez bien l'emplacement de vos platycodons à l'automne, car leur croissance s'avère lente au printemps.

Variétés recommandées: La liste des variétés recommandées ne fournit qu'un aperçu des possibilités.

&. *P. grandiflorus* 'Albus': Fleurs simples et blanches. Hauteur: 40-50 cm.

&. *P. grandiflorus* 'Apoyama': Fleurs simples et bleu-violet sur un plant compact. Floraison: particulièrement durable. Hauteur: 40-45 cm.

&. *P. grandiflorus* 'Double Blue': Fleurs doubles et bleues ressemblant à des étoiles. Effet très joli! Hauteur: 45-60 cm.

&. *P. grandiflorus* 'Mariesii': Fleurs simples et bleues. Hauteur: 30-40 cm.

&. *P. grandiflorus* 'Shell Pink': Fleurs simples et roses. Hauteur: 35-50 cm.

Polémonie

Polémonie ou échelle de Jacob
(*Polemonium*)

Hauteur: 20-60 cm.

Étalement: 45-60 cm.

Emplacement: Ensoleillé ou mi-ombragé.

Sol: Bien drainé, humide et moyennement riche en matière organique.

Floraison: Du début jusqu'au milieu de l'été.

Multiplication: Division au printemps ou à la fin de l'été; bouturage des tiges après la floraison; semis au printemps.

Utilisation: Bordure, couvre-sol, massif, rocaille, murets, plate-bande, pré fleuri, fleur coupée.

Zone de rusticité: 2.

Polemonium caeruleum

Si vous aimez les fleurs bleues, vous adorerez la polémonie. Les fleurs bleu lavande apparaissent en grand nombre au-dessus d'un feuillage extrêmement décoratif qui a donné à cette plante son deuxième nom commun, échelle de Jacob, car les folioles des feuilles en forme de fronde de fougère sont disposées comme les traverses d'une échelle. On hérite donc, après la floraison, d'une jolie «fougère»!

C'est une plante de culture sans complications qui pousse aussi bien à la mi-ombre qu'au soleil. Cependant, les emplacements chauds et secs peuvent brûler son feuillage. Assurez-vous donc que le sol reste un peu humide en permanence.

Polemonium caeruleum

Variétés recommandées:

❧ *P. caeruleum* (polémonie bleue): Fleurs bleu lavande en petites grappes. C'est l'espèce la plus cultivée. Hauteur: 60 cm.

❧ *P. reptans* (polémonie rampante): Comme la précédente, mais avec un port plus étalé. Fleurs d'un bleu plus pur. Hauteur: 20 cm.

Potentille vivace

Potentilla atrosanguinea 'William Rollison'

Potentille vivace
(*Potentilla*)

Hauteur: 15-45 cm.

Étalement: 45-60 cm.

Emplacement: Ensoleillé ou légèrement ombragé.

Sol: Bien drainé, pauvre et plutôt sec.

Floraison: Du début jusqu'à la fin de l'été.

Multiplication: Division au printemps ou à l'automne; semis à l'intérieur, à la fin de l'hiver, ou à l'extérieur, au printemps.

Utilisation: Bordure, couvre-sol, massif, rocaille, murets, entre les dalles, plate-bande, pré fleuri, fleur coupée.

Zone de rusticité: 4.

La potentille arbustive (*P. fruticosa*) est très bien connue au Québec, mais non la potentille vivace. Il s'agit pourtant d'une plante de culture facile qui, dans le cas des meilleurs hybrides, fleurit presque tout l'été. Il existe de nombreuses espèces, mais peu sont couramment disponibles. Si certaines formes rampantes s'emploient comme plantes couvre-sols ou dans la rocaille, les autres qui ont un port plus érigé vont bien dans la plate-bande mixte.

La plupart des potentilles ont des feuilles divisées en cinq folioles (parfois trois) et portent de nombreuses petites fleurs rouges ou orange à cinq pétales (d'autres couleurs existent aussi). Leur port est plutôt lâche, même chez les espèces érigées. Aussi, plutôt que d'essayer de les tuteurer, laissez-les courir à leur guise.

Variétés recommandées:

ꙮ *P. atrosanguinea* (potentille rubis): L'espèce porte des fleurs rouges, mais il existe aussi plusieurs hybrides orange et jaunes. Hauteur: 30-45 cm.

ꙮ *P. atrosanguinea* 'Gibson's Scarlet': Fleurs rouges et simples. Hauteur: 40-45 cm.

ꙮ *P. atrosanguinea* 'William Rollison': Fleurs semi-doubles et orange au centre jaune. Hauteur: 40-45 cm.

ꙮ *P. nepalensis* (potentille du Népal): L'espèce porte des fleurs roses. Hauteur: 30-60 cm.

ꙮ *P. nepalensis* 'Miss Willmott': Fleurs écarlate rosé. Hauteur: 40-60 cm.

ꙮ *P. nepalensis* 'Roxana': Fleurs rose orangé. Hauteur: 45 cm.

ꙮ *P. tabernaemontani* (potentille du printemps): Fleurs jaunes au printemps; elles réapparaissent de façon sporadique au cours de l'été. Port rampant. Excellent couvre-sol. Hauteur: 5-8 cm.

ꙮ *P. tridentata* (potentille tridentée): Plante indigène rampante aux feuilles trifoliées et aux fleurs blanches se succédant pendant presque tout l'été. Son nom botanique vient d'être remplacé par *Sibbaldiopsis tridentata*, mais ce nom n'est pas encore utilisé couramment en horticulture ornementale. Hauteur: 5-30 cm.

Potentilla nepalensis 'Miss Willmott'

Statice vivace

Limonium tataricum

Statice vivace
(*Limonium*)

Hauteur: 45-75 cm.

Étalement: 60 cm.

Emplacement: Ensoleillé ou mi-ombragé.

Sol: Presque n'importe quel sol bien drainé.

Floraison: Pendant un mois environ, à la mi-été.

Multiplication: Division ou semis au printemps.

Utilisation: Massif, plate-bande, pré fleuri, fleur coupée, fleur séchée.

Zone de rusticité: 3.

Les statices annuels sont très populaires comme fleurs séchées, mais les espèces vivaces sont beaucoup moins connues. Pourtant, ces plantes de culture très facile produisent fidèlement à tous les ans une grande quantité de fleurs bonnes pour la coupe et le séchage; en outre, leurs jolies inflorescences à l'allure vaporeuse rehaussent la plate-bande par leur attrait.

Le statice, comme beaucoup d'autres vivaces de grande longévité, n'aime pas être dérangé, surtout lorsqu'il s'agit de le diviser à des fins de multiplication. Plutôt que de compromettre la santé du plant mère, il vaut donc mieux n'en prélever que les jeunes rejets.

Cette plante originaire du bord de la mer s'accommode bien d'un emplacement situé près de la rue ou en quelque autre endroit contaminé par les produits de déglaçage.

Variétés recommandées:

🍃 *L. platyphyllum*, anc. *L. latifolium* (statice à feuilles plates): C'est le plus courant des statices vivaces. Fleurs lavande. Hauteur: 45-60 cm.

🍃 *L. platyphyllum* 'Violetta': Variante du précédent. Fleurs bleu-violet.

🍃 *L. tataricum*, aussi *Goniolimon tataricum* (statice de Tatarie): Plante plus compacte aux inflorescences plus denses. Fleurs roses. Hauteur: 30-45 cm.

Limonium tataricum

237

Certaines vivaces réussissent à nous plaire du printemps...

Que l'on supprime ou non leurs fleurs, il existe un nombre croissant de vivaces qui fleurissent pendant presque tout l'été. Certaines s'avèrent mêmes stériles ou le sont presque: en ne gaspillant pas leur énergie à former des graines, elles deviennent plus aptes à refleurir. D'autres ont tout simplement une tendance naturelle à fleurir de façon quasi continue. En utilisant plusieurs vivaces dont la floraison perdure, on réussit à créer une profusion de couleurs différentes qui se succéderont d'une saison à l'autre dans la plate-bande. Or, si la floraison des autres plantes s'avère plus éphémère, cela ne déparera pas le jardin.

Il est important de choisir, parmi les plantes suggérées dans les pages qui suivent, des cultivars renommés pour leur qualité florifère. Il arrive souvent que l'espèce d'origine ait une floraison relativement courte: il faut savoir que les cultivars à floraison prolongée disponibles sur le marché sont bel et bien le fruit de la sélection et de l'hybridation effectuées par l'homme. Il ne faut pas choisir quelque géranium ou quelque campanule, pour la simple raison que le genre figure dans cette section du livre. Vous risquez d'en être fort déçu. Il en va de même avec la culture à partir de semis; elle convient moins à ces cultivars qu'à n'importe quelle autre catégorie de vivaces, car une plante à floraison quasi continue peut, à partir de semences, donner suite à des plantes à floraison éphémère.

La floraison de ces vivaces «toujours en fleurs» commence habituellement à la fin du printemps ou au début de l'été pour se continuer jusqu'à la fin d'août, voire jusqu'à l'automne. Plusieurs donnent une floraison massive au début de la saison et une autre plus réduite, mais néanmoins continue, par la suite. En planifiant

...à l'été...

une plate-bande et en choisissant ces plantes pour en établir la base, il ne faudrait pas oublier d'en inclure d'autres à floraison printanière et, en quantité moindre, à floraison automnale, afin de combler les lacunes occasionnées par les plantes à floraison prolongée.

Les sélections suggérées dans ce livre ne représentent que la pointe de l'iceberg. Vu la popularité croissante à l'égard des vivaces à floraison continue, les spécialistes en hybridation recherchent constamment des variétés nouvelles qui possèdent cette caractéristique... et souvent, leurs efforts portent fruit! Au fur et à mesure que ces nouveautés nous parviennent, le choix des vivaces à floraison presque continue augmente considérablement. Consultez les catalogues de vivaces, visitez les jardineries: chaque année, une dizaine de nouvelles plantes à floraison durable viennent s'ajouter à la liste.

Une dernière remarque: bien que plusieurs de ces plantes s'accommodent d'un ensoleillement moins que parfait, leur floraison en souffrira. Si une plante est ambivalente (capable de s'adapter à la mi-ombre et à l'ombre, par exemple), l'emplacement le plus éclairé donnera de meilleurs résultats.

...et jusqu'à l'automne!

240

ào

Achillée
Campanule
Coréopsis
Coeur-saignant du Pacifique
Éphémérine
Fumeterre jaune
Gaillarde
Géranium vivace
Grande gypsophile ou souffle de bébé
Héliopside
Heuchère sanguine
Lin vivace
Mauve musquée
Myosotis des marécages
Népèta, cataire ou herbe-aux-chats
Onagre ou oenothère
Rudbeckie
Rudbeckie pourpre ou échinacée
Sauge superbe
Scabieuse
Sidalcée ou rose trémière miniature
Valériane rouge
Véronique

Achillea millefolium 'Cerise Queen'

Achillée

(*Achillea*)

Hauteur: 30-90 cm.

Étalement: 30-90 cm.

Emplacement: Ensoleillé ou très légèrement ombragé.

Sol: Ordinaire ou même assez pauvre.

Floraison: Du début jusqu'à la fin de l'été.

Multiplication: Division ou semis au printemps; bouturage des tiges à l'été.

Utilisation: Bordure, massif, rocaille, murets, plate-bande, pré fleuri, pentes, fleur coupée, fleur séchée, pots-pourris.

Zone de rusticité: 2 ou 3.

Ce genre offre une vaste sélection de plantes. Le feuillage fortement découpé ressemble à celui de la carotte et les inflorescences groupées en grappes plus ou moins aplaties sont souvent très denses. La culture de ces plantes s'avère des plus facile; en revanche, certaines peuvent devenir envahissantes et il vaut mieux les planter à l'intérieur d'une barrière enfoncée dans le sol. Si la touffe devient clairsemée au bout de quelques années, découpez le centre vieillissant et remplissez le trou de terre riche.

Variétés recommandées: La nomenclature propre aux achillées s'avère très confuse et changeante. Les plantes ci-bas décrites sont classifiées selon les noms les plus souvent employés au moment de la publication de ce livre.

🌿 *A. millefolium* (achillée millefeuille): Il s'agit de la plus populaire des achillées. Or, la transformation d'une plante indésirable, l'espèce sauvage appelée herbe à dinde (aux fleurs blanches et aux tiges lâches) en plante de jardin (aux fleurs colorées et aux tiges solides) tient du miracle. On trouve même des cultivars de cette plante avec des fleurs rouges, roses, violettes, jaune vif, jaune pâle et blanches. Bien que les achillées millefeuilles cultivées soient moins envahissantes que l'espèce sauvage, il vaut mieux les planter à l'intérieur d'une barrière enfoncée dans le sol. Floraison: du début de l'été jusqu'à l'automne. Hauteur: 50-70 cm.

🌿 *A. millefolium* 'Cerise Queen': Fleurs rose vif. Hauteur: 50-60 cm.

🌿 *A. millefolium* 'Fire King': Fleurs rouge vif. Hauteur: 50-60 cm.

🌿 *A. millefolium* 'Lilac Beauty': Fleurs lilas. Elle est considérée comme la plus intéressante de toutes les achillées. Hauteur: 50-60 cm.

🌿 *A. millefolium* 'Summer Pastel': Une lignée de plantes variées, mais toujours d'un ton pastel: rose, jaune, blanc, lavande, etc. Hauteur: 50-60 cm.

🌿 *A.* x 'Hoffnung' ('Great Expectations'): Cet hybride ressemble à *A. millefolium* dont il est issu. Fleurs jaune soufre. Très prisé par les connaisseurs. Hauteur: 60 cm.

🌿 *A. filipendulina* (achillée jaune): Une grande plante aux fleurs jaunes en grappes aplaties. Floraison: du début de l'été jusqu'à l'automne. Hauteur: 100-120 cm.

Achillea filipendulina

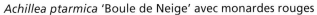

A. filipendulina 'Cloth of Gold': Larges inflorescences de couleur jaune moutarde. Hauteur: 120-150 cm.

A. filipendulina 'Gold Plate': Fleurs jaune vif. Hauteur: 120-135 cm.

A. x 'Coronation Gold': Cet hybride ressemble à *A. filipendulina* dont il est issu, mais il possède une taille plus petite. Hauteur: 70-90 cm.

A. x 'Moonshine': Cet hybride ressemble à *A. filipendulina*, mais sa taille est plus petite et ses fleurs jaunes sont plus pâles. Hauteur: 50-60 cm.

A. ptarmica 'Boule de Neige', désignée aussi par 'The Pearl' et 'La Perle' (achillée sternutatoire): Cette plante diffère beaucoup des autres achillées par ses inflorescences lâches composées de fleurs doubles en forme de boule et ses feuilles entières, légèrement dentées. C'est la plus envahissante des achillées. Hauteur: 45-60 cm.

A. tomentosa (achillée tomenteuse): Espèce rampante au feuillage gris argenté. Fleurs jaunes. Idéale pour la rocaille ou en bordure d'une plate-bande. Floraison: du début jusqu'à la fin de l'été. Hauteur: 10-15 cm.

A. tomentosa 'Aurea' ('Maynard's Gold'): Comme la précédente, mais avec des fleurs jaune plus vif.

A. ageratifolia (achillée grecque): Espèce naine au feuillage argenté et aux grappes de fleurs blanches. Bien que la floraison de cette achillée soit plutôt courte (environ deux semaines au début de l'été), son feuillage offre beaucoup d'attrait. Idéale pour la rocaille ou en bordure d'une plate-bande. Hauteur: 10-15 cm.

Achillea ptarmica 'Boule de Neige' avec monardes rouges

245

Achillea ptarmica 'Boule de Neige'

Des vivaces (presque) toujours en fleurs

Campanule

Campanula carpatica 'Chewton Joy'

Campanule
(*Campanula*)

Hauteur: 10-120 cm.

Étalement: 25-75 cm.

Emplacement: Ensoleillé ou mi-ombragé.

Sol: Bien drainé.

Floraison: La période varie selon l'espèce.

Multiplication: Division ou semis au printemps.

Utilisation: Massif, plate-bande, arrière-plan, sous-bois, pré fleuri, bac, pentes, fleur coupée (pour les variétés hautes).
Bordure, couvre-sol, massif, rocaille, murets, entre les dalles, plate-bande, bac, pentes, fleur coupée (pour les variétés basses).

Zone de rusticité: 2 ou 3.

Il faudrait consacrer tout un livre aux campanules, car elles le méritent. Malheureusement, compte tenu des limites de cet ouvrage, tenons-nous-en à une dizaine d'espèces assez répandues.

Toutes les campanules ont des fleurs en forme de clochette (de là, d'ailleurs, l'origine du nom) qui se présentent sous divers aspects: assez ouvertes ou presque tubulaires, portées vers le ciel ou retombantes. Dans la nature, on les retrouve presque toutes avec des fleurs bleues ou violettes, mais l'activité humaine a réussi à produire des variétés aux fleurs blanches ou même roses. Leur port varie aussi: haut avec de longs épis, en forme de dôme ou rampant. Notez que toutes les espèces mentionnées ici s'avèrent aisées à cultiver.

Certaines campanules peuvent devenir quelque peu envahissantes: pour empêcher que cela ne se produise, entourez-les d'une barrière de plastique enfouie dans le sol au moment de la plantation. Les variétés hautes ploient joliment sous le poids de leurs fleurs: pour les empêcher de s'écraser au sol, placez-les derrière des végétaux de hauteur moyenne qui les soutiendront.

Variétés recommandées: Les campanules peuvent être divisées en deux groupes: *primo*, celles qui offrent une floraison prolongée; *secundo*, celles dont la floraison dure moins longtemps.

Variétés à floraison prolongée:

❧ *C. carpatica* (campanule des Carpates): Fleurs solitaires de couleur bleue, violette ou blanche. Floraison: pendant tout l'été. Hauteur: 30 cm. Plusieurs bons cultivars sont offerts. Zone 3.

❧ *C. cochleariifolia* (campanule à feuilles spatulées): Petit couvre-sol rampant de 10 cm de hauteur et de 75 cm de diamètre. Nombreuses fleurs solitaires de couleur bleue ou blanche apparaissant du printemps jusqu'à la fin de l'été. Zone 3.

Campanula carpatica 'Weisse Clips'

⊠ *C. glomerata* (campanule à bouquet): Fleurs bleues ou blanches regroupées en grappes denses aux extrémités des tiges. Floraison: du début jusqu'au milieu de l'été. Hauteur: 60 cm. Un peu envahissante. Plusieurs bons cultivars sont offerts. Zone 3.

⊠ *C. lactiflora* (campanule lactiflore): Haute plante en épi aux fleurs blanches ou bleu pâle. Hauteur: 120 cm. Les tiges assez lâches ont besoin d'appui. Floraison: pendant presque tout l'été. Plusieurs cultivars sont offerts. Zone 3.

⊠ *C. latifolia* (campanule élevée): Grande plante n'ayant habituellement pas besoin d'appui. Fleurs bleu-violet portées sur des épis de 60 cm à 120 cm de hauteur. Floraison: pendant presque tout l'été. Cette plante s'adapte mieux aux endroits mi-ombragés que la plupart des campanules. *C. latifolia macrantha* produit des fleurs plus grosses. Zone 3.

⊠ *C. poscharskyana* (campanule de Serbie): Petite plante rampante aux fleurs bleues étoilées. Excellent couvre-sol! Hauteur: 15 cm. Floraison: pendant presque tout l'été. Zone 3.

⊠ *C. rotundifolia* (campanule à feuilles rondes): Petite plante indigène aux fleurs bleues. Hauteur: 20-30 cm. Floraison: pendant presque tout l'été. S'accommode des emplacements mi-ombragés. Zone 2.

Variétés à floraison moins durable:

⊠ *C. persicifolia* (campanule à feuilles de pêcher): Hauts épis aux fleurs bleues, violettes ou blanches apparaissant du début jusqu'au milieu de l'été. Les cultivars 'Grandiflora Alba' et 'Grandiflora Coerulea' produisent respectivement des fleurs blanches et bleues particulièrement grosses. Hauteur: 60-80 cm. Zone 2.

⊠ *C. portenschlagiana* (*C. muralis*, campanule des murailles): Plante rampante aux petites fleurs bleues. Hauteur: 15-24 cm. Floraison: au printemps et au début de l'été (parfois légèrement remontante). Les emplacements mi-ombragés lui conviennent. Zone 3.

Campanula glomerata

Campanula latifolia macrantha

Coréopsis
(*Coreopsis*)

Hauteur: 10-90 cm.

Étalement: 20-60 cm.

Emplacement: Ensoleillé ou très légèrement ombragé.

Sol: Très bien drainé et même assez pauvre.

Floraison: Du début de l'été jusqu'aux gels.

Multiplication: Division ou semis au printemps.

Utilisation: Bordure, couvre-sol, massif, rocaille, murets, plate-bande, arrière-plan, pré fleuri, fleur coupée.

Zone de rusticité: 3.

Photo: All America Selections

Coreopsis grandiflora 'Early Sunrise'

Il s'agit d'une plante dont la culture s'avère si facile et la floraison si durable (du moins, si l'on s'en tient aux meilleures sélections) qu'il est à se demander pourquoi on ne l'emploie pas plus souvent. Le coréopsis ne craint que les endroits trop humides en hiver et ne nécessite que le plein soleil pour bien fleurir. En outre, les cultivars offerts en semis fleurissent facilement dès la première année. C'est une bonne plante pour les débutants: elle leur permet de se faire la main avant de se lancer dans la culture de plantes exigeant plus de soins.

Variétés recommandées:

❧ *C. grandiflora* (coréopsis à grandes fleurs): Voici le coréopsis le plus souvent cultivé, mais pas nécessairement le plus intéressant. Son défaut? Il tend à dépérir après quelques années, ce qui oblige à le diviser ou à le ressemer pour le garder en bon état. En revanche, on peut «laisser aller» les autres coréopsis pendant des années sans avoir à les traiter. Plante au port dressé et aux feuilles entières. Fleurs jaunes, simples ou doubles. Hauteur: 40-90 cm.

🍃 *C. grandiflora* 'Early Sunrise': Cultivar nain, aux fleurs doubles, souvent disponible sous forme de semences. Floraison hâtive. Hauteur: 40-50 cm.

🍃 *C. grandiflora* 'Sunburst': Fleurs semi-doubles de couleur jaune or. Hauteur: 45-60 cm.

🍃 *C. grandiflora* 'Sunray': Grandes fleurs doubles de couleur jaune or. Hauteur: 45-60 cm.

🍃 *C. lanceolata* (coréopsis à feuillage lancéolé): Les variantes à fleurs jaunes de cette plante ressemblent tellement au coréopsis à grandes fleurs que la plupart des livres les confondent. Comment les distinguer ? Le coréopsis à grandes fleurs a des tiges florales feuillues presque jusqu'au sommet alors que le coréopsis à feuillage lancéolé n'a pas (ou presque pas) de feuilles sur la moitié supérieure de sa tige florale. De plus, le coréopsis à feuillage lancéolé présente une plus grande longévité et il ne requiert pratiquement jamais de division. Les cultivars aux fleurs bicolores ou rouge acajou sont particulièrement intéressants, mais on les trouve rarement sous forme de plants: il faut semer des semences mélangées pour les obtenir. Fleurs simples ou doubles. Hauteur: 30-60 cm.

🍃 *C. lanceolata* 'Baby Sun': Fleurs jaunes avec un peu de rouge à la base. Hauteur: 30-40 cm.

🍃 *C. lanceolata* 'Goldfink': Fleurs jaunes sur un plant nain. Hauteur: 25-30 cm.

🍃 *C. lanceolata* 'Rotkhlchen': L'un des rares cultivars aux fleurs rouges. Hauteur: 60-90 cm.

🍃 *C. verticillata* (coréopsis à feuillage verticillé): Un vrai bijou de plante! Son feuillage très finement découpé fait en sorte que les fleurs jaunes en forme de petites marguerites semblent flotter sur un nuage de verdure. Il se propage par la base sans devenir envahissant. Le cultivar 'Golden Shower' représente essentiellement l'espèce. Hauteur: 60-90 cm.

🍃 *C. verticillata* 'Moonbeam': Plusieurs jardiniers considèrent ce cultivar comme *la meilleure des vivaces*... et c'est peu dire! Les fleurs jaune citron pâle (couleur très rare parmi les vivaces) sont portées au-dessus d'un feuillage fin et plumeux. Hauteur: 40-50 cm.

🍃 *C. verticillata* 'Zagreb': Ce coréopsis arrive bon deuxième après 'Moonbeam', auquel il ressemble beaucoup. Cependant, sa taille est plus petite et ses fleurs sont jaune vif. Hauteur: 30-40 cm.

🍃 *C. rosea* (coréopsis rose): Voici une innovation assez récente et plutôt surprenante, étant donné que le genre est réputé pour ses fleurs jaune vif. Petites fleurs roses. Feuillage fin rappelant celui de *C. verticillata*. Hauteur: 20-25 cm.

Dicentra formosa

Coeur-saignant du Pacifique
(*Dicentra formosa*)

Hauteur: 23-38 cm.

Étalement: 20-60 cm.

Emplacement: Mi-ombragé à ombragé.

Sol: Bien drainé, humide et riche en matière organique.

Floraison: Du printemps jusqu'à la fin de l'été.

Multiplication: Division des rejets au printemps.

Utilisation: Bordure, couvre-sol, massif, rocaille, murets, plate-bande, sous-bois, fleur coupée.

Zone de rusticité: 3.

Ce petit coeur-saignant produit des touffes denses au feuillage bleuté découpé comme des frondes de fougère. Il affiche de petites grappes de fleurs roses en forme de coeur montées sur des tiges portées au-dessus du feuillage. Contrairement au coeur-saignant des jardins, *D. spectabilis* (voir à la page 170), son feuillage ne disparaît pas après la floraison qui dure d'ailleurs pendant tout l'été. Malgré sa fiabilité, le coeur-saignant du Pacifique n'a pas l'élégance de son grand frère qui fleurit au printemps, mais il constitue une excellente plante permanente pour agrémenter les endroits à l'abri du plein soleil.

Variétés recommandées: L'espèce même se cultive rarement et les cultivars disponibles sont probablement des hybrides issus de *D. formosa* et du très similaire *D. eximia*.

D. formosa 'Luxuriant': Fleurs rose foncé. Ce cultivar offre sans doute la floraison la plus prolongée de tous les coeurs-saignants. Elle s'étend du printemps presque jusqu'aux neiges.

D. formosa 'Bacchanal': Fleurs rouge-pourpre beaucoup plus foncées que celles de tout autre coeur-saignant.

D. formosa 'Langtrees': Tel 'Luxuriant', mais avec des fleurs blanches.

D. eximia 'Alba' (coeur-saignant nain blanc): Similaire aux précédents, mais au feuillage plus bleuté. Fleurs blanches.

Dicentra formosa 'Bacchanal'

Éphémérine
(Tradescantia)

Hauteur: 60-75 cm.

Étalement: 60-90 cm.

Emplacement: Ensoleillé ou mi-ombragé.

Sol: Humide et riche en matière organique.

Floraison: De la mi-été jusqu'au début de l'automne.

Multiplication: Division ou semis au printemps.

Utilisation: Bordure, couvre-sol, massif, plate-bande, sous-bois ouvert, pré fleuri, pentes, endroits humides.

Zone de rusticité: 4.

Tradescantia x andersoniana

Cette plante ressemble à une graminée par son port (luxuriantes feuilles étroites gracieusement arquées à leur extrémité) et elle produit de nombreuses petites grappes de fleurs bleues, violettes, roses ou blanches se succédant durant tout l'été. Le nom éphémérine vient du fait que chaque fleur ne dure qu'une seule journée... mais vous ne risquez pas de remarquer ce détail, tellement la plante est florifère.

C'est une plante qui se cultive très facilement, à condition de la planter dans un sol un peu humide. Elle s'accommode même très bien des secteurs détrempés de votre jardin. On peut la cultiver en bordure, mais elle a tendance à s'effondrer après une première floraison massive (cependant, elle repousse rapidement). Il vaut donc mieux la planter au milieu de la plate-bande où elle peut s'appuyer sur d'autres végétaux.

254

Un détail important: si vous voulez éviter les ennuis avec l'éphémérine, il vaut mieux limiter sa croissance en l'entourant d'une barrière enfoncée dans le sol au moment de la plantation.

Variétés recommandées:

🍂 *T.* x *andersoniana* (éphémérine hybride): Un hybride qui se situe entre *T. virginiana* et d'autres espèces. Il s'agit essentiellement de la seule éphémérine couramment cultivée. Les cultivars énumérés ci-après ne sont que des suggestions, car il existe plusieurs autres bonnes variétés.

🍂 *T.* x *andersoniana* 'Innocence': Fleurs blanches. Hauteur: 50-60 cm.

🍂 *T.* x *andersoniana* 'J. C. Weguelin': Fleurs bleu ciel. Hauteur: 50-60 cm.

🍂 *T.* x *andersoniana* 'Osprey': Fleurs blanches et bleues. Hauteur: 50-60 cm.

🍂 *T.* x *andersoniana* 'Red Cloud': Fleurs rouge rosé. Hauteur: 40-50 cm.

Tradescantia x *andersoniana*

Corydalis lutea

Fumeterre jaune
(*Corydalis lutea*)

Hauteur: 30-40 cm.

Étalement: 30-40 cm.

Emplacement: Au soleil ou à l'ombre.

Sol: Bien drainé et ordinaire, voire pierreux (un sol neutre ou alcalin riche en matière organique s'avère préférable).

Floraison: Du début de l'été jusqu'au début de l'automne.

Multiplication: Division ou semis au printemps.

Utilisation: Bordure, couvre-sol, rocaille, murets, entre les dalles, plate-bande, sous-bois, pentes, fleur coupée.

Zone de rusticité: 3.

Cette plante au feuillage bleuté joliment découpé et aux fleurs jaune pâle ressemble beaucoup à un coeur-saignant nain, auquel elle se trouve d'ailleurs apparentée. Elle se reproduit spontanément par semis et risque de devenir encombrante dans un sol alcalin, mais vous pouvez la contrôler plus aisément dans un sol acide. Bien que s'accommodant du soleil et de l'ombre, la fumeterre se comporte mieux dans un emplacement semi-ombragé.

Variétés recommandées[1]:

🌿 *C. lutea*: Il s'agit de l'espèce la plus cultivée qui fut décrite précédemment.

🌿 *C. cheilanthifolia* (fumeterre chinoise): Fleurs jaunes. Hauteur: 25 cm.

🌿 *C. flexulosa* (fumeterre bleue): La rusticité de cette plante très intéressante accuse beaucoup de faiblesse. En revanche, ceux qui peuvent la cultiver obtiendront une belle plante aux fleurs bleu vif qui apparaissent de façon sporadique, tout au long de l'été, au-dessus d'un feuillage bleuté joliment découpé. Endroits protégés de la zone 5.

1. Il existe aussi des corydalis tubéreux mieux connus comme plantes à bulbes.

Corydalis flexulosa

Gaillarde

Gaillardia x *grandiflora*

Gaillarde
(*Gaillardia* x *grandiflora*)

Hauteur: 15-90 cm.

Étalement: 45-60 cm.

Emplacement: Au soleil.

Sol: Très bien drainé.

Floraison: Du début de l'été jusqu'aux gels.

Multiplication: Division des plants et semis au printemps ou bouturage des racines à l'été.

Utilisation: Bordure, massif, rocaille, murets, plate-bande, pré fleuri, fleur coupée, fleur séchée.

Zone de rusticité: 2.

Cette «marguerite» populaire se cultive rapidement et facilement par semis. À partir de graines semées à l'intérieur vers la fin de l'hiver, la plante fleurira souvent dès la première année. Veuillez noter que certaines sélections de gaillarde se reproduisent assez fidèlement en utilisant des graines; il n'est donc pas nécessaire d'acheter des plants pour obtenir la forme et la couleur désirées.

Les hybrides modernes varient non seulement par la couleur (rouge, jaune vif, jaune citron ou rouge et jaune), mais aussi par la hauteur; ainsi, de petits cultivars conviendront bien à une rocaille alors que d'autres plus hauts produiront le meilleur effet au centre ou au fond d'une plate-bande.

Il arrive que la gaillarde soit affectée par une maladie incurable appelée phyllodie, laquelle transforme les fleurs en touffes de feuilles vertes. Dans ce cas, détruisez immédiatement les sujets atteints avant que la maladie ne s'attaque aux autres végétaux.

Variétés recommandées:

G. x *grandiflora* 'Baby Cole': Fleurs rouges au centre et jaunes autour. Variété très naine: 15 à 25 cm de hauteur.

G. x *grandiflora* 'Burgunder': Fleurs rouge vin. Hauteur: 60 cm.

G. x *grandiflora* 'Kobold' ('Goblin'): Fleurs rouges auréolées de jaune à l'extrémité des raies. Hauteur: 30 cm. Il s'agit du cultivar le plus populaire.

G. x *grandiflora* 'Monarch Strain': Fleurs aux couleurs rouge et jaune diversement réparties. Hauteur: 60-90 cm. Disponible sous forme de semis.

G. x *grandiflora* 'Tokajer': Fleurs orange avec le centre rouge. Hauteur: 75 cm.

Gaillardia x *grandiflora*

Geranium 'Ann Folkard'

Géranium vivace
(*Geranium*)

Hauteur: 15-90 cm.

Étalement: 30-75 cm.

Emplacement: En plein soleil ou à la mi-ombre.

Sol: Bien drainé et moyennement riche en matière organique.

Floraison: Du début jusqu'à la fin de l'été, pour la plupart; à partir du printemps, pour certains cultivars.

Multiplication: Division des rejets apparaissant autour du plant mère au printemps; marcottage à la mi-été; bouturage au printemps.

Utilisation: Bordure, couvre-sol, en isolé, massif, rocaille, murets, plate-bande, sous-bois, endroits humides, fleur coupée.

Zone de rusticité: 3 ou 4, selon l'espèce.

Ce genre comprend une grande variété de plantes qui portent toutes un feuillage découpé décoratif et des fleurs en forme de coupe à cinq pétales. Plusieurs, surtout les plus petites, ont un port en forme de dôme et forment, si elles sont bien espacées, d'excellents couvre-sols. Comme un sol trop riche risque d'affaiblir les tiges de vos plantes, surtout celles de grande taille, placez celles-ci au milieu de la plate-bande où elles pourront s'appuyer sur d'autres végétaux. Plus souvent qu'autrement, ils n'ont pas besoin de division; or, tenter d'en effectuer une, surtout sur une plante mature, risque de mal tourner. Il faut bien faire la différence entre les géraniums vivaces acclimatés au froid et les géraniums tendres (*Pelargonium*) que l'on utilise généralement comme des plantes annuelles sous notre latitude.

Variétés recommandées:

🌿 *G.* 'Ann Folkard': De tous les géraniums, celui-ci offre peut-être la floraison la plus longue: de la fin du printemps jusqu'à la fin de l'automne. Son étalement est assez fort: 45 cm de hauteur, de 45 cm à 60 cm de diamètre. Fleurs magenta. Feuillage contrastant vert doré. Nouvelles feuilles dorées. Zone 4.

🌿 *G. cinereum* 'Ballerina' (géranium cendré): Une charmante variété naine (15 cm de hauteur, 45 cm de diamètre) qui fleurit de la fin du printemps jusqu'à la fin de l'été. Feuilles argentées et fleurs roses à nervures pourprées. Zone 3.

🌿 *G. cinereum* 'Lawrence Flatman': Comme la précédente, mais avec des fleurs blanc rosé aux nervures magenta. Zone 4.

🌿 *G. dalmaticum* (géranium de Dalmatie): Fleurs rose tendre. Épais coussin de feuilles vert foncé et luisantes devenant rouges à l'automne. Excellent couvre-sol. Floraison: du début jusqu'au milieu de l'été. Hauteur: 15-20 cm. Zone 4.

🌿 *G. endressii* 'Wargrave Pink' (géranium des Pyrénées): Fleurs rose foncé de la fin du printemps jusqu'à la mi-été. Étalement: 40 cm de hauteur et 60 cm de diamètre. Zone 4.

🌿 *G.* x *oxonianum* 'A.T. Johnson' (géranium d'Oxford): Comme le géranium précédent, mais avec des fleurs rose pâle.

🌿 *G. sanguineum* (géranium sanguin): Fleurs roses à nervures rouges apparaissant de la fin du printemps jusqu'à la mi-été. Feuillage devenant rouge à l'automne. Excellent couvre-sol. Se multiplie spontanément par semences. Il existe plusieurs cultivars de cette plante. Étalement: 15 cm à 20 cm de hauteur et 45 cm à 60 cm de diamètre. Zone 4.

Gypsophila paniculata 'Bristol Fairy'

Grande gypsophile ou souffle de bébé

(*Gypsophila paniculata*)

Hauteur: 60-90 cm.

Étalement: 90 cm.

Emplacement: Au soleil.

Sol: Bien drainé et plutôt alcalin.

Floraison: Du début jusqu'à la fin de l'été.

Multiplication: Division des rejets ou semis au printemps; bouturage des tiges à l'été.

Utilisation: En isolé, plate-bande, pré fleuri, fleur coupée, fleur séchée (pour les espèces hautes).
Bordure, couvre-sol, massif, rocaille, murets, entre les dalles, plate-bande, bac, pentes, fleur coupée, fleur séchée (pour les espèces basses).

Zone de rusticité: 4.

Tout le monde connaît bien la grande gypsophile employée comme fleur coupée. Portées par des tiges frêles, les multiples et minuscules fleurs blanches qui agrémentent tant de bouquets frais ou séchés proviennent bel et bien de cette plante. Vous pouvez fort bien réussir à cultiver la gypsophile chez vous et l'utiliser autant comme plante décorative dans la plate-bande que comme fleur à couper.

La gypsophile forme une boule de feuilles bleutées et étroites parsemées de petites fleurs blanches ou roses, simples ou doubles, portées par des tiges ténues. L'effet de finesse et de légèreté que produisent ces plantes délicates dans la plate-bande est tout à fait unique. Il ne faut pas hésiter à planter des gypsophiles à travers d'autres vivaces dont les fleurs ont une hauteur similaire ou légèrement supérieure: ces dernières s'en trouveront rehaussées et auront vraiment l'air de flotter sur un lit vaporeux formé de nuages blancs ou roses. Quel ravissement pour l'oeil! On utilise aussi cette plante pour masquer les vides causés par la disparition du feuillage des plantes à floraison printanière qui proviennent de bulbes.

Le mot gypsophile signifie «qui aime les sols calcaires», mais ne vous en inquiétez pas outre mesure; si votre sol révèle une légère acidité, comme c'est le cas de la plupart des plates-bandes, la gypsophile s'en accommodera très bien. Comme cette plante est constituée de longues racines en forme de carottes, elle supporte mal la transplantation et la division. Réservez donc cette dernière activité aux jeunes rejets qui naissent parfois près du plant mère. À vous de les prélever.

Gypsophila paniculata 'Pink Fairy'

Enfin, allez-y de bon coeur dans la cueillette des fleurs. Plus vous en récolterez pour former des bouquets, plus la plante aura tendance à fleurir!

Variétés recommandées: Toutes les gypsophiles méritent notre intérêt. Si une jardinerie offre des cultivars autres que les quatre énumérés ci-après, n'hésitez donc pas à les acheter.

❧ *G. paniculata* 'Bristol Fairy': Fleurs blanches et doubles. Ce cultivar stérile ne produit pas de graines et consacre toute son énergie à fleurir.

❧ *G. paniculata* 'Pink Fairy': Comme le précédent, mais avec des fleurs roses.

❧ *G. repens* (gypsophile rampante): Cette espèce rampante n'a que 15 cm à 20 cm de hauteur. Elle peut atteindre 40 cm de diamètre. Excellente pour la rocaille et les murets. Sa floraison plus hâtive dure moins longtemps que celle de la grande gypsophile. L'espèce produit des fleurs blanches, mais vous trouverez plusieurs cultivars avec des fleurs roses.

❧ *G.* 'Rosenschleier' ('Rosy Veil'): Un hybride se situant entre *G. paniculata* et *G. repens*. Fleurs blanches devenant roses. Il n'atteint que 40 cm de hauteur mais peut s'étendre sur 1 m de largeur. Excellent couvre-sol pour les emplacements ensoleillés.

Gypsophila repens

Heliopsis helianthoides 'Goldgefieder'

Héliopside
(*Heliopsis*)

Hauteur: 45-120 cm.

Étalement: 30-60 cm.

Emplacement: Ensoleillé ou légèrement ombragé.

Sol: Ordinaire et bien drainé.

Floraison: Pendant tout l'été jusqu'à l'automne (pour les meilleures variétés).

Multiplication: Division ou semis au printemps.

Utilisation: Massif, plate-bande, arrière-plan, pré fleuri, fleur coupée, fleur séchée.

Zone de rusticité: 3.

Cette plante produit durant presque tout l'été de magnifiques marguerites jaunes analogues à de petits tournesols. Il est à conseiller de placer cette grande plante au fond de la plate-bande, car le blanc qui affecte parfois son feuillage y sera peu visible. Autrement, l'héliopside ne pose aucun problème.

Variétés recommandées:

🌿 *H. helianthoides* (héliopside tournesol): Il s'agit de l'espèce d'origine de laquelle dérivent une vingtaine de cultivars. Elle est souvent disponible sous forme de semis. Hauteur: jusqu'à 150 cm.

🌿 *H. helianthoides* 'Goldgefieder' ('Golden Plume'): Fleurs jaunes et doubles. Peut-être l'héliopside la plus florifère. Hauteur: 90 cm.

🌿 *H. helianthoides* 'Goldgrünherz' ('Gold Greenheart'): Doubles fleurs jaunes au disque central vert. Hauteur: 90 cm.

🌿 *H. helianthoides scabra*: Fleurs jaune orangé. Hauteur: 120 cm.

🌿 *H. helianthoides* 'Sommersonne' ('Summer Sun'): Doubles fleurs jaune vif. Se reproduit fidèlement par semis. Hauteur: 90 cm.

Heliopsis helianthoides 'Goldgefieder'

Heuchère sanguine

Heuchère sanguine
(*Heuchera* x *brizoides*)

Hauteur: 45-60 cm.

Étalement: 30-45 cm.

Emplacement: Ensoleillé ou légèrement ombragé.

Sol: Bien drainé, plutôt humide et riche en matière organique.

Floraison: De la fin du printemps jusqu'au milieu de l'été ou jusqu'à sa fin (selon le cultivar).

Multiplication: Division au printemps ou après la floraison; bouturage des tiges et des feuilles à l'été; semis à l'intérieur, à la fin de l'hiver, ou à l'extérieur, au printemps.

Utilisation: Bordure, couvre-sol, massif, rocaille, murets, plate-bande, fleur coupée.

Zone de rusticité: 3 ou 4.

Photo: Monrovia Nursery Company

Heuchera x *brizoides* 'Leuchtkäfer'

Il y a deux principales catégories d'heuchères: la sanguine, qui est appréciée pour sa floraison durable mais qui exige beaucoup de soleil; l'américaine, que l'on cultive presque uniquement pour son feuillage et qui requiert moins de luminosité. Si vous voulez des renseignements sur l'heuchère américaine (sa culture diffère quelque peu), veuillez vous référer à la page 438.

L'heuchère sanguine forme une petite rosette constituée de feuilles vertes presque rondes souvent relevées d'argent ou de blanc (les variétés panachées deviennent d'ailleurs de plus en plus populaires). Elle produit une multitude de petites fleurs blanches, roses ou rouges en forme de clochette qui se dressent sur de longues tiges florales rouges ou roses à l'allure fragile. Comme la culture de cette plante est des plus aisées, elle ne nécessite pas d'attention particulière.

Variétés recommandées: La nomenclature propre aux heuchères s'avère très confuse, étant donné que la plupart des plantes disponibles sont des hybrides complexes. On les regroupe généralement sous le nom de *H.* x *brizoides*, mais l'espèce de base *H. sanguinea* est encore largement employée pour les désigner.

❧ *H.* x *brizoides* 'Brandon Pink': Fleurs roses. Feuillage vert. Zone 3.

❧ *H.* x *brizoides* 'Bressingham Bronze': Fleurs blanches. Feuillage bronzé. Il s'agit peut-être de l'hybride le plus intéressant parmi l'excellente série des 'Bressingham'. Zone 3.

❧ *H.* x *brizoides* 'Frosty': Fleurs rouge cerise. Feuillage fortement panaché de blanc. Zone 3.

❧ *H.* x *brizoides* 'Matin Bells': Fleurs corail. Feuillage vert. Parmi toutes les heuchères, celle-ci offre peut-être la plus longue saison de floraison (jusqu'à l'automne). Zone 4.

❧ *H.* x *brizoides* 'Pluie de Feu': Fleurs écarlates. Feuillage vert. Longue période de floraison. Zone 3.

❧ *H. sanguinea* 'Snowstorm': Fleurs rouge cerise. Feuillage tacheté de blanc. Zone 3.

Heuchera sanguinea 'Splenders'

Lin vivace
(*Linum*)

Hauteur: 30-60 cm.

Étalement: 30-60 cm.

Emplacement: Au soleil.

Sol: Ordinaire et très bien drainé.

Floraison: Du début jusqu'à la fin de l'été.

Multiplication: Semis au printemps; division (difficile à réussir) au printemps; bouturage des tiges en été.

Utilisation: Bordure, massif, rocaille, murets, plate-bande, pré fleuri.

Zone de rusticité: 2 à 5.

Linum perenne

Le lin vivace, qui s'apparente au lin utilisé pour ses fibres textiles (*L. usitatissimum*, une plante annuelle), se cultive pour les nombreuses belles fleurs qu'il produit de façon intermittente pendant tout l'été. Le feuillage persistant ou semi-persistant varie selon l'espèce et selon les conditions.

Cultiver le lin vivace à l'ombre, même s'il peut y pousser, s'avère parfaitement inutile. Les fleurs de cette plante ne s'épanouissent qu'au soleil, refusant même de s'ouvrir par temps gris. Il serait donc absurde de planter un lin vivace dans un emplacement ombragé.

Cette plante se cultive facilement, à condition que le sol où elle prend racine soit très bien drainé. Sinon, elle risque de pourrir au cours de l'hiver, à cause de l'humidité qui persiste dans le sol. Elle peut devenir envahissante par ses nombreux semis, mais ceux-ci ne réussiront pas à s'implanter si un paillis organique recouvre le sol.

270

Linum flavum

Variétés recommandées[1]:

🌿 *L. perenne* (lin bleu): De tous les lins décoratifs, celui-ci (avec ses cultivars) est le plus souvent cultivé. Fleurs bleu clair. Feuilles minces créant un effet de grande légèreté. Hauteur: 60 cm. Zone 2.

🌿 *L. perenne* 'Diamant': Fleurs blanches. Hauteur: 25-30 cm.

🌿 *L. perenne* 'Saphir': Un cultivar de choix. Fleurs bleu ciel. Très florifère. Hauteur: 25-30 cm.

🌿 *L. narbonense* 'Heavenly Blue' (lin de Narbonne): Fleurs bleu ciel. Feuilles en forme d'aiguilles. Très florifère. Hauteur: 45 cm. Zone 5.

🌿 *L. flavum* (lin doré): Fleurs jaunes. Feuillage plus large et moins décoratif que *L. perenne*. Hauteur: 45 cm. Zone 5.

🌿 *L. flavum* 'Compactum': Comme le précédent, mais plus petit, seulement 20 cm de hauteur. Zone 5.

1. En plus des diverses espèces décrites, il existe un lin annuel très décoratif : le lin rouge (*L. grandiflorum*)

Malva moschata

Mauve musquée[1]
(*Malva moschata*)

Hauteur: 60 cm.

Étalement: 50 cm.

Emplacement: Au soleil.

Sol: Bien drainé, voire assez sec et pauvre.

Floraison: Du début jusqu'à la fin de l'été.

Multiplication: Division ou semis au printemps ou à l'automne.

Utilisation: Bordure, plate-bande, pré fleuri, fleur coupée.

Zone de rusticité: 3.

Les fleurs roses ou blanches que la mauve musquée produit en grand nombre durant tout l'été dominent un plant au port arrondi et presque arbustif. Bien que la vie de cette plante soit de moindre durée, sa beauté exceptionnelle justifie sa culture. Elle a la réputation d'être envahissante et le mérite: importée d'Europe en tant que fleur décorative et médicinale, elle a réussi à se propager dans la nature, hors des cadres de la culture traditionnelle, pour se tailler une place de choix parmi notre flore sauvage. Mais ne vous inquiétez pas! Dans un jardin où le paillis abonde et où

1. L'adjectif «musqué» qui qualifie le nom de la plante est dû au parfum des feuilles, car la fleur ne sent rien.

les plantations sont denses, la mauve n'arrivera qu'à se ressemer çà et là, enfin, juste assez pour se perpétuer avant que le plant mère ne disparaisse de sa belle mort au bout de quatre ou cinq ans, comme il a tendance à le faire.

Il est possible, mais inutile, de diviser la mauve musquée car la plante se ressème facilement et fleurit souvent dès la première année. De plus, il n'y a aucune raison de la reproduire selon le mode végétatif, car elle s'avère génétiquement stable et se reproduit fidèlement par semis.

Variétés recommandées:

- *M. moschata*: Fleurs roses.

- *M. moschata* 'Alba': Fleurs blanches.

- *Lavatera thuringiaca* (lavatère vivace): Très semblable à la mauve musquée de par ses fleurs, ses feuilles et même son port arbustif, mais beaucoup plus grande. Longévité accrue. Fleurs roses. Floraison: du milieu jusqu'à la fin de l'été. Hauteur: 120-150 cm.

Lavatera thuringiaca

273

Photo: Jean-Pierre Bellemare, Jardin botanique de Montréal

Myosotis scorpioides 'Semperflorens'

Myosotis des marécages

(*Myosotis scorpioides*, anc. *M. palustris*)

Hauteur: 30-45 cm.

Étalement: 30 cm.

Emplacement: Ensoleillé ou mi-ombragé.

Sol: Humide ou même très humide et riche en matière organique.

Floraison: Du début jusqu'à la fin de l'été.

Multiplication: Division ou semis au printemps.

Utilisation: Bordure, couvre-sol, rocaille, murets, entre les dalles, plate-bande, sous-bois, pré fleuri, endroits humides, fleur coupée.

Zone de rusticité: 3.

Le myosotis le plus connu est sans doute le myosotis des bois (*M. sylvatica*), une plante bisannuelle aux fleurs bleues, roses ou blanches qui se reproduit si abondamment par semis qu'elle nous donne parfois l'impression d'être une vivace.

Il existe toutefois un myosotis réellement vivace, le myosotis des marécages. À partir du début de l'été, il produit de petites fleurs bleu ciel au-dessus d'une rosette formée de petites feuilles vertes.

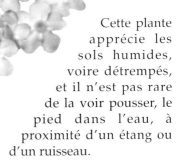

Cette plante apprécie les sols humides, voire détrempés, et il n'est pas rare de la voir pousser, le pied dans l'eau, à proximité d'un étang ou d'un ruisseau.

Variétés recommandées:

❧ *M. scorpioides* 'Semperflorens': Ce myosotis est identique à l'espèce, mais sa floraison dure plus longtemps: du début de l'été jusqu'à l'automne. C'est le seul qu'il vaut la peine de cultiver si vous recherchez une plante à floraison prolongée.

❧ *M. alpestris* (anc. *M. rupicola*) (myosotis des Alpes): On se sert parfois de cette petite plante vivace dans la rocaille ou sur un muret. Elle porte, au début de l'été, des fleurs bleu lumineux typiques des myosotis. Contrairement au myosotis des marécages, celui-ci exige un sol parfaitement drainé. Hauteur: 5-15 cm. Zone 3.

Népèta

Nepeta X *faassenii* 'Blue Wonder'

Népèta, cataire ou herbe-aux-chats
(*Nepeta*)

Hauteur: 30 cm.

Étalement: 30-40 cm.

Emplacement: Ensoleillé ou mi-ombragé.

Sol: Bien drainé et moyennement riche en matière organique.

Floraison: Du début jusqu'à la fin de l'été.

Multiplication: Division au printemps; bouturage des tiges à l'été; semis à l'intérieur, en hiver, ou à l'extérieur, au printemps.

Utilisation: Bordure, couvre-sol, massif, rocaille, murets, plate-bande, sous-bois, bac.

Zone de rusticité: 4.

Cette jolie plante au feuillage sentant la menthe fait un excellent couvre-sol. Son feuillage dense varie selon le cultivar, en étant plus ou moins argenté. Les nombreuses et minuscules fleurs bleu lavande sont portées sur de petits épis denses. Si la floraison diminue au milieu de l'été, rabattez les tiges florales car elle reprendra de plus belle. La plupart des hybrides sont stériles et ne produisent pas de graines. Il faut les multiplier par division ou par bouturage. Les espèces qui se multiplient grâce à leurs graines s'avèrent généralement moins florifères... et aussi plus envahissantes!

Les blessures éventuelles causées lors de la transplantation des népètas font en sorte que la plante dégage un parfum qui attire les chats. Il est donc impératif que vous les protégiez avec un grillage métallique (de la «broche à poule») pendant les premiers jours pour éviter les mauvaises surprises. La cataire commune ou vraie herbe-aux-chats (*N. cataria*), qui attire les chats à tout coup, offre peu d'attraits et se cultive le plus souvent dans un coin reculé du jardin.

Les népètas sont aussi très appréciées par les abeilles.

Variétés recommandées:

🐾 *N.* x *faassenii* 'Blue Wonder': Fleurs bleu lavande. Hauteur: 30 cm.

🐾 *N. mussinii*: Variété fertile. Moins florifère. Peut devenir envahissante à cause de ses graines. Fleurs bleu lavande.

🐾 *N.* 'Six Hills Giant': Comme 'Blue Wonder', mais deux fois plus grosse.

Nepeta mussinii

Onagre ou oenothère

Oenothera missouriensis

Onagre ou oenothère
(*Oenothera*)

Hauteur: 20-60 cm.

Étalement: 30-45 cm.

Emplacement: Ensoleillé ou légèrement ombragé.

Sol: Bien drainé.

Floraison: Du début jusqu'à la fin de l'été.

Multiplication: Division ou bouturage des tiges au printemps; semis au printemps ou à l'été.

Utilisation: Bordure, couvre-sol, massif, rocaille, murets, plate-bande, pré fleuri, fleur coupée.

Zone de rusticité: 3 ou 4.

Il existe un vaste choix d'onagres, dont plusieurs annuelles et bisannuelles, mais les espèces mentionnées ici sont toutes des vivaces produisant d'assez grosses fleurs jaune vif. Ce sont des plantes qui requièrent peu de soins et qui poussent dans presque n'importe quel sol, sauf le plus détrempé. Les meilleurs cultivars fleurissent pendant presque tout l'été.

Les onagres se cultivent facilement à partir de semis, mais les plants qui en résultent n'offrent pas toujours une qualité égale à celle du cultivar d'origine.

278

Variétés recommandées:

❧ *O. fruticosa* ou *O. fruticosa* 'Youngii': Les plantes vendues sous cette désignation appartiennent généralement à l'espèce *O. tetragona*.

❧ *O. missouriensis* (onagre du Missouri): Énormes fleurs jaunes (8-10 cm). Port bas et déployé. Bon couvre-sol. Peut se multiplier par bouturage des tiges. Notez bien son emplacement, car elle pousse tard au printemps. Hauteur: 25 cm. Zone 3.

❧ *O. perennis* (*O. pumila*): Port rampant. Fleurs jaunes. Hauteur: 25 cm. Zone 4.

❧ *O. tetragona* (onagre pérennante): Fleurs jaune citron. Hauteur: 60 cm. Zone 3.

❧ *O. tetragona* 'Fyrverkeri' ('Fireworks'): Fleurs jaune vif. Longue période de floraison. Hauteur: 40-50 cm. Zone 3.

Oenothera tetragona

279

Rudbeckia fulgida sullivantii 'Goldsturm'

Rudbeckie

(*Rudbeckia*)

Hauteur: 35-150 cm.

Étalement: 45-60 cm.

Emplacement: Au soleil.

Sol: Bien drainé.

Floraison: Du début de l'été jusqu'à l'automne.

Multiplication: Division au printemps; semis à l'intérieur, à la fin de l'hiver, ou à l'extérieur, au printemps ou à l'automne.

Utilisation: Bordure, en isolé, massif, plate-bande, arrière-plan, pré fleuri, fleur coupée, fleur séchée.

Zone de rusticité: 3, 4 et 5.

Qui ne connaît pas la populaire «marguerite jaune», tantôt fleur des champs, tantôt domestiquée et très sophistiquée? Son inflorescence la caractérise remarquablement bien: de larges raies jaunes circonscrivant un disque conique brun ou noir. Il existe plusieurs sortes de rudbeckies, entre autres, les variétés ayant une grande longévité, ce qui intéresse un jardinier paresseux, et celles qui, bien que vivant moins longtemps, se cultivent très aisément.

Variétés recommandées:

✤ *R. fulgida sullivantii* 'Goldsturm' (rudbeckie de Sullivant): Il s'agit sans contredit de la meilleure rudbeckie et même de l'une des meilleures vivaces pour un jardinier paresseux. Elle produit de nombreuses fleurs jaune soleil au coeur brun foncé tout au long de l'été et même jusqu'aux gels. Hauteur: 60 cm. Mais attention: cette plante ne se multiplie pas fidèlement par semis. Assurez-vous donc que les plants que vous achetez furent produits par division. Zone 3.

✤ *R. hirta* (rudbeckie hérissée): Cette rudbeckie croît si rapidement à partir de semis qu'on la vend comme fleur annuelle, mais il s'agit en fait d'une vivace dont la vie est relativement courte. Les divers cultivars présentent des fleurs simples ou doubles, jaunes, bronzées ou bicolores (acajou et jaune) et un disque brun ou vert. Ils varient également par la hauteur: de 35 cm à 90 cm. La rudbeckie hérissée convient parfaitement aux débutants dont le budget est restreint. Un seul semis effectué en mars produira des centaines de plants qui fleuriront amplement dès la première année. La conséquence: une plate-bande remplie à peu de frais. Au fur et à mesure que les rudbeckies disparaissent (le plus souvent, avant leur sixième année), on peut les remplacer par d'autres vivaces plus durables. Dans une plate-bande non paillée ou dans un pré fleuri, la rudbeckie hérissée se multiplie spontanément par le biais de semis, mais sans pourtant devenir envahissante. Contrairement aux autres rudbeckies exemptes de maladies, celle-ci s'avère souvent sujette au blanc. Zone 3.

✤ *R. laciniata* (rudbeckie laciniée): Voici une rudbeckie indigène du Québec qui porte des fleurs jaunes au disque central jaune verdâtre et bombé. Il existe des cultivars aux fleurs doubles, comme 'Hortensia' qui se cultivait il y a plus de 100 ans au Québec et que l'on découvre souvent naturalisé dans des plates-bandes depuis longtemps abandonnées. La rudbeckie laciniée se distingue des autres par ses feuilles découpées plutôt qu'entières ainsi que par sa grande taille, car elle atteint souvent presque 2 m de haut! Les variétés doubles d'une telle dimension exigent parfois un support. Floraison: à la fin de l'été et au début de l'automne. 'Goldquelle', une variante double plus courte que l'espèce (90 cm) est plus couramment vendue et n'exige pas de tuteur. Les pucerons qui raffolent de cette plante vers la fin de l'été ne semblent lui causer aucun tort; on peut donc les laisser tranquilles. Zone 3.

✤ *R. maxima* (rudbeckie à feuilles bleues): Cette plante diffère beaucoup des autres rudbeckies par ses feuilles lisses et bleutées. Ses fleurs se démarquent par leur disque prononcé brun très foncé serti dans de longs rayons jaunes retombants. Hauteur: 2 m. Les livres attribuent la zone 5 à cette plante qui semble pourtant parfaitement rustique dans mes plates-bandes situées en zone 4.

❧ *Ratibida columnifera* (sombrero mexicain): Proche parente de la rudbeckie, cette plante lui ressemble beaucoup par ses inflorescences jaunes, brun rouille ou bicolores, mais le disque central en forme de colonne élevée, tel un chapeau mexicain, la particularise. Les feuilles d'apparence très légère sont pennées, à la manière d'une fronde de fougère. Hauteur: 50-70 cm. Elle fleurit de la mi-été jusqu'aux gels. Assez difficile à trouver sur le marché. Très semblable, *R. pinnata* offre autant d'attrait. Zone 3.

Rudbeckia laciniata

Rudbeckie pourpre ou échinacée

Rudbeckie pourpre ou échinacée
(*Echinacea purpurea*)

Hauteur: 45-90 cm.

Étalement: 60 cm.

Emplacement: Ensoleillé ou mi-ombragé.

Sol: Bien drainé, sec et assez pauvre.

Floraison: Du milieu de l'été jusqu'à l'automne.

Multiplication: Division au printemps ou à la fin de l'été; semis au printemps.

Utilisation: En isolé, massif, plate-bande, pré fleuri, fleur coupée, fleur séchée.

Zone de rusticité: 3.

Echinacea purpurea 'White Swan'

S'il existe un nom qui convient peu à cette espèce, c'est bien celui de «rudbeckie pourpre». En fait, la plante n'est pas une rudbeckie, bien qu'elle lui ressemble beaucoup à cause de ses fleurs analogues à celles de la marguerite au disque bombé. Par ailleurs, celles-ci se colorent, non pas vraiment de pourpre, mais plutôt de rose, et ce, même à l'état sauvage. Que voulez-vous? De plus les manipulations génétiques ont quelque peu mêlé les cartes en intégrant des cultivars d'autres couleurs. Une rudbeckie pourpre-blanc, que dites-vous de cela? Assez ridicule! Aussi l'appellerons-nous échinacée, afin d'éviter toute ambiguïté.

L'échinacée est une plante solide aux tiges florales fortes et raides qui forment, avec le temps, des touffes impressionnantes. Autour d'un disque orange ou jaune, gravitent des rayons un peu retombants. Il faut multiplier la plupart des cultivars en effectuant une division, car les plantes produites par semis présentent des variations. Certaines lignées, cependant, se montrent assez fidèles par le biais de semis et se retrouvent sous forme de graines. Il faut cependant savoir que la germination de cette plante pèche par sa lenteur et ses irrégularités. Contrairement à sa cousine, la rudbeckie, les plants ne fleuriront pas dès la première année.

Variétés recommandées: Il existe plusieurs espèces d'échinacées. Espérons qu'un commerçant découvre d'ici peu leurs charmes et introduise ces plantes sur le marché. Aussi, quel méli-mélo s'ensuivra-t-il de l'introduction de l'échinacée jaune lorsque celle-ci deviendra disponible! Va-t-on l'appeler rudbeckie pourpre-jaune? Pour l'instant, tous les cultivars disponibles sur le marché dérivent de l'espèce *E. purpurea*.

🐛 *E. purpurea* 'Bravado': Fleurs rose foncé. Plante basse de 45 cm de hauteur seulement.

🐛 *E. purpurea* 'Magnus': Fleurs roses aux raies plus dressées que les autres. Hauteur: 60-90 cm.

🐛 *E. purpurea* 'White Swan': C'est peut-être la meilleure des échinacées aux fleurs blanches. Hauteur: 45-60 cm.

Echinacea purpurea

285

Salvia nemorosa 'Ostfriesland'

Sauge superbe
(*Salvia* **x**)

Hauteur: 40-60 cm.

Étalement: 45-60 cm.

Emplacement: Ensoleillé ou très légèrement ombragé.

Sol: Bien drainé et plutôt sec.

Floraison: Pendant tout l'été.

Multiplication: Division, bouturage des tiges ou semis au printemps.

Utilisation: Bordure, couvre-sol, en isolé, haie, massif, rocaille, murets, plate-bande, sous-bois, pré fleuri, bac, pentes, fleur coupée, fleur séchée.

Zone de rusticité: 4.

Le genre *Salvia* présente une grande variété de plantes allant des populaires annuelles comme la sauge écarlate (*S. splendens*) et la sauge farineuse (*S. farinacea*) jusqu'à la sauge culinaire, un sous-arbrisseau trouvant sa place dans le jardin de fines herbes, mais dont la rusticité est plutôt douteuse. Les sauges généralement reconnues comme plantes vivaces au Québec sont des hybrides complexes qui proviennent de l'espèce *S. nemorosa*. On les appelle le plus souvent sauges bleues (fausse dénomination, car plusieurs fleurs sont roses, rouges ou blanches) ou sauges superbes.

La rusticité des sauges superbes pèche par sa faiblesse, et ce, même en zone 4. Il convient donc de les cultiver dans une terre bien drainée, car l'humidité du sol leur est souvent fatale en hiver. En revanche, un emplacement approprié permet de les cultiver même en zone 3. Par ailleurs, leur réputation d'avoir la vie courte ne tient pas, non plus: dans un sol bien drainé, elles vivent sans difficulté pendant dix ans et plus.

La sauge superbe forme un dôme dense de petites feuilles vertes coiffées de nombreux épis étroits portant de minuscules fleurs bleues, violettes, roses, rouges ou blanches. Si la floraison diminue au milieu de l'été, coupez les tiges florales avec un taille-bordures et la plante refleurira de nouveau. Comme la sauge culinaire, le feuillage est odoriférant et peut servir à composer des pots-pourris.

Variétés recommandées: Les variétés qui suivent se trouvent facilement. Or, il existe des dizaines d'autres variétés toutes fort intéressantes.

🌿 *S. nemorosa* 'Ostfriesland' ('East Friesland'): Fleurs violet-foncé. Hauteur: 40-45 cm.

🌿 *S.* x *sylvestris* 'Blaukönigin' ('Blue Queen'): Fleurs bleu-violet foncé. Hauteur: 45-60 cm.

🌿 *S.* x *sylvestris* 'Mainacht' ('May Night'): Fleurs violet très foncé. Hauteur: 45-60 cm.

🌿 *S.* x *sylvestris* 'Rose Queen': Fleurs roses. Hauteur: 75 cm.

Salvia sylvestris 'Blaukönigin'

Scabiosa columbaria 'Butterfly Blue'

Scabieuse

(*Scabiosa*)

Hauteur: 30-75 cm.

Étalement: 30 cm.

Emplacement: Au soleil.

Sol: Bien drainé, humide et riche en matière organique.

Floraison: Du milieu jusqu'à la fin de l'été.

Multiplication: Semis au printemps pour les espèces; division au printemps pour les cultivars.

Utilisation: Bordure, massif, rocaille, murets, plate-bande, pré fleuri, fleur coupée.

Zone de rusticité: 3 ou 4.

Faut-il croire que le peu de popularité de la scabieuse provienne de son nom, lequel évoque une maladie pestilentielle? En fait, la plante n'est pas galeuse, mais elle servait autrefois à guérir la gale, de là son nom. L'introduction récente d'une lignée de scabieuses dont la floraison est particulièrement durable devrait aider à redorer le blason de cette plante délaissée sans raison.

La scabieuse forme un coussin de feuilles découpées offrant peu d'attrait entre lesquelles s'élèvent des tiges filiformes portant chacune une inflorescence. Cette dernière fait penser à une pelote d'épingles à cause de son centre bombé entouré de bractées ondulées.

Variétés recommandées:

🌺 *S. caucasica* (scabieuse du Caucase): Il s'agit de l'espèce la plus cultivée. Vous trouverez plusieurs cultivars dans des teintes de bleu et de blanc. Hauteur: 75 cm. Zone 3.

🌺 *S. caucasica* 'Fama': Énormes fleurs bleu lavande. Hauteur: 35-50 cm. Zone 3.

🌺 *S. caucasica* 'Miss Willmot': Fleurs blanc crème. Hauteur: 75 cm. Zone 3.

🌺 *S. columbaria* (scabieuse columbaire): Jusqu'à tout récemment, cette espèce était assez peu connue. Or, à cause de la popularité des deux prochains cultivars qui sont devenus des vedettes, la voici poussée aux premières loges. Plante aux fleurs bleues, blanches ou roses plus petites que la précédente, *S. caucasia*. Hauteur: 75 cm. Zone 3.

🌺 *S. columbaria* 'Butterfly Blue': Un cultivar nain qui commence à éclore tôt et qui fleurit jusqu'aux gels. Présentement, cette plante se mérite tous les éloges aux États-Unis; elle récoltera sûrement la même renommée au Québec. Fleurs bleues. Hauteur: 30 cm. Zone 4.

🌺 *S. x* 'Pink Mist': Plante très proche de 'Butterfly Blue', de port et de taille identiques, mais portant des fleurs roses. Hauteur: 30 cm. Zone 4.

🌺 *Cephalaria gigantea* (céphalaire géante): Il s'agit d'une très grande plante qui s'apparente à la scabieuse et en possède toutes les caractéristiques, sauf que ses fleurs sont jaunes. Hauteur: 200 cm. Zone 3.

🌺 *Knautia macedonica* (knautie macédonienne): Rien ne justifie le manque de popularité de cette plante presque toujours en fleurs, d'autant plus que leur couleur (un beau rouge très foncé) se voit assez rarement dans un jardin. Des hybrides offrant une plus grande variété de coloris ont récemment fait leur apparition sur le marché. La lignée 'Melton Pastels' se trouve sous forme de semis. Hauteur: 75 cm. Zone 4.

🌺 *Knautia arvense* (knautie des champs): Comme la plante précédente, mais avec des fleurs bleues. Hauteur: 75 cm. Zone 4.

Knautia macedonica

289

Sidalcée

Sidalcea malviflora 'William Smith'

Sidalcée
ou rose trémière miniature
(*Sidalcea*)

Hauteur: 45-120 cm.

Étalement: 60 cm.

Emplacement: Ensoleillé ou mi-ombragé.

Sol: Bien drainé et riche en matière organique.

Floraison: Du début jusqu'à la fin de l'été.

Multiplication: Division ou semis au printemps.

Utilisation: Bordure, massif, plate-bande, arrière-plan, pré fleuri, fleur coupée.

Zone de rusticité: 4.

Si vous aimez la rose trémière (voir à la page 484), mais que vous avez du mal à tolérer la défoliation annuelle résultant de la rouille qui l'infeste, essayez donc la sidalcée. Bien que deux fois plus petite, elle est en tous points conforme à la première. Les fleurs simples et rouges, roses ou blanches apparaissent quelques-unes à la fois sur de hauts épis floraux. Il y a deux sortes de feuilles: larges et rondes à la base du plant, plus petites et fortement lobées sur la tige florale.

Vu la rusticité imprévisible de la sidalcée, il est important de la placer dans un endroit où la neige s'accumulera beaucoup durant l'hiver. Un tel emplacement lui permettra de résister aux rigueurs de la zone 3.

Si la floraison de cette plante diminue en plein été, rabattez ses tiges florales de moitié et elle reprendra de plus belle. Quant au tuteurage, il ne devrait pas être nécessaire si la sidalcée est située en plein soleil; dans le cas contraire, il vaut mieux la mettre dans un endroit où elle pourra être supportée par d'autres végétaux.

Variétés recommandées:

🍃 *S. candida* (sidalcée candide): Fleurs blanches. Hauteur: 60-90 cm.

🍃 *S. malviflora* (sidalcée à fleurs de mauve): Cette espèce comprend une grande quantité de cultivars aux fleurs roses, rouges, lavande et blanches (les trois plantes qui suivent en font partie).

🍃 *S. malviflora* 'Brilliant': Fleurs rouge carmin. Hauteur: 60-120 cm.

🍃 *S. malviflora* 'Elsie Heugh': Fleurs roses et frangées. Hauteur: 45-90 cm.

🍃 *S. malviflora* 'William Smith': Fleurs rose foncé. Hauteur: 60-80 cm.

Sidalcea candida

Centranthus ruber

Valériane rouge
(*Centranthus ruber*)

Hauteur: 60-90 cm.

Étalement: 30-60 cm.

Emplacement: Ensoleillé ou très légèrement ombragé.

Sol: Ordinaire et très bien drainé (un sol neutre ou même alcalin est préférable).

Floraison: Du début de l'été jusqu'au début de l'automne.

Multiplication: Division, semis ou bouturage des tiges au printemps.

Utilisation: Bordure, rocaille, murets, plate-bande, pré fleuri, bac, pentes, fleur coupée.

Zone de rusticité: 3.

La valériane rouge se distingue par des tiges assez lâches, ses feuilles ovales, bleutées et de denses grappes de petites fleurs rouges, roses ou blanches. Sa floraison, luxuriante au début de l'été, se poursuit à un degré moindre jusqu'à l'automne. Elle se cultive aisément à condition que le sol soit très bien drainé, car elle craint l'humidité au cours de l'hiver.

Son contrôle s'avère aisé dans la plupart de nos jardins, car un sol plutôt acide ralentit la croissance de cette plante alcalinophile portée à l'envahissement. Par contre, dans une terre neutre ou alcaline, comme celle d'une rocaille de pierre calcaire, il vaut mieux réfréner ses élans en la plantant à l'intérieur d'une barrière enfoncée dans le sol.

La division et le bouturage de cette plante étant difficiles à effectuer, on la reproduit surtout par semis.

Variétés recommandées:

🌿 *C. ruber*: Fleurs rouges ou roses. La variation de la couleur est due au fait que cette plante se multiplie le plus souvent au moyen de semis. Si vous trouvez une plante dont la couleur vous plaît particulièrement, multipliez-la en bouturant des tiges nanties d'une courte partie de rhizome.

🌿 *C. ruber* 'Alba': Fleurs blanches et parfumées. Se reproduit fidèlement par semis.

Centranthus ruber

293

Véronique

Véronique
(*Veronica*)

Hauteur: 30-120 cm.

Étalement: 35-60 cm.

Emplacement: Ensoleillé ou mi-ombragé.

Sol: Bien drainé, humide et riche en matière organique.

Floraison: Du début jusqu'à la fin de l'été.

Multiplication: Division au printemps ou à l'automne; bouturage des tiges à l'été; semis au printemps.

Utilisation: Bordure, massif, rocaille, murets, plate-bande, arrière-plan, pré fleuri, fleur coupée, fleur séchée.

Zone de rusticité: 3 ou 4.

Veronica spicata

La véronique, une jolie plante aux multiples usages, se présente en général avec un beau feuillage dense et de petites fleurs bleues, roses, rouges, violettes ou blanches montées sur des épis étroits. En outre, elle se comporte très bien et ne requiert que peu de soins: tout au plus faut-il la diviser au bout de quelques années quand la touffe s'affaiblit en son milieu.

Variétés recommandées: Il existe plus de 250 espèces de véroniques comprenant nombre d'annuelles et de vivaces, mais relativement peu sont cultivées. Celles qui suivent sont les mieux connues.

🌺 *V. spicata* (véronique à épi): Il faut bien commencer par cette espèce, puisque c'est la plus courante. Quand on se fait une image de la véronique, c'est donc cette plante qui vient à l'esprit. Elle produit des fleurs bleues en épi,

294

mais il existe de nombreux cultivars offrant diverses couleurs (rose, rouge, blanc et violet). Hauteur: 40-60 cm.

❧ *V. spicata incana* (véronique argentée): Une variante de la précédente. Feuillage gris argent (cette caractéristique a été transmise à plusieurs cultivars de l'espèce *V. spicata*). Fleurs bleues. Hauteur: 30-45 cm.

❧ *V. spicata* 'Icicle': Fleurs blanches. Feuillage vert lustré. Hauteur: 40-50 cm.

❧ *V. spicata* 'Minuet': Fleurs roses. Feuillage argenté. Hauteur: 30-40 cm.

❧ *V. spicata* 'Rotfuchs' ('Red Fox'): Fleurs rouge vif. Hauteur: 30-40 cm.

❧ *V. austriaca teucrium*, anc. *V. latifolia* (véronique germandrée): Une plante plus compacte que l'espèce *V. spicata*, mais avec des épis plus larges. Vous pouvez vous procurer plusieurs cultivars. Hauteur: 30-40 cm.

❧ *V. austriaca teucrium* 'Crater Lake Blue': Cultivar populaire aux fleurs d'un bleu très riche. Hauteur: 30-40 cm.

❧ *V.* x 'Sunny Border Blue': Les caractéristiques de cet hybride complexe la situent à mi-chemin entre *V. spicata* et *V. austriaca teucrium*. Variété très florifère. Fleurs bleu-violet. Hauteur: 40-50 cm.

❧ *V. longifolia* (véronique à feuilles longues): L'espèce offre des fleurs bleu lavande. On a développé plusieurs cultivars aux fleurs roses ou blanches. Hauteur: 60 cm.

❧ *V. longifolia* 'Blauriesen' ('Blue Giant'): Fleurs bleu foncé. Hauteur: 70-90 cm.

❧ *V. gentianoides* 'Variegata' (véronique gentianoïde panachée): Fleurs bleu pâle. Feuillage panaché de blanc. Port rampant convenant à la rocaille. Hauteur: 30-40 cm.

Veronica austriaca teucrium
'Crater Lake Blue'

Des tapis de fleurs au printemps

Certaines vivaces printanières forment un véritable tapis de fleurs.

*I*l existe une catégorie importante de plantes tapissantes dont la floraison crée un tel ravissement au printemps (vraiment à couper le souffle!) et dont le feuillage offre assez d'attrait pour constituer un joli couvre-sol durant tout le reste de l'été. Ces plantes, qui proviennent de familles différentes, ont une origine commune: les prés alpins des hautes montagnes. Si elles ont fini par adopter un même comportement, c'est qu'elles se sont adaptées à un environnement similaire. Toutes croissent densément sans s'éloigner du sol, ce qui les rendrait trop vulnérables aux vents froids et asséchants qui soufflent dans les montagnes. De plus, elles fleurissent tôt et produisent un grand nombre de fleurs à la fois, car l'été s'avère souvent très court à haute altitude. En outre, il leur faut produire une floraison luxuriante pour attirer les insectes pollinisateurs, malgré les conditions climatiques difficiles, et y arriver très rapidement, sitôt après la fonte des neiges, pour pouvoir engendrer des graines avant le milieu de l'été, au moment où sévissent les premiers gels. De plus, si leur feuillage est argenté, ciré ou poilu, c'est qu'il constitue une

&

Arabette

Aubriétie

Corbeille-d'or

Phlox mousse

Pulsatille

Thlaspi toujours vert

&

protection supplémentaire contre les vents secs des régions montagneuses.

Ces plantes requièrent toutes un emplacement en plein soleil ou semi-ombragé ainsi qu'un sol parfaitement drainé. La plupart s'accommodent bien des sols alcalins (mais s'adaptent aussi aux sols légèrement acides) et même pauvres. On les cultive habituellement dans une rocaille ou sur un muret de pierre, mais elles conviennent parfaitement aux bordures de plate-bande et aux dallages, à condition que leur emplacement ne soit pas trop humide. Elles tendent naturellement à se déployer lentement dans tous les sens (certaines se marcottent en le faisant), de même qu'à se dégarnir en leur centre. Si cela se produit, il suffit de les rabattre au niveau du pied après la floraison: elles repousseront au bout de quelques semaines et les nouvelles tiges cacheront rapidement leur centre dénudé. Elles sont particulièrement faciles à multiplier: il s'agit alors de déterrer les plants qui se sont marcottés par eux-mêmes ou de prendre des boutures au printemps ou en été. En revanche, il n'est presque jamais nécessaire de diviser le plant mère.

Le problème le plus souvent rencontré avec ces plantes de petite taille est causé par l'empiétement et la hauteur de leurs voisines qui leur créent ainsi de l'ombrage. Il faut donc s'assurer de préserver l'espace dont elles ont besoin pour s'épanouir.

Arabette

Arabis caucasica

Arabette
(*Arabis*)

Hauteur: 10-25 cm.

Étalement: 60 cm.

Emplacement: En plein soleil.

Sol: Bien drainé mais pas trop riche.

Floraison: À la fin du printemps et au début de l'été.

Multiplication: Semis en tout temps; marcottage ou bouturage à la mi-été; division au printemps ou à l'automne.

Utilisation: Bordure, couvre-sol, massif, entre les dalles, rocaille, murets, plate-bande, bac, pentes.

Zone de rusticité: 3.

On désigne aussi cette plante par corbeille-d'argent (attention, le thlaspi porte aussi ce nom, mais les deux végétaux sont pourtant différents), non seulement à cause de son feuillage gris argenté et duveteux, mais de ses nombreuses fleurs blanches et parfumées qui voilent souvent le feuillage. Il peut être utile de la rabattre de moitié après la floraison.

Variétés recommandées:

🌿 *A. caucasica* (anc. *A. albida*): C'est l'espèce la plus courante en horticulture. Fleurs blanches et simples prenant parfois une teinte rosée en vieillissant. Elle est à l'origine d'un grand nombre d'hybrides et de cultivars dont seulement quelques-uns sont mentionnés ici. Hauteur: 20 cm.

🌿 *A. caucasica* 'Compinkie': Comme l'espèce, mais avec des fleurs roses.

🌿 *A. caucasica* 'Plena' ('Flore Pleno'): Fleurs blanches et doubles plus durables que celles de l'espèce. Plant très bas: 10 cm.

🌿 *A. ferdinandi-coburgii* 'Variegata': Comme *A. caucasia*, mais au feuillage panaché de blanc.

🌿 *A. alpina*: Fleurs blanches plus petites, mais plus nombreuses que l'espèce *A. caucasia*. Hauteur: 20 cm.

🌿 *A. alpina* 'Variegata': Comme l'espèce, mais au feuillage panaché de blanc.

🌿 *A. procurrens*: Comme *A. caucasia*, mais plus bas: 10 cm.

Arabis caucasica

299

Aubrieta x *cultorum*

Aubriétie

(*Aubrieta* x *cultorum*)

Hauteur: 7,5-15 cm.

Étalement: 45-60 cm.

Emplacement: En plein soleil.

Sol: Bien drainé et moyennement riche en matière organique.

Floraison: À la fin du printemps et au début de l'été.

Multiplication: Semis à l'intérieur ou à l'extérieur au printemps; bouturage à la mi-été; division en tout temps.

Utilisation: Bordure, couvre-sol, massif, rocaille, murets, entre les dalles, plate-bande, bac, pentes.

Zone de rusticité: 3.

Les petites fleurs à quatre pétales de l'aubriétie foisonnent tellement qu'elles peuvent cacher presque son feuillage. La gamme des couleurs offertes par les hybrides de cette espèce est très vaste: bleu, lavande, rose, violet, blanc, etc. Les abeilles les adorent! Le feuillage vert ou gris-vert (parfois panaché de blanc) est persistant et forme un tapis souvent très égal. Il ne faut pas tailler cette plante à l'automne, sinon la floraison du printemps suivant sera avortée.

Variétés recommandées: Il en existe beaucoup trop pour en fournir une énumération complète. Toutes demeurent d'excellents choix sous notre climat. Choisissez-les donc selon les couleurs qui vous plaisent davantage.

Aubrieta x *cultorum*

Corbeille-d'or

Corbeille-d'or
(*Alyssum saxatile*,
anc. *Aurinia saxatilis*)

Hauteur: 20-30 cm.

Étalement: 30-45 cm.

Emplacement: En plein soleil.

Sol: Bien drainé, mais pas trop riche.

Floraison: À la fin du printemps et au début de l'été.

Multiplication: Semis à l'automne; marcottage ou bouturage à la mi-été.

Utilisation: Bordure, couvre-sol, massif, rocaille, murets, plate-bande, bac, pentes.

Zone de rusticité: 3.

Alyssum saxatile

Le nom corbeille-d'or décrit bien cette belle plante, car elle se recouvre au printemps de nombreuses petites fleurs jaune vif à quatre pétales. Celles-ci sont parfumées mais leur odeur risque bien de vous échapper... à moins que vous ne cultiviez la plante sur un muret situé à la hauteur de votre organe olfactif! Après la floraison, le feuillage forme un coussinet grisâtre. Si l'humidité et une fertilisation excessives affectent le sol de cette plante, elle forme alors des touffes plus lâches, des feuilles plus vertes et perd de son attrait. Les graines semées à l'automne germeront au printemps et donneront des plants assez semblables à ceux d'origine.

Variétés recommandées:

 *A. saxatile*: L'espèce même s'avère très attrayante, mais comme on la cultive souvent par semis, il en résulte des variations. Recherchez surtout les plantes au feuillage argenté.

 *A. saxatile* 'Citrinum': Fleurs jaune citron.

 *A. saxatile* 'Compactum': Comme l'espèce, mais plus dense. Seulement 15 cm de hauteur.

 *A. saxatile* 'Flora Pleno': Fleurs doubles. Ne se reproduit pas par semence.

 *A. saxatile* 'Sunny Border Apricot': Diffère beaucoup des autres à cause de ses fleurs de couleur abricot.

Alyssum saxatile

Phlox subulata 'Rosea'

Phlox mousse
(*Phlox subulata*)

Hauteur: 7,5-20 cm.

Étalement: 50-90 cm.

Emplacement: En plein soleil ou à l'ombre légère.

Sol: Bien drainé et riche en matière organique.

Floraison: À la fin du printemps et au début de l'été.

Multiplication: Marcottage ou division en tout temps; bouturage à l'automne.

Utilisation: Bordure, couvre-sol, massif, rocaille, murets, entre les dalles, plate-bande, bac, pentes.

Zone de rusticité: 2.

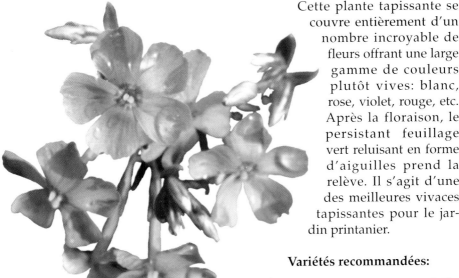

Cette plante tapissante se couvre entièrement d'un nombre incroyable de fleurs offrant une large gamme de couleurs plutôt vives: blanc, rose, violet, rouge, etc. Après la floraison, le persistant feuillage vert reluisant en forme d'aiguilles prend la relève. Il s'agit d'une des meilleures vivaces tapissantes pour le jardin printanier.

Phlox subulata 'Rosea'

Variétés recommandées:

❧ *P. subulata* (phlox mousse): Il existe beaucoup trop de cultivars de cette plante pour en fournir une énumération complète. Choisissez-les selon les couleurs qui vous plaisent.

❧ *P. douglasii* (phlox de Douglas): Très semblable à *P. subulata*, cette espèce s'avère un bon choix.

❧ *P. stolonifera* (phlox stolonifère): Feuillage arrondi. Le meilleur choix pour les emplacements semi-ombragés. Hauteur: 20-25 cm. Différents cultivars se présentent dans des tons de bleu, de blanc ou de rose.

❧ *P.* x *procumbens* (*amoena*) 'Variegata' (phlox rampant): Un hybride qui se situe entre *P. subulata* et *P. stolonifera*, mais qui ressemble davantage au premier. Feuilles minces et panachées de blanc. Fleurs rose violacé.

Pulsatille

Pulsatilla vulgaris

Pulsatille

(*Pulsatilla vulgaris*, anc. *Anemone pulsatilla*)

Hauteur: 20-30 cm.

Étalement: 25-40 cm.

Emplacement: Ensoleillé ou mi-ombragé.

Sol: Très bien drainé et plutôt sec.

Floraison: Tôt au printemps.

Multiplication: Division ou bouturage des racines au printemps; semis à l'automne.

Utilisation: Bordure, rocaille, murets, entre les dalles, plate-bande, fleur coupée, fleur séchée.

Zone de rusticité: 2.

La pulsatille est l'une des premières vivaces à fleurir au printemps et elle diffère des autres végétaux contenus dans cette section car ce n'est pas une plante rampante. Elle forme plutôt une rosette dense de feuilles fortement découpées et extrêmement décoratives *après* la floraison. Les fleurs au coeur jaune affichent des couleurs variées (violet, rouge, blanc ou rose) et paraissent assez volumineuses par rapport à l'ensemble du plant qu'elles masquent souvent dans sa totalité. Après la floraison, la fleur produit des aigrettes duveteuses qui persistent pendant plus de un mois, ce qui en augmente le charme.

Variétés recommandées:

❧ *P. vulgaris*: La plus courante des plantes. Fleurs violettes.

❧ *P. vulgaris* 'Alba': Fleurs blanches.

❧ *P. vulgaris* 'Rubra': Fleurs rouge vin.

❧ *P. patens* (crocus des Prairies): Plante des Prairies canadiennes très semblable à *P. vulgaris*, mais plus petite. On peut se procurer des graines par le biais des catalogues de semences. Fleurs bleues, violettes ou blanches. Hauteur: 8-15 cm.

❧ *Adonis vernalis* (adonis du printemps ou oeil-de-boeuf): Cette plante ressemble grandement à la pulsatille (même port, même feuillage plumeux, même floraison très hâtive), mais ses fleurs sont plus petites, plus nombreuses et de couleur jaune bouton d'or.

Adonis vernalis

Après la floraison, les graines laineuses du *Pulsatilla vulgaris* ajoutent à son charme.

Thlaspi toujours vert

Thlaspi toujours vert
(*Iberis sempervirens*)

Hauteur: 15-25 cm.

Étalement: 45-60 cm.

Emplacement: En plein soleil.

Sol: Bien drainé et moyennement riche en matière organique.

Floraison: Au printemps.

Multiplication: Semis à l'intérieur ou à l'extérieur au printemps; bouturage à la mi-été; division au printemps ou à l'automne.

Utilisation: Bordure, couvre-sol, massif, rocaille, murets, entre les dalles, plate-bande, pré fleuri, bac, pentes.

Zone de rusticité: 2.

Iberis sempervirens

Cette plante tapissante, que l'on appelle aussi corbeille-d'argent (tout comme l'arabette), se cultive le plus aisément du monde: comparativement à la plupart des plantes de sa catégorie qui nécessitent parfois une taille, elle n'en requiert aucune et reste belle au fil des ans. À la fin du printemps, toute la plante se couvre de petites fleurs blanches qui dureront assez longtemps. Quand les fleurs finissent par se faner, l'on découvre un magnifique feuillage vert et vernissé qui, de plus, persiste (sauf dans les endroits très exposés aux vents hivernaux).

Variétés recommandées:

🌺 *I. sempervirens*: L'espèce même s'avère un excellent choix pour la plate-bande.

🌺 *I. sempervirens* 'Weisser Zwerg' ('Little Gem'): Une variante plus petite de l'espèce. Hauteur: 15 cm. Étalement: 30 cm.

🌺 *I. saxatilis*: Plante plus petite que l'espèce, mais assez semblable autrement. Les fleurs prennent une teinte rosée en vieillissant. Hauteur: 15 cm. Étalement: 30 cm.

Iberis sempervirens

D'autres vivaces forment aussi des tapis de fleurs, mais en été.

Comme dans la section précédente, les plantes regroupées dans celle-ci forment des tapis denses, sauf que leur floraison a lieu l'été. Pour la plupart, elles proviennent des régions alpines, résistent bien aux vents froids, à la sécheresse et aux sols pauvres, mais s'accommodent mal des emplacements ombragés car elles ont besoin de soleil. En conséquence, vous pouvez les planter en bordure du jardin, dans une rocaille, sur des murets, entres les dalles qui forment un sentier ou un patio, dans une pente à décorer; vous pouvez aussi vous en servir dans un bac ou un

Fraisier décoratif
Joubarbe ou poule et ses poussins
Oeillet
Sédum d'été ou orpin d'été
Thym

panier suspendu (dans ce cas, traitez-les comme des annuelles, car peu de plantes sont capables de résister au froid dans de telles conditions), enfin, partout où une plante naine et tapissante se révèle utile.

Thymus serpyllum

Fraisier décoratif

Fragaria x 'Lipstick'

Fraisier décoratif
(*Fragaria*)

Hauteur: 12-25 cm.

Étalement: 45-90 cm.

Emplacement: Ensoleillé ou mi-ombragé.

Sol: Bien drainé, humide et riche en matière organique.

Floraison: Pendant tout l'été.

Multiplication: Division des rejets au printemps.

Utilisation: Bordure, couvre-sol, massif, rocaille, murets, entre les dalles, plate-bande, sous-bois, bac, pentes, endroits humides, fruit comestible.

Zone de rusticité: 2 à 4.

On considère habituellement le fraisier comme plante fruitière seulement. En fait, même les cultivars fruitiers commercialisés, avec leurs feuilles vert foncé divisées en trois folioles, leurs stolons rouges, leurs nombreuses petites fleurs blanches et leurs fruits rouges, sont fort décoratifs. En outre, il existe même des cultivars strictement cultivés à cause de leur attrait; certes, ils produisent des fruits comestibles comme les cultivars fruitiers, mais en moins grand nombre. Généralement, leur floraison se produit sporadiquement durant tout l'été. Plusieurs de ces plantes ont des fleurs roses ou rouges, coloration que l'on ne retrouve pas chez les fraisiers sauvages: il paraît que cela résulte d'un lointain croisement avec une potentille vivace, proche parente des fraisiers.

Les fraisiers produisent de longs stolons portant de jeunes plants qui s'enracinent partout où ils touchent le sol. Avec le temps, ils en viennent à former de denses tapis, surtout dans un site ensoleillé. Les plants mères vieillissent après quelques années; inutile de les enlever car ils mourront d'eux-mêmes et seront remplacés par leur progéniture.

Variétés recommandées:

F. x 'Lipstick': Fleurs rouge rosé. Floraison sporadique durant tout l'été. Zone 2

F. x 'Pink Panda': Fleurs roses. Floraison sporadique durant tout l'été. Zone 2

F. vesca 'Variegata': Fleurs blanches peu nombreuses, surtout au printemps. La plante se cultive surtout à cause de son feuillage joliment panaché de blanc. Elle est moins rustique que les autres. Zone 4.

Duchesnea indica (faux-fraisier): Cette plante ressemble grandement au fraisier, même par ses fruits rouges (dont le goût est insipide, toutefois). Elle porte par contre des fleurs jaunes. Sa culture est identique à celle du fraisier. Zone 4.

Duchesnea indica

Photo: Jacques Allard

Joubarbe

Sempervivum tectorum calcareum

Joubarbe
ou poule et ses poussins
(*Sempervivum*)

Hauteur: 3-8 cm.

Étalement: 20-30 cm.

Emplacement: Au soleil.

Sol: Extrêmement bien drainé et plutôt pauvre.

Floraison: Au milieu de l'été.

Multiplication: Division des rejets marcottés au printemps ou à l'été.

Utilisation: Bordure, couvre-sol, massif, rocaille, murets, entre les dalles, plate-bande, bac, pentes, fleur séchée.

Zone de rusticité: 3.

Cette plante forme un tapis épais de petites rosettes basses aux feuilles charnues et pointues à leur extrémité. Elles se présentent souvent poilues et parfois teintées de rouge, de violet ou de jaune. Au début, on voit nettement la «poule», c'est-à-dire le plant mère, plus volumineux, et ses «poussins», les rejets portés tout autour de la poule sur des stolons souvent assez longs. Or, avec les années, les rejets s'enracinent, deviennent eux-mêmes des plants mères et font à leur tour des rejets... Le résultat final: un tapis complet de verdure!

Curieusement, les fleurs blanches, roses, jaunes ou rouges, qui sont portées en grappes denses sur des tiges épaisses hors de toute proportion avec la taille de la plante, semblent revêtir peu d'importance, au point que l'acheteur s'informe rarement de leur couleur et que, de ce fait, le vendeur ne l'affiche pas non plus. La joubarbe est, en réalité, monocarpe, c'est-à-dire qu'elle meurt après la floraison, laquelle se prépare d'ailleurs pendant plusieurs années. Le gigantisme relatif de l'inflorescence s'explique justement par le fait que la plante met pratiquement toutes ses énergies à fleurir. Après, la plante forme des graines puis meurt, mais le vide laissé dans le tapis de verdure est vite comblé par l'un des nombreux rejets à la recherche d'un emplacement où s'enraciner.

Il faut noter que le plein ensoleillement et un sol bien drainé durant l'hiver demeurent la clé du succès avec ces plantes. Certes, elles peuvent pousser dans un emplacement assez ombragé, mais la magnifique coloration qui fait l'attrait de leur feuillage se perd alors. Plantées dans un sol humide et mal drainé, par contre, il n'est même plus question de survie: la pourriture attend les plantes au premier hiver!

Variétés recommandées: La description suivante comprend deux principales espèces cultivées à partir du genre *Sempervivum* et deux genres apparentés, *Jovibarba* et *Orostachys*. Dans la réalité, le choix des jardiniers modernes se porte généralement vers les nombreux hybrides et cultivars. Aussi est-il inutile de les énumérer car ils sont trop nombreux et pas un d'entre eux ne semble plus populaire qu'un autre. Faites donc votre choix selon la forme et la couleur qui vous plaisent le plus.

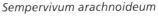

Sempervivum arachnoideum

Sempervivum arachnoideum

᠅ *S. tectorum* (joubarbe des toits): Le nom joubarbe des toits s'explique par le fait que cette plante était jadis cultivée sur le toit des maisons en Europe, la croyance populaire voulant qu'elle protège de la foudre. Il s'agit de l'espèce la plus typique dont les feuilles grisâtres et peu poilues forment des rosettes assez volumineuses. Il faut dire qu'on cultive peu l'espèce même, car on lui préfère l'un ou l'autre des nombreux hybrides et cultivars qui en dérivent (plus de 300, selon un spécialiste). Vert pâle, vert lime, vert foncé, bronzé, rouge, diversement panaché, bicolore vert et rouge... voilà quelques-uns des coloris que la joubarbe des toits met à votre disposition, mais il y en a d'autres! Hauteur: 8-10 cm.

᠅ *S. arachnoideum* (fil d'araignée): Cette espèce, qui se classe bonne deuxième à cause de sa popularité, forme de petites rosettes couvertes de fort nombreux poils analogues à des fils d'araignée. Les rejets sont portés sur de minces stolons et il arrive assez fréquemment que le vent en casse un et transporte ailleurs un rejet en forme de boule, lequel finira par s'enraciner le plus souvent entre deux roches. Il existe plusieurs hybrides et cultivars de cette espèce. Leur feuillage peut être plus densément poilu ou encore plus coloré. Hauteur: 3-5 cm.

᠅ *S. tectorum calcareum*: Feuilles vert glauque bordées de brun roux à leur extrémité. Il s'agit de la bonne vieille «poule et ses poussins» de nos grands-parents. Hauteur: 8-10 cm.

᠅ *Jovibarba* (barbe de Jupiter): Très proche parent du *Sempervivum*, le genre *Jovibarba* requiert les mêmes soins et s'en distingue difficilement: les fleurs sont poilues alors que celles des joubarbes ne

Orostachys erubescens 'Florentinum'

le sont pas (d'ailleurs, certains experts considèrent que la fausse joubarbe fait partie du genre *Sempervivum*). Plusieurs forment des rosettes au port globulaire. Généralement, vous ne trouverez que des hybrides. Hauteur: 3-10 cm.

❧ *Orostachys* (orostachys): Très semblables aux joubarbes, ces plantes dont la culture est assez récente, s'avèrent plus rustiques qu'on ne le croyait: il y a quelques années, on les codait zone 6, alors que je connais des gens qui en cultivent en zone 3, et ce, sans difficulté aucune. Elles nécessitent toutefois un sol au drainage parfait, car elles sont très vulnérables à l'humidité durant l'hiver.

Jovibarba heuffelii

317

Oeillet
(Dianthus)

Hauteur: 10-45 cm.

Étalement: 20-45 cm.

Emplacement:
Ensoleillé ou mi-
ombragé.

Sol: Très bien drainé,
modérément riche en
matière organique et
alcalin plutôt qu'acide.

Floraison: La période
varie.

Multiplication:
Division, marcottage,
semis ou bouturage
des tiges au printemps.

Utilisation: Bordure,
couvre-sol, massif,
rocaille, murets, entre les
dalles, plate-bande, bac,
pentes, fleur coupée.

Zone de rusticité: 2 à 4.

Dianthus deltoides

Proches parentes de l'oeillet des fleuristes (*D. caryophyllus*) qu'il faut considérer comme une annuelle sous notre climat, ces plantes forment des coussins ou des tapis de feuilles graminiformes souvent bleutées ou grisâtres. Les fleurs parfumées et frangées sont habituellement roses, mais peuvent être rouges, saumon, blanches ou bicolores. La période de floraison commence le plus souvent au début de l'été pour se poursuivre pendant plusieurs semaines, mais il existe de nombreux cultivars à floraison prolongée qui fleurissent un peu et parfois même assez généreusement durant le reste de l'été.

Leur culture se fait si aisément que vous pouvez les laisser pousser sans presque jamais intervenir. Si les fleurs séchées vous dérangent, coupez-les avec un sécateur; cela permettra de stimuler la floraison tout en la prolongeant. Si, au bout de quelques années, le centre du coussin semble s'être affaibli, découpez-le avec un transplantoir et remplissez le trou de terre fraîche. Les cas de pourriture que l'on rencontre parfois sont généralement causés par un sol qui reste trop humide durant l'hiver. Il ne faut pas tailler les oeillets en automne, car leur feuillage est persistant.

Variétés recommandées: Il existe bel et bien des milliers de cultivars et plus de 300 espèces d'oeillets. Un grand nombre d'entre eux pourrait très bien s'accommoder de notre climat, mais j'ai choisi de ne vous présenter que les plus couramment employés. Néanmoins, retenez que les spécialistes en plantes alpines en offrent une gamme beaucoup plus étendue.

D. deltoides (oeillet deltoïde): Les fleurs frangées et très parfumées, simples ou semi-doubles, peuvent être roses, rouges, blanches ou bicolores. Feuillage vert ou bleuté. Hauteur: 10-40 cm. Floraison: du début jusqu'au milieu de l'été. Zone 2.

D. deltoides 'Albus': Plante tapissante aux fleurs blanches et simples. Hauteur: 15 cm. Floraison: du début jusqu'au milieu de l'été. Zone 2.

D. deltoides 'Brilliant': Fleurs doubles et rouge vif. Hauteur: 15-20 cm. Floraison: du début de l'été jusqu'au début de l'automne. Zone 2.

D. deltoides 'Zing': Fleurs simples et rouge foncé. Hauteur: 15 cm. Floraison: du début de l'été jusqu'au début de l'automne. Zone 2.

Dianthus gratianopolitanus 'Tiny Rubies'

Dianthus gratianopolitanus 'Sops-in-Wine'

🌿 *D. x allwoodii* (oeillet d'Allwood): Il s'agit d'un hybride complexe issu de plantes analogues à l'oeillet mignardise. Les fleurs souvent semi-doubles peuvent être frangées ou non. Feuillage généralement bleuté. Floraison: du début jusqu'au milieu de l'été. Hauteur: 30-45 cm. Zone 3 ou 4 (selon le cultivar).

🌿 *D. x allwoodii alpinus*: Il s'agit d'une plante plus petite au feuillage plus bleuté que l'hybride *D. x allwoodii*. Fleurs simples et roses, rouges, blanches ou bicolores. Floraison: du début jusqu'au milieu de l'été. Hauteur: 20 cm. Zone 3.

🌿 *D. x allwoodii* 'Doris': Fleurs rose saumon. Floraison: du début jusqu'au milieu de l'été. Hauteur: 30 cm. Zone 3.

🌿 *D. x* 'Frosty Fire': Fleurs doubles et rouge vif. Feuillage très bleuté. Hauteur: 30 cm. Floraison: du début de l'été jusqu'au début de l'automne. Zone 2.

🌿 *D. gratianopolitanus* (oeillet de Grenoble): L'espèce même se cultive rarement. La plupart des plantes désignées par ce nom sont des hybrides complexes qui rappellent, par leur taille et leur port, l'oeillet de Grenoble. La plante produit souvent une profusion de petites fleurs roses, rouges ou blanches, au point que celles-ci peuvent couvrir presque tout le plant. Feuillage vert ou bleuté. Floraison: du début jusqu'au milieu de l'été. Hauteur: 10-30 cm. Zone 2.

🍃 *D. gratianopolitanus* 'Sops-in-Wine': Fleurs rouge vin tachetées de blanc. Hauteur: 20 cm. Floraison: du début de l'été jusqu'au début de l'automne. Zone 2.

🍃 *D. gratianopolitanus* 'Tiny Rubies': Fleurs doubles et minuscules de couleur rose foncé. Hauteur: 15 cm. Floraison: du début de l'été jusqu'au début de l'automne. Zone 2.

🍃 *D. plumarius* (oeillet mignardise): Les fleurs frangées et très parfumées peuvent être roses, rouges, violettes, blanches ou bicolores, de même que simples ou semi-doubles. Feuillage bleuté. Floraison: du début jusqu'au milieu de l'été (elle est presque constante chez les meilleurs cultivars). Hauteur: 25-40 cm. Zone 4.

🍃 *D. plumarius* 'Roseus Plenus': Fleurs doubles, roses et parfumées. Hauteur: 25-40 cm. Floraison: du début de l'été jusqu'au début de l'automne. Zone 3.

Dianthus plumarius 'Ballard'

Sedum aizoon

Sédum d'été ou orpin d'été
(*Sedum*)

Hauteur: 5-25 cm.

Étalement: 25-60 cm.

Emplacement: Au soleil.

Sol: Ordinaire et très bien drainé, voire sec.

Floraison: Estivale (la période varie selon les espèces).

Multiplication: Division, marcottage ou bouturage des tiges à l'été; semis au printemps.

Utilisation: Bordure, couvre-sol, massif, rocaille, murets, entre les dalles, plate-bande, bac, pentes, fleur coupée, fleur séchée.

Zone de rusticité: 3.

Alors que les sédums d'automne (voir à la page 342) comprennent presque majoritairement des plantes dressées aux feuilles caduques, la plupart des sédums à floraison estivale sont bas ou rampants et forment un coussin de feuillage succulent et souvent persistant. Les fleurs de différentes couleurs, selon l'espèce, sont parfois très petites, mais elles se présentent le plus souvent en grand nombre pour qu'on les remarque.

Aucune division ne s'avère nécessaire pour maintenir les plantes en bonne condition et la plupart des espèces se bouturent bien ou se marcottent tout naturellement, rendant la multiplication aisée. D'ailleurs, certaines se marcottent si bien qu'elles deviennent envahissantes: il faut alors les planter dans la rocaille ou sur un muret où, confinées entre des pierres, elles n'auront aucune chance de conquérir l'espace réservé à leurs voisines.

Variétés recommandées: Comme il existe un grand nombre d'espèces, seulement quelques-unes sont décrites ici.

S. acre (sédum âcre ou poivre de muraille): Voici le moins grand des sédums... mais aussi l'un des plus envahissants! Les feuilles persistantes et minuscules de couleur vert pomme qui forment ce tapis naturel sont à peine plus grosses que des grains de sable. La plante produit des fleurs jaunes et étoilées tout aussi minuscules, mais celles-ci apparaissent en nombre suffisant pour lui donner une coloration dorée lorsqu'elle fleurit. Floraison: à la fin du printemps jusqu'au milieu de l'été. Hauteur: 5-8 cm. Étalement: 60-90 cm.

S. acre aureum: Comme le précédent, mais avec un feuillage doré.

S. aizoon (sédum euphorbioïde): Il s'agit de l'un des rares sédums d'été au port dressé. Il produit des feuilles caduques, vertes et luisantes aux bords dentés. Les fleurs jaunes et étoilées apparaissent en grappes aux extrémités des tiges. Floraison: au milieu de l'été. Hauteur: 30-45 cm. Étalement: 30 cm.

Sedum cauticola

Sedum middendorfianum
'Variegatum'

  S. album murale : Fleurs roses. Feuillage succulent de couleur vert bronzé. Floraison: au début de l'été. Hauteur: 5 cm.

  S. ewersii (sédum d'Ewers): Feuilles bleu-vert formant un coussinet épais. Fleurs rose pourpré. Floraison: à la fin de l'été. Hauteur: 10-15 cm. Étalement: 30 cm et plus.

  S. cauticola (sédum des falaises): Cette plante aux tiges rampantes forme un coussinet de feuilles caduques, ovales et argentées. Les fleurs, réunies en grappes aux extrémités des tiges, ont une couleur rose vif. Floraison: à la fin de l'été. Hauteur: 10-15 cm. Étalement: 30 cm et plus.

  S. kamtschaticum (sédum orangé): Ce sédum ressemble un peu au précédent, mais sa taille est plus petite et il forme une boule au feuillage luisant. Les fleurs jaune orangé s'épanouissent du début jusqu'au milieu de l'été. Hauteur: 15-20 cm. Étalement: 30 cm.

  S. kamtschaticum floriferum 'Weihenstephaner Gold': Cultivar semblable à l'espèce, mais de qualité nettement supérieure. Plus compact et plus florifère.

Sedum reflexum

🌿 *S. middendorfianum* 'Variegatum' (sédum panaché): Cette plante ressemble tellement au sédum orangé que la plupart des livres la désigne sous le nom de *S. kamtschaticum* 'Variegatum'. Fleurs jaunes. Feuillage panaché de blanc. Floraison: du début jusqu'au milieu de l'été. Hauteur: 15-20 cm. Étalement: 30 cm.

🌿 *S. reflexum* (sédum réfléchi): Il forme un coussinet de tiges rampantes. Ses feuilles persistantes, pointues et vert argenté rappellent des aiguilles de pin épaissies. Fleurs jaunes regroupées en grappes denses. Floraison: au milieu de l'été. Hauteur: 15-25 cm. Étalement: 30 cm.

🌿 *S. reflexum* 'Monstrosum Cristatum' ('Cristatum'): Comme le précédent, mais avec certaines tiges curieusement déformées qui forment une crête de coq. Idéal pour ceux qui aiment les bizarreries.

🌿 *S. spathulifolium* 'Cape Blanco' (sédum à feuilles spatulées): Voici une petite plante qui se présente comme un coussinet dense aux feuilles persistantes et très argentées prenant la forme de petites cuillers. Fleurs jaunes. Floraison: du début jusqu'au milieu de l'été. Hauteur: 5-10 cm. Étalement: 25 cm et plus.

🌿 *S. spurium* (orpin bâtard): Cette plante tresse un grand tapis de tiges rampantes rouges qui portent des feuilles persistantes, arrondies et dentées ainsi que des fleurs étoilées roses ou blanches réunies en grappes aplaties. Floraison: du milieu jusqu'à la fin de l'été. Hauteur: 10-15 cm. Étalement: 45-60 cm.

🌿 *S. spurium* 'Schorbuser Blut' ('Dragon's Blood'): Cultivar populaire de l'orpin bâtard. Fleurs rouges et feuilles rougeâtres.

🌿 *S. spurium* 'Purpurteppich' ('Purple Carpet'): Comme le précédent, mais aux feuilles encore plus foncées.

Sedum spathulifolium 'Cape Blanco'

325

Thym

Thymus serpyllum

Thym
(*Thymus*)

Hauteur: 5-30 cm.

Étalement: 30-45 cm.

Emplacement: Ensoleillé ou mi-ombragé.

Sol: Très bien drainé (les sols pauvres et secs sont tolérés).

Floraison: Du début jusqu'au milieu de l'été.

Multiplication: Division, semis ou bouturage des tiges au printemps.

Utilisation: Bordure, couvre-sol, massif, rocaille, murets, entre les dalles, plate-bande, bac, pentes, condiment.

Zone de rusticité: 3 ou 4.

Le concept même de cultiver des plantes entre les dalles d'une terrasse ou d'un sentier a dû naître avec le thym, tellement il s'y prête bien. Y a-t-il d'autres plantes tapissantes pour rivaliser avec lui? Pas vraiment. Pourquoi? Par exemple, à cause de leur hauteur excessive rendant la promenade difficile, de leurs tiges trop arquées dans lesquelles le pied vient s'accrocher ou, tout simplement, de leur incapacité à résister au piétinement. Les meilleurs thyms, au contraire, forment un tapis mince sur lequel on peut marcher sans craindre d'abîmer le plant.

(Certes, ils ne supporteront pas l'achalandage d'une bouche de métro... pas plus que le gazon ne le ferait, d'ailleurs!) En outre, à mesure que nos pieds foulent le sol, un délicieux parfum s'en dégage. Le thym est donc la plante parfaite pour cet usage.

On peut aussi l'utiliser en bordure d'une plate-bande, dans des bacs et autres contenants, dans une rocaille (le thym laineux, surtout, se moule parfaitement aux rochers, comme une mousse), sur des murets ou même le planter dans la pelouse (ce dernier usage convient aux jardiniers écologiques seulement, car il proscrit tout herbicide dont trop de jardiniers méticuleux dépendent).

Selon les botanistes, le thym est un arbuste (dans le cas des espèces couramment utilisées, du moins), car ses tiges sont ligneuses et persistantes. Les jardiniers le classent plutôt parmi les vivaces à cause de l'utilisation qu'ils en font. Le thym porte de très petites feuilles lancéolées ou ovales et des fleurs minuscules mais si nombreuses que sa couverture verte peut se changer, selon l'espèce et le cultivar, en un tapis rose, rouge, violet, lilas ou blanc pendant la floraison.

Rien de plus simple que de l'entretenir: s'il se dégarnit, on n'a qu'à passer la tondeuse sur lui ou employer un taille-bordures pour le rajeunir.

Si le thym pousse dans un endroit semi-ombragé, il n'y fleurira pas beaucoup (il est donc inutile d'acheter un cultivar coûteux, car un thym ordinaire fera bien l'affaire), mais formera tout de même un excellent tapis végétal. Au soleil, sa floraison sera spectaculaire!

Variétés recommandées: Avec ses quelque 400 espèces et ses nombreux hybrides et cultivars, le thym offre l'embarras du choix! Pour vos besoins, je vous propose quelques cultivars parmi les plus courants.

T. serpyllum (serpolet ou thym serpolet): Voici le plus populaire des thyms ornementaux. Il forme un tapis de minuscules feuilles persistantes de 8 cm à 15 cm de hauteur seulement. Sa couverture végétale s'étale dans tous les sens et dégage le parfum typique du thym culinaire lorsqu'elle est froissée. L'espèce produit des fleurs rose pourpré. Floraison: du début jusqu'au milieu de l'été. Zone 3.

T. serpyllum 'Albus': Fleurs blanches.

T. serpyllum 'Aureus': Feuillage doré. Fleurs rose lavande.

T. serpyllum 'Coccineus': Fleurs rouge vif.

T. serpyllum 'Roseus': Fleurs roses.

T. pseudolanuginosus, anc. *T. lanuginosus* (thym laineux): Plus bas que le précédent (seulement 5 cm à 10 cm de hauteur), le thym laineux produit des feuilles duveteuses gris argenté et des fleurs rose pourpre. Même si elle ne fleurit que très peu, cette espèce s'avère sans doute le meilleur choix pour les sites mi-ombragés, car son feuillage offre beaucoup d'attrait. Floraison: du début jusqu'au milieu de l'été. Zone 3.

🌿 *T.* x *citriodorus* (thym citron): Bien que servant de condiment à l'origine, ce thym dont la senteur s'apparente à celle du citron s'emploie maintenant davantage comme plante ornementale. Il existe un grand nombre de cultivars dont le port et les couleurs diffèrent en ce qui a trait à la fleur et au feuillage. Hauteur: 15-20 cm. Floraison: du début jusqu'au milieu de l'été. Zone 4.

🌿 *T.* x *citriodorus* 'Aureus': Comme le thym précédent, mais avec le feuillage doré.

🌿 *T.* x *citriodorus* 'Silver Posie': Plante au feuillage panaché de blanc lui donnant un aspect argenté. Les feuilles prennent parfois une teinte de rose. Fleurs rose lilas.

🌿 *T.* x 'Doone Valley': Ce thym s'avère très populaire auprès des connaisseurs à cause de sa coloration toujours changeante. Doré au printemps, vert avec l'arrivée de l'été, à nouveau doré à la fin de l'été puis rouge à l'approche de l'hiver, le feuillage varie à souhait! En plus, les feuilles dégagent une senteur parfumée. Fleurs mauves durant presque tout l'été. Hauteur: 10-15 cm. Zone 4.

🌿 *Thymus vulgaris* (thym commun): C'est le thym typique de nos cuisines. Moins rampant et plus haut que les autres, il forme un coussin de verdure plutôt qu'un tapis. Il est cependant très décoratif et peut donc servir comme plante ornementale. L'espèce porte des fleurs lilas, mais il existe des cultivars qui produisent des fleurs blanches, roses ou rouges ainsi qu'un feuillage panaché. Floraison: du début jusqu'au milieu de l'été. Hauteur: 20-30 cm. Zone 4.

Thymus pseudolanuginosus

Thymus serpyllum

Pour séduire l'oeil jusqu'aux premières neiges, une plate-bande de vivaces doit en contenir quelques-unes à floraison automnale.

*L*es vivaces les plus précieuses aux yeux du jardinier paresseux (et même pour le jardinier méticuleux!) sont sans doute celles qui fleurissent à l'automne. Au moment où les autres vivaces commencent à montrer des signes de flétrissement, celles d'automne prennent la relève, perpétuant l'attrait de vos plates-bandes jusqu'à la venue de l'hiver.

Les vivaces à floraison automnale ont cependant un défaut majeur: elles occupent beaucoup d'espace dans le jardin durant tout l'été et la plupart ne présentent aucun attrait avant leur floraison. Il faut donc les disséminer à travers d'autres plantes qui garderont la plate-bande amplement fleurie durant l'été et

Anémone du Japon
Aster d'automne
Boltonie ou aster à mille fleurs
Chrysanthème latilobé
Hélénie
Sédum d'automne
Verge d'or

qui attireront assez l'attention pour que les vivaces d'automne ne soient point remarquées.

Le nombre de vivaces à floraison automnale est malheureusement très réduit car plusieurs d'entre elles gèlent sous notre climat, et ce, avant même de pouvoir fleurir. Pour servir de complément à ces dernières, il faudra donc prévoir un amalgame de bulbes à floraison automnale (le *Colchicum*, surtout, qui est magnifique!) et de vivaces estivales dont la floraison se prolonge jusqu'à l'automne (par exemple, la rudbeckie jaune, l'hémérocalle 'Stella de Oro', la liatride, l'aconit, le pigamon, le coréopsis, la physostégie, la sauge russe et quelques autres).

Les plantes regroupées dans cette section ont toutes une caractéristique assez surprenante: leurs fleurs ont la capacité de résister au gel. Non pas un gel par trop accentué, évidemment, mais il n'est pas rare de les voir supporter plusieurs fois des températures en-dessous de 0 °C et continuer de fleurir sans problème. Parfois, elles disparaissent même sous une couche de neige pour réapparaître quelques jours plus tard sans le moindre dommage.

Anémone du Japon
(*Anemone* x *hybrida*)

Hauteur: 80-100 cm.

Étalement: 30-45 cm.

Emplacement: Mi-ombragé.

Sol: Bien drainé et riche en matière organique.

Floraison: De la fin de l'été jusqu'à la fin de l'automne.

Multiplication: Division au printemps.

Utilisation: Plate-bande, arrière-plan, sous-bois, pré fleuri, fleur coupée.

Zone de rusticité: 3.

Anemone hupehensis 'September Charm'

Cette plante produit de jolies feuilles découpées qui s'accordent très bien au sous-bois et elle se pare, à partir de la fin de l'été, de grosses fleurs blanches ou roses au coeur jaune. Curieusement, la plupart des livres de référence semblent n'attribuer que la zone 5 à l'anémone du Japon, signifiant ainsi qu'elle manque de rusticité. Pourtant, en zone 4, dans un de mes anciens jardins où j'ai cultivé ces plantes, et bien que laissées à elles-mêmes par les nouveaux propriétaires, elles poussent en grand nombre! En outre, je sais que l'anémone est très populaire à Edmonton, en zone 3. Il est fort probable que le secret de sa rusticité soit lié à l'emplacement: il faut à tout prix la planter dans un milieu dont les conditions sont analogues à celles des forêts humides d'où elle est issue. Même si elle s'accommode au plein ensoleillement et à un sol relativement sec pour y fleurir abondamment, ce genre de milieu semble réduire sa rusticité. En revanche, plantez-la dans un sous-bois plutôt couvert et assez humide, en ancrant bien ses racines dans une épaisse couche de feuilles mortes, et elle repoussera fidèlement d'une année à l'autre. Néanmoins, il faut à tout prix choisir des cultivars dont la floraison est relativement hâtive. Les variétés qui s'épanouissent dans les jardins de l'État de Virginie en novembre ne produiront que du feuillage sous notre latitude. Enfin, cette plante, tout comme notre anémone indigène *Anemone canadensis*, peut être très envahissante. Il faut toujours la planter à l'intérieur d'une barrière enfoncée dans le sol.

Variétés recommandées: La nomenclature de cette plante s'avère extrêmement confuse, puisqu'elle reçoit des désignations différentes telles que *Anemone hupehensis*, *A. japonica*, *A. tomentosa* ou *A. vitifólia* alors que l'on a affaire au même végétal! La plupart des experts considèrent la majorité de ces plantes comme des hybrides et les désignent par *A. x hybrida*. Les plantes énumérées ici ont toutes la capacité de fleurir assez tôt sous notre climat.

A. hupehensis 'September Charm': Fleurs simples de couleur rose pâle.

A. x hybrida 'Bressingham Glow': Fleurs semi-doubles et rose rouge.

A. x hybrida 'Honorine Jobert': Fleurs simples et blanches.

A. x hybrida 'Königen Charlotte' ('Queen Charlotte'): Fleurs semi-doubles et rose pâle.

A. vitifolia (*tomentosa*) 'Robustissima': Fleurs simples et rose clair. C'est le cultivar le plus hâtif et donc le mieux adapté aux régions dont les étés sont courts.

Anemone hupehensis 'September Charm'

Aster d'automne

Aster d'automne
(*Aster novi-belgii* et *A. novi-angliae*)

Hauteur: 45-150 cm.

Étalement: 45-90 cm.

Emplacement: Ensoleillé ou mi-ombragé.

Sol: Bien drainé, assez humide et riche en matière organique.

Floraison: De la fin de l'été jusqu'à la fin de l'automne.

Multiplication: Division au printemps.

Utilisation: Massif, plate-bande, arrière-plan, sous-bois, pré fleuri, fleur coupée.

Zone de rusticité: 2 à 6.

Photo: Raymond Gagnon, Jardin botanique de Montréal

Aster novi-angliae 'Harrington's Pink'

J'ai failli mettre l'aster d'automne dans la section *Des vivaces à éviter*, car il requérait beaucoup trop de soins. Par contre, comme j'y avais déjà placé le chrysanthème d'automne, je pouvais difficilement retrancher une autre plante de la trop courte liste des vivaces à floraison automnale. L'aster demeure donc sur la liste des plantes recommandées dans cette section, à la condition formelle de choisir le cultivar adéquat et de le planter au fond de la plate-bande afin d'éviter que ses écarts éventuels ne soient trop remarqués.

D'une part, l'aster d'automne est une plante indigène qui, après un long voyage en Europe, nous est revenue avec des modifications qui l'ont grandement avantagée: fleurs plus grosses, plus colorées et plus nombreuses, plant plus compact, etc. D'autre part, il a perdu des points aux plans de la rusticité (plusieurs ne résistent plus au climat de la zone 5) et de la floraison (de nombreux cultivars ne commencent à fleurir qu'en octobre, ce qui est trop tard pour beaucoup d'entre nous). En conséquence, il faut sélectionner avec soin l'aster approprié à notre climat. Heureusement qu'il en existe!

La plante forme une dense touffe de tiges dressées aux nombreuses feuilles minces. À l'automne, une quantité incroyable de petites fleurs ayant la forme d'une marguerite apparaissent dans une grande variété de couleurs: entre autres, blanc, rose, rouge, bleu et violet. La plupart des cultivars souffrent du blanc, ce qui nous oblige à rechercher ceux qui sont capables d'y résister (il y en a en nombre suffisant). Mais le pire défaut de l'aster, c'est sa vieillesse prématurée, causée par la dégénérescence de la partie centrale du plant. Or, pour le garder en parfait état, il faudrait le diviser à tous les deux ans. L'avantage à le placer au fond de la plate-bande s'explique du fait que personne ne verra sa touffe centrale dégarnie. Ainsi pourra-t-on laisser la plante pousser à sa guise pendant plusieurs années. Enfin, il est à conseiller de placer les variétés hautes (surtout des cultivars provenant de l'espèce *A. novi-angliae*) auprès d'autres plantes assez robustes pour pouvoir supporter leurs longues tiges au cas où celles-ci auraient tendance à s'affaisser.

Variétés recommandées: Les variétés mentionnées ci-dessous ne sont pas nécessairement les plus récentes mais, comme elles ont fait leurs preuves sous notre climat, elles deviennent donc les plus recommandables.

🌸 *A.* x *dumosus* (aster nain): Cet hybride, qui se situe entre *A. dumosus*, un aster à floraison plutôt estivale, et *A. novi-belgii*, dont la floraison s'avère souvent un peu trop tardive sous notre latitude, a donné toute une série d'asters nains qui fleurissent de la fin de l'été jusqu'au milieu de l'automne. Leur rusticité varie beaucoup, mais les cultivars qui suivent semblent assez rustiques pour les endroits protégés de la zone 3. Fleurs rose pâle au centre jaune. Hauteur: 40 cm.

🌸 *A.* x *dumosus* 'Peter Harrison': Fleurs rose pâle, centre jaune. Hauteur: 40 cm.

🌸 *A.* x *dumosus* 'Professor Anton Kippenberg': Fleurs bleues et semi-doubles. Hauteur: 45-75 cm.

🌸 *A.* x *dumosus* 'Purple Dome': Fleurs violettes au centre jaune. Très belle forme. Hauteur: 40 cm.

🌸 *A. novi-angliae* (aster de la Nouvelle-Angleterre): Le plus haut des asters (jusqu'à 2 m et plus), bien que les cultivars soient plus courts. Il importe grandement de faire votre choix parmi les cultivars qui suivent car ils sont adaptés à notre climat. Les plantes suivantes sont toutes codées zone 3.

🌸 *A. novi-angliae* 'Alma Potschke': Fleurs rose vif. Hauteur: 1 m.

🌸 *A. novi-angliae* 'Harrington's Pink': Fleurs roses. Hauteur: 1 m.

🌸 *A. novi-belgii* (aster de New-York): Généralement plus compacte que l'espèce précédente. En ce qui a trait aux cultivars, il importe de choisir parmi les suivants, car ils sont adaptés à nos automnes hâtifs et à nos hivers froids.

🌸 *A. novi-belgii* 'Crimson Brocade': Fleurs doubles et rouges. Bonne résistance au blanc. Hauteur: 90 cm.

🌸 *A. novi-belgii* 'Winston S. Churchill': Fleurs simples et rouge foncé. Bonne résistance au blanc. Hauteur: 45 cm.

Boltonia asteroides 'Pink Beauty'

Boltonie
ou aster à mille fleurs
(*Boltonia asteroides*)

Hauteur: 60-200 cm.

Étalement: 60-90 cm.

Emplacement: Au soleil.

Sol: Ordinaire.

Floraison: De la fin de l'été jusqu'aux gels.

Multiplication: Division, semis ou bouturage des tiges au printemps.

Utilisation: Plate-bande, arrière-plan, pré fleuri, fleur coupée.

Zone de rusticité: 3.

Si vous considérez que l'aster requiert trop de soins — c'est vrai qu'il se trouve à la limite de ce qu'un jardinier paresseux peut tolérer —, il existe un substitut très valable: la boltonie. Elle ressemble énormément à l'aster à cause de son port et de ses petites fleurs ayant la forme de mini-marguerites et elle fleurit durant la même période; mieux encore, elle offre l'avantage de n'exiger presque aucun entretien.

Il s'agit d'une plante très haute portant un feuillage d'une grande légèreté. Elle convient parfaitement à l'arrière-plan d'une plate-bande. La quantité de fleurs blanches, roses ou violettes que cette plante produit est tout à fait remarquable. Un vrai nuage de fleurs! Ce n'est pas sans raison qu'elle se fait parfois appeler l'aster à mille fleurs.

L'espèce atteint 2 m de hauteur. Vu sa taille, il ne faut pas se surprendre qu'elle exige un support. Placez-la au fond de la plate-bande où elle profitera du tuteurage naturel offert par les autres végétaux. En revanche, les cultivars, malgré leur hauteur presque aussi importante, sont généralement plus solides (surtout si on les cultive en plein soleil) et n'exigent aucun tuteurage.

Variétés recommandées:

🌺 *B. asteroides* 'Snowbank': On la considère comme la meilleure boltonie et l'une des meilleures vivaces à floraison automnale. Fleurs blanches. Hauteur: 120 cm.

🌺 *B. asteroides* 'Pink Beauty': Fleurs roses. Hauteur: 100 cm.

Chrysanthème latilobé

Photo: Jacques Allard

Dendrathema zawadskii latilobum 'Clara Curtis'

Chrysanthème latilobé

(*Dendrathema zawadskii latilobum* x, anc. *D. rubellum* x)

Hauteur: 80 cm.

Étalement: 60 cm.

Emplacement: En plein soleil.

Sol: Bien drainé et moyennement riche en matière organique.

Floraison: De la fin de l'été jusqu'à la fin de l'automne.

Multiplication: Division ou bouturage au printemps.

Utilisation: Massif, plate-bande, pré fleuri, fleur coupée.

Zone de rusticité: 3 et 4.

J'ai dû faire une place au chrysanthème d'automne (*D.* x *grandiflorum*) dans la section *Des vivaces à éviter* (voir à la page 488) à cause de sa rusticité douteuse et de la floraison trop tardive de plusieurs de ses cultivars. Il existe toutefois une catégorie de chrysanthèmes dont la floraison se produit tôt à l'automne et qui conviennent à notre climat. Il s'agit des hybrides et cultivars de *Dendrathema zawadskii latilobum*. Cette plante originaire de la Sibérie pousse généralement à une hauteur plus élevée que le chrysanthème d'automne habituel. Elle porte un feuillage plus découpé et sa rusticité est nettement moins trompeuse. Elle a aussi l'avantage de commencer à fleurir plus tôt (habituellement à la mi-août), ce qui permet de profiter de ses «couleurs automnales» dans les régions mêmes où l'automne est marqué par des gels subits et assez prononcés qui se produisent au début de septembre. Sa floraison peut durer plus de deux mois, enfin jusqu'à ce que l'arrivée de l'hiver n'y mette un terme. Actuellement, tous les chrysanthèmes latilobés que l'on trouve sur le marché présentent des fleurs simples et ressemblent à de grandes marguerites roses, blanches ou jaunes, mais il existe en Europe des cultivars à fleurs doubles qui ne sauraient tarder à faire leur apparition ici.

Variétés recommandées:

🌺 *D. zawadskii latilobum* 'Clara Curtis': C'est le plus populaire de tous les chrysanthèmes au Québec. Nombreuses fleurs roses à oeil jaune.

🌺 *D. zawadskii latilobum* 'Duchess of Edinburgh': Fleurs rose foncé. Un peu moins rustique que les autres. Zone 4.

🌺 *D. zawadskii latilobum* 'Mary Stoker': Fleurs jaunes.

Hélénie

Hélénie
(*Helenium*)

Hauteur: 45-120 cm.

Étalement: 30-60 cm.

Emplacement: Au soleil.

Sol: Presque tous conviennent, mais les sols humides et riches en matière organique sont préférables.

Floraison: De la fin de l'été jusqu'aux gels.

Multiplication: Division ou semis au printemps.

Utilisation: En isolé, massif, plate-bande, arrière-plan, pré fleuri, coins humides, fleur coupée, fleur séchée.

Zone de rusticité: 3.

Helenium x *hybridum* 'Bruno'

Les hélénies, ces proches parentes du tournesol, produisent une multitude de petites marguerites jaunes, orange ou cuivrées qui apparaissent à partir de la fin de l'été sur des plants dressés au feuillage dense. Ces plantes exigent le plein soleil, sinon les tiges trop minces cassent au vent. On peut les laisser pousser toutes seules pendant plusieurs années, n'intervenant que pour une division ou une extraction de la touffe centrale lorsqu'elle s'affaiblit.

Variétés recommandées:

❧ *H. automnale* (hélénie d'automne): Plante indigène largement utilisée dans le développement des hybrides modernes, mais peu cultivée elle-même. Fleurs jaunes. Peut devenir envahissante dans les sols humides (contenez-la avec une barrière enfoncée dans le sol). Hauteur: 30-100 cm.

❧ *H. hoopesi* (hélénie de Hoops): Fleurs jaunes ou orange. Floraison très hâtive pour une hélénie: du début jusqu'au milieu de l'été. Hauteur: 60 cm.

❧ *H.* x *hybridum* (hélénie hybride): Cette plante résulte d'un croisement entre *H. automnale* et *H. bigelovii*. Le plus souvent compacte avec des fleurs simples, elle offre une bonne variété de couleurs.

❧ *H.* x *hybridum* 'Bruno': Fleurs rouge acajou. Hauteur: 90 cm.

❧ *H.* x *hybridum* 'Butterpat': Fleurs jaunes. Hauteur: 90-120 cm.

❧ *H.* x *hybridum* 'Moerheim Beauty': Fleurs rouge brunâtre devenant orange. Hauteur: 60-90 cm.

Sédum d'automne

Sedum spectabile

Sédum d'automne
(*Sedum spectabile*)

Hauteur: 30-50 cm.

Étalement: 45-60 cm.

Emplacement: Ensoleillé ou mi-ombragé.

Sol: Ordinaire ou même pauvre et bien drainé.

Floraison: De la fin de l'été jusqu'à la fin de l'automne.

Multiplication: Division au printemps; bouturage à l'été.

Utilisation: Bordure, en isolé, haie, massif, rocaille, murets, plate-bande, bac, fleur coupée, fleur séchée.

Zone de rusticité: 3.

Il ne manque pas de choix parmi les sédums (orpins). Ils varient par leur grandeur, leur port et leur feuillage: soit petits et rampants avec des feuilles minuscules; soit plus hauts et dressés avec de grandes feuilles. Ce sont les derniers, surtout, qui fleurissent à l'automne. Ils se caractérisent tous par leur succulence et portent donc des feuilles épaisses. Pour cette raison, on les croirait mieux adaptés aux conditions désertiques qu'aux étés parfois pluvieux du Québec mais, en fait, ils ont une capacité d'adaptation fantastique. Ils poussent presque n'importe où, même dans les coins semi-ombragés et dans les sols les plus pauvres, en autant que leurs racines ne restent pas toujours dans l'eau. Leurs feuilles se recouvrent souvent d'une pruine blanche qui leur confère un aspect bleuté ou grisâtre, selon le cultivar. De plus, à cause de leur forme et de leur coloration, ils font office de plante décorative bien avant que leurs fleurs ne s'épanouissent. Les fleurs des sédums d'automne se présentent en grappes denses à l'extrémité des tiges, conférant à l'ensemble l'aspect d'un mini chou-fleur coloré. Les papillons les adorent et se rassemblent autour d'elles en grand nombre pour prendre ce qui s'avère souvent leur dernier repas de l'été. Si l'automne perdure, les fleurs brunissent mais demeurent sur le plant, lui conservant son attrait.

Variétés recommandées: La liste des plantes suggérées ci-après est loin d'être exhaustive puisque les sédums offrent un très grand choix d'espèces et de cultivars.

🌿 *S. alboroseum* 'Medio-variegatus' (*S. spectabile* 'Variegatum'): Feuilles au centre panaché de crème. Fleurs rose pâle. Hauteur: 45 cm.

🌿 *S.* 'Herbstfreude' ('Autumn Joy'): Fleurs roses devenant rouges et brunâtres. Hauteur: 50 cm.

🌿 *S. sieboldii* (sédum de Siebold): Feuilles grises et arrondies sur des branches arquées. Fleurs roses rassemblées en grappes denses. Hauteur: 15-20 cm.

🌿 *S. sieboldii* 'Medio-Variegatis': Comme le précédent, mais avec des feuilles jaunes au centre.

🌿 *S. telephium maximum* 'Atropurpureum': Feuillage pourpré et fleurs roses. Hauteur: 60 cm.

🌿 *S. spectabile* 'Brilliant' (sédum remarquable): Feuillage vert glauque et fleurs rose vif. Hauteur: 60 cm

🌿 *S.* 'Vera Jameson': Rosettes de feuillage pourpre. Fleurs roses. Hauteur: 30 cm.

Sedum 'Herbstfreude'

Verge d'or

Solidago rugosa 'Fireworks'

Verge d'or
(*Solidago*)

Hauteur: 40-150 cm.

Étalement: 30-90 cm.

Emplacement: Au soleil.

Sol: Bien drainé et moyennement riche en matière organique.

Floraison: De la fin de l'été jusqu'à la fin de l'automne.

Multiplication: Division au printemps.

Utilisation: Plate-bande, arrière-plan, pré fleuri, fleur coupée, fleur séchée.

Zone de rusticité: 3.

Il est bien difficile de convaincre les Québécois de cultiver des verges d'or. Pour eux, elles font partie des «fardoches», des mauvaises herbes à faucher et à arracher dès qu'elles se présentent. Cette attitude a été renforcée par la croyance populaire qui dit que la verge d'or cause la fièvre des foins à la fin de l'été (en fait, ce n'est pas elle, mais plutôt l'herbe à poux, *Ambrosia artemisiifolia*, une plante aux fleurs peu voyantes qui fleurit durant la même période). Pourtant, les Européens raffolent de ce genre essentiellement nord-américain: on dit même que la verge d'or a détrôné le chrysanthème comme reine des fleurs d'automne. À croire que nul n'est vedette en son propre pays!

Ce sont d'ailleurs les Européens qui ont travaillé à la «domestication» de notre fardoche nationale en réussissant à créer des dizaines de cultivars à partir, le plus souvent, de *S. canadensis*. La plupart d'entre eux portent d'ailleurs les fleurs jaunes et plumeuses propres à cette espèce courante. On peut toujours cultiver des verges d'or sauvages, mais il vaut mieux contenir leurs racines envahissantes à l'intérieur d'une barrière. Les cultivars européens sont plus disciplinés et restent sagement à leur place.

Un sol trop riche et un manque de lumière peuvent provoquer une croissance exagérée donnant suite à l'affaissement des tiges qui portent les fleurs. La solution consiste à planter les verges d'or (du moins, les variétés hautes) au fond de la plate-bande, de telle sorte qu'elles puissent s'appuyer sur d'autres plantes.

À la fin de la saison, il vaut mieux couper la tige florale des verges d'or sauvages et en profiter pour faire de jolies fleurs séchées. Ainsi, empêcherez-vous les graines produites par leurs fleurs d'ensemencer vos plates-bandes et de les envahir.

Variétés recommandées: Le pire problème avec les verges d'or cultivées, c'est justement de les trouver chez nous! Pourtant, il y a des possibilités fascinantes en Europe. Pour l'instant, vous n'avez que peu de choix: utiliser une verge d'or sauvage ou vous procurer l'un des rares cultivars (nains pour la plupart) qui a réussi à s'infiltrer au pays.

🌿 *S. canadensis*: La plus courante de nos verges d'or sauvages. Fleurs jaunes. Hauteur: 90-150 cm.

🌿 *S.* x 'Crown of Rays': Fleurs jaune vif intense. Elle est un exemple typique des verges d'or naines si populaires en Europe. Hauteur: 40-50 cm.

🌿 *S. rugosa* 'Fireworks': Grande plante aux fleurs jaunes et plumeuses. Hauteur: 90-120 cm.

🌿 x *Solidaster luteus* (solidastre): Ce croisement entre l'aster et la verge d'or a donné naissance à une plante réunissant les meilleures caractéristiques des deux: des fleurs ayant la forme de petites marguerites comme l'aster ainsi que la couleur jaune et riche de la verge d'or. Hauteur: 60 cm.

De faux arbustes

Certaines vivaces correspondent davantage à l'idée que nous nous faisons d'un arbuste.

Bien des situations se prêteraient à l'intégration de quelques arbustes dans la plate-bande mais, pour une raison ou une autre, leur présence ne convient pas. Par exemple, vous n'avez pas la patience d'attendre cinq ou six ans pour qu'un arbuste atteigne sa taille maximale ou bien vous êtes un fan de la plate-bande à l'anglaise et vous ne pouvez pas imaginer que d'autres végétaux puissent y figurer, hormis des vivaces. Voici un autre cas: vous aimeriez qu'une fenêtre reste dégagée durant l'hiver tout en étant ombragée durant l'été, et votre choix se porte vers une plante qui disparaîtra complètement à tous les automnes. Dans un même

Barbe de bouc
Eupatoire
Filipendule
Sauge russe

ordre d'idées, vous craignez que de véritables arbustes situés aux abords d'une route subissent des dommages causés par la souffleuse ou la charrue au cours de l'hiver, et vous aimeriez leur trouver un substitut. Or, il existe des plantes vivaces qui peuvent solutionner votre problème. À cause de leur croissance rapide, de leur hauteur et de leur port arbustif, les plantes vivaces regroupées dans cette section remplacent bien les arbustes durant l'été, mais disparaîtront de la surface à tous les hivers. Il faut garder en tête que leur port est absolument arbustif: il ne s'agit pas seulement de grandes vivaces ayant, pour la plupart, un port élevé et allégé, mais de végétaux formant de nombreuses branches à l'allure ligneuse couvertes d'un feuillage abondant qui habille la plante de la tête au pied. D'ailleurs, vous constaterez qu'un non-initié les prendra pour des arbustes et vous aurez à expliquer au visiteur confus que l'arbuste qu'il trouve si joli est en fait une plante vivace...

Attention! Toutes ces plantes prennent autant d'espace à l'horizontale qu'à la verticale. Il faut donc les planter en prévoyant une étendue suffisante pour leur croissance, comme vous l'auriez fait avec un arbuste.

Barbe de bouc

Aruncus dioicus

Barbe de bouc
(*Aruncus dioicus*)

Hauteur: 30-150 cm.

Étalement: 40-120 cm.

Emplacement: Au soleil ou à l'ombre.

Sol: Humide et riche en matière organique.

Floraison: Du début jusqu'au milieu de l'été.

Multiplication: Division au printemps.

Utilisation: En isolé, haie, plate-bande, arrière-plan, sous-bois, pré fleuri, endroits humides, fleur coupée.

Zone de rusticité: 3 ou 4.

Si vous devez obstruer une vue rapidement, voici la plante qu'il vous faut. Haute et large avec un feuillage dense, la barbe de bouc dérobe à la vue tout défaut dans votre aménagement... ou dans l'environnement de votre voisin!

Non seulement cache-t-elle bien les imperfections, mais c'est aussi une très jolie plante. Avec son feuillage vert foncé découpé comme celui d'un frêne et ses grands épis plumeux garnis de fleurs blanc ivoire, elle fait penser à un astilbe géant. En outre, avec l'automne, ses feuilles changent de couleur pour devenir bronzées.

Malgré que la barbe de bouc s'adapte à toutes les expositions,

348

elle est à son plus beau à la mi-ombre. Alors qu'au soleil, elle risque de souffrir de sécheresse (sauf dans les endroits humides, bien sûr), elle pousse moins vite et fleurit peu à l'ombre. Elle peut d'ailleurs s'accommoder d'un sol passablement détrempé et a bien failli être classée parmi les plantes qui aiment avoir *Le pied à l'eau* (voir à la page 366).

La barbe de bouc n'aime pas être divisée. D'ailleurs, pratiquer la division sur une aussi grosse plante serait toute une entreprise. Il vaut mieux la laisser pousser à sa guise et vous garder de la diviser jusqu'à ce que vous ayez besoin de nouveaux plants. Au moment de la plantation, n'oubliez pas de lui laisser assez d'espace pour s'étaler car elle atteint facilement 120 cm de diamètre en deux ou trois ans seulement!

Variétés recommandées:

🌿 *A. dioicus* (barbe de bouc commune): Cette barbe de bouc est la plus populaire et correspond le mieux à la description que nous en avons faite auparavant. Les plants mâles de cette espèce constituent le meilleur choix car leurs fleurs sont plus denses et plus durables. Malheureusement, peu de jardineries semblent se préoccuper du sexe de leurs vivaces! Pour vous procurer cette plante, recherchez le cultivar 'Silvester'. Hauteur: 120-150 cm. Zone 3.

🌿 *A. dioicus* 'Kneiffii': Il s'agit d'un magnifique cultivar au feuillage extrêmement découpé et même quasi filiforme. Il peut remplacer l'érable japonais (*Acer palmatum*) dont la rusticité s'avère douteuse chez nous. Hauteur: 60-90 cm. Zone 4.

🌿 *A. aethusifolius* (barbe de bouc naine): Comme la barbe de bouc commune, mais plus petite et croissant moins rapidement. Hauteur: 30 cm. Zone 3.

Aruncus aethusifolius

349

Eupatoire

Eupatorium maculatum

Eupatoire
(*Eupatorium*)

Hauteur: 90-180 cm.

Étalement: 90-150 cm.

Emplacement: Ensoleillé ou mi-ombragé.

Sol: Bien drainé, humide et riche en matière organique.

Floraison: Du milieu de l'été jusqu'à l'automne.

Multiplication: Division au printemps ou à l'automne.

Utilisation: Haie, massif, plate-bande, arrière-plan, sous-bois, pré fleuri, endroits humides, fleur coupée, fleur séchée.

Zone de rusticité: 2 à 4.

L'eupatoire ressemble tellement à un arbuste que même les experts la prennent souvent pour une grosse spirée jusqu'à ce qu'ils la voient de près. Il est rare d'apercevoir cette vivace dans nos jardins, mais elle existe dans la nature, elle est très courante et elle abonde le long de certaines routes de campagne, surtout dans les fossés où le sol se garde humide. Ses hautes tiges à l'allure ligneuse portent un feuillage abondant et se terminent par de larges capitules aplaties formées de petites fleurs plumeuses. Les fleurs peuvent être roses, pourpres ou blanches selon l'espèce.

Variétés recommandées:

🍃 *E. maculatum* (eupatoire maculée): Il s'agit de notre eupatoire indigène, celle que l'on connaît le plus. Fleurs pourpres. Zone 2.

🍃 *E. maculatum* 'Atropurpureum': Un cultivar de la précédente dont le feuillage est violacé. Zone 2.

🍃 *E. purpureum* (eupatoire pourpre): Les plantes ainsi désignées dans les pépinières en sont rarement: le plus souvent, elles appartiennent à *E. maculatum* ou à *E. maculatum* 'Atropurpureum' (il faut dire que la vraie *E. purpureum* leur ressemble beaucoup, d'où la confusion). Fleurs roses ou blanches. Zone 4.

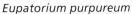

Eupatorium purpureum

Filipendule

Filipendule
(*Filipendula*)

Hauteur: 45-180 cm.

Étalement: 30-90 cm.

Emplacement: Ensoleillé ou mi-ombragé.

Sol: Bien drainé, humide et riche en matière organique.

Floraison: Du début jusqu'au milieu de l'été.

Multiplication: Division ou semis au printemps.

Utilisation: En isolé, haie, massif, plate-bande, arrière-plan, sous-bois, pré fleuri, endroits humides, fleur coupée, fleur séchée.

Zone de rusticité: 3.

Filipendula rubra

Par son port et son feuillage, la filipendule ressemble tellement à une plante arbustive qu'elle a été longtemps classée avec la spirée, un arbuste duquel elle se rapproche beaucoup à cause de ses grappes denses de fleurs plumeuses. Dans certains cas, même sa souche est ligneuse, comme vous le découvrirez quand vous essayerez de la diviser. Certes, il vous faudra une hache pour le faire! Heureusement que la division ne s'avère nécessaire que pour la multiplier, car elle n'en a pas besoin pour survivre. D'ailleurs, une fois plantée, la filipendule n'a presque pas besoin de soins; même qu'elle vient à bout des mauvaises herbes envahissantes grâce à son feuillage dense. Aussi s'agit-il seulement de vous assurer qu'elle se trouve dans un sol frais et humide, car la plupart des espèces tolèrent difficilement la sécheresse. Toutes les filipendules ont des fleurs parfumées.

Variétés recommandées:

🌿 *F. rubra* (filipendule rouge ou reine-des-prairies): C'est la plus grande et la plus arbustive de toutes les filipendules. Fleurs roses. Floraison: du milieu jusqu'à la fin de l'été. Hauteur: 120-180 cm. Zone 3.

🌿 *F. rubra* 'Venusta' ('Magnifica'): Comme la précédente, mais avec des fleurs rouge violacé.

🌿 *F. ulmaria* (filipendule à feuilles d'orme ou reine-des-prés): Fleurs simples de couleur blanc crème. Floraison: du début jusqu'au milieu de l'été. Hauteur: 90-120 cm. Zone 3.

🌿 *F. ulmaria* 'Aurea': Comme la précédente, mais avec un feuillage doré.

🌿 *F. ulmaria* 'Flore-Pleno': Comme *F. ulmaria*, mais avec des fleurs doubles. Il s'agit du cultivar le plus populaire.

🌿 *F. ulmaria* 'Variegata': Comme *F. ulmaria*, mais avec un feuillage panaché de jaune et une taille plus petite (60-90 cm).

🌿 *F. vulgaris* (anc. *F. hexapetala*, filipendule commune): Fleurs simples de couleur blanc crème. Floraison: au début de l'été. Il s'agit de la filipendule la moins arbustive. Excellent couvre-sol grâce à ses feuilles qui poussent presque directement du sol. La plante ressemble d'ailleurs à une fougère lorsqu'elle n'est pas en fleurs. Elle tolère les sols secs mieux que les autres. Hauteur: 45-60 cm. Zone 3.

🌿 *F. vulgaris* 'Flore Pleno': Comme la précédente, mais avec des fleurs doubles et une taille plus petite (45 cm).

🌿 *F. palmata*: 'Digitata Nana' (filipendule palmée): La filipendule palmée est rarement cultivée. La plupart des plantes vendues sous cette dénomination appartiennent à *F. purpurea* 'Nana'.

🌿 *F. purpurea* 'Nana' (filipendule pourpre): Fleurs roses. Floraison: du début jusqu'au milieu de l'été. Hauteur: 40 cm. Zone 3.

🌿 *F. purpurea* 'Elegans' (*F. palmata* 'Elegans'): Fleurs blanches aux étamines rouges. Floraison: de la fin de l'été jusqu'au début de septembre. Hauteur: 40 cm. Zone 3.

Filipendula ulmaria 'Flore-Pleno'

353

Sauge russe

Perovskia atriplicifolia

Sauge russe
(*Perovskia atriplicifolia*)

Hauteur: 60-120 cm.

Étalement: 60-90 cm.

Emplacement: Au soleil.

Sol: Bien drainé et plutôt sec (les sols pauvres sont tolérés).

Floraison: Du milieu de l'été jusqu'au début de l'automne.

Multiplication: Bouturage des tiges en été; semis et division (difficiles) au printemps.

Utilisation: En isolé, haie, massif, plate-bande, arrière-plan, pré fleuri, fleur coupée, fleur séchée.

Zone de rusticité: 3.

Cette plante a été introduite assez récemment sur le marché. Plusieurs auteurs lui attribuent la zone 5 alors qu'elle semble très bien résister aux rigueurs de la zone 3. Elle nécessite un sol très bien drainé, car trop d'humidité pourrait lui être fatale au cours de l'hiver. On peut mettre à profit le feuillage odoriférant de la sauge russe, en plantant celle-ci près d'un lieu de passage. En la frôlant, le promeneur s'étonnera de son parfum.

La sauge russe est un sous-arbrisseau qui produit de hautes tiges ligneuses durant l'été; avec l'hiver, elle disparaît de la surface. Les hautes tiges portent de minces feuilles argentées et un très grand nombre de petites fleurs bleu lavande s'épanouissant jusqu'au bout des rameaux. La plante produit l'effet d'un brouillard bleu-gris qui ajoute ainsi une note de légèreté à une plate-bande, surtout si celle-ci est par trop bien remplie.

Pour entretenir cette plante, vous n'avez qu'à couper les tiges mortes au début du printemps; de toute façon, même si vous ne le faites pas, les nouvelles tiges viendront vite les cacher. Aucune division n'est nécessaire ni recommandée, car sa souche ligneuse se coupe difficilement.

Variétés recommandées: La nomenclature de cette plante est encore confuse: les plantes vendues sous le nom de *P. atriplicifolia* peuvent aussi bien être de l'espèce *P. abrotanoides* ou du cultivar 'Blue Spire', un hybride entre les deux. Vous pouvez rechercher les cultivars aux fleurs roses ou blanches qui existaient au moment où ce livre a été écrit, mais qui ne se trouvaient pas encore sur le marché québécois.

Perovskia atriplicifolia

355

Le feuillage géant de certaines plantes crée de l'effet.

Si, parmi les vivaces, plusieurs affichent une taille moyenne ou même très haute, peu méritent de se faire qualifier de géantes. C'est pourtant le cas des plantes que vous découvrirez dans cette section. Elles produisent toutes un feuillage absolument impressionnant: à côté d'elles, on a l'impression d'être le petit Gulliver au pays des géants. Le gigantisme peut créer un effet intéressant dans la plate-bande. Si vous situez des plantes au feuillage très volumineux à l'entrée du jardin, elles rendront les autres plantes plus petites qu'elles ne le sont réellement et produiront ainsi un effet d'éloignement. Le résultat sera tel que votre jardin, bien qu'ayant une superficie réduite, paraîtra beaucoup plus grand.

Excepté la rhubarbe, toutes les plantes au feuillage géant qui sont répertoriées dans cette section proviennent du même milieu: un sous-bois humide, voire marécageux. Elles ont évolué sous deux conditions: un milieu abrité des vents pouvant s'attaquer à leur feuillage disproportionné et un sol saturé d'eau pour compenser la perte d'humidité causée par une évaporation massive, étant donné que les feuilles ont une aussi grande superficie. Des feuilles aussi larges peuvent capter une luminosité maximale par une activité minimale. En conséquence, l'on comprend que ces plantes, bien qu'elles tolèrent le plein soleil, s'accommodent mieux d'une mi-ombre.

Bien que tous ces végétaux puissent s'adapter à un sol un peu moins humide, ils n'y atteindront pas leur taille maximale (exception faite de la rhubarbe), mais paraîtront néanmoins gigantesques à côté des autres plantes de votre plate-bande. Aussi, veuillez retenir qu'un sol humide en permanence, voire détrempé, s'avère essentiel pour obtenir des feuilles dont la grosseur sera vraiment impressionnante.

Ces plantes ont un défaut majeur, car elles deviennent envahissantes dans les lieux humides (la rhubarbe faisant toujours exception à la règle). Vu l'énorme épaisseur de leurs rhizomes, il est difficile de confiner les racines de ces végétaux à l'intérieur d'une barrière. Munissez-vous alors d'une machette et jouez à l'explorateur lorsque vous craignez d'être sur le point de perdre le contrôle. Mieux encore, explorez la jungle de votre cour arrière et découvrez-la à deux... «Moi, Tarzan; toi, Jane!» C'est très romantique!

Astilboïde
Pétasite géant
Plante ombrelle
Rhubarbe

Astilboïde

Astilboides tabularis

Astilboïde

(*Astilboides tabularis*, anc. *Rodgersia tabularis*)

Hauteur: 100-150 cm.

Étalement: 100 cm.

Emplacement: Ensoleillé ou mi-ombragé.

Sol: Humide et riche en matière organique.

Floraison: Au milieu de l'été.

Multiplication: Division ou semis au printemps.

Utilisation: En isolé, haie, massif, plate-bande, arrière-plan, sous-bois, pentes, lieux humides, fleur coupée, fleur séchée.

Zone de rusticité: 3.

Les feuilles de cette plante peuvent atteindre jusqu'à 90 cm de diamètre et s'élever à plus de 1 m de hauteur, surtout dans un lieu assez humide et légèrement ombragé. La feuille est presque ronde, mais découpée sur le bord. Curieusement, l'épais pétiole qui retient la feuille y est soudé presque en son centre, ce qui fait penser à un parapluie.

La très haute tige florale pouvant s'élever à 1,5 m produit de denses grappes plumeuses agrémentées de petites fleurs blanc crème qui ressemblent à celles de l'astilbe, un proche parent.

Variétés recommandées: Il n'y a guère de choix car seule l'espèce est cultivée.

Astilboides tabularis

Pétasite géant

Petasites japonicus giganteus en feuilles

Pétasite géant

(*Petasites japonicus giganteus*)

Hauteur: 30-120 cm.

Étalement: 30-90 cm.

Emplacement: Ensoleillé ou mi-ombragé.

Sol: Humide et riche en matière organique.

Floraison: Au printemps.

Multiplication: Division ou bouturage des racines au printemps.

Utilisation: En isolé, haie, massif, plate-bande, arrière-plan, sous-bois, pentes, lieux humides.

Zone de rusticité: 2,3 et 4.

C'est la plus grande de toutes les vivaces géantes, du moins, parmi celles qui peuvent se cultiver au Québec. Les énormes feuilles en forme de coeur peuvent atteindre jusqu'à 1,5 m de diamètre dans un lieu humide et protégé du vent, mais la moyenne fait plutôt 90 cm, une taille quand même fort impressionnante. Au Japon, où la plante est indigène, les enfants s'en servent comme parapluie.

La floraison de cette plante s'avère tout autant spectaculaire que sa frondaison. Les denses grappes de fleurs jaune pâle qui apparaissent directement du sol, tôt au printemps, sont entourées par de petites feuilles basilaires vert pâle très différentes de celles produites durant l'été. Votre première réaction en sera sûrement une d'étonnement: «D'où vient cette curieuse plante aux fleurs printanières? Et qui donc l'a plantée?...» Par la suite, quand les fleurs se fanent et que disparaît la «plante printanière», les énormes feuilles estivales apparaissent: c'est alors que vous vous rendez compte qu'il ne s'agissait pas d'une plante autonome, mais bel et bien d'une simple tige florale!

Un fait curieux: les Japonais considèrent cette plante comme un légume, le *fuki*. Car ses pousses printanières et tendres se consomment avec passion comme mets symbolisant le retour du printemps.

Variétés recommandées:

P. japonicus giganteus: C'est l'espèce la plus cultivée, mais aussi la moins rustique. Sans protection hivernale, elle ne peut s'aventurer au-delà de la zone 5 mais, dans un lieu où la neige s'accumule, vous pourriez la cultiver dans la zone 3.

P. japonicus 'Variegatus' (pétasite panaché): Bien que ce cultivar ne soit pas aussi gigantesque que le précédent, son feuillage printanier est joliment panaché de jaune crème. Cette couleur change cependant avec la venue de l'été pour devenir vert pâle. Sa hauteur et son diamètre font 90 cm et ses feuilles ne dépassent guère les 80 cm. Plus rustique que la variété géante, la plupart des spécialistes la situent facilement dans la zone 3.

P. palmatus (pétasite palmé): Cette plante indigène plutôt rare dans le sud, mais très répandue dans le nord, est l'une des vivaces québécoises qui produit les feuilles les plus grosses. Elle n'atteint cependant que quelque 30 cm de diamètre. Les feuilles se présentent presque rondes, mais fortement découpées. Les fleurs blanches et parfumées qui s'épanouissent au printemps s'entourent de feuilles basilaires qui semblent n'avoir aucun rapport avec les feuilles apparaissant à l'été, tout comme le pétasite géant. Zone 2.

fleurs de *Petasites japonicus giganteus*

Plante ombrelle

Darmera peltata

Plante ombrelle

(*Darmera peltata*, anc. *Peltiphyllum peltatum*)

Hauteur: 100 cm.

Étalement: 80 cm.

Emplacement: Ensoleillé ou mi-ombragé.

Sol: Humide et riche en matière organique (un sol très acide s'avère acceptable).

Floraison: De la fin du printemps jusqu'au début de l'été.

Multiplication: Division ou semis au printemps.

Utilisation: En isolé, haie, massif, plate-bande, arrière-plan, sous-bois, pentes, lieux humides.

Zone de rusticité: 4.

La plante ombrelle a de grandes feuilles presque rondes à la marge découpée pouvant mesurer jusqu'à 60 cm de diamètre (vous obtiendrez 30 cm dans une terre plutôt sèche). Elles ressemblent à celles de l'astilboïde, mais le limbe se dirigeant un peu vers le haut leur confère une forme légèrement concave, alors que celui de l'astilboïde en donne une convexe. Les fleurs roses, qui apparaissent avant les feuilles, sont portées en grappes denses sur des tiges fortes.

Variétés recommandées: À part l'espèce, il existe aussi une variété naine, *D. peltata* 'Nana', dont les feuilles portées sur des pétioles de 30 cm de hauteur n'atteignent que 25 cm de diamètre.

Darmera peltata

Rhubarbe

Rheum rhubarbum

Rhubarbe
(*Rheum*)

Hauteur: 120-200 cm.

Étalement: 120-200 cm.

Emplacement: Ensoleillé ou mi-ombragé.

Sol: Bien drainé, humide et riche en matière organique.

Floraison: Au début de l'été.

Multiplication: Division ou semis au printemps.

Utilisation: En isolé, haie, massif, plate-bande, arrière-plan, pentes, fleur coupée.

Zone de rusticité: 3.

Une fois qu'un végétal a été classifié parmi les plantes comestibles, nous avons tendance à l'écarter de nos plates-bandes de fleurs. Pourtant, certains légumes comme certaines plantes fruitières s'avèrent extraordinairement décoratifs, et la rhubarbe en est un bon exemple. Avec ses grandes feuilles fortement nervurées aux pétioles souvent très rouges et ses hautes panicules de fleurs blanches (les livres suggèrent de les couper pour ne pas nuire à la production des feuilles, mais ne vaut-il pas mieux sacrifier un pétiole comestible ou deux pour avoir le plaisir d'assister à une floraison aussi magnifique?), elle mérite d'avoir sa place dans la plate-bande. Le comble, c'est que la rhubarbe convient mal au potager: dans un jardin divisé en rangs étroits, où l'on voit évoluer un motoculteur de façon régulière, qui tient vraiment à conserver une plante aussi encombrante qu'un appareil électroménager?

Si vous n'êtes pas encore convaincu que la rhubarbe comestible puisse être une jolie plante de plate-bande, sachez qu'il se vend des rhubarbes à des fins purement esthétiques, et ce, dans les meilleures jardineries. Elles se cultivent surtout pour leurs grandes feuilles palmées et parfois colorées, mais aussi pour leurs fleurs plumeuses.

Or donc, les autres vivaces géantes se comportent et poussent mieux dans un sol presque détrempé et un lieu semi-ombragé. Quant à la rhubarbe, elle a besoin d'une terre humide mais n'apprécie pas avoir le pied carrément dans l'eau; bien qu'elle puisse pousser à la mi-ombre, elle préfère le plein soleil. De plus, alors que l'astilboïde, le pétasite géant et la plante ombrelle peuvent devenir envahissants dans les emplacements très humides, la rhubarbe, elle, demeure à la même place pendant des décennies sans porter atteinte aux autres végétaux. D'ailleurs, cette plante aurait mérité une place dans la section *Des vivaces vraiment sans entretien!* (voir à la page 164).

En passant, voici une dernière suggestion: le seul autre légume vivace, soit l'asperge comestible (*Asparagus officinalis*), s'avère une très belle plante ornementale à l'allure arbustive qui conviendrait mieux à l'arrière-plan d'une plate-bande qu'au potager lui-même.

Variétés recommandées: Il existe plusieurs rhubarbes ayant une valeur esthétique, mais peu sont disponibles au Québec. Parmi les trois plantes qui suivent, vous découvrirez les plus courantes.

R. rhubarbum (rhubarbe comestible): Recherchez surtout les cultivars aux pétioles rouges, tels 'MacDonald' et 'Victoria'. Les autres sont attrayants aussi.

R. palmatum 'Atrosanguineum' ('Atropurpureum'): Il s'agit d'une rhubarbe purement ornementale dotée de grandes feuilles palmées pouvant atteindre près de 1 m de diamètre. Elles sont très rouges lorsqu'elles se développent au printemps, mais deviennent vert foncé par la suite. La haute tige florale porte une grande inflorescence plumeuse aux fleurs roses.

R. palmatum tanguiticum: Une variété qui ressemble beaucoup à 'Atrosanguineum' et que l'on confond souvent avec ce dernier en horticulture.

Voici des plantes qui apprécieront ce coin humide de votre terrain.

Vous cherchez la façon la plus facile d'aménager la partie la plus humide de votre terrain? Ce n'est certes pas en le dotant d'un système de drainage fort coûteux, mais en y cultivant des plantes qui *aiment* ce genre de milieu. Installez un pont ou aménagez des dalles pour ne pas avoir à travailler les deux pieds dans la boue... et plantez quelques-uns des végétaux qui vous sont proposés dans cette section.

Toutes ces plantes constituent d'excellents choix pour agrémenter la périphérie d'un bassin d'eau; en outre, la majorité d'entre elles sont aussi faciles à cultiver dans un emplacement moins humide (dans la plate-bande, par exemple) à condition de suppléer sans délai, durant une période de sécheresse, à toute carence d'eau par une irrigation appropriée.

Galane
Iris de Sibérie et autres iris faciles à cultiver
Ligulaire
Rodgersia
Trolle

Iris versicolor

Photo Jacques Allard

Galane

Galane
(*Chelone*)

Hauteur: 60-120 cm.

Étalement: 60-120 cm.

Emplacement: Au soleil ou à l'ombre.

Sol: Très humide, voire détrempé et riche en matière organique.

Floraison: De la mi-été jusqu'à l'automne.

Multiplication: Division, semis ou bouturage des tiges au printemps.

Utilisation: Bordure, massif, plate-bande, sous-bois, pré fleuri, lieux humides, fleur coupée.

Zone de rusticité: 3.

Chelone lyonii

Cette plante au port dressé produit un feuillage dense, vert sombre et attrayant ainsi que de courts épis garnis de fleurs blanches, roses ou violettes qui s'épanouissent pendant une longue période commençant au milieu de l'été. C'est une plante capable de s'adapter à des conditions diverses, mais qui nécessite un sol humide, surtout si on la cultive au soleil. Elle atteint son apogée dans un endroit semi-ombragé, mais évolue bien à l'ombre, quoique ses tiges puissent être moins dressées si le soleil lui fait défaut.

La galane se cultive très facilement et ne risque pas de devenir envahissante, bien qu'elle se multiplie par ses stolons souterrains.

368

Variétés recommandées:

🔔 *C. glabra* (chélone glabre): Plante indigène. Fleurs blanches ou nuancées de rose. Hauteur: 60 cm.

🔔 *C. lyonii* (chélone de Lyon): Fleurs allant du rose pâle au rose pourpré. Hauteur: 90-120 cm.

🔔 *C. obliqua* (chélone oblique): Fleurs rose vif. Hauteur: 60 cm.

Iris sibirica

Iris de Sibérie et autres iris faciles à cultiver

(*Iris sibirica* et autres)

Hauteur: 60-120 cm.

Étalement: 30-60 cm.

Emplacement: Ensoleillé ou très légèrement ombragé.

Sol: Riche en matière organique et humide, de préférence.

Floraison: Au début de l'été.

Multiplication: Division au printemps ou à l'automne.

Utilisation: Bordure, en isolé, massif, rocaille, murets, plate-bande, pré fleuri, bac, pentes, lieux humides, fleur coupée.

Zone de rusticité: 2 à 6.

Il était plus sensé de classer l'iris des jardins (*I.* x *germanica*) dans la section *Des vivaces à éviter* (voir à la page 493) en sachant qu'il y avait une bonne solution de rechange: présenter ici un iris ou, mieux encore, plusieurs tout aussi jolis que lui, mais exigeant moins de soins. Le plus populaire et probablement le meilleur de ces iris «pour paresseux seulement» est l'iris de Sibérie.

Cette plante, longtemps négligée par les spécialistes en hybridation encore sous l'emprise de l'iris des jardins, commence enfin à trouver sa place au soleil. Par rapport à l'iris des jardins, les avantages de cette plante sont nombreux sous notre climat: rusticité à toute épreuve, résistance accrue aux maladies et aux insectes, plus grande capacité d'adaptation, fleurs plus durables et feuillage plus décoratif, résistance éprouvée à l'égard des intempéries et réduction des soins requis. Il faut quand même admettre que les fleurs, bien que plus nombreuses que celles du grand iris des jardins, sont plus petites et que la gamme extraordinaire des couleurs propres à celui-ci n'y est pas encore. Mais cela ne tardera guère. Après tout, il faut dire qu'il n'y avait essentiellement que des iris de Sibérie à fleurs bleues ou blanches au milieu des années 1970, mais maintenant on trouve des variétés à fleurs roses, mauves, jaunes et rouge vin de même que plusieurs bicolores... et cela ne fait que commencer! Imaginez l'infinie variété des formes et des couleurs que cette plante offrira lorsqu'elle sera passée entre les mains des spécialistes après quelque 100 ans, comme c'est le cas de l'iris des jardins!

Il existe une autre possibilité tout aussi fascinante: celle d'un iris de Sibérie remontant, c'est-à-dire qui fleurit une deuxième fois au cours de l'été. Un tel phénomène s'observe chez l'iris des jardins, mais les efforts pour développer de tels cultivars adaptés à des régions aux étés courts furent toujours vains. En revanche, l'iris de Sibérie compte déjà des cultivars remontants adaptés au froid (la deuxième floraison se produit surtout chez les plantes bien établies) qui sont disponibles sur le marché: imaginez dans 20 ans! On envisage même l'éventualité de développer des iris de Sibérie dont la floraison serait continue. Une telle idée peut paraître farfelue, mais remarquez que l'on disait la même chose des rosiers, il n'y a pas si longtemps.

L'iris de Sibérie forme une touffe épaisse de feuilles graminiformes très minces gracieusement arquées vers l'extérieur. La touffe centrale ne se dégarnit pas rapidement comme tant d'autres vivaces, et l'on peut donc le laisser pousser à sa guise pendant plusieurs années. D'ailleurs, une division totale n'est requise que pour obtenir d'autres plants plutôt que pour rajeunir le plant mère. On divise habituellement l'iris de Sibérie au printemps, après que la dernière fleur se soit fanée. Il vous sera plus facile de procéder à cette opération en l'ayant préalablement dégarni de son feuillage. La reprise s'avère facile si vous vous assurez de bien arroser les nouveaux plants au cours du premier été.

Variétés recommandées: En plus de l'iris de Sibérie, vous découvrirez ici d'autres iris requérant des soins similaires. Peu de cultivars spécifiques y figurent cependant, car ils sont vraiment trop nombreux pour établir un choix. À vous de miser sur vos préférés d'après la coloration, la période de floraison, la hauteur, etc.

Tous les iris suivants préfèrent un sol humide, mais s'adaptent bien aux sols plus secs, ce qui leur permet de convenir tout autant aux lieux humides qu'aux plates-bandes qui présentent des conditions normales.

✿ *I. sibirica*: Les cultivars varient par la hauteur (de 60 cm à 120 cm); en outre, en termes de floraison, il existe des cultivars hâtifs, de mi-saison,

Iris pseudacorus 'Variegata'

tardifs et remontants. De plus, la gamme des couleurs vous comblera. Recherchez le catalogue d'un spécialiste ou visitez ses jardins pour faire votre choix. Zone 3.

🌿 *I. versicolor* (fleur-de-lis): Cette plante indigène, emblème floral du Québec, offre autant de potentiel ornemental que l'iris de Sibérie, mais ne commence qu'à faire l'objet d'hybridation. Des cultivars roses, rouges, violets, jaunes ou blancs existent déjà sur le marché ou seront commercialisés sous peu. Hauteur: 70-120 cm. Zone 3.

🌿 *I. ensata* (anc. *I. kaempferi*, iris japonais): Il s'agit d'une plante portant de grandes fleurs dans une gamme de couleurs étendue. La rusticité douteuse de cette plante et la difficulté à choisir le cultivar adapté à nos conditions climatiques causent problème. Néanmoins, certains cultivars semblent se comporter parfaitement bien dans la zone 3. Comme cette plante fait l'objet d'expérimentations très récentes au Québec, seuls les spécialistes peuvent vous donner une idée précise des cultivars bien adaptés à notre climat. Avant d'acheter un cultivar, consultez quelqu'un qui s'y connaît. Cette espèce requiert un sol acide et humide. Hauteur: 60-90 cm. Zones 3, 4, 5 et 6.

🌿 *I.* x *versata* (iris hybride): Encore à l'état expérimental, ce croisement entre *I. ensata* et *I. versicolore* conduira peut-être à une lignée d'iris très rustiques offrant une large gamme de couleurs. Hauteur variable. Zones 3 et 4.

🌿 *I. pseudacorus* (iris des marais): Il s'agit d'un grand iris jaune d'origine européenne qui s'est naturalisé dans les zones marécageuses de plusieurs régions du Québec. Même si, à l'état sauvage, il croît carrément le pied dans l'eau, il s'adapte très bien aux conditions normales du jardin. Différents cultivars aux fleurs simples ou doubles sont de couleur blanche, jaune pâle ou jaune plus vif. 'Variegata' possède des feuilles printanières panachées de jaune, mais elles verdissent avec la venue de l'été. Hauteur: 90-120 cm. Zone 2.

🍃 *I. pallida* (iris dalmatien): Cet iris barbu s'apparente à l'iris des jardins (voir *I.* x *germanica*, page 493), mais il requiert beaucoup moins de soins. Il y ressemble malgré sa taille plus petite (60-80 cm de hauteur comparativement à 90-120 cm pour un grand iris des jardins). Curieusement, ses fleurs bleu pâle sentent la gomme à mâcher aux raisins! Son rhizome odoriférant (on en extrait d'ailleurs un fixatif très utilisé en parfumerie) semble rebuter le perceur de l'iris qui cause tant de problèmes aux autres iris à rhizomes. Comme on remet en question sa rusticité, l'on conseille de le protéger contre l'hiver. Néanmoins, il pousse sans problème dans ma plate-bande située en zone 4, car son emplacement se couvre d'une bonne couche de neige durant l'hiver. L'attrait principal de cette espèce se retrouve dans ces deux cultivars au feuillage panaché: 'Variegata' ('Aureovariegata'), aux feuilles vertes et jaunes, et 'Argentea Variegata', aux feuilles vertes et blanches. Attention, car les jardineries inversent souvent les noms de ces deux plants. Achetez-les donc en vous basant sur la couleur de leur feuillage, non sur le nom qui paraît sur l'étiquette. Zone 3 et 4.

🍃 *I. cristata* (iris crêté): Très différent des autres, cet iris nain produit des tapis de feuilles pointues de seulement 20 cm à 25 cm de hauteur. Les fleurs violacées apparaissent au début de l'été. C'est le seul iris qui se comporte bien à la mi-ombre. Sol humide. Zone 4.

Iris pallida 'Variegata'

Ligularia dentata 'Othello'

Ligulaire
(Ligularia)

Hauteur: 90-180 cm.

Étalement: 60-120 cm.

Emplacement: Ensoleillé ou mi-ombragé.

Sol: Frais, humide et riche en matière organique.

Floraison: Du milieu jusqu'à la fin de l'été.

Multiplication: Division ou semis au printemps.

Utilisation: En isolé, haie, massif, plate-bande, arrière-plan, sous-bois, pré fleuri, pentes, lieux humides, fleur coupée.

Zone de rusticité: 3 et 4.

On voit trop de spécimens de cette plante magnifique languir dans des endroits tout à fait inappropriés. Ses feuilles n'atteignent alors que la moitié de leur grandeur potentielle et la tige florale accuse une forte réduction, quand elle n'est pas absente. Le problème est pourtant facile à corriger: pour bien pousser, cette plante nécessite un emplacement humide. Bien irriguée, elle devient grosse, verdoyante et luisante. De plus, bien que cette plante préfère la mi-ombre, elle peut tolérer le plein ensoleillement à condition de ne pas manquer d'eau.

Si beau et si exotique, le feuillage de la ligulaire justifie à lui seul que l'on cultive cette plante. Mais cela ne s'arrête pas là: sa floraison est aussi magnifique. Tantôt composée de tiges solides de marguerites jaunes, tantôt de hauts épis de fleurs étoilées, elle surprend toujours. N'oubliez pas d'accorder beaucoup d'espace à cette plante qui aurait méritée d'être prise en compte dans la section *Des géants dans la plate-bande.*

Comme plusieurs plantes qui poussent dans un sol humide, les ligulaires attirent les limaces qui font des trous dans leurs jeunes feuilles. Si vous avez déjà un problème majeur avec ces bestioles, il vaut mieux éviter de les planter.

En matière de rusticité, on attribue généralement la zone 4 à cette plante, mais elle semble bien se comporter en zone 3. Le secret pour la maintenir dans les régions plus froides semble dépendre de l'emplacement: là où une grande quantité de feuilles et de neige s'accumuleront pour la protéger de l'hiver.

Variétés recommandées:

🍂 *L. dentata* (ligulaire d'or): Les grandes feuilles épaisses et luisantes en forme de coeur constituent l'attrait principal de cette plante, jusqu'à ce qu'elle commence à fleurir au milieu de l'été. À ce moment, les grandes fleurs jaunes, en forme de marguerite, portées en grappe sur une tige florale solide volent alors la vedette. Hauteur: 90-120 cm.

🍂 *L. dentata* 'Desdemona': Comme la plante précédente, mais avec des feuilles pourprées.

🍂 *L. dentata* 'Othello': Comme 'Desdemona', mais avec des feuilles un peu moins foncées.

🍂 *L. stenocephala* 'The Rocket' (ligulaire à épis étroits): Ce cultivar populaire (que l'on associe parfois à *L. przewalskii)* produit des feuilles joliment découpées en forme de fer de lance. L'énorme épi floral aux nombreuses fleurs jaunes apparaît au milieu ou à la fin de l'été. Hauteur: 120-180 cm.

🍂 *L. przewalskii* (ligulaire de Przewalski): Cette plante ressemble à la précédente, mais elle a des feuilles plus découpées et une taille plus petite. Hauteur: 80-100 cm.

Ligularia przewalskii

375

Rodgersia

Rodgersia
(*Rodgersia*)

Hauteur: 90-150 cm.

Étalement: 90 cm.

Emplacement:
Ensoleillé ou mi-
ombragé.

Sol: Humide, voire
détrempé et riche en
matière organique.

Floraison: Du début
jusqu'au milieu de l'été.

Multiplication:
Division au printemps.

Utilisation: Massif,
plate-bande, arrière-
plan, sous-bois, pré
fleuri, pentes, lieux
humides, fleur coupée,
fleur séchée.

Zone de rusticité: 4.

Rodgersia sambucifolia

Cette plante encore mal connue gagne cependant de plus en plus de terrain. Ses hautes panicules de fleurs plumeuses représentent beaucoup d'attrait, mais les gens la cultivent surtout pour son feuillage palmé qui ressemble à celui du marronnier d'Inde. Souvent, le feuillage se montre cuivré lors de son déploiement printanier; il existe même des cultivars qui conservent cette coloration bronzée pendant tout l'été. De plus, le feuillage de la plupart des espèces se colore d'un beau rouge avec l'arrivée de l'automne.

Le rodgersia ne supporte le plein soleil que dans les endroits où le sol est constamment humide: dans un sol trop sec, ses belles feuilles finiront par brûler sous l'ardeur du soleil. D'ailleurs, on l'emploie surtout dans les secteurs humides de la plate-bande, le sous-bois ou près des jardins d'eau. Voici une autre raison de le cultiver à la mi-ombre: la neige s'y accumule davantage, ce dont il a besoin pour se protéger, car la zone 4 lui a été décernée en présumant qu'il bénéficie d'une protection naturelle contre le froid hivernal. Autrement, il survit difficilement aux rigueurs de l'hiver, et ce, même en zone 5.

Aucune division ne s'avère nécessaire puisque cette plante croît lentement. On utilise surtout la division à des fins de multiplication.

Variétés recommandées:

❧ *R. aesculifolia* (rodgersia à feuilles de marronnier d'Inde): Le nom commun de cette plante évoque bien la forme de son feuillage palmé, mais ne fait pas référence à sa texture dont l'apparence rugueuse en fait tout le charme. Fleurs blanches. Hauteur: 1 m.

❧ *R. pinnata* (rodgersia à feuilles pennées): Cette plante ressemble beaucoup à la précédente, mais ses feuilles, au lieu d'être palmées (quand les folioles sont disposées en cercle tels les rayons d'une roue) sont pennées (les folioles sont disposées de chaque côté d'un pétiole commun). Une feuille compte habituellement cinq à neuf folioles. Fleurs blanches, roses, rouges ou jaunes, selon le cultivar. Hauteur: 120 cm.

❧ *R. pinnata* 'Superba': Feuillage vert bronzé. Fleurs roses.

❧ *R. sambucifolia* (rodgersia à feuilles de sureau): Cette plante ressemble beaucoup à celle qui précède, mais ses feuilles comptent jusqu'à 11 folioles. Fleurs blanc crème. Hauteur: 1 m.

❧ *R. podophylla* (rodgersia podophyllé): Les grandes feuilles palmées de cette plante sont découpées à leur l'extrémité et sur la marge, ce qui crée un très bel effet. Elles rappellent un peu celles du chêne. Fleurs blanches. Hauteur: 90 cm.

Rodgersia pinnata
'Superba'

377

Trolle

Trollius x *cultorum*

Trolle
(*Trollius*)

Hauteur: 40-60 cm.

Étalement: 30-60 cm.

Emplacement: Ensoleillé ou mi-ombragé.

Sol: Humide, voire détrempé et riche en matière organique.

Floraison: Au printemps.

Multiplication: Division au printemps ou à la fin de l'été.

Utilisation: Bordure, massif, rocaille, murets, plate-bande, lieux humides, sous-bois, pré fleuri, fleur coupée.

Zone de rusticité: 3.

Trop de jardiniers font l'erreur de planter cette jolie vivace (elle ressemble à un bouton d'or sous l'effet de stéroïdes!) parmi les autres plantes de la plate-bande. Durant les étés pluvieux, tout va bien mais, dès la première sécheresse, c'est la première plante qui dépérit. Plantez plutôt le trolle dans un sol humide et il ne perdra pas sa forme. Aucune division n'est requise avec cette plante peu exigeante; du moins, pas avant plusieurs années. Inutile d'essayer de la semer car la germination peut prendre un an avant de se produire.

Variétés recommandées:

🌿 *Trollius europaeus* (trolle commun): Fleurs rondes de couleur jaune bouton d'or. Hauteur: 45-60 cm.

🌿 *T. europaeus* 'Superbus': Comme la précédente, mais plus florifère.

🌿 *T.* x *cultorum* 'Alabaster': Fleurs de couleur crème. Hauteur: 60 cm.

🌿 *T.* x *cultorum* 'Goldquelle': Fleurs jaunes et plus ouvertes que les autres. Port compact. Hauteur: 40-45 cm.

🌿 *T.* x *cultorum* 'Orange Princess': Fleurs orange. Hauteur: 60 cm.

Des fleurs à l'ombre

Malgré une réputation d'adoratrices du soleil, certaines vivaces resplendissent à l'ombre.

*B*eaucoup d'amateurs de vivaces se découragent à l'idée d'aménager une plate-bande à l'ombre; pourtant, il est possible d'y créer un magnifique jardin. Certes, la floraison des plantes d'ombre s'avère souvent éphémère par rapport à celle des plantes de plein soleil, mais l'on peut très bien pallier à ce défaut en utilisant des plantes au feuillage décoratif, soit par leur forme ou leur couleur. Les maîtres du jardin presque sans fleurs sont les Japonais car ils savent composer essentiellement avec les textures et les teintes du feuillage. Inspirez-vous de leurs jardins de méditation pour planifier votre jardin ombragé.

Actée

Aspérule odorante

Astilbe

Astrance radiaire

Brunnera ou myosotis du Caucase

Cimicifuge ou cimicaire

Épimède

Lamier

Mertensia de Virginie

Muguet

Petite pervenche

Primevère

Pulmonaire

Quatre-temps

Sceau-de-Salomon

Tiarelle cordifoliée

Trille grandiflore

Violette ou pensée

Waldsteinie faux-fraisier

Il va de soi que les plantes recommandées dans cette section supportent très bien la mi-ombre et même une ombre assez dense.

Actée

Actée
(*Actaea*)

Hauteur: 40-60 cm.

Étalement: 30-40 cm.

Emplacement: Au soleil ou à l'ombre.

Sol: Bien drainé, humide et riche en matière organique.

Floraison: De la fin du printemps jusqu'au début de l'été.

Multiplication: Division ou semis au printemps ou à l'automne.

Utilisation: Bordure, couvre-sol, plate-bande, sous-bois.

Zone de rusticité: 2.

Actaea pachypoda (actée blanche)

Cette plante indigène gagne de plus en plus de popularité comme plante couvre-sol capable de pousser à l'ombre. Pourquoi? À cause de son feuillage en forme de feuille de sureau, son épi de fleurs blanches et plumeuses ainsi que ses fruits colorés et durables (bien que ceux-ci soient toxiques). Comme c'est généralement le cas des «plantes d'ombre», on peut la cultiver au soleil, à condition d'assurer une bonne humidité.

La division devient le meilleur moyen de multiplication, puisque le semis s'avère difficile et très lent à réaliser.

Variétés recommandées: La nomenclature botanique propre à ce genre s'avère extrêmement confuse, au point que l'on relève une, deux et jusqu'à trois espèces pour les mêmes actées poussant au Québec. Pour régler ce problème, fiez-vous au nom commun de la plante et ne tenez pas compte de son nom botanique.

🌢 *A. spicata rubra* ou parfois *A. rubra* (actée rouge): Fruits rouge vif.

🌢 *A. pachypoda* ou parfois *A. alba* (actée blanche): Fruits blanc pur.

Actaea spicata rubra (actée rouge)

Galium odoratum

Aspérule odorante
(*Galium odoratum*, anc. *Asperula odorata*)

Hauteur: 15-20 cm.

Étalement: 30-60 cm.

Emplacement: Mi-ombragé ou ombragé.

Sol: Bien drainé, humide et riche en matière organique (un sol très acide s'avère acceptable).

Floraison: De la fin du printemps jusqu'à la mi-été.

Multiplication: Division des rejets au printemps; bouturage des tiges à l'été.

Utilisation: Bordure, couvre-sol, massif, rocaille, murets, entre les dalles, plate-bande, sous-bois, bac, pentes.

Zone de rusticité: 3.

Cette plante, mieux connue comme fine herbe pour aromatiser les punchs et les tisanes, fait un excellent couvre-sol. Les courtes tiges dressées portent des verticilles de minces feuilles vert brillant qui donnent un effet de légèreté à la plantation et couvrent si bien le sol qu'elles empêchent la croissance des mauvaises herbes. Les grappes de petites fleurs blanches, qui apparaissent au bout des tiges à la fin du printemps, durent assez longtemps. La plante croît rapidement, mais s'arrache si aisément (car ses racines sont très superficielles) qu'elle ne risque pas de devenir envahissante.

Autrefois, cette plante s'employait pour les jonchées, car on en recouvrait le sol pour masquer les odeurs désagréables de la maison. Aussi, l'aspérule séchée dégage-t-elle un délicieux parfum de foin frais lorsqu'on la foule des pieds.

Variétés recommandées: Seule l'espèce est cultivée.

Astilbe

Astilbe x *japonica* 'Peach Blossom'

Astilbe
(*Astilbe*)

Hauteur: 30-120 cm.

Étalement: 30-90 cm.

Emplacement: Ensoleillé ou mi-ombragé.

Sol: Bien drainé, humide et riche en matière organique.

Floraison: Du début jusqu'à la fin de l'été.

Multiplication: Division ou bouturage des racines au printemps.

Utilisation: Bordure, couvre-sol, en isolé, massif, rocaille, murets, plate-bande, sous-bois, pré fleuri, bac, lieux humides, fleur coupée, fleur séchée.

Zone de rusticité: 4.

Si seulement l'astilbe était un peu plus rustique, on pourrait le considérer comme l'une des meilleures vivaces au Québec. Malheureusement, sa vulnérabilité au froid exige de le planter avec précaution en zone 3 ou même en zone 4. Même si cette plante ne produisait pas de fleurs, on la cultiverait sans doute comme plante couvre-sol à cause de son beau feuillage luisant et vert ou bronzé, découpé comme celui d'une fougère. Or, qui plus est, elle fleurit abondamment, fournissant de minuscules fleurs rouges, roses, violettes ou blanches en épis plumeux portés bien au-dessus du feuillage. Outre que la floraison soit durable, les fleurs fanées demeurent sur le plant et prennent une jolie teinte de beige ou de beige rougeâtre. Si la couleur ne vous plaît pas dans le jardin, vous n'avez qu'à les récolter pour les utiliser comme fleurs séchées.

L'astilbe se déploie lentement dans tous les sens autour du plant mère, sans pour autant devenir envahissant. Or, pour que cette plante parvienne à tapisser une grande surface à peu de frais, un seul plant suffit. En effet, si vous le déterrez, un an après l'avoir planté, et que vous le séparez en plants individuels comptant leur part égale de racines, vous y gagnerez. Pour le multiplier davantage, vous pouvez même sectionner les racines les plus longues car presque tous les morceaux reprendront de plus belle, même les plus petits. Le résultat: à partir d'un plant unique, vous obtiendrez après trois ans assez de plants pour couvrir toute la plate-bande!

On croit que l'astilbe ne pousse qu'à la mi-ombre, alors qu'il fleurit merveilleusement bien au soleil. Il s'agit tout simplement de s'assurer que le sol où il se trouve demeure un peu humide en permanence, car il ne supporte pas un sol trop sec.

Vous obtiendrez une floraison continue et variée avec les astilbes si vous choisissez les bons cultivars. Si aucun d'entre eux ne fleurit plus que deux semaines, tenez compte du fait qu'il en existe certains dont la floraison est hâtive (au début de l'été), de mi-saison (à la mi-été), tardive (à la fin de l'été) et très tardive (au commencement de l'automne). Grâce à un savant mélange de cultivars dont les périodes varient et se succèdent, on peut obtenir une floraison continue. Notez aussi que la hauteur varie beaucoup: il existe des cultivars nains (20-30 cm), de hauteur moyenne (45-60 cm), hauts (75-90 cm) et très hauts (100-120 cm).

Variétés recommandées: Recommander des cultivars s'avère inutile, car il en existe plus d'une centaine et aucun n'est plus spécial qu'un autre. Pour vous faire une meilleure idée, consultez un catalogue ou visitez une jardinerie. Choisissez alors des plantes dont les périodes de floraison se succèdent et sélectionnez-les selon leur hauteur et selon vos préférences pour la couleur du feuillage et des fleurs.

Astilbe x *arendsii* 'Fanal'

Astrance radiaire

Astrantia major

Astrance radiaire

(*Astrantia major*)

Hauteur: 60 cm.

Étalement: 45 cm.

Emplacement: Au soleil ou à l'ombre.

Sol: Bien drainé, humide et riche en matière organique.

Floraison: Du début jusqu'à la fin de l'été.

Multiplication: Division au printemps ou à l'automne; semis à l'automne.

Utilisation: Bordure, couvre-sol, massif, plate-bande, sous-bois, pré fleuri, pentes, fleur coupée, fleur séchée.

Zone de rusticité: 3.

Est-ce M. Frank Cabot du Jardin Les Quatre Vents qui a introduit l'astrance radiaire au Québec? Sinon, est-ce lui qui eut l'idée de cultiver cette plante le premier? Je ne sais trop, mais c'est bien là où je l'ai vue pour la première fois et il me semble que c'est seulement depuis qu'il a ouvert son jardin au public que nous l'apercevons dans les plates-bandes québécoises. L'astrance radiaire fait quelque peu figure de plante fétiche pour ceux qui se considèrent comme de vrais amateurs de vivaces. Juste le fait de mentionner que vous la cultivez vous permet de pénétrer dans leur cercle!

Il s'agit d'une plante à l'allure assez curieuse, mais en même temps très jolie, avec des fleurs étoilées portées en grappes très lâches, bien au-dessus du feuillage découpé. Leurs couleurs ne sont jamais très fortes, mais plutôt subtiles. Si un seul plant passe le plus souvent inaperçu, toute une colonie capte assurément l'oeil.

L'astrance peut se cultiver en plein soleil dans un endroit assez humide, mais elle profite beaucoup mieux à la mi-ombre et pousse quand même bien à l'ombre. La durée de la floraison est particulièrement remarquable. La plupart des «plantes d'ombre» ne fleurissent que durant quelques semaines: si l'astrance est plantée dans un sol humide et riche en matière organique, elle peut fleurir pendant tout l'été!

Variétés recommandées:

🍂 *A. major*: L'espèce offre des fleurs de couleurs variées: du blanc verdâtre au rose.

🍂 *A. major* 'Lars': Fleurs rouge vin.

🍂 *A. major* 'Rosea': Fleurs roses.

🍂 *A. major* 'Sunnydale Variegated': Fleurs allant du blanc verdâtre jusqu'au rose. Feuillage panaché de jaune et de crème devenant vert à l'été.

🍂 *A. carniolica* (astrance mineure): Comme *A. major*, mais plus petite. Hauteur: 30-45 cm.

Astrantia major

Brunnera

Brunnera ou myosotis du Caucase
(*Brunnera macrophylla*)

Hauteur: 40-50 cm.

Étalement: 40 cm.

Emplacement: Au soleil ou à l'ombre.

Sol: Bien drainé, humide et riche en matière organique.

Floraison: De la fin du printemps jusqu'au début de l'été.

Multiplication: Division ou bouturage des racines au printemps; semis au printemps.

Utilisation: Bordure, couvre-sol, massif, rocaille, murets, plate-bande, sous-bois, pentes, fleur coupée.

Zone de rusticité: 3.

Brunnera macrophylla

Au printemps, lorsque le brunnera est en fleurs, on l'appelle parfois «myosotis du Caucase», car ses feuilles encore petites et ses grappes lâches de petites fleurs bleu ciel ressemblent à s'y méprendre au myosotis. En revanche, lorsque l'été s'installe, de grosses feuilles en forme de coeur se développent et la plante prend une toute autre allure: moins colorée, peut-être, mais tout aussi attrayante. Bien que peu connue, cette plante s'avère une vivace de choix.

Le brunnera s'adapte à tous les milieux: aussi bien au soleil qu'à l'ombre dense, à un sol très humide ou même assez sec. Néanmoins, il préfère les milieux intermédiaires tels que mi-ombre ou ombre légère et humidité constante. Après quelques années, le centre du plant peut dépérir, surtout s'il se trouve en plein soleil. Dans ce cas, découpez-le et comblez le trou avec de la terre fraîche. Outre cela, le brunnera ne requiert aucuns soins.

Variétés recommandées:

❧ *B. macrophylla*: Il s'agit du brunnera qui se cultive le plus et que l'on trouve habituellement dans les jardineries. Les trois cultivars suivants offrent néanmoins plus d'attraits, à condition de les dénicher.

❧ *B. macrophylla* 'Hadspen Cream': Feuilles vert pâle avec la marge de couleur crème.

❧ *B. macrophylla* 'Langtrees': Feuilles tachetées d'argent.

❧ *B. macrophylla* 'Variegata': Comme 'Hadspen Cream', mais la couleur crème s'étend davantage vers le centre de la feuille. Comme elle tolère très mal le soleil ou un sol sec, il faut nécessairement cultiver cette plante dans un lieu ombragé et humide.

Brunnera macrophylla 'Variegata'

Cimicifuge ou Cimicaire

Cimicifuge ou cimicaire
(Cimicifuga)

Hauteur: 90-240 cm.

Étalement: 90-150 cm.

Emplacement: Mi-ombragé ou ombragé (au soleil si le sol est humide).

Sol: Bien drainé, humide et riche en matière organique.

Floraison: Elle varie selon l'espèce, mais se présente vers la fin de l'été ou au début de l'automne.

Multiplication: Division au printemps ou à l'automne.

Utilisation: En isolé, haie, massif, plate-bande, arrière-plan, sous-bois, fleur coupée, fleur séchée.

Zone de rusticité: 3 ou 4.

Cimicifuga racemosa

La cimicifuge est une plante au joli feuillage découpé comme une fougère que garnissent de hauts épis de fleurs blanches. Le peu de popularité qu'obtient cette plante s'explique difficilement, car elle ne pose pas de problème et pousse en toute autonomie. Tout au plus a-t-on à la diviser à des fins de reproduction. De plus, elle croît merveilleusement bien dans les parties ombragées et semi-ombragées d'une plate-bande, lesquelles s'avèrent souvent inévitables et difficiles à agrémenter du fait que les vivaces qui s'en accommodent existent en nombre limité.

Il faut savoir que le comportement de la cimicifuge varie selon les conditions du milieu. Elle devient plus haute et fleurit plus tardivement dans les lieux humides et ombragés. Elle fleurit plus hâtivement, mais sa taille diminue dans les sites ensoleillés et humides. Enfin, dans les emplacements ensoleillés et secs, elle risque de ne pas pousser du tout!

Le parfum particulier des fleurs est censé chasser les insectes, mais ne favorise pas forcément leur utilisation dans les arrangements floraux...

Variétés recommandées:

🌱 *C. racemosa* (cimicifuge à grappes): Hautes inflorescences de fleurs blanc crème en plumet. Floraison: de la mi-été jusqu'à l'automne. Hauteur: 120-240 cm. Zone 4.

🌱 *C. dahurica* (cimicifuge de Dahurie): Épis très ramifiés garnis de fleurs crème. Floraison tardive: de la fin de l'été jusqu'à l'automne. Hauteur: 80 cm. Zone 3.

🌱 *C. ramosa* 'Atropurpurea' (cimicifuge pourpre): Feuillage bronzé. Épis de fleurs blanches. Floraison: de la mi-été jusqu'à l'automne. Hauteur: 90-150 cm. Zone 4.

🌱 *C. ramosa* 'Hillside Black Beauty': Comme la précédente, mais avec un feuillage pourpre très foncé. Au moment de publier ce livre, ce cultivar spécial n'était disponible que chez Wayside Gardens Co. (Hodges, SC 29695-0001), mais sera sans doute disponible sous peu de notre côté de la frontière.

🌱 *C. simplex* (cimicifuge de Kamchatka): Épis de fleurs blanc verdâtre plus courts, mais plus garnis que les autres. Cette plante préfère un emplacement semi-ombragé. Hauteur: 120-135 cm. Floraison: à la mi-automne. Malheureusement, cette floraison survient si tardivement que l'on ne peut recommander cette espèce, ni son cultivar ('White Pearl') ailleurs que dans la partie la plus au sud du Québec. Zone 3.

Cimicifuga ramosa 'Hillside Black Beauty'
Photo: Wayside Gardens Co, Hodges, SC 29695-0001

393

Épimède

Epimedium grandiflorum

Épimède
(*Epimedium*)

Hauteur: 15-30 cm.

Étalement: 30-45 cm.

Emplacement: Au soleil ou à l'ombre.

Sol: Bien drainé et humide.

Floraison: Au printemps.

Multiplication: Division au printemps.

Utilisation: Bordure, couvre-sol, massif, rocaille, murets, plate-bande, sous-bois, fleur coupée, fleur séchée.

Zone de rusticité: 3 ou 4.

Cette plante de sous-bois à l'allure délicate s'avère, en fait, très résistante. Ses feuilles cordiformes se teignent de rouge au printemps et à l'automne; semi-persistant, son feuillage peut résister au froid si la couverture de neige est bonne. Si vous voulez bénéficier de la floraison, taillez les feuilles au sol avant que n'apparaissent les tiges florales au printemps; sinon, le feuillage la voilera presque toute. Selon l'espèce et le cultivar, les petites fleurs étoilées peuvent être blanches, roses, lilas, jaunes ou rouges. L'épimède s'avère un excellent couvre-sol, mais il faut le planter de façon assez dense, car il ne s'étend que lentement. Aucune division n'est requise, car il se garde très bien en santé. En revanche, on peut le diviser à tous les trois ou quatre ans dans le but d'obtenir des rejets pour le multiplier.

Variétés recommandées: Bien que toutes les espèces et tous les cultivars soient intéressants, les plantes recommandées ci-après se retrouvent plus facilement sur le marché.

E. grandiflorum (épimède à grandes feuilles): Fleurs variant du rose au rouge. Zone 3.

E. x *rubrum* (épimède rouge): Fleurs rouges. Zone 3.

E. x *versicolor* 'Sulphureum' (épimède versicolore): Fleurs jaunes. Zone 4.

E. x *youngianum* 'Niveum' (épimède de Young): Fleurs blanches. Zone 4.

E. x *youngianum* 'Roseum': Fleurs roses. Zone 4.

Epimedium grandiflorum

Lamier

Lamium maculatum 'White Nancy'

Lamier

(*Lamium*)

Hauteur: 15-45 cm.

Étalement: 60-90 cm (ou plus).

Emplacement: Au soleil ou à l'ombre.

Sol: Bien drainé, humide et riche en matière organique.

Floraison: Du printemps jusqu'au milieu de l'été.

Multiplication: Division des rejets ou bouturage des tiges au printemps ou à l'été.

Utilisation: Bordure, couvre-sol, massif, rocaille, murets, entre les dalles, plate-bande, sous-bois, bac, pentes.

Zone de rusticité: 2 à 5.

S'il existe un endroit de votre jardin où rien n'arrive à pousser, essayez le lamier. Cette plante tapissante capable de s'adapter aux lieux même très ombragés étale ses tiges en tous sens où elles s'enracinent en touchant le sol. Dans les emplacements assez éclairés, la couverture se fait rapidement pour former un beau tapis uniforme. Si la luminosité se trouve fort réduite, il vaut mieux utiliser la tondeuse ou le taille-bordures pour rabattre la plante. De cette façon, on favorise le développement des petits rejets aux racines superficielles pour qu'ils réussissent à s'établir définitivement et à devenir des plants mères à leur tour.

Or, si vous craignez que le lamier n'envahisse votre jardin, votre réaction de jardinier paresseux s'avère très bonne. Cette vivace *est* envahissante et il vaut mieux la planter dans un endroit comme un sous-bois ou une pente à l'accès difficile, pour qu'elle n'accapare pas tous vos efforts... ni le reste de votre jardin! Les amoureux de la pelouse parfaite se réjouiront de savoir que cette plante ne devient pas très envahissante dans le gazon, à moins que celui-ci ne pousse à l'ombre et qu'il soit affaibli à un point tel qu'il finisse par lui céder sa place. Même dans une plate-bande ombragée, le lamier reste facile à arracher et ne fait pas grand tort si jamais il échappe à votre contrôle. Plantez des vivaces résistantes dans vos plates-bandes et le lamier ira les entourer d'un tapis de verdure sans leur causer le moindre problème.

Si la plante produit des fleurs roses, violettes ou blanches portées en petites grappes élevées, son feuillage haut en couleurs l'emporte. Plus ou moins panachée d'argent selon le cultivar, la coloration argentée des feuilles rehausse l'aspect des lieux ombragés, si bien que le coin le plus sombre paraîtra plus illuminé une fois que les lamiers l'auront occupé.

Le lamier et les limaces vont de pair, surtout si vous le cultivez dans un emplacement humide, mais le problème s'avère plutôt bénin parce que la plante compte beaucoup de feuilles et en forme d'autres régulièrement. Prenez garde de le planter dans un endroit qui reste détrempé pendant trop longtemps (surtout au printemps), sinon il risque de disparaître.

Variétés recommandées:

L. maculatum (lamier maculé): Le lamier maculé constitue l'espèce principale. Plusieurs variétés de cette plante se cultivent, y compris les suivantes, dont la rusticité convient jusqu'à la zone 3.

L. maculatum 'Silbergroschen' ('Beacon Silver'): Voici l'un des lamiers les plus populaires, sans doute parce que son feuillage se colore entièrement d'argent, hormis une mince marge de vert. Fleurs roses. Croissance compacte. Hauteur: 20 cm.

L. maculatum 'Beedham's White': Fleurs blanches. Feuilles chartreuse. Hauteur: 20 cm.

L. maculatum 'Pink Pewter': Comme la plante précédente, mais avec des fleurs rose pâle. Hauteur: 20 cm.

L. maculatum 'White Nancy': Une version de la précédente, mais avec des fleurs blanches. Hauteur: 20 cm.

L. maculatum 'Aureum': Fleurs rose lavande. Feuille dorée imprimée d'argent. Croissance compacte. Elle semble moins rustique que les autres. Hauteur: 20 cm. Zone 5.

L. maculatum 'Chequers': Fleurs rose pourpré. Feuille vert foncé avec une tache argentée allongée le long de la nervure centrale. Croissance compacte. Hauteur: 15-20 cm.

Lamium maculatum 'Silbergroschen'

🐦 *Galeobdolon luteum* (ortie jaune): Proche parente du lamier maculé, le comportement et l'apparence de cette plante y ressemblent. Sa particularité vient du fait qu'elle produit des fleurs jaunes. En matière de nomenclature botanique, il existe une certaine confusion à son endroit. Ainsi, vous la trouverez sous les noms de *Lamiastrum galeobdolon* et de *Lamium galeobdolon*. La désignation «ortie jaune» soulève des doutes dans votre esprit? Elle indique simplement un lien de parenté avec l'ortie sauvage, car le *Galeobdolon* n'est pas du tout piquant. Quoique l'espèce au feuillage entièrement vert se cultive rarement, les cultivars argentés s'avèrent très populaires. Zone 3.

🐦 *G. luteum* 'Variegatum': Il s'agit de la forme la plus «primitive», si l'on peut dire, de l'ortie jaune qui présente de longues tiges rampantes et d'assez grandes feuilles bien espacées. La marge et la partie centrale de la feuille se colorent d'argent alors que les autres parties restent vertes. Il s'agit de la plante la plus envahissante du groupe, car une seule tige peut s'étendre à plus de 3 m en une seule saison! Hauteur: 30 cm.

Galeobdolon luteum 'Herman's Pride'

❧ *G. luteum* 'Silberteppich' ('Silver Carpet'): Les feuilles de ce cultivar sont plus petites et entièrement argentées, sauf pour les nervures qui demeurent vertes. Croissance moins rapide que la plante précédente. Hauteur: 30 cm.

❧ *G. luteum* 'Herman's Pride': Très différent des autres lamiers, 'Herman's Pride' possède un port plutôt dressé et forme un dôme de feuilles entièrement argentées, hormis des nervures vertes: l'ensemble crée un contraste remarquable. Il s'agit du seul «lamier» qui n'est pas envahissant. Comme il s'étend très peu par lui même, il faut le bouturer et produire assez de plants pour constituer un tapis végétal. Fleurs jaunes. Hauteur: 45 cm.

Mertensia de Virginie

Mertensia pulmonarioides

Mertensia de Virginie
(*Mertensia pulmonarioides*,
anc. *M. virginica*)

Hauteur: 30-60 cm.

Étalement: 30 cm.

Emplacement: Au soleil ou à l'ombre.

Sol: Bien drainé, humide et riche en matière organique.

Floraison: À la fin du printemps.

Multiplication: Division ou semis au printemps.

Utilisation: Massif, plate-bande, sous-bois, lieux humides.

Zone de rusticité: 2.

Il est regrettable de constater que cette plante ne soit pas plus connue. Sa floraison a lieu au printemps, au moment où la plupart des autres vivaces commencent à sortir de leur dormance hivernale. La plante surgit rapidement de la litière de feuilles où elle aime pousser; elle produit des tiges feuillues assez hautes qui se terminent par des grappes pendantes garnies de boutons roses et de fleurs bleu ciel en forme de cloche. Presque aussitôt sa floraison terminée, la plante disparaît pour laisser place aux autres vivaces. Au printemps suivant, elle réapparaîtra de la même façon.

Cette plante originaire des sous-bois s'y plaît particulièrement et s'étend lentement à travers les plantations, sans devenir envahissante. Sa préférence la porte vers un emplacement situé sous des arbres caducs, très ensoleillé au printemps, mais devenant très sombre au cours de l'été. Il vaut mieux identifier son site car, comme elle disparaît au cours de l'été, il est facile de la déterrer accidentellement.

Cette plante se cultive plus facilement à partir de semis plutôt que par division, opération à laquelle elle réagit très mal. On peut néanmoins séparer délicatement les rejets qui poussent près du plant mère, car leur système racinaire encore peu développé sera moins affecté lors de la transplantation.

Variétés recommandées: Outre la couleur bleu ciel, il existe des cultivars aux fleurs roses ou blanches. Mais, comment ne pas opter pour l'une des rares fleurs qui se pare d'un bleu véritable, quand les autres couleurs se présentent en abondance?

Muguet
(*Convallaria majalis*)

Hauteur: 15-25 cm.

Étalement: 40 cm ou plus.

Emplacement: Au soleil ou à l'ombre.

Sol: Bien drainé, humide et riche en matière organique.

Floraison: Au printemps.

Multiplication: Division après la floraison ou à l'automne.

Utilisation: Bordure, couvre-sol, massif, entre les dalles, plate-bande, sous-bois, bac, pentes, fleur coupée.

Zone de rusticité: 1.

Convallaria majalis

«Ah! Le muguet de mai!» Tel est le dicton... sauf que le muguet ne fleurit pas avant le mois de juin au Québec! Cette petite plante européenne est si bien établie un peu partout sur le site d'anciens jardins qu'il y a de bonnes chances que les premiers colons français l'aient apportée avec eux avant de quitter la France.

Chaque plant de muguet ne forme que quelques feuilles vert foncé (une, deux ou trois), mais il se reproduit si rapidement par ses rhizomes qu'il ne reste pas longtemps seul. Les petites fleurs retombantes en forme de cloche sont portées sur des tiges relativement courtes et se prêtent mal à la récolte de fleurs coupées, mais leur parfum est si délicieux qu'on les cueille quand même.

Quoique le muguet soit une plante envahissante, on peut le confiner aisément au moyen d'une barrière enfoncée dans le sol. Il pousse presque

Convallaria majalis rosea

n'importe où, mais préfère les sites mi-ombragés et les sols pas trop secs. S'il se cultive sans difficulté à l'ombre très dense, sa floraison en sera néanmoins diminuée. Advenant que la plante se trouve au soleil durant une période de canicule et que vous ne l'arrosiez pas, elle aura tendance à brûler, perdant ainsi tout son attrait. D'ailleurs, ces vivaces permettent d'obtenir un magnifique tapis de verdure pendant tout l'été, à condition de ne pas les laisser sécher.

Comme la plante entière est vénéneuse, gardez un oeil sur ses baies rouges car elles ressemblent à des bonbons. Enlevez-les si de jeunes enfants jouent dans le secteur.

Variétés recommandées:

🌿 *C. majalis*: C'est le seul muguet couramment cultivé. Fleurs blanches et simples. Hauteur: 15-20 cm.

🌿 *C. majalis* 'Albistriata': Fleurs blanches et simples. Feuillage strié de blanc. Hauteur: 15-20 cm.

🌿 *C. majalis* 'Flore Pleno': Doubles fleurs blanches. Hauteur: 15-20 cm.

🌿 *C. majalis* 'Fortin's Giant': Fleurs blanches et simples. Hauteur: 30 cm.

🌿 *C. majalis rosea*: Fleurs roses et simples. Hauteur: 15-20 cm.

Convallaria majalis en fruits.

Photo: Jacques Allard

Vinca minor

Petite pervenche
(*Vinca minor*)

Hauteur: 10 cm.

Étalement: 90 cm et plus.

Emplacement: Au soleil ou à l'ombre.

Sol: Bien drainé, humide et riche en matière organique.

Floraison: De la fin du printemps jusqu'au début de l'été.

Multiplication: Division ou marcottage au printemps; bouturage des tiges à la fin de l'été.

Utilisation: Bordure, couvre-sol, massif, rocaille, murets, entre les dalles, plate-bande, sous-bois, bac, pentes, lieux humides.

Zone de rusticité: 4 et même 3, s'il y a une bonne couverture de neige.

La petite pervenche est une plante tapissante très populaire pour embellir les lieux ombragés. De plus, elle pousse bien au soleil en autant que le sol où elle prend racine demeure humide. Il s'agit, en réalité, d'un arbuste, mais les jardiniers le considèrent comme une vivace. Elle se multiplie facilement, car ses tiges rampantes s'enracinent partout où elles touchent le sol. Ses petites feuilles vertes, luisantes et persistantes justifient une grande part de l'intérêt qu'on lui porte, car elle demeure attrayante de la fonte des neiges jusqu'au retour des premiers flocons de l'hiver. Assez grosses par rapport à la taille du plant, les fleurs solitaires apparaissent à l'aisselle des feuilles. Elles sont habituellement bleu violacé, mais des cultivars d'autres couleurs existent aussi.

La petite pervenche finit par faire un couvre-sol compact après plusieurs années. Si vous voulez l'utiliser à cette fin, il vaut mieux la planter assez densément, employer un paillis pour empêcher l'invasion du site par les mauvaises herbes et attendre qu'elle se soit bien établie.

Variétés recommandées:

🌿 *V. minor* 'Alba': Fleurs blanches.

🌿 *V. minor* 'Albo-variegata': Fleurs bleu-violet. Feuilles avec la marge blanche.

🌿 *V. minor* 'Atropurpurea' ('Rubra', 'Purpurea'): Fleurs violettes. Feuilles très foncées. Tiges rouges.

🌿 *V. minor* 'La Grave' ('Bowles Variety'): Grandes fleurs bleu foncé. L'un des meilleurs cultivars.

🌿 *V. major* (grande pervenche): Cette espèce voisine produit des feuilles plus grosses mais sa rusticité fort réduite empêche de vous la recommander, et ce, même en zone 5. On l'utilise cependant comme plante annuelle dans les paniers suspendus.

Photo: Jacques Allard

Primula x *polyantha*

Primevère
(*Primula*)

Hauteur: 15-60 cm.

Étalement: 20-40 cm.

Emplacement: Mi-ombragé.

Sol: Bien drainé, humide et frais; très riche en matière organique.

Floraison: Au printemps.

Multiplication: Division après la floraison; semis à l'automne.

Utilisation: Bordure, couvre-sol, massif, rocaille, murets, entre les dalles, plate-bande, sous-bois, lieux humides, en pot, fleur coupée.

Zone de rusticité: 2, 3, 4 et 5 (elle varie selon l'espèce et le cultivar).

Primula signifiant «printemps», il va de soi que les primevères fassent partie des premières vivaces qui fleurissent chaque année. Si beaucoup de vivaces qui poussent bien à l'ombre se cultivent pour leur feuillage, ce n'est pas le cas des primevères qui se distinguent par leurs fleurs. Le feuillage présente habituellement une rosette basse et n'offre que peu d'attrait; il peut même dépérir quelque peu au cours des chaleurs de l'été. En revanche, les fleurs nombreuses et colorées charment l'oeil et durent deux semaines ou plus.

Le genre varie beaucoup: il offre autant de plantes alpines pour la rocaille que de plantes de sous-bois, lesquelles s'avèrent les plus populaires. Pour obtenir du succès avec ces dernières (comme celles décrites par la suite), il suffit de recréer les conditions de leur sous-bois d'origine: fraîcheur, sol humide, acide et très riche en matière organique, ensoleillement presque plein au printemps (avant que les arbres et arbustes ne produisent leurs feuilles) et ombre dense au cours de l'été. Un apport annuel de feuilles mortes déchiquetées est fortement suggéré. Plusieurs livres attribuent une zone 4 ou 5 à la plupart des primevères, mais une rusticité aussi limitée est basée sur la réaction des plantes dans les sites exposés. Dans un sous-bois, les primevères disparaissant à moitié sous des feuilles mortes recouvertes d'une abondante couche de neige passent très bien à travers l'hiver, même en zone 3. Si vos conditions sont bonnes, plantez les primevères et oubliez-les: elles vivront des années durant sans requérir de soins et arriveront même à se propager.

Variétés recommandées: Les quelque 400 espèces et 1000 cultivars qui existent ne me permettent pas de m'y attarder outre mesure. Les espèces et cultivars décrits ci-après s'avèrent les plus populaires au Québec. Sauf mention contraire, tous sont acclimatés à la zone 3.

P. x polyantha (primevère des jardins): Voici la plus populaire et la mieux connue des primevères. La primevère des jardins regroupe sous sa dénomination des hybrides complexes dérivés en grande partie de *P. veris* et de *P. vulgaris*, deux autres primevères communes. Ces plantes basses produisent des feuilles linguiformes étalées sur le sol et des grappes de grandes fleurs jaunes, roses, bleues, violettes, rouges, orangées ou pourpres souvent affublées d'un oeil jaune contrastant. La tige florale particulièrement courte crée l'impression que les fleurs flottent au-dessus du feuillage (elles peuvent le dépasser de 30 cm). La rusticité de ces plantes varie grandement, mais les cultivars vendus pour le jardin conviennent presque toujours à la zone 3. Cette primevère se vend aussi en pot, en hiver et au printemps, mais les cultivars ainsi offerts sur le marché manquent parfois de rusticité. Comme les primevères en pot ne fleuriront certes pas une deuxième fois, aussi bien prendre une chance et les planter dans votre jardin après qu'elles aient fleuri à l'intérieur! La primevère des jardins s'accommode mieux d'un plein soleil que les autres primevères. Hauteur: 15-30 cm.

❧ *P.* x *polyantha* 'Pacific Giants': Voici une lignée de plantes très populaires. Leurs fleurs simples, plutôt grandes comparativement aux autres, offrent la gamme fort étendue de couleurs propres à la primevère des jardins. Il se peut que vous puissiez les acheter en choisissant la couleur, mais ce n'est pas le cas habituellement. À moins d'acheter un plant en fleurs, vous n'aurez aucune idée de la couleur de la floraison. Hauteur: 25-30 cm.

Primula denticulata 'Alba'

❧ *P.* x *polyantha* 'Cowhichan Hybrids': Une autre lignée aux fleurs simples et assez grosses, mais sans oeil contrastant dans la plupart des cas. Les meilleures variétés présentent un feuillage bronzé ou rougeâtre. Des couleurs séparées sont parfois offertes. Hauteur: 20 cm.

❧ *P.* x *pruhonicensis* (primevère des jardins): Cette plante résulte de croisements très complexes effectués à partir de *P.* x *polyantha* (qui s'avère déjà un hybride complexe). À toutes fins pratiques, l'on ne peut la différencier de *P.* x *polyantha*. Une autre plante, *P.* x *juliana*, fait aussi partie de ce genre hybride. Hauteur: 15 cm.

❧ *P.* x *pruhonicensis* 'Wanda': Une lignée miniature offrant une vaste gamme de couleurs. Hauteur: 10 cm.

❧ *P.* x *eliator* (primevère élevée): Nom parfois attribué aux cultivars plus élevés issus de *P.* x *polyantha*. L'espèce *P. eliator* se cultive rarement.

Primula japonica

‵• *P. veris* (primevère officinale): Cette plante ressemble beaucoup à la primevère des jardins par son feuillage, sauf que les tiges florales dressées portent des grappes de fleurs parfumées plus petites et plutôt retombantes, souvent jaunes, mais parfois orangées. Hauteur: 25 cm.

‵• *P. vulgaris*, anc. *P. acaulis* (primevère commune): Si l'espèce sauvage produit des fleurs jaunes, parfumées et généralement solitaires, les cultivars offrent le choix d'autres couleurs de même que des fleurs doubles souvent en grappes. La plupart des plantes vendues sous ce nom sont probablement des hybrides complexes appartenant au genre *P.* x *polyantha* puisqu'elles se ressemblent comme deux gouttes d'eau. Hauteur: 15 cm.

‵• *P. sieboldii* (primevère de Siebold): Cette plante produit une rosette basse de feuilles frisées ainsi que de petites grappes de fleurs roses, violettes, magenta, lilas ou blanches qui se dressent sur des tiges florales assez élevées à l'allure fragile. Les pétales portent généralement une entaille à leur extrémité, donnant à la fleur une apparence frangée. Dans les régions chaudes, le feuillage disparaît après la floraison. Hauteur: 20 cm.

‵• *P. denticulata* (primevère denticulée): Cette plante se distingue nettement des autres mentionnées ici à cause de ses grappes très denses en forme de boule portées à l'extrémité de ses tiges et composées de petites fleurs lavande, rouges ou blanches. Hauteur: 30-45 cm. Très rustique. Zone 2.

‵• *P. japonica* (primevère du Japon): Cette plante est vraiment plus haute que les précédentes, sa tige florale atteignant 60 cm de hauteur. Les fleurs, qui paraissent en plusieurs verticilles (grappes) superposés sur une même tige, ressemblent à une pagode. D'ailleurs, l'analogie est d'autant appropriée que la plante provient du Japon! Les fleurs peuvent être rouges, roses ou blanches. Cette plante requiert un sol humide et s'accommode des sous-bois marécageux. La plupart des livres limitent sa rusticité à la zone 5 ou 6, mais elle semble se comporter parfaitement bien (et s'étend même par semis spontanés) dans la zone 4, à condition de suivre les recommandations ci-haut mentionnées.

‵• *P. vialii* (primevère du père Vial): Voici une primevère qui se distingue de toute autre par ses petites fleurs roses et parfumées portées en épis étroits plutôt qu'en grappes ou en verticilles de même que par sa floraison tardive: elle ne commence à s'épanouir qu'au début de l'été, au moment où la floraison des autres primevères est déjà terminée. Comme *P. japonica*, cette plante est généralement recommandée pour la zone 5 seulement, mais elle semble très bien pousser en zone 4, si les conditions mentionnées auparavant en termes de protection hivernale sont respectées. Hauteur: 50 cm. Zone 4.

Pulmonaire

Pulmonaria saccharata

Pulmonaire
(*Pulmonaria*)

Hauteur: 20-45 cm.

Étalement: 45-60 cm.

Emplacement: Au soleil ou à l'ombre.

Sol: Bien drainé, humide et frais; et riche en matière organique.

Floraison: Au printemps.

Multiplication: Division ou semis tôt au printemps ou à l'automne.

Utilisation: Bordure, couvre-sol, massif, rocaille, murets, plate-bande, sous-bois.

Zone de rusticité: 2 à 4.

La plupart des vivaces offrent peu d'intérêt lorsqu'elles ne fleurissent plus. Ce n'est vraiment pas le cas de la pulmonaire. Au printemps, quand ses fleurs tubulaires réunies en grappes lâches finissent par se faner, son feuillage joliment tacheté d'argent n'a de cesse de nous charmer.

La pulmonaire entre fort bien dans la catégorie des «plantes sans problème». Vous n'avez qu'à la planter et à la laisser pousser! La division ne s'avère nécessaire que pour multiplier la plante. Elle produit un joli couvre-sol à l'ombre, quoiqu'il faille la planter assez densément pour obtenir un effet rapide, car elle pousse plutôt lentement.

Veuillez noter que la pulmonaire se cultive en plein soleil, à condition de la garder à l'humidité, sans quoi son feuillage brûlera durant une période de canicule. En revanche, cette plante s'accommode très bien d'une ombre assez dense.

Variétés recommandées:

🍃 *P. saccharata* (pulmonaire tachetée): Voici la plus courante des pulmonaires; néanmoins, seuls les cultivars se cultivent. L'espèce produit des fleurs pourpres, mais il existe des fleurs blanches, roses ou bleues parmi les cultivars. Hauteur: 20-60 cm. Zone 4.

🍃 *P. saccharata* 'Mrs. Moon': Voici le cultivar le plus populaire. D'ailleurs, c'est la plante à laquelle les gens se réfèrent quand on leur parle des pulmonaires. Feuilles nombreuses et irrégulièrement tachetées d'argent. Quand les fleurs s'épanouissent, elles sont roses au début, puis deviennent bleues. Hauteur: 25 cm.

🍃 *P. saccharata* 'Margery Fish': Comme le cultivar précédent, mais avec des taches d'argent encore plus grosses. Hauteur: 25 cm.

🍃 *P. saccharata* (*P. villarsae*) 'Sissinghurst White': Voici l'un des meilleurs cultivars d'après des collectionneurs avertis. Fleurs blanches. Hauteur: 25 cm.

🍃 *P. saccharata* 'Argentea': Fleurs bleues. Feuillage presque entièrement argenté produisant de l'effet. Hauteur: 25 cm.

🍃 *P. longifolia* (pulmonaire à longues feuilles): Cette espèce, moins courante que celle qui précède, offre aussi les feuilles tachetées d'argent qui font le charme des pulmonaires. Feuilles longues et assez étroites. Fleurs bleues. Hauteur: 25-30 cm. Zone 4.

🍃 *P. longifolia* 'Bertram Anderson': Une variété au feuillage plus argenté que l'espèce. Fleurs bleu-violet. Hauteur: 25-30 cm.

🍃 *P. longifolia* 'Roy Davidson': Variété au feuillage encore plus argenté que la précédente. Petites fleurs roses devenant bleu ciel. Hauteur: 30-40 cm.

🍃 *P. angustifolia*, anc. *P. azurea* (petite pulmonaire, coucou bleu): Comparativement aux autres, le feuillage de cette pulmonaire présente moins d'attrait, car ses feuilles étroites restent tout à fait vertes. En revanche, ses fleurs printanières nous charment: roses en bouton puis bleu vif à l'éclosion. Hauteur: 20-25 cm. Très rustique. Zone 2.

🍃 *P. rubra*, anc. *P. montana* (pulmonaire rouge): Cette espèce ne manque pas de susciter l'intérêt à cause de ses fleurs rouges, couleur qui la distingue des autres pulmonaires. Le cultivar 'Bowles Red' aux fleurs rouge orangé et au feuillage légèrement tacheté a une grande popularité. 'Redstart' lui ressemble, mais ses feuilles sont vertes. Hauteur: 25-30 cm. Zone 4.

Quatre-temps

Cornus canadensis

Quatre-temps
(*Cornus canadensis*)

Hauteur: 15 cm.

Étalement: 30 cm et plus.

Emplacement: Au soleil ou à l'ombre.

Sol: Bien drainé et riche en matière organique.

Floraison: Du printemps jusqu'à la mi-été.

Multiplication: Division des rejets au printemps.

Utilisation: Bordure, couvre-sol, massif, rocaille, murets, entre les dalles, plate-bande, sous-bois, pentes.

Zone de rusticité: 2.

Voici l'une des plantes indigènes couvre-sols les plus caractéristiques de nos forêts. Ses courtes tiges portent quatre ou cinq feuilles luisantes et de grosses inflorescences blanches au centre vert (ce qui ressemble à des pétales constitue les bractées, alors qu'en fait, les fleurs, très petites, sont vertes). Après la floraison, la plante exhibe des fruits rouges très apparents; de plus, son feuillage rougit joliment à l'automne.

Cultiver les quatre-temps en milieu ombragé ou semi-ombragé s'avère aisé. En revanche, s'ils poussent au soleil, voyez à ce que le sol ne se dessèche pas trop. Le résultat: un tapis dense qui s'étend assez lentement sans devenir envahissant.

Curieusement, les botanistes considèrent cette petite plante comme un arbuste!

Variétés recommandées: Seule l'espèce se cultive couramment.

Cornus canadensis

Sceau-de-Salomon

Sceau-de-Salomon
(*Polygonatum*)

Hauteur: 45-120 cm.

Étalement: 60-90 cm.

Emplacement: Mi-ombragé ou ombragé.

Sol: Bien drainé, humide et plutôt acide; riche en matière organique.

Floraison: De la fin du printemps jusqu'au début de l'été.

Multiplication: Division ou bouturage des racines au printemps.

Utilisation: Massif, rocaille, murets, plate-bande, arrière-plan, sous-bois, pentes, lieux humides, fleur coupée.

Zone de rusticité: 3.

Polygonatum odoratum 'Variegatum'

Cette plante, qui a l'aspect d'une fleur sauvage (nous avons effectivement un sceau-de-Salomon indigène du nom de *P. pubescens*), convient parfaitement au jardin de sous-bois où l'on essaie souvent de recréer le naturel. L'on cultive davantage cette plante pour son port majestueux (de hautes tiges arquées agrémentées de feuilles vertes ou bleutées) que pour ses fleurs printanières pendantes allant du blanc verdâtre jusqu'au blanc. Plus tard, au cours de l'été, la production de baies noires ou bleu foncé ajoutent à son charme.

Cette plante s'étend par ses rhizomes, mais sa croissance trop lente empêche qu'elle ne devienne envahissante. De façon quelque peu contradictoire, l'on pourrait dire qu'il s'agit de son principal défaut, car elle atteint son apogée quand elle forme des colonies denses: or, elle tarde à le faire. Si vous êtes impatient, achetez donc plusieurs plants pour vous inventer une

414

«fausse colonie» rapidement. Enfin, sachez qu'aucune division n'est requise avec cette plante, sinon pour la multiplier.

Pourquoi le nom «sceau-de-Salomon»? À cause des marques plus foncées qui semblent avoir été imprimées sur le rhizome.

Variétés recommandées: Comme tous les sceaux-de-Salomon se ressemblent et que leur identification dans une pépinière soulève la confusion, vous risquez de vous retrouver avec n'importe quelle espèce, et ce, malgré la sacro-sainte étiquette!

🌿 *P. biflorum* (petit sceau-de-Salomon): Plus petit que la moyenne: 45-90 cm.

🌿 *P.* x *hybridum* (sceau-de-Salomon hybride): La plupart des plantes qui se vendent sous le nom de *P. multiflorum* ou de *P. commutatum* appartiennent plutôt à cet hybride. Hauteur: 90-120 cm.

🌿 *P. odoratum* 'Variegatum' (sceau-de-Salomon panaché): Nous avons affaire ici à une variété remarquable au feuillage strié de blanc. Malheureusement, sa rusticité semble moins accrue que les autres. C'est pourquoi, il importe de lui réserver un emplacement où les feuilles d'automne et la neige s'accumulent à souhait. Hauteur: 60-90 cm.

Polygonatum odoratum 'Variegatum'

Tiarelle cordifoliée

Tiarella cordifolia

Tiarelle cordifoliée
(*Tiarella cordifolia*)

Hauteur: 20-30 cm.

Étalement: 60 cm.

Emplacement: Au soleil ou à l'ombre.

Sol: Bien drainé, humide et riche en matière organique.

Floraison: De la fin du printemps jusqu'au début de l'été.

Multiplication: Division des touffes au printemps.

Utilisation: Bordure, couvre-sol, massif, rocaille, murets, entre les dalles, plate-bande, sous-bois, fleur coupée.

Zone de rusticité: 3 et 4.

Cette jolie plante indigène commence à être de plus en plus en demande dans les aménagements, notamment, dans les jardins ombragés et les sous-bois. Son feuillage de couleur vert moyen et découpé en feuille d'érable forme de denses colonies dans les lieux semi-ombragés (un peu moins dense à l'ombre profonde). Elle produit des épis plumeux de fleurs blanches au printemps.

Même si cette plante est surtout reconnue comme couvre-sol, elle pousse bien au soleil en autant que son sol reste humide. Elle se reproduit par stolons souterrains.

tis!

ti **Variétés recommandées:**

ti *T. cordifolia*: Il existe plusieurs sous-espèces intéressantes de cette plante, mais l'espèce proprement dite, aux fleurs blanches, s'avère quand même très attrayante. Zone 3.

ti *T. cordifolia* 'Rosalie': Fleurs roses. Feuillage vert marqué de rouge. Cultivar de choix.

ti x *Heucherella alba* 'Bridget Bloom' (heucherelle): Un hybride (intergénérique) issu des genres *Tiarella* et *Heuchera*. Longue période de floraison: de l'été jusqu'à l'automne. Petites fleurs roses en forme de clochette réunies en épis plumeux. Feuilles en forme de feuille d'érable. Zone 3.

ti *Tolmiea menziesii* (tolmiéa porte-bonheur): Cette plante, le plus souvent cultivée comme plante d'intérieur, est censée ne pousser qu'en zone 8, et pourtant, elle réussit à merveille dans ma plate-bande de zone 4. Elle ressemble en tous points à une grande tiarelle (botaniquement, elle ne s'en distingue que par des différences mineures au plan de la structure de la fleur), sauf que ses feuilles sont persistantes sous une bonne couche de neige et qu'elle se reproduit, non pas par des stolons, mais par les plantules produites sur ses feuilles. Sa floraison, constituée d'épis minces de fleurs verdâtres, représente peu d'intérêt. N'allez pas chercher cette plante parmi les étalages de vivaces à la jardinerie; vous la trouverez plutôt parmi les plantes d'intérieur. Hauteur: 60 cm. Zone 4, au moins (sous une couche de neige).

Tolmiea menziesii

417

Des fleurs à l'ombre

Trille grandiflore

Trillium grandiflorum 'Flore Pleno'

Trille grandiflore
(*Trillium grandiflorum*)

Hauteur: 20-45 cm.

Étalement: 30 cm.

Emplacement: Mi-ombragé ou ombragé.

Sol: Bien drainé, humide et riche en matière organique.

Floraison: De la fin du printemps jusqu'au début de l'été.

Multiplication: Division ou semis à l'automne.

Utilisation: Bordure, couvre-sol, plate-bande, sous-bois.

Zone de rusticité: 3.

Il fut très difficile de décider s'il fallait intégrer les trilles à cet ouvrage. Pourquoi? Non pas parce que ces vivaces manquent d'attraits pour un jardinier paresseux (au contraire!). Mais parce que la presque totalité de ces plantes vendues dans les jardineries proviennent carrément de leur milieu naturel et sauvage d'où elles sont retranchées. Le malheur, c'est que ce rapt sans merci les rend de plus en plus rares. Vous cherchez une porte de sortie? Il existe heureusement des variétés horticoles qui ne se trouvent pas à l'état sauvage et qui proviennent donc d'une pépinière.

À défaut de pouvoir vous assurer que les plantes que vous désirez acheter ont été multipliées en culture, restreignez-vous tout simplement à des variétés horticoles.

L'important quand on cultive le trille, c'est de se rendre compte que sa tige à trois feuilles constitue bel et bien une plante entière. Aussi, vous comprendrez que le fait de supprimer la tige florale avant son mûrissement (ne serait-ce que pour prélever des fleurs pour un bouquet) aura pour conséquence d'affaiblir la plante, sinon de la faire mourir. En outre, le fait de déterrer des trilles à l'état sauvage les supprime certes de leur environnement, mais détruit aussi les plantes avoisinantes dont le système racinaire s'avère très fragile. Par contre, les plantes cultivées en pot se transplantent très facilement, car leurs racines ne sont pas affectées lors du repiquage.

Les graines des trilles sont difficiles à faire germer et les plants prennent souvent sept ans ou plus avant de parvenir à fleurir. Pour diviser cette plante, marquez bien son emplacement dans la plate-bande, au printemps; déterrez délicatement sa motte lorsque le feuillage fane vers la fin de l'été ou à l'automne puis replantez immédiatement les rhizomes. Laissés à eux-mêmes, les trilles se multiplient facilement et forment de jolies colonies.

Variétés recommandées: Seul le trille blanc ou grandiflore aux cultivars distincts offre la garantie de ne pas avoir été récolté à l'état sauvage. Afin de protéger notre flore sauvage, les seules plantes suivantes sont recommandées.

❧ *T. grandiflorum* 'Flore Pleno': Fleurs blanc pur et doubles devenant roses en vieillissant. Variété horticole.

❧ *T. grandiflorum* 'Roseum': Fleurs simples à trois pétales roses. Variété horticole.

Violette ou pensée

Viola odorata

Violette ou pensée
(*Viola*)

Hauteur: 10-30 cm.
Étalement: 25-30 cm.
Emplacement: Au soleil ou à l'ombre.
Sol: Bien drainé, humide et riche en matière organique.
Floraison: Au printemps (pour les «violettes»); pendant tout l'été (pour les «petites pensées»).
Multiplication: Division au printemps; semis à l'intérieur, à la fin de l'hiver, ou à l'extérieur, à l'automne.
Utilisation: Bordure, couvre-sol, massif, rocaille, murets, entre les dalles, plate-bande, sous-bois, bac, pentes, fleur coupée.
Zone de rusticité: 3, 4 et 5.

Il est difficile de décrire brièvement la gamme étendue des plantes que les botanistes classifient toutes sous le nom de *Viola*. Or, bien qu'un enfant puisse distinguer une pensée d'une violette, les taxonomistes, eux, ne le peuvent pas! Grosso modo, la description que l'on peut donner des *Viola* s'avère plutôt simple: de petites plantes qui poussent dans la fraîcheur des sous-bois et dont les enfants aiment faire des bouquets. Voilà presque tout ce qu'elles ont en commun.

Les plantes que nous appelons violettes appartiennent à plusieurs espèces différentes.

Elles forment généralement des rosettes compactes, souvent avec des feuilles en forme de coeur, et produisent de très petites fleurs dénuées de marques foncées très prononcées. Ces véritables vivaces fleurissent au printemps et vivent pendant de nombreuses années. Elles tolèrent l'ombre ou le soleil dans un lieu humide, mais la mi-ombre leur convient davantage.

Les plantes que nous appelons pensées, elles, présentent un port plus lâche et presque rampant la plupart du temps, des feuilles allongées et crénelées de même que des fleurs assez grosses où l'on peut observer des lignes foncées qui semblent dessiner un «visage», ce qui amuse les enfants. Leur floraison se produit plus tard, à la fin du printemps, mais elle peut durer une bonne partie de l'été. On traite parfois ces vivaces de courte durée comme des bisannuelles ou des annuelles. Bien qu'elles préfèrent le plein soleil, elles peuvent néanmoins tolérer la mi-ombre. Il existe cependant beaucoup d'exceptions à ces règles.

On reproduit le plus souvent les violettes par le biais d'une division des rejets ou de la couronne, mais parfois par semis. En revanche, les pensées se multiplient par semis et il se peut fort bien qu'elles fleurissent dès la première année.

Variétés recommandées: Pour distinguer les deux groupes majeurs de *Viola*, il vous sont présentés séparément. Les quelques exemples d'espèces et de cultivars énumérés ci-après ne représentent qu'un faible pourcentage des possibilités puisqu'il en existe des centaines!

VIOLETTES

V. odorata (violette odorante): Cette violette européenne bien connue est la plus parfumée de toutes. Les fleurs blanches, bleues, violettes ou rosées peuvent être simples ou doubles et assez grosses. Il arrive souvent que les feuilles en forme de coeur les voilent partiellement. Le feuillage attrayant forme de jolis coussins bombés qui durent tout l'été. La rusticité de ces plantes pose des problèmes: alors que certaines semblent parfaitement vivaces en zone 4, d'autres ont de la difficulté à survivre en zone 5. Il vaut mieux obtenir des plantes cultivées localement (auprès d'un ami qui a du succès, par exemple) dont la rusticité ne fait pas de doute, au lieu d'en acheter sur le marché. En effet, une bonne partie des plants, qui proviennent de l'Ontario et des États-Unis, n'ont pas la résistance pour faire face à nos hivers. Emplacement au soleil ou à l'ombre. Floraison: de la fin du printemps jusqu'au début de l'été. Hauteur: 20 cm. Zone 4.

V. sororia 'Freckles' (violette parente): L'espèce s'avère une plante indigène, mais ce cultivar nous vient d'Europe. La plante ressemble à une petite violette odorante avec des fleurs blanches tachetées de bleu pâle. Vous pouvez vous la procurer par semis à condition d'effectuer une bonne sélection, car certains plants n'ont pas de taches, sinon peu. Floraison: de la fin du printemps jusqu'au début de l'été. Emplacement semi-ombragé. Hauteur: 10-15 cm. Zone 3.

Viola tricolor

V. *labradorica* (violette du Labrador): Il s'agit d'une petite violette rampante et indigène se multipliant par stolons et formant un joli couvre-sol au feuillage pourpré. Ses fleurs bleu-violet durent très longtemps, à partir du printemps jusqu'aux gels. Emplacement semi-ombragé. Hauteur: 10-12 cm. Zone 3.

V. *pedata* (violette pédalée): Cette violette américaine aux fleurs bleu-violet se distingue des autres par ses feuilles fortement découpées. Elle exige davantage de soleil et un sol plus sec. Floraison: de la fin du printemps jusqu'au début de l'été. Hauteur: 10-15 cm. Zone 4.

V. *obliqua*, anc. *V. cucullata* (violette cucullée): Autre espèce indigène, la violette cucullée produit des fleurs bleu-violet et s'accommode mieux des lieux humides, bien qu'elle tolère les sols plus secs. On pourrait dire qu'elle représente la violette sauvage typique (au moins une vingtaine d'espèces existent à l'intérieur des limites du Québec). Toutes intéressantes à cultiver, elles se distinguent difficilement les unes des autres. La plupart produisent des fleurs bleues ou violettes, mais certaines ont des fleurs blanches ou jaunes. Floraison: de la fin du printemps jusqu'au début de l'été. Emplacement semi-ombragé. Hauteur: 10-15 cm. Zone 3.

PENSÉES

V. x *wittrockiana* (pensée des jardins): Il importe de mentionner que cette vivace considérée comme une plante annuelle se comporte telle une bisannuelle au Québec. Quoiqu'intéressante par ses grandes fleurs multicolores, le fait qu'elle ne dure pas assez longtemps ni ne se reproduise bien par semis la rend peu recommandable.

V. *tricolor* (petite pensée tricolore): Il s'agit d'une petite plante aux fleurs tricolores (bleu, jaune et blanc) curieusement marquées de façon à former un visage souriant. C'est la plante que les Anglais appellent «Johnny-jump-up». Il s'agit du genre de plante que les jardiniers méticuleux détestent, car elle ne reste pas longtemps à sa place. Comme elle se propage à travers la plate-bande, la pelouse et même entre les dalles de la terrasse, ils la considèrent donc comme une mauvaise herbe. En revanche, beaucoup de jardiniers paresseux l'adorent, car le comportement spontané qu'ils remarquent chez cette plante correspond à leur image d'un jardin analogue à un milieu presque naturel où une variété de plantes évoluent librement. Comme toutes les autres, la petite pensée tricolore a une vie courte, mais elle se ressème abondamment sans jamais devenir vraiment envahissante. Plusieurs cultivars que l'on attribue à cette espèce appartiennent probablement à l'espèce *V. cornuta*. 'Helen Mount', un cultivar particulièrement florifère aux fleurs violette, lavande et jaune, est typique des plantes de cette catégorie. En plein soleil ou à la mi-ombre. Floraison: pendant tout l'été (sauf en période de canicule). Hauteur: 15-20 cm. Zone 3.

V. cornuta (petite pensée ou pensée cornue): Il est peu probable que la plante *V. cornuta* se cultive au Québec, mais il existe des centaines d'hybrides et de cultivars de cette espèce qui se vendent sous cette dénomination. On pourrait dire qu'il s'agit d'une «pensée tricolore améliorée»: les fleurs sont plus grosses (parfois presque aussi grosses que celles de la pensée des jardins) et présentent des couleurs très variées (blanc, jaune, abricot, rouge, bleu, violet, noir ou, en fait, violet très, très foncé, etc.), souvent marbrées ou marquées d'autres coloris. Si la plante ne vit que quelques années, elle réussit pourtant à se maintenir par des semis spontanés, mais moins facilement dans un jardin paillé. Il existe tant de cultivars intéressants qu'il ne vaut pas la peine d'en mentionner. En plein soleil ou à la mi-ombre. Floraison: pendant tout l'été (sauf en période de canicule). Hauteur: 15-30 cm. Zone 3.

V. corsica (pensée de Corse): Une nouveauté qui produit d'assez grosses fleurs violettes à partir du printemps jusqu'à l'automne. Hauteur: 15-30 cm. Zone 3.

Viola cornuta
'Arkwright's Ruby'

Waldsteinie faux-fraisier

Waldsteinia fragarioides

Waldsteinie faux-fraisier
(*Waldsteinia**)

Hauteur: 15-20 cm.

Étalement: 30 cm.

Emplacement: Au soleil ou à l'ombre.

Sol: Bien drainé, humide et riche en matière organique.

Floraison: De la fin du printemps jusqu'au début de l'été.

Multiplication: Division ou bouturage des rejets au printemps.

Utilisation: Bordure, couvre-sol, massif, rocaille, murets, entre les dalles, plate-bande, sous-bois, bac, pentes.

Zone de rusticité: 3 ou 4.

Cette plante mériterait d'être mieux connue. Son feuillage persistant à trois folioles et sa façon de se multiplier par des rejets reliés à de courts stolons rappellent le fraisier (*Fragaria*). En revanche, ses fleurs à cinq pétales ne sont pas blanches ou roses, mais jaune vif, et ne produisent pas de fruits comestibles. Excellent couvre-sol, poussant aussi bien à l'ombre qu'en plein soleil, la waldsteinie ne s'étend que lentement et ne s'avère pas aussi envahissante que certaines plantes tapissantes.

Variétés recommandées:

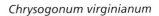 *W. fragarioides* (waldsteinie faux-fraisier): Plante indigène du Québec. Zone 3.

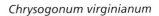 *W. ternata* (waldsteinie trifolié): Identique à la première, mais avec des fleurs plus grosses. Zone 4.

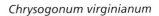 *Chrysogonum virginianum* (étoile d'or): Voici une plante non apparentée à la waldsteinie, mais qui, comme plante tapissante poussant à l'ombre, joue le même rôle et produit, comme elle, de nombreuses fleurs jaune or ressemblant à celles du zinnia. Les feuilles cordiformes ou ovales forment un tapis dense. La floraison, intense au début de l'été, devient sporadique jusqu'aux gels. Hauteur: 20 cm. Zone 4.

Chrysogonum virginianum

425

Si vous ne réussissez pas avec les fleurs, certaines vivaces vous charmeront uniquement par leur feuillage.

*S'*il arrive que les plantes répertoriées dans cette section produisent de très jolies fleurs, on ne les plante pas pour celles-ci, mais bien pour le feuillage: que ce soit à cause de sa texture spéciale ou de sa couleur attrayante. C'est ainsi qu'au fil des saisons, ces plantes durables rehaussent la beauté du jardin.

Armoise
Asaret
Épiaire laineux ou oreilles d'agneau
Fougère
Heuchère américaine
Lierre anglais
Pachysandre du Japon
Plante caméléon
Sagine

Stachys byzantina 'Silver Carpet'

Armoise

Artemisia 'Powis Castle'

Armoise
(*Artemisia*)

Hauteur: 15-120 cm.

Étalement: 90-120 cm.

Emplacement: Au soleil.

Sol: Très bien drainé, pauvre et plutôt sec (les sols alcalins conviennent bien).

Floraison: Sans importance.

Multiplication: Division au printemps; bouturage des tiges à l'été.

Utilisation: Bordure, couvre-sol, en isolé, haie, massif, rocaille, murets, plate-bande, arrière-plan, pré fleuri, bac, pentes, fleur coupée, fleur séchée.

Zone de rusticité: 2 à 5.

Ces plantes originaires des lieux secs (plages, dunes, rochers arides, déserts, etc.) de l'hémisphère nord, y compris le Québec, se cultivent presque exclusivement pour leur feuillage argenté. Les fleurs blanches ou jaunes, bien que nombreuses parfois, se voient peu et ne suscitent pas notre attention. Il s'agit de plantes vivaces ou de sous-arbrisseaux qui meurent au sol à toutes les années.

La culture de ces plantes ne pose aucune difficulté si on les plante au soleil dans un site plus sec qu'humide. Par contre, plusieurs espèces très envahissantes méritent d'être confinées à l'intérieur d'une barrière enfoncée dans le sol. Évitez de les fertiliser autrement qu'avec du compost: les engrais trop rapidement assimilables ont pour effet de forcer la plante à former des tiges longues et faibles incapables de supporter leur propre poids.

Variétés recommandées: Sauf mention contraire, toutes les plantes suivantes ont une rusticité codée zone 3.

🌿 *Artemisia abrotanum* (aurone ou citronnelle): Employée autrefois au Québec pour former une haie, voici la plus arbustive des armoises courantes. Son feuillage moins argenté que les autres dégage un parfum de citron. Elle mérite bien une place à l'arrière-plan de la plate-bande. Hauteur: 90-120 cm. Extrarustique. Zone 2.

🌿 *A.* 'Powis Castle': Cette plante serait un hybride naturel issu d'un croisement entre la précédente et *A. absinthium*. Très sélecte et prisée par les jardiniers connaisseurs. Port dressé. Feuillage plumeux et très argenté. Hauteur: 60 cm. Rusticité douteuse. Zone 4 ou 5.

🌿 *A. ludoviciana*, anc. *A. abula* (armoise de Louisiane): Vivace très envahissante aux feuilles entièrement argentées, assez larges et légèrement dentées. L'espèce se cultive peu, mais ses cultivars s'avèrent très populaires. On la trouve facilement à l'état sauvage, notamment le long des chemins de fer, car cette plante fut d'abord introduite au Québec grâce aux trains qui transportèrent ses graines des Prairies canadiennes. Hauteur: 60-90 cm. Zone 2.

🌿 *A. ludoviciana* 'Silver King': Le cultivar le plus courant. Feuillage particulièrement argenté. Hauteur: 75-90 cm.

🌿 *A. ludoviciana* 'Silver Queen': Feuilles plus larges et moins argentées que le précédent. Il ressemble davantage à l'espèce sauvage. Hauteur: 60-75 cm.

🌿 *A. ludoviciana* 'Valerie Finnis': Feuilles très argentées et beaucoup plus larges que les autres. Hauteur: 60 cm.

🌿 *A. schmidtiana* 'Nana' ('Silver Mound') (armoise de Schmidt): Cette plante ayant la forme d'un dôme bombé et produisant des feuilles argentées finement découpées s'avère la plus populaire de toutes les armoises, à tel point que le nom Silver Mound est pratiquement passé dans le langage courant du jardinier. Cette espèce vivace n'est pas envahissante. Hauteur: 45 cm.

🌿 *A. stelleriana* (armoise de Steller): Cette vivace très envahissante produit de larges feuilles lobées, très argentées et duveteuses. Hauteur: 15-30 cm.

🌿 *A. stelleriana* 'Silver Brocade': Avec un port plus compact que la précédente. Hauteur: 15 cm.

Asaret

(*Asarum*)

Hauteur: 15 cm.

Étalement: 30 cm.

Emplacement: Mi-ombragé ou ombragé.

Sol: Bien drainé, humide et riche en matière organique.

Floraison: À partir du début de l'été, mais plutôt banale.

Multiplication: Division au printemps.

Utilisation: Bordure, couvre-sol, massif, rocaille, murets, entre les dalles, plate-bande, sous-bois, pentes, lieux humides.

Zone de rusticité: 3, 4 et 5.

Asarum canadense

L'asaret est un petite plante couvre-sol aux feuilles en forme de coeur. Ses fleurs brunes ou pourprées se forment au niveau du sol et restent sans attrait: de toute façon, il faut se mettre à plat ventre pour les voir! Fait curieux, elles sont pollinisées par les limaces (et vous qui pensiez que les limaces n'avaient aucune utilité...).

Variétés recommandées:

🍂 *A. canadense* (gingembre sauvage): Le nom commun vient de l'odeur du rhizome, lequel fut d'ailleurs exploité commercialement, à tel point que cette plante autrefois répandue se fait rare. Ses feuilles vert mat sont caduques. Zone 3.

La fleur si insignifiante de l'*Asarum canadense*.

🌿 *A. europaeum* (asaret d'Europe): Comme la précédente, mais ses feuilles sont luisantes et persistantes. Il faut peut-être attribuer la zone 5 à cette plante, à cause de sa vulnérabilité au froid dans les sites exposés. Par contre, dans un sous-bois, avec une bonne épaisseur de neige, elle peut résister aux rigueurs de la zone 4 et même de la zone 3.

Asarium europaeum

431

Épiaire laineux

Épiaire laineux ou oreilles d'agneau
(*Stachys byzantina*, anc. *S. lanata* et *S. olympica*)

Hauteur: 20-40 cm.

Étalement: 60 cm.

Emplacement: Au soleil.

Sol: Bien drainé et assez sec.

Floraison: Du milieu jusqu'à la fin de l'été.

Multiplication: Division au printemps.

Utilisation: Bordure, couvre-sol, massif, rocaille, murets, entre les dalles, plate-bande, bac, pentes.

Zone de rusticité: 3.

Stachys byzantina 'Silver Carpet'

La preuve que cette plante se cultive uniquement pour son feuillage: les jardiniers méticuleux prennent le temps de supprimer ses tiges florales afin d'uniformiser le tapis de feuillage. Le jardinier paresseux fait mieux encore: il plante le cultivar 'Silver Carpet' qui ne fleurit pas, s'évitant ainsi toute dépense d'énergie.

L'épiaire laineux s'avère une plante basse aux grandes feuilles densément couvertes de poils blancs, ce qui lui confère une apparence argentée. L'espèce produit des épis dressés garnis de fleurs violettes (même l'épi se couvre de poils blancs!). Par contre, après la floraison, l'épi dépérit puis disparaît, laissant un vide dans le tapis argenté: c'est la raison pour laquelle tant d'efforts sont consentis pour en prévenir les effets.

Comme l'épiaire dépérit s'il passe l'hiver à l'humidité, il importe que le sol où il s'enracine soit parfaitement drainé. Dans ce cas, vous bénéficiez d'une plante qui se cultive aisément et qui n'exige aucuns soins particuliers.

Variétés recommandées:

🍂 *S. byzantina* 'Silver Carpet': Inutile de planter l'espèce si le cultivar est disponible. Feuilles très laineuses. Aucune tige florale à supprimer. Hauteur: 20-25 cm.

🍂 *S. macrantha*, anc. *S. grandiflora* et *Betonica grandiflora* (bétoine ou grande bétoine): Il s'agit d'une plante très différente de l'épiaire laineux, à cause de sa grandeur supérieure et de l'attrait principal que représente sa floraison, non son feuillage. Il s'agit d'une grande plante qui se pare de feuilles joliment froissées, hirsutes et qui produit un épi dense de fleurs rosées ou violet pourpré. Excellente plante pour la bordure. Emplacement ensoleillé ou semi-ombragé. Floraison: de la fin du printemps jusqu'à la mi-été. Hauteur: 45 cm. Zone 3.

🍂 *S. macrantha* 'Rosea': Fleurs mauve rosé.

🍂 *S. macrantha* 'Robusta': Fleurs rouge rosé.

Stachys macrantha

433

Fougère

Osmunda cinnamomea

Fougère

Hauteur: Variable.

Étalement: Variable.

Emplacement: Au soleil ou à l'ombre (dans la plupart des cas, le plein soleil est à éviter).

Sol: Bien drainé, humide et acide; riche en matière organique.

Floraison: Aucune.

Multiplication: Division au printemps; la multiplication par spores est lente et difficile.

Utilisation: Bordure, couvre-sol, massif, rocaille, murets, entre les dalles, plate-bande, sous-bois, lieux humides, pentes, feuillage pour bouquets.

Zone de rusticité: 3, 4 et 5.

Il est regrettable de ne pas pouvoir décrire davantage les fougères, ces «reines de l'ombre» au feuillage luxuriant. En effet, peu de plantes à fleurs croissent aussi facilement à l'ombre que les fougères; certaines, même, ne tolèrent pas le soleil.

Les fougères sont des plantes primitives qui ne produisent pas de fleurs, mais plutôt des spores, corpuscules de la grosseur d'une poussière qui se forment sous les frondes ou sur des frondes fertiles spéciales. Le monde des fougères est fait de textures: leur feuillage, qu'il soit

434

finement découpé ou entier, rugueux ou lisse, épais ou mince, demeure cependant toujours gracile. Les fougères possèdent un équilibre et une harmonie qui appellent à la tranquillité, à la détente. De ce fait, elles deviennent des plantes idéales pour aménager un lieu de repos. De plus, leur aspect primitif permet de recréer, dans la cour, le contexte d'une jungle sombre et mystérieuse. On peut, d'ailleurs, aménager un sous-bois en utilisant seulement des fougères... et s'y promener en se reportant, par l'imagination, à l'époque des dinosaures.

Bien que les fougères n'aient de fleurs, cela ne signifie pas qu'elles n'ont pas de couleurs. On y trouve, certes, toutes les teintes possibles de vert, mais aussi du jaune, du blanc et même du rouge. Les descriptions que vous lirez parmi les variétés recommandées vous donneront une bonne idée de la variété que les fougères peuvent vous offrir.

Fort malheureusement, plusieurs des fougères indigènes vendues dans nos pépinières ont été récoltées à l'état sauvage. Or, ce saccage environnemental est en voie d'éliminer à tout jamais certaines espèces de nos forêts. Informez-vous toujours de la provenance des fougères avant de les acheter. Certaines pépinières de production ne vendent absolument aucune plante récoltée à l'état sauvage; leurs fougères indigènes s'avèrent donc le meilleur choix.

Adiantum pedatum

435

Athyrium nipponicum 'Pictum'

🙢 *Adiantum pedatum* (capillaire du Canada): Feuillage à l'apparence délicate. Sans doute la plus «légère» de nos fougères indigènes. Elle tolère les sols alcalins. Hauteur: 45 cm. Étalement: 45 cm. Emplacement semi-ombragé. Zone 3.

🙢 *Athyrium felix-femina* (fougère femelle): Frondes très découpées. Port dressé. Indigène. Il existe plusieurs cultivars au feuillage frisé et souvent de taille moindre que l'espèce: on peut les acheter sans craindre qu'ils aient été récoltés à l'état sauvage. Hauteur: 75 cm. Étalement: 60 cm. Emplacement semi-ombragé et ombragé. Zone 4.

🙢 *Athyrium nipponicum* 'Pictum' (fougère peinte): La plus colorée des fougères. Les frondes vertes sont rehaussées d'argent avec une nervure rouge au centre. Elle tarde à lever au printemps. Hauteur: 30 cm. Étalement: 30 cm. Emplacement ombragé. Zone 4.

🙢 *Blechnum spicant* (blechnum à épi): Frondes persistantes en forme d'échelle. Hauteur: 75 cm. Étalement: 45 cm. Emplacement semi-ombragé et ombragé. Zone 4.

🙢 *Dennstaedtia punctiloba* (dennstaedtia à lobules ponctués): Talles denses de frondes découpées et gracieusement arquées. Indigène. Hauteur: 60-80 cm. Étalement: 80 cm. Emplacement semi-ombragé et ombragé. Zone 3.

🙢 *Dryopteris filix-mas* (fougère mâle): Frondes larges et arquées de couleur vert moyen. Il existe un nombre incroyable de cultivars, aux frondes souvent curieusement tordues, mais pas toujours aussi jolis que l'espèce. Hauteur: 120 cm. Étalement: 1 m. Emplacement semi-ombragé et ombragé. Zone 5.

🙢 *Dryopteris marginalis* (dryoptéride marginale): Frondes persistantes, épaisses et coriaces. Indigène. Hauteur: 60 cm. Étalement: 30 cm. Emplacement semi-ombragé et ombragé. Zone 3.

🌿 *Dryopteris spinulosa* (aussi *D. austriaca spinulosa*, dryoptéride spinuleuse): Frondes larges et très découpées de couleur vert glabre. Indigène. Hauteur: 75 cm. Étalement: 75 cm. Emplacement semi-ombragé et ombragé. Zone 3.

🌿 *Matteuccia struthiopteris* (fougère plume d'autruche): Voici la plus spectaculaire de nos fougères indigènes; elle fournit d'ailleurs les populaires crosses de fougère. Frondes hautes et dressées. Elle peut pousser presque n'importe où, sauf dans les sols secs. Hauteur: 1 m. Étalement: 60 cm. Emplacement au soleil ou à l'ombre. Zone 3.

🌿 *Osmunda cinnamomea* (osmonde cannelle): Frondes dressées d'une grande légèreté. Indigène. Hauteur: 150 cm. Étalement: 90 cm. Emplacement semi-ombragé et ombragé. Zone 3.

🌿 *Osmunda regalis* (osmonde royale): Très grande plante ressemblant davantage à un arbuste qu'à une fougère typique. Indigène. Hauteur: 150 cm. Étalement: 90 cm. Emplacement semi-ombragé et ombragé. Zone 3.

🌿 *Polystichum acrostichoides* (polystic faux-acrostic): Frondes persistantes de couleur vert foncé et d'une très grande beauté. Le feuillage peut servir à décorer les arrangements floraux. Indigène. Hauteur: 60 cm. Étalement: 45 cm. Emplacement semi-ombragé et ombragé. Zone 3.

Matteuccia struthiopteris

Heuchère américaine

Heuchera micrantha 'Palace Purple'

Heuchère américaine
(*Heuchera americana* et *H. micrantha*)

Hauteur: 30-45 cm.

Étalement: 45-60 cm.

Emplacement: Ensoleillé ou semi-ombragé.

Sol: Bien drainé, plutôt humide et riche en matière organique.

Floraison: Au milieu de l'été.

Multiplication: Division au printemps ou après la floraison; bouturage des tiges et des feuilles à l'été; semis (donnant cependant des résultats très variables) à l'intérieur, à la fin de l'hiver, ou à l'extérieur, au printemps.

Utilisation: Bordure, couvre-sol, massif, rocaille, murets, plate-bande, sous-bois, fleur coupée.

Zone de rusticité: 3 ou 4.

438

Il y a deux catégories principales d'heuchères: l'américaine, qui se cultive surtout à cause de son feuillage et qui requiert moins de luminosité, et la sanguine, qui est davantage appréciée pour sa floraison durable et qui demande beaucoup de soleil (pour obtenir des renseignements sur la culture quelque peu différente de l'heuchère sanguine, voir à la page 268).

Le feuillage de l'heuchère américaine se présente comme un dense monticule formé de feuilles s'apparentant à celle de l'érable. Les cultivars modernes sont généralement très colorés et affichent souvent un pourpre foncé; de grandes taches argentées rehaussent parfois le feuillage qui peut être joliment frangé ou ondulé. Les hautes tiges florales produisent de petites clochettes roses, rouges, blanches ou verdâtres, mais elles offrent si peu d'attrait que les jardiniers méticuleux les coupent. On peut fort bien ne pas s'en occuper, car elles ne déparent pas le feuillage.

On considère l'heuchère américaine comme une plante qui nécessite un emplacement semi-ombragé car elle s'y comporte très bien. Par contre, on peut la cultiver au soleil à condition que le sol demeure un peu humide en permanence.

Variétés recommandées: On confond souvent les espèces *H. americana* et *H. micrantha*, et pour cause. Vous découvrirez probablement que la plupart des cultivars modernes sont d'origine hybride. L'hybridation accélérée à laquelle on procède avec ce groupe rend inutile la présentation d'une série de cultivars, car il ne fait pas de doute que leur valeur sera dépassée d'ici un an ou deux. Nous nous en tiendrons donc au cultivar 'Palace Purple' qui a lancé la mode.

🍂 *H. micrantha diversifolia* 'Palace Purple': Grandes feuilles pourpre foncé. Fleurs blanches. Zone 3. La majorité des cultivars modernes dérivent de ce cultivar très prisé. Mais prenez garde, ils ne sont pas toujours aussi rustiques que 'Palace Purple'. Vérifiez leur rusticité avant de les acheter.

Heuchera micrantha 'Persian Carpet': un des nombreux et nouveaux cultivars (d'heuchère américaine) au feuillage multicolore.

Hedera helix 'Baltica'

Lierre anglais
(*Hedera helix*)

Hauteur: 10-15 cm.

Étalement: 90 cm et plus.

Emplacement: Mi-ombragé ou ombragé.

Sol: Bien drainé, humide et riche en matière organique.

Floraison: Absente sous notre latitude.

Multiplication: Division ou bouturage des tiges au printemps ou à l'été.

Utilisation: Bordure, couvre-sol, rocaille, murets, entre les dalles, sous-bois, bac, pentes.

Zone de rusticité: 5 (zone 4 avec une couverture de neige).

Le lierre anglais est une plante rampante au feuillage persistant qui prend racine aux noeuds pour former un bon couvre-sol. Les feuilles, souvent de couleur vert foncé, ont la forme de celles de l'érable (c'est le cas de tous les cultivars qui ont réussi à s'implanter jusqu'à maintenant au Québec), mais plusieurs cultivars dont la résistance ne convient guère à notre latitude ont des formes et des couleurs très différentes. En Europe, leur continent d'origine, les lierres anglais s'avèrent des arbustes grimpants assez vigoureux, alors qu'au Québec, ils demeurent toujours au sol parce que le gel affecte les tiges qui ont réussi à grimper sur un mur ou un tronc d'arbre.

Il n'y a pas si longtemps, on attribuait au lierre anglais une rusticité codée 7; on s'est ravisé ensuite en lui donnant zone 6; maintenant on lui reconnaît zone 5. Ne faudrait-il pas rajuster sa rusticité, puisque je réussis à le cultiver en zone 4 sans le moindre problème? Ce qui explique la rusticité très variable de cette plante dépend, bien sûr, de la sélection. La majorité des cultivars n'ont probablement pas une très grande résistance au froid, mais certains qui proviennent des parties les plus nordiques de leur aire naturelle (la plante pousse quand même jusqu'en Scandinavie!) sont très rustiques. Il resterait à tester les quelque 500 autres cultivars de lierre anglais sous notre latitude: il en existe sans doute des dizaines capables de s'acclimater et, parmi eux, certainement quelques-uns joliment panachés! À moins que vous ayez envie d'expérimenter de votre côté, les variétés énumérées ci-après sont connues pour leur grande rusticité.

Variétés recommandées:

🍂 *H. helix* 'Baltica': Feuilles assez petites avec des nervures pâles. Zone 4.

🍂 *H. helix* 'Thorndale': Feuilles plus grandes. Zone 5.

🍂 *H. pastuchovii* (lierre de Pastuchov): Nouvellement introduit de l'Asie centrale. L'*American Ivy Society* le considère comme l'un des lierres les plus rustiques. Le serait-il au Québec? Très grandes feuilles en forme de coeur. Zone: 4 ou 5?

Pachysandra terminalis

Pachysandre du Japon
(*Pachysandra terminalis*)

Hauteur: 20-30 cm.

Étalement: 40 cm.

Emplacement: Mi-ombragé ou ombragé.

Sol: Bien drainé, humide et riche en matière organique (les sols très acides conviennent).

Floraison: Au printemps, mais sans grand attrait.

Multiplication: Division ou bouturage des tiges au printemps ou au début de l'été.

Utilisation: Bordure, couvre-sol, massif, rocaille, murets, entre les dalles, plate-bande, sous-bois, pentes.

Zone de rusticité: 4.

Ah! Vous cherchez un bon couvre-sol pour occuper un endroit ombragé? Avec son beau feuillage vert foncé et luisant, la pachysandre du Japon s'avère l'un des meilleurs choix et réussit même à pousser au pied des érables. Elle produit un tapis dense très uniforme (une vraie pelouse, sans taille, quoi!) qui demeure toujours vert. Toutefois, dans les endroits passants, elle ne résiste pas autant au piétinement que le gazon, mais ailleurs... quel bon choix! Plantez-la assez densément, à tous les 20 cm environ, puis appliquez un paillis organique. Dans deux ou trois ans, vous obtiendrez un couvre-sol aussi dense et aussi durable qu'un tapis en nylon! Aussi, pour éviter de perdre cette plante au cours de l'hiver, assurez-vous de la planter dans un site où elle sera protégée par une bonne couverture de neige.

Au printemps, la pachysandre produit de petits épis de fleurs minuscules et blanchâtres dont la beauté laisse à désirer, mais cela ne dépare pas son feuillage.

Selon les botanistes, cette plante est un arbuste, mais les jardiniers la classent toujours parmi les vivaces.

Variétés recommandées:

🍂 *P. terminalis*: Cette espèce se cultive le plus. Hauteur: 20-30 cm.

🍂 *P. terminalis* 'Green Carpet': Un cultivar encore plus dense et plus compact que l'espèce. Feuillage vert très foncé. Hauteur: 20 cm.

🍂 *P. terminalis* 'Variegata' ('Silver Edge'): Feuillage panaché de blanc. Cette plante a moins de vigueur et croît plus lentement que l'espèce. Plantez-la plus densément pour obtenir une couverture parfaite. Hauteur: 20-30 cm.

Pachysandra terminalis 'Variegata'

443

Plante caméléon

Houttuynia cordata 'Chameleon'

Plante caméléon
(*Houttuynia cordata* 'Chameleon')

Hauteur: 15-20 cm.

Étalement: 40 cm.

Emplacement: Ensoleillé ou mi-ombragé.

Sol: Bien drainé, humide et riche en matière organique.

Floraison: Du début jusqu'au milieu de l'été.

Multiplication: Division au printemps ou à l'automne; bouturage des tiges à l'été.

Utilisation: Bordure, couvre-sol, massif, rocaille, murets, plate-bande, sous-bois, lieux humides.

Zone de rusticité: 4 et 5.

Les feuilles cordiformes fortement panachées (rose, jaune, vert, rouge ou crème) constituent le principal attrait de cette plante couvre-sol, sans oublier les petites fleurs blanches qui suscitent un certain intérêt. La plante caméléon préfère les sols humides et, de surcroît, réussit à pousser avec le pied dans l'eau... mais prévoyez les conséquences avant de la planter, car c'est une grande envahisseuse! Une barrière enfoncée dans le sol s'avère impérative pour contrer les ardeurs de cette plante, sinon elle risque de devenir la renouée du Japon du XXIᵉ siècle! Autre défaut, une rusticité remise en doute: peu encline à résister aux rigueurs de la zone 5, elle peut pousser et même proliférer en zone 4, à condition de bénéficier d'une très bonne couverture de neige.

Variétés recommandées: Seul le cultivar mentionné offre beaucoup d'intérêt.

🐾 *Oenanthe javanica* 'Flamingo' (oenanthe panaché): Tout nouveau sur le marché du Québec, cette plante couvre-sol n'est pas apparentée à la plante caméléon, mais elle croît à peu près dans les mêmes conditions, remplit sa fonction de couvre-sol et offre, en outre, un feuillage fortement panaché de rose et de crème. Feuilles découpées comme celles du coeur-saignant. Minuscules fleurs blanches réunies en grappes aplaties. Hauteur: 15-30 cm. Zone 4.

Oenanthe javanica 'Flamingo'

Sagine

Arenaria verna

Sagine

(*Arenaria verna*)[1]

Hauteur: 5 cm.

Étalement: 30 cm.

Emplacement: Ensoleillé ou semi-ombragé.

Sol: Bien drainé, humide et riche en matière organique.

Floraison: Du début jusqu'au milieu de l'été.

Multiplication: Division au printemps.

Utilisation: Bordure, couvre-sol, rocaille, murets, pentes, lieux humides.

Zone de rusticité: 3.

Sur le sol ou sur les roches, cette plante minuscule forme un tapis mince et uniforme de feuilles persistantes. Puisqu'elle rappelle la mousse par sa forme et son feuillage mince, on l'appelle souvent la «mousse irlandaise». À la différence des vraies mousses, cependant, la sagine produit des fleurs minuscules et blanches qui apparaissent çà et là sur la surface du tapis. Néanmoins, celles-ci n'offrent pas assez d'attrait pour l'emporter sur le feuillage.

Bien que cette plante provienne de l'Arctique, il arrive parfois qu'elle souffre du froid sous notre latitude. Pour éviter

1. La taxonomie de cette plante étant des plus confuses (*Arenaria caespitosa, Minuartia verna, Sagina glabra,* etc.), je m'en suis donc tenu au nom botanique le plus en vogue.

ce problème, il suffit de lui fournir un milieu ni trop mouillé ni trop sec (car elle risque de brûler au soleil) qui reçoit au moins la protection d'une mince couche de neige en hiver: dans ce cas, elle gardera toujours une belle apparence.

Vous n'avez pas à vous procurer plusieurs plants: une seule sagine s'avère suffisante. Comme elle a la particularité de s'enraciner partout où elle touche au sol, le pot que vous achetez contient probablement assez de divisions pour produire une dizaine de plants. Par la suite, vous pourrez la diviser annuellement jusqu'à ce que vous obteniez le nombre de plantes dont vous avez besoin.

À cause de sa petite taille, la sagine s'avère tout à fait indiquée pour pousser entre les dalles et les pavés des sentiers et des terrasses de même que dans la rocaille et sur les murets. Il est possible de réaliser de magnifiques jardins de mousse en utilisant uniquement des sagines.

Variétés recommandées:

❧ *A. verna*: Feuillage vert émeraude.

❧ *A. verna* 'Aurea': Feuillage vert doré.

❧ *A. montana* (sabline des montagnes): En plus des variétés rappelant la mousse, le genre *Arenaria* comprend aussi des plantes tapissantes de taille plus haute qui conviennent aux rocailles, aux bordures et sur les murets. La sabline des montagnes s'avère être la mieux connue de ce groupe; on la cultive à cause de ses nombreuses fleurs blanches qui apparaissent au début de l'été et du tapis de feuilles vertes qui demeure attrayant jusqu'à la fin de la belle saison. Elle ne se divise pas facilement, mais se multiplie sans difficulté par bouturage des tiges ou par semis. Hauteur: 10 cm.

Arenaria verna 'Aurea'

447

Mieux vaut les admirer de loin... car qui s'y frotte s'y pique!

«Quoi? Cultiver des chardons dans une plate-bande? Quelle idée farfelue!» Voilà ce que bien des jardiniers amateurs doivent penser quand on leur parle de cultiver le chardon bleu ou le panicaut. Pourtant, ces «chardons domestiqués» ne deviennent pas envahissants, forment un beau feuillage rehaussé par une floraison magnifique et offrent des fleurs coupées, fraîches ou séchées, imbattables. Qui plus est, les visiteurs de votre plate-bande en seront ravis. Pour ceux qui aiment l'originalité, il ne se fait pas mieux comme plante!

448

Chardon bleu
Érynge ou panicaut
Yucca

Yucca filamentosa

449

Chardon bleu

Echinops ritro

Chardon bleu

(*Echinops ritro* et autres)

Hauteur: 90-120 cm.

Étalement: 45-60 cm.

Emplacement: Ensoleillé ou très légèrement ombragé.

Sol: Ordinaire et bien drainé, voire plutôt sec.

Floraison: Du milieu de l'été jusqu'au début de l'automne.

Multiplication: Division des rejets, semis ou bouturage des racines au printemps.

Utilisation: Plate-bande, arrière-plan, pré fleuri, fleur coupée, fleur séchée.

Zone de rusticité: 3.

Si les épines ne vous dérangent pas trop, voici une excellente plante à expérimenter dans votre plate-bande. Les feuilles découpées portent des piquants à l'extrémité des lobes et se colorent de vert sur la face supérieure et de blanc sur la surface inférieure duveteuse. Chacune des tiges raides porte une inflorescence qui se compose de petites fleurs bleu métallique et qui ressemble à une boule de ping-pong de par sa taille et sa forme. Elle fait une excellente fleur coupée; en outre, si on cueille une fleur avant qu'elle ne soit complètement ouverte, celle-ci conserve sa coloration bleutée après avoir séché. Surtout, n'oubliez pas de porter des gants en cueillant les fleurs!

Adulte, le chardon bleu se divise difficilement à cause de sa longue racine pivotante. Pour obtenir de jeunes plants sans trop d'effort, tranchez les racines près de la base de la plante. Par la suite, de jeunes plantes pousseront à partir des racines sectionnées et enfouies dans le sol.

Plantez cette plante au milieu de la plate-bande ou au fond de celle-ci, car sa base se dégarnit au cours de l'été.

Variétés recommandées:

🌿 *E. ritro*: Voici l'espèce la plus employée. Plusieurs hybrides intéressants en proviennent. Hauteur: 90-120 cm.

🌿 *E. bannaticus* 'Taplow Blue': Un cultivar supérieur produisant des inflorescences plus argentées que la précédente ainsi qu'une plus grande taille. Hauteur: 120-150 cm.

Echinops ritro

Érynge ou panicaut

Eryngium alpinum 'Amethyst'

Érynge ou panicaut
(*Eryngium*)

Hauteur: 60-90 cm.

Étalement: 60 cm.

Emplacement: Au soleil ou à la mi-ombre.

Sol: Bien drainé, humide et riche en matière organique.

Floraison: Du milieu jusqu'à la fin de l'été.

Multiplication: Division ou bouturage des racines au printemps; semis à l'automne.

Utilisation: Haie, plate-bande, arrière-plan, pré fleuri, pentes, fleur coupée, fleur séchée.

Zone de rusticité: 2 à 5.

Plus piquant que l'espèce précédente, mais peut-être plus joli, l'érynge ou le panicaut porte aussi des inflorescences globulaires composées de petites fleurs bleues, à la différence qu'elles sont entourées de bractées piquantes. Bien qu'elles s'avèrent plus petites, elles se comptent en plus grand nombre. De façon similaire, les tiges et les feuilles présentent une couleur argentée ou bleutée. Comme les chardons bleus, les panicauts font d'excellentes fleurs coupées et séchées qui gardent leur coloration bleutée pendant très longtemps.

La plante n'a pas besoin de division. Elle s'y prête d'ailleurs très mal, à cause de ses nombreuses épines et de ses longues racines pivotantes qui résistent à tout effort d'extraction. Pour la reproduire aisément, utilisez une pelle et tranchez les racines à proximité du plant mère: de jeunes plants naîtront des racines coupées. On déconseille sa culture par le biais de semis, car la germination s'avère irrégulière et la croissance très lente.

Si vous ne coupez pas les tiges pour les faire sécher, ne taillez pas la plante à l'automne. Vous verrez que les tiges rigides surmontées des fleurs séchées sont non seulement très décoratives au-dessus d'un manteau de neige, mais les oiseaux d'hiver, qui raffolent de leurs graines, viendront en grand nombre pour les manger. Vous n'avez pas à craindre que ceux-ci la propagent en dispersant ses graines à tous vents car, comme ce fut mentionné, elle se reproduit difficilement par le biais de semis.

Variétés recommandées:

🌿 *E. alpinum* 'Amethyst' (chardon bleu des Alpes): Cette espèce offre les inflorescences les plus grosses et produit des bractées plutôt plumeuses que piquantes. La plante supporte, mieux que les autres, la mi-ombre et les sols humides, ce qui en fait le meilleur choix pour agrémenter une plate-bande un peu ombragée. Fleurs et bractées bleu améthyste. Hauteur: 60-70 cm. Zone 4.

🌿 *E. amethystinum* (érynge améthyste): Voici l'espèce où les tiges et les feuilles l'emportent par leur couleur: un beau bleu-gris. Inflorescences bleu améthyste. Hauteur: 60-70 cm. Zone 3.

🌿 *E. bourgatii* (érynge de la Méditerranée): Chez cette espèce, le feuillage prime. Presque rondes, les feuilles vertes aux nervures très blanches forment

un dense monticule, ce qui fait de la plante un excellent couvre-sol. Les tiges florales composées de petites inflorescences bleu acier sont entourées de longues bractées argentées qui dépassent de beaucoup le bouquet des feuilles. Hauteur: 45-60 cm. Zone 5.

🌿 *E. planum* (érynge à feuilles plates): Cette espèce, qui l'emporte par la hauteur, produit des inflorescences plus petites et des fleurs plus larges en forme de coeur. Fort répandue sur le marché, la plante présente pourtant moins d'attrait. En revanche, elle s'avère beaucoup plus rustique. Hauteur: 90 cm. Zone 3 (et même 2, si une bonne épaisseur de neige la protège).

Eryngium planum

453

Yucca

Yucca
(Yucca)

Hauteur: 70-150 cm
(tige florale),
45-60 cm (feuillage).

Étalement: 60-90 cm.

Emplacement:
Au soleil.

Sol: Très bien drainé,
voire sec.

Floraison: Du milieu
jusqu'à la fin de l'été.

Multiplication:
Division des rejets ou
semis au printemps.

Utilisation: En isolé,
rocaille, murets, plate-
bande, arrière-plan,
fleur coupée.

Zone de rusticité: 3 à 4.

Yucca glauca

Les puristes n'apprécieront probablement pas qu'un arbuste tel que le yucca soit traité dans ce livre portant sur les vivaces. Effectivement, ce végétal présente non seulement des racines ligneuses après quelques années, mais il forme un véritable tronc dans les pays plus chauds que le nôtre. Par contre, sous notre latitude, le tronc du yucca ne se développe jamais et sa rosette reste bien sagement au sol, ce qui fait que la majorité des jardiniers le considère comme une plante vivace.

Plusieurs personnes se donnent beaucoup de peine pour protéger le yucca contre les méfaits de l'hiver: attacher les feuilles ensemble, emballer la plante dans du jute ou un agrotextile, l'entourer de planches pour l'abriter, etc. N'est-ce pas pure perte de temps?... Car le yucca a bel et bien la capacité d'affronter les froids de l'hiver (d'ailleurs, l'une des espèces qui se cultive au Québec provient de l'Alberta!) et il adore être entouré de neige. Ce qu'il ne supporte

supporte pas (car aucune protection, même la plus élaborée, ne peut contrer les rigueurs de notre hiver), c'est que l'eau s'accumule autour de ses racines durant la morte saison. Si vous plantez vos yuccas en plein soleil dans un sol qui s'assèche très bien, vous éviterez tout problème causé par l'humidité et le gel, hormis le brunissement des vieilles feuilles (ce qui se produit même si l'on tente de protéger le plant).

Saviez-vous que les grosses cloches pendantes du yucca dégagent un délicieux parfum durant la nuit? Mais comment réussir à obtenir l'énorme tige florale qui les produit? Il s'agit de s'armer de patience! Cette plante prend un certain temps à s'établir et fleurit rarement avant trois ou quatre ans... (même qu'une floraison annuelle s'avère incertaine). Si les conditions sont défavorables (trop d'ombre ou un sol trop humide), il peut prendre dix ans ou plus avant de fleurir.

Heureusement que le yucca ne requiert jamais de division car, non seulement ses longues racines ligneuses sont-elles difficiles à extraire, mais ses feuilles coupantes en gênent l'exécution. Pour le multiplier, vous pouvez prélever délicatement les rejets qui poussent au pied du plant mère et les traiter un peu comme des boutures (ils sont rarement très bien enracinés). Habillez-vous en conséquence avant d'exécuter cette tâche: portez des manches longues, un pantalon, des gants et des lunettes de protection. Étant donné que les feuilles sont coupantes, une mise en garde s'impose: plantez-les hors de la portée des enfants. Mon père, qui aimait bien tenter des expériences avec des plantes considérées non rustiques à l'époque (c'était le cas des yuccas il y a 40 ans), obtenait un succès fou avec eux dans une plate-bande située près de l'entrée de notre maison. Or, une fois devenu papa, il a dû les arracher car sa progéniture s'y blessait constamment, y compris moi-même.

Si votre yucca produit sa haute et spectaculaire tige florale, vous constaterez qu'elle sèche sans jamais produire de graines. L'explication tient en ceci: le seul pollinisateur du yucca est un papillon de nuit qui n'existe pas au Québec.

Variétés recommandées:

Y. glauca (yucca glauque): Voici le plus rustique des yuccas. Originaire des plaines froides de l'Alberta, il résiste à des froids de 50 °C *sous zéro*, mais tolère mal un sol trop humide. Ses feuilles légèrement bleutées ont un rebord en dents de scie très acéré et une aiguille piquante à l'extrémité. Fleurs blanc verdâtre. Floraison: à la mi-été. Hauteur: 60-120 cm. Zone 3.

Y. filamentosa (yucca filamenteux): Moins rustique que le précédent, mais pourtant plus populaire, ce yucca se distingue du premier par les fils qui se détachent de ses feuilles vertes. Floraison: à la fin de l'été. Hauteur: 1,5 m et plus lors de la floraison. Zone 4.

Y. filamentosa 'Bright Edge': Feuilles à la marge en jaune. Zone 4.

Y. filamentosa 'Golden Sword': Feuilles vertes avec une bande de jaune au centre. Zone 5.

Des plantes «pensez-y bien»

Certes, les plantes «pensez-y bien» ont des qualités... mais combien de défauts! Pensez-y deux fois plutôt qu'une avant de les planter.

Il existe plusieurs vivaces très populaires qui ont des défauts bien connus, mais qui ne méritent pas nécessairement d'être bannies à tout jamais des plates-bandes du jardinier paresseux. En sachant comment contourner le problème, il est possible de profiter de leurs belles fleurs sans y mettre trop d'effort.

Ancolie

Anthémis des teinturiers

Bugle rampante

Céraiste tomenteux

Herbe aux écus

Julienne des dames

Marguerite

Monarde

Pavot d'Islande

Phlox des jardins

Pyrèthre

Rose trémière

Ancolie

Aquilegia x *hybrida*

Ancolie
(*Aquilegia*)

Hauteur: 30-90 cm.

Étalement: 15-30 cm.

Emplacement: Ensoleillé ou mi-ombragé.

Sol: Bien drainé, humide et riche en matière organique.

Floraison: De la fin du printemps jusqu'au début de l'été.

Multiplication: Division ou semis tôt au printemps ou à l'automne.

Utilisation: Bordure, rocaille, murets, plate-bande, sous-bois, pré fleuri, fleur coupée.

Zone de rusticité: 3.

Le feuillage de l'ancolie est d'une très grande beauté. Les feuilles souvent bleutées sont découpées en trois folioles profondément lobées et supportées par des pétioles à l'allure frêle; sa forme rappelle le joli capillaire, une fougère sauvage de nos bois. En outre, les fleurs paraissent encore plus jolies et plus délicates que le feuillage. Retombantes ou dressées, elles affichent généralement deux couleurs et présentent des sépales au coloris plus foncé qui entourent des pétales contrastants. Ces derniers produisent des éperons nectarifères souvent très longs (très prisés par les colibris et les papillons) qui sont projetés derrière la fleur, ajoutant ainsi à son apparence gracieuse. De plus, l'ancolie se reproduit facilement et assez fidèlement par semis, mais aussi par division, ce qui s'avère plus difficile.

Pourquoi cette mise en garde à l'égard d'une plante qui possède autant de qualités? C'est qu'elle présente effectivement deux défauts majeurs: à vous de décider si votre inclination à cultiver la paresse peut s'en accommoder...

Tout d'abord, l'ancolie possède une vie relativement courte. Voilà son premier défaut. Alors que vous aviez le plaisir de la voir refleurir avec l'arrivée de la belle saison, tout d'un coup, aucun signe de vie: au printemps, elle ne réapparaît plus. «Plutôt décourageant!» direz-vous. Heureusement qu'elle offre une compensation, celle de se ressemer: dans un jardin quelque peu négligé (comme tout bon jardin, quoi!), elle refera surface, çà et là, au gré de ses fantaisies. En revanche, si vous avez répandu un paillis épais pour minimiser vos efforts dans la plate-bande, elle pourra fort difficilement se reproduire. Or, si vous voulez maintenir une colonie d'ancolies, il faudrait les ressemer vous-même, soit à l'intérieur, soit dans le jardin, et ce, à tous les deux ou trois ans.

Le second travers de cette plante reste sans conséquence, du moins sur elle, mais peut-être pas sur vous si vous avez du mal à accepter cette maxime, à savoir que l'on doive tolérer une certaine quantité d'insectes dans une plate-bande. Chaque année, une mineuse concentre toutes ses attaques sur l'ancolie en creusant des galeries argentées dans la majorité de ses

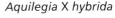

Aquilegia X *hybrida*

feuilles; de plus, diverses chenilles peuvent la défolier en quelques jours seulement. Il est clair qu'un jardinier scrupuleux travaillera d'arrache-pied en traitant régulièrement ses ancolies et en supprimant les feuilles atteintes. Mais que fera le jardinier paresseux qui apprécie tout autant ces plantes pour leur feuillage et leurs belles fleurs? Il les considérera tout simplement comme des plantes printanières et les plantera au milieu de la plate-bande, derrière d'autres végétaux à frondaison tardive, afin que leur feuillage dépérissant passe inaperçu. Cette défoliation est inhérente au cycle de vie des ancolies et celles-ci ne semblent pas trop en souffrir. Êtes-vous capable d'être aussi magnanime?

Variétés recommandées: L'ancolie engendre trop d'espèces et de cultivars pour les énumérer. Voici donc quelques principaux groupes. À vous de choisir, parmi eux, les variétés qui vous plaisent!

❧ *A.* x *hybrida* (ancolie hybride): La vaste majorité des ancolies appartiennent à ce groupe complexe d'hybrides qui présentent une hauteur et des couleurs variées. Les deux lignées qui suivent sont très populaires, mais il en existe d'autres: 'Biedermeier Hybrids', 'Dragonfly Hybrids', 'Long-Spurred Hybrids', 'Mrs. Scott Elliot Hybrids', etc.

❧ *A.* x *hybrida* 'McKana Hybrids': Plantes hautes aux fleurs simples et bicolores. Souvent sous forme de semences mélangées. Hauteur: 70-80 cm.

❧ *A.* x *hybrida* 'Music Series': Plantes compactes aux fleurs simples et bicolores ou unicolores. Floraison prolongée. Hauteur: 30-40 cm.

❧ *A. vulgaris* (ancolie commune ou gant de Notre-Dame): Espèce européenne à l'origine de la plupart des hybrides. Différents cultivars sont offerts, y compris le suivant. Hauteur: 40-80 cm.

❧ *A. vulgaris* 'Nora Barlow': Fleurs doubles et rose verdâtre, sans éperon. Plante d'une laideur indescriptible, mais pourtant très populaire. Hauteur: 60-80 cm.

❧ *A. canadensis* (ancolie du Canada): Il s'agit de l'ancolie sauvage qui occupe nos forêts. Fleurs rouges au centre jaune. Facile à cultiver. Hauteur: 30-60 cm.

Aquilegia vulgaris 'Nora Barlow'

461

Anthémis des teinturiers

Anthemis tinctoria 'Wargrave'

Anthémis des teinturiers

(*Anthemis tinctoria*)

Hauteur: 60-90 cm.

Étalement: 40 cm.

Emplacement: Au soleil.

Sol: Ordinaire, bien drainé, voire assez sec
(un sol glaiseux et lourd diminue
de beaucoup la longévité de la plante).

Floraison: Du début de l'été jusqu'aux gels.

Multiplication: Division, semis
ou bouturage des tiges au printemps.

Utilisation: Bordure, massif, grande
rocaille, plate-bande, pré fleuri, fleur
coupée.

Zone de rusticité: 3.

N'importe quel jardinier qui voit cette plante en fleurs est pris du désir de la cultiver. L'anthémis des teinturiers, qui produit un nombre incroyable de marguerites jaunes et un feuillage joliment découpé, fleurit bel et bien pendant tout l'été. Presque aucune autre vivace n'est aussi magnifique!... Par contre, si vous décidez de la cultiver, il faut bien considérer les implications...

Pour rester en bon état, l'anthémis requiert des divisions non pas à tous les deux ou trois ans, comme c'est le cas de la plupart des vivaces assez exigeantes, mais bien *à tous les ans*. Si vous ne le faites pas, le centre de cette plante se dégradera aussi rapidement qu'elle a crû, ce qui lui enlèvera tout son charme; pire encore, elle pourrait simplement disparaître. De plus, vous devez constamment supprimer les fleurs fanées, sinon la plate-bande se remplit de semis indésirables et fort inconvenants, car ils s'avèrent différents du cultivar d'origine, et de beaucoup inférieurs à celui-ci.

Une floraison aussi magnifique et aussi durable que celle de l'anthémis mérite bien une division annuelle et une taille hebdomadaire, mais si vous avez trop tendance à remettre toutes les petites tâches au lendemain, ce n'est peut-être pas une plante qui vous convient.

Variétés recommandées: Il existe plusieurs variétés, mais peu sont disponibles au Québec.

🌿 *A. tinctoria* 'Grallagh Glory' ('Beauty of Grallagh'): Fleurs jaune riche. Hauteur: 75-90 cm.

🌿 *A. tinctoria* 'Grallagh Gold': Fleurs jaune orangé. Hauteur: 75-90 cm.

🌿 *A. tinctoria* 'Kelway's Variety' ('Kelwayi'): Fleurs jaune citron. Hauteur: 45-60 cm.

🌿 *A. tinctoria* 'Moonlight': Fleurs jaune crème. Hauteur: 45-60 cm.

🌿 *A. tinctoria* 'Wargrave': Fleurs jaune citron très pâle. Hauteur: 75-90 cm.

🌿 *A. sancti-johannis* (anthémis de Saint Jean): Très semblable à l'anthémis des teinturiers, mais avec des fleurs orange. Les plantes portant ce nom s'avèrent souvent des hybrides provenant de cette espèce-ci et de l'espèce *A. tinctoria*. Hauteur: 60 cm.

Ajuga reptans 'Bronze Beauty'

Bugle rampante
(*Ajuga reptans*)

Hauteur: 10-30 cm.

Étalement: 30-90 cm (et plus).

Emplacement: Au soleil ou à l'ombre.

Sol: Bien drainé, humide et riche en matière organique.

Floraison: De la fin du printemps jusqu'au début de l'été.

Multiplication: Division des rejets ou semis au printemps ou à l'été.

Utilisation: Bordure, couvre-sol, massif, rocaille, murets, entre les dalles, plate-bande, sous-bois, bac, pentes, lieux humides.

Zone de rusticité: 3.

Personne ne niera que la populaire bugle rampante soit une plante très intéressante pour le jardinier paresseux. Néanmoins, elle se doit d'être répertoriée dans cette section à cause de sa forte tendance à envahir son environnement. L'on doit donc la contrôler au moyen d'une barrière impénétrable qui est partiellement enfoncée dans la terre et qui en excède la surface d'au moins 2,5 cm. Contrairement à beaucoup de plantes envahissantes, la bugle rampante se propage grâce à des stolons prostrés, non par des rhizomes souterrains. Toute barrière qui dépasse la surface du sol (une bordure à gazon suffit) pourra arrêter son progrès, ou encore, des plantations permanentes et très denses ne lui laissant pas assez d'espace pour se faufiler. Une bugle rampante laissée à elle-même dans une plate-bande aura vite fait d'occuper tout espace vacant et de s'étendre aux boisés voisins, au potager et même sur la pelouse. Ayez l'oeil sur cette plante dans une rocaille ou sur un muret: elle est peut-être très jolie quand elle reste à sa place, mais elle deviendra presque inextirpable si elle réussit à s'infiltrer à travers des roches pour dominer un autre secteur.

Bien contrôlée, la bugle forme rapidement un tapis dense de feuilles basses qui empêche les mauvaises herbes de s'établir. On peut d'ailleurs la substituer au gazon dans les endroits inaccessibles à la tondeuse ou peu passants. Bien qu'elle ne requière aucune tonte, elle ne résiste pas au piétinement comme une pelouse.

Peu cultivée, l'espèce produit des feuilles vertes, mais presque tous les cultivars populaires ont des feuilles colorées: elles peuvent être pourpres, bronze, argentées, bicolores ou multicolores. Portées en petits épis, les fleurs affichent la couleur bleue chez l'espèce, mais le blanc ou le rose chez certains cultivars. Elles apparaissent en grand nombre à la fin du printemps et créent un très joli effet.

La bugle rampante pousse presque aussi bien à l'ombre qu'au soleil, mais elle s'accommode mal des sites ensoleillés et très secs. De façon générale, les cultivars au feuillage foncé s'adaptent mieux aux emplacements très ombragés, alors que les cultivars au feuillage argenté ou panaché préfèrent un bon ensoleillement.

Variétés recommandées:

🐛 *A. reptans* 'Alba': Feuilles vertes. Fleurs blanches. Hauteur: 10-15 cm.

🐛 *A. reptans* 'Atropurpurea': Cette plante se vend sous une foule d'autres dénominations telles que 'Rubra', 'Purpurea', etc. Feuilles bronze pourpre. Fleurs bleu-violet. Hauteur: 10-15 cm.

🐛 *A. reptans* 'Braunherz': Feuilles violet foncé. Fleurs bleu-violet. Il s'agit peut-être de la meilleure bugle rampante au feuillage foncé. Hauteur: 10-15 cm.

🐛 *A. reptans* 'Burgundy Glow': Feuilles (tricolores) rouge vin, blanches et roses. Fleurs bleu-violet. Hauteur: 10-15 cm.

🐛 *A. reptans* 'Catlin's Giant': Feuilles de couleur bronze beaucoup plus grosses que celles des autres cultivars. Fleurs bleu-violet. Hauteur: 15-20 cm.

🐛 *A. reptans* 'Multicolor' (anc. 'Tricolor' ou 'Rainbow'): Feuillage vert bronzé, panaché de jaune et de rouge. Fleurs bleu-violet. Hauteur: 10-15 cm.

🐛 *A. reptans* 'Variegata': Feuilles vertes et panachées de crème. Fleurs bleu-violet. Hauteur: 10-15 cm.

❧ *A. reptans* 'Silver Beauty': Feuilles argentées et panachées de crème. Fleurs bleu-violet. On trouve cette plante plus rustique que les autres. Hauteur: 10-15 cm.

❧ *A. pyramidalis* 'Metallica Crispa' [anc. *A. reptans* 'Metallica Crispa' (bugle pyramidale)]: Feuilles joliment plissées allant du vert bronzé au pourpre. Fleurs bleu-violet. Sa croissance s'avère plus lente que la bugle rampante. Hauteur: 8-12 cm.

❧ *A. genevensis* (bugle de Genève): Feuilles vertes. Fleurs bleu-violet. Hauteur: 10-20 cm.

❧ *A. genevensis* 'Pink Beauty': Feuilles vertes. Fleurs roses. Hauteur: 10-20 cm.

Ajuga reptans 'Multicolor'

Céraiste tomenteux

Cerastium tomentosum

Céraiste tomenteux
(*Cerastium tomentosum*)

Hauteur: 10-30 cm.

Étalement: 120 cm ou plus.

Emplacement: En plein soleil.

Sol: Ordinaire et bien drainé
(un sol pauvre peut convenir).

Floraison: À la fin du printemps
ou au début de l'été.

Multiplication: Division au printemps
ou à l'automne; semis au printemps;
bouturage des tiges à la mi-été.

Utilisation: Bordure, couvre-sol, massif,
rocaille, murets, plate-bande, bac, pentes.

Zone de rusticité: 2.

Cette plante se couvre à un point tel de petites fleurs blanches à la fin du printemps que les anglophones l'appellent *snow-in-summer* (neige en été). Par après, ses feuilles étroites et fortement argentées tissent un tapis gris dans le jardin, et ce, jusqu'aux gels.

Le céraiste atteint son apogée en plein soleil, dans un sol sec et assez pauvre, car il reste compact. Dans un sol trop riche, trop humide ou un emplacement semi-ombragé, sa croissance s'en trouve affectée, son effet, amoindri. Si jamais la croissance s'avère moins dense que vous ne l'aviez prévu, rabattez la plante de moitié au moyen d'un taille-bordures ou d'une tondeuse, si le terrain s'y prête.

Le problème qu'occasionne cette plante, et vous l'avez deviné, c'est son incroyable propension: ceux qui l'ont plantée dans une petite rocaille, en compagnie d'autres plantes basses et tapissantes, se sont vite rendus compte du fait qu'elle accapare le moindre espace. Vous pouvez tenter de la contrôler en la confinant à l'intérieur d'une barrière enfoncée dans le sol et en l'entourant d'un paillis pour empêcher ses tiges de s'enraciner lorsqu'elles touchent le sol, mais vous devrez sans doute en arracher quelques sections à l'occasion. Si vous tenez à votre gazon vert, évitez de la planter en bordure de la pelouse, car elle aura vite fait de s'y installer. En outre, la plante devient envahissante par ses semis, mais les jeunes plants ne constituent pas une menace et leur couleur argentée fait en sorte qu'on peut les repérer rapidement. Si vous utilisez un bon paillis, les semis ne vous causeront pas ce problème.

Variétés recommandées: De façon générale, les espèces s'avèrent très envahissantes, mais les cultivars, qui présentent souvent un port plus dense et plus compact, donnent moins de fil à retordre au jardinier désireux de maintenir un certain contrôle.

❧ *C. tomentosum* (céraiste tomenteux): Fleurs blanches. Feuillage vert argenté. Plante très envahissante. Hauteur: 15-20 cm.

❧ *C. tomentosum* 'Silberteppich' ('Silver Carpet'): Comme la précédente, mais plus dense, plus argentée et moins envahissante. Hauteur: 15 cm.

❧ *C. tomentosum* 'Yoyo': Plante plus compacte et, surtout, plus florifère que l'espèce. Hauteur: 15 cm.

❧ *C. biebersteinii* (céraiste de Bieberstein): Cette plante envahissante ressemble beaucoup à *C. tomentosum*, mais s'avère moins florifère. Par contre, son feuillage expansif accentue sa couleur argentée, d'où son meilleur effet en été. Hauteur: 20-30 cm.

❧ *C. alpinum lanatum* (céraiste alpin laineux): Cette plante non envahisseuse forme un petit coussinet mesurant 10 cm de hauteur et 20 cm de diamètre. Elle croît lentement et produit de très grosses fleurs pour sa taille, mais ces dernières sont moins nombreuses que celles de *C. tomentosum*. Feuillage très argenté. La plante exige un drainage parfait.

Herbe aux écus

Lysimachia nummularia 'Aurea'

Herbe aux écus
(*Lysimachia nummularia*)

Hauteur: 5-10 cm.

Étalement: Illimité.

Emplacement: Ensoleillé ou mi-ombragé.

Sol: Ordinaire ou humide, voire détrempé.

Floraison: De la fin du printemps jusqu'à la fin de l'été.

Multiplication: Division, marcottage ou bouturage des tiges en toute saison.

Utilisation: Bordure, couvre-sol, massif, rocaille, murets, entre les dalles, plate-bande, bac, pentes, lieux humides.

Zone de rusticité: 3.

On peut situer l'herbe aux écus entre l'ensemble des plantes «pensez-y bien» et celui «des vivaces à éviter». Or, comme elle s'avère fort utile en certaines circonstances aux jardiniers paresseux, il est loisible de tolérer sa présence dans cette section. En outre, bien qu'envahissante, cette vivace ne semble pas causer de problème particulier ni empiéter sur d'autres. Les gens ayant horreur des plantes qui ont l'art de se répandre la maudiront certes, mais le plus feignant des jardiniers paresseux (qui tolère tout de la part de ses végétaux) ne sera pas dérangé outre mesure par le fait que sa plate-bande soit entièrement couverte d'un tapis d'herbes aux écus.

Vue sous son meilleur jour, cette petite plante rampante s'avère un excellent couvre-sol en formant un tapis très bas et uniforme qui souffre même un certain piétinement. Ses feuilles presque rondes et maintenues par de longues tiges filiformes la rendent attrayante en tout temps; rassemblées en forme de coupe, ses fleurs jaune vif, très grosses par rapport au plant, apparaissent en grand nombre à la fin du printemps, surtout dans les endroits humides, puis un peu moins pendant le reste de l'été. De surcroît, on peut les utiliser comme plants pour les paniers et les bacs estivaux: après tout, cette vivace fournit amplement de tiges pour le bouturage! L'herbe aux écus s'avère aussi l'un des rares végétaux terrestres capables de «mener une vie aquatique». Plantée près d'un étang, elle dirige ses rameaux non seulement jusqu'au bord de l'eau, mais même dans l'eau, où ils courent sur le fond sans en paraître le moindrement affectés.

Vue sous son aspect négatif, cette plante fait preuve d'une énergie remarquable en s'enracinant là où ses longues tiges la portent... c'est-à-dire, partout! À cause de sa capacité de se déployer à la surface du sol plutôt qu'en dessous, aucune barrière souterraine ne peut l'arrêter. En revanche, il faut dire qu'elle est facile à arracher, mais si vous avez perdu le contrôle et qu'elle a déjà envahi la moitié de la plate-bande, vous vous mordrez les doigts de l'avoir choisie. Par ailleurs, gardez-vous de planter cette vivace en bordure de la pelouse, surtout si vous êtes maniaque de la pelouse parfaite (heureusement que peu de jardiniers paresseux le sont), car elle se fera un plaisir de s'aventurer un peu partout sur votre verte pelisse.

En guise d'information, il existe d'autres *Lysimachia* très différentes de l'herbe aux écus (voir à la page 218).

Variétés recommandées:

❧ *L. nummularia*: Feuillage vert.

❧ *L. nummularia* 'Aurea': Feuillage joliment doré. Cette plante est peut-être juste un peu moins envahissante que l'espèce.

Lysimachia nummularia

Julienne des dames

Hesperis matronalis

Julienne des dames
(*Hesperis matronalis*)

Hauteur: 60-90 cm.

Étalement: 60 cm.

Emplacement: Ensoleillé ou mi-ombragé.

Sol: Bien drainé, humide et riche en matière organique.

Floraison: Du début jusqu'au milieu de l'été.

Multiplication: Semis au printemps.

Utilisation: Sous-bois, pré fleuri, pentes, fleur coupée.

Zone de rusticité: 3.

Ce n'est pas parce qu'une plante se trouve dans cette section qu'elle ne présente aucun intérêt. Je considère la julienne des dames comme l'une de mes vivaces préférées, bien que je sois le premier à reconnaître ses défauts. D'abord, elle devient très envahissante, non par ses tiges ou ses rhizomes, mais par ses nombreuses graines; de plus, elle a une très courte vie (deux ans, parfois trois). Pourquoi donc miser sur une plante lorsqu'il faut la semer puis ressemer dans un jardin paillé? Parce que la julienne des dames convient parfaitement à un genre très spécifique de jardin qui comble les attentes du jardinier paresseux, c'est-à-dire le jardin sauvage.

Le fait est que la julienne des dames pousse à merveille quand on la néglige totalement: elle se ressème aussi bien à l'ombre d'un sous-bois moyennement garni que dans un champ en plein soleil. Dans de tels sites, peu importe que ses graines s'égarent un peu: elles auront tellement de compétition de la part d'autres espèces qu'elles ne réussiront pas à dominer le paysage, mais juste à s'y maintenir. Si dans un jardin sous contrôle, cette plante s'avère indésirable, dans un jardin négligé, elle devient une vedette.

La julienne des dames produit une mince tige florale qui se termine en une grappe lâche de fleurs blanches, roses ou violettes. Sa façon de s'éparpiller çà et là dans le jardin sauvage fait en sorte que la floraison ne paraît jamais dense, mais crée l'effet d'une brume pastel flottant un peu partout. Son parfum nocturne envoûte: n'oubliez pas de visiter votre jardin sauvage à la tombée de la nuit ou de ramener un petit bouquet à la maison pour mieux en profiter.

La multiplication de cette plante se fait strictement par semis. La division demeure possible, certes, mais qui d'autre qu'un jardinier superméticuleux aura la patience d'y procéder régulièrement pour la garder en vie, alors qu'elle se ressème si abondamment d'elle-même?

Variétés recommandées:

❧ *H. matronalis*: L'espèce fournit inévitablement des couleurs variées. Si vous recherchez une teinte particulière, à vous d'éliminer toutes celles qui ne conviennent pas. Après quelques années, vous devriez être en mesure de jouir d'une lignée assez pure capable de se maintenir par le biais de semis.

❧ *H. matronalis* 'Alba': Quelle chance! Quelqu'un a déjà produit un cultivar aux fleurs blanches pour vous.

Marguerite

Leucanthemum x *superbum*

Marguerite

(*Leucanthemum* x *superbum*, anc.
Chrysanthemum x *superbum* ou *C. maximum*)

Hauteur: 30-90 cm.

Étalement: 30-90 cm.

Emplacement: Ensoleillé ou mi-ombragé.

Sol: Divers.

Floraison: Du début jusqu'au milieu de l'été.

Multiplication: Division ou semis au printemps.

Utilisation: Bordure, massif, rocaille, murets, plate-bande, pré fleuri, pentes, fleur coupée.

Zone de rusticité: 3 ou 4.

Qui ne connaît pas la marguerite des champs (*Leucantheum vulgare*) et ses magnifiques inflorescences blanches au coeur jaune? Rien ne vous empêche de cultiver cette plante sauvage dans vos plates-bandes ou, mieux encore, dans un pré fleuri. Mais pourquoi ne pas tenter de faire pousser sa cousine, la marguerite cultivée ou grande marguerite (*L.* x *superbum*) dont les fleurs sont plus grosses et plus durables?

Bien que magnifique en pleine floraison et assez aisée à cultiver, la marguerite se retrouve dans cette section à cause de sa longévité réduite.

En fait, elle vit rarement plus que deux ans... à moins de la diviser au printemps, à tous les deux ans. La diviser exige peu d'efforts car elle s'y prête très bien. Par contre, si vous voulez consentir un minimum d'efforts à l'entretien de votre plate-bande, il vaut mieux considérer ces plantes comme des bisannuelles et les traiter comme telles. Par exemple, vous pouvez les planter autour des vivaces ou des arbustes qui n'ont pas fini de s'établir. Au fur et à mesure que ceux-ci prendront de la maturité, les marguerites finiront par disparaître pour leur laisser la place. Ce genre de planification s'avère fort précieux!

Variétés recommandées: Il existe un nombre élevé de grandes marguerites aux fleurs simples, doubles ou semi-doubles, naines ou de taille normale. Aussi, que vous soyez jardinier paresseux ou plus méticuleux, pourquoi ne pas choisir l'un des cultivars suivants dont la floraison se prolonge pendant presque tout l'été? Leurs fleurs ont toutes la couleur blanche.

🌿 *L.* x *superbum* 'Aglaia': Fleurs doubles et frangées. Floraison: du début de l'été jusqu'au début de l'automne. Hauteur: 60 cm.

🌿 *L.* x *superbum* 'Marconi': Fleurs semi-doubles et frangées. Floraison: du début de l'été jusqu'au début de l'automne. Hauteur: 50 cm.

🌿 *L.* x *superbum* 'Sedgewick': Plante naine. Petites fleurs semi-doubles. Floraison: du début de l'été jusqu'au début de l'automne. Hauteur: 30-45 cm.

Monarde

Monarda x 'Cambridge Scarlet'

Monarde

(*Monarda* x)

Hauteur: 90-120 cm.

Étalement: 60-90 cm.

Emplacement: Ensoleillé ou mi-ombragé.

Sol: Bien drainé, humide et très riche en matière organique.

Floraison: Pendant presque tout l'été.

Multiplication: Division ou semis au printemps.

Utilisation: En isolé, massif, plate-bande, sous-bois, pré fleuri, lieux humides, fleur coupée, fleur séchée.

Zone de rusticité: 3.

La réputation de cette plante, qui dérive de l'espèce *M. didyma*, a été tellement salie à cause de sa très grande vulnérabilité au blanc que plusieurs jardiniers se gardent de la choisir. Bonne nouvelle: les spécialistes en hybridation ont réussi à produire des cultivars qui résistent très bien à cette maladie. Toutefois, n'allez pas acheter la première monarde que l'on vous présentera, sans vous assurer qu'il s'agit bien d'un cultivar pouvant résister au blanc.

Garnies de feuilles au parfum de citron (vous pouvez d'ailleurs vous en servir pour préparer une délicieuse tisane), les tiges dressées portent des fleurs ébouriffées de couleur rouge, rose, violette ou blanche qui attirent papillons et colibris. Curieusement, plusieurs cultivars produisent une deuxième fleur montée sur une courte tige, au centre de la première, et parfois même une troisième à partir de la seconde: une vraie pagode, quoi!

La monarde forme des touffes dont le centre se dégarnit après quatre ou cinq ans. Il s'agit alors de procéder à son rajeunissement en extrayant la partie dégénérée pour la remplacer par de la terre fraîche.

Enfin, même si la monarde se reproduit facilement à partir de semis, il ne faut pas oublier que ces derniers risquent de devenir très vulnérables au blanc. Pour la multiplier, il est donc préférable de diviser cette plante vigoureuse plutôt que de la semer.

Variétés recommandées: Tous les cultivars énumérés ci-après résistent au blanc.

🐞 *M.* x 'Beauty of Cobham': Feuillage pourpré. Fleurs rose lilas.

🐞 *M.* x 'Gardenview Scarlet': Fleurs écarlates.

🐞 *M.* x 'Marshall's Delight': Fleurs roses.

🐞 *M.* x 'Mahogany': Fleurs rouge foncé.

🐞 *M.* x 'Pink Tourmaline': Fleurs rose vif.

🐞 *M.* x 'Twins': Fleurs rose foncé.

🐞 *M.* x 'Violet Queen': Fleurs violet bleu foncé.

🐞 *M. fistulosa* (monarde pourpre): Plante très florifère. Fleurs lavande. Hauteur: 90-120 cm.

Pavot d'Islande

Papaver nudicaule

Pavot d'Islande[1]
(*Papaver nudicaule*)

Hauteur: 30-60 cm.

Étalement: 45-60 cm.

Emplacement: Ensoleillé ou légèrement ombragé.

Sol: Bien drainé (un sol sec s'avère acceptable).

Floraison: Du début jusqu'à la fin de l'été.

Multiplication: Semis à l'automne.

Utilisation: Bordure, massif, rocaille, murets, entre les dalles, plate-bande, fleur coupée.

Zone de rusticité: 1 à 5.

Cette jolie plante, qui produit des fleurs rouges, roses, orange, jaunes ou blanches et un feuillage bas fortement découpé, s'avère très populaire dans les rocailles et constitue un excellent choix pour les régions les plus froides du Québec. Pourquoi l'avoir rangée parmi les plantes «pensez-y bien»? À cause de son comportement dans les régions plus chaudes. Alors qu'au nord, sa période de floraison commence au début de l'été pour se poursuivre presque jusqu'à l'automne, elle est très courte au sud. De plus, bien qu'elle se comporte comme une véritable vivace dans les régions où les étés sont frais, elle vit si peu

[1] Si vous voulez des informations sur le pavot d'Orient, vous les trouverez à la page 222.

longtemps au sud-ouest de la province que bien des livres la rangent parmi les plantes bisannuelles. Si vous habitez en zone 4 et, mieux encore, en zone 1, 2 ou 3, vous n'avez donc pas à hésiter: voici une excellente vivace qui s'accommode de vos conditions climatiques. Cependant, si vous vous situez dans la zone 5, vous devrez faire des semis annuellement (les plantes fleuriront l'année suivante) pour la garder en vie.

Le fait que le pavot d'Islande se ressème allègrement explique pourquoi cette plante s'avère si populaire dans les rocailles ensoleillées, et ce, même dans le sud de la province. Aussi vaut-il mieux éviter d'utiliser un paillis pour que cela se produise.

Variétés recommandées: Comme la plupart des jardineries offrent des pavots d'Islande cultivés à partir de mélanges de semis, vous ne pourrez pas forcément choisir la couleur de vos fleurs. Il existe toutefois des cultivars produisant des fleurs aux couleurs spécifiques.

P. nudicaule 'Champagne Bubbles': Voici une lignée produisant de grosses fleurs rouges, roses, orange, jaunes ou blanches qui fleurissent plus longtemps que les autres. Hauteur: 30-40 cm.

Stylophorum diphyllum (pavot chélidoine): Ce proche parent des vrais pavot (*Papaver*), produit des fleurs jaunes dans les endroits semi-ombragés. Si les jardiniers scrupuleux n'apprécient pas le fait qu'il se propage çà et là dans la plate-bande (le pavot chélidoine se ressème par lui-même), d'autres, plus ouverts, l'adorent, justement parce que cette petite plante confère au jardin une touche de spontanéité et d'imprévu. Ces pavots n'ont pas le défaut d'être envahissants, car leur propagation se fait de façon limitée; ils n'empiètent pas sur les autres végétaux, mais profitent seulement des espaces vacants dans la plate-bande. Cette vivace vit peu longtemps et se renouvelle grâce à ses semis spontanés. Floraison printanière. Hauteur: 50 cm. Rusticité: on ne la connaît pas de façon certaine, mais la plante semble convenir plutôt aux zones 4 et 5.

Phlox des jardins

Phlox paniculata

Phlox des jardins
(Phlox paniculata)

Hauteur: 90-120 cm.

Étalement: 45-60 cm.

Emplacement: Ensoleillé ou légèrement ombragé.

Sol: Bien drainé et assez riche en matière organique.

Floraison: De la mi-été jusqu'au début de l'automne.

Multiplication: Division des rejets au printemps; bouturage des tiges non fleuries en été.

Utilisation: Plate-bande, arrière-plan, sous-bois, pré fleuri, fleur coupée.

Zone de rusticité: 3.

Est-il besoin de mentionner la maladie qui affecte cette plante fort bien connue? Tous ceux qui l'ont cultivée savent reconnaître la matière poudreuse apparaissant tout d'abord sur les feuilles inférieures avant de s'étendre au feuillage entier. Il s'agit du blanc, une maladie fongique assez fréquente qui s'attaque aussi à d'autres plantes. Vous pouvez faire tous les traitements nécessaires (tailler la plante pour que l'air l'assèche davantage, vous garder d'arroser le feuillage puisque la maladie se propage sur les surfaces humides, pulvériser un produit antidessiccatif, etc.)... la maladie finit toujours par réapparaître! Pourtant, le blanc ne cause pas de dommage qui affectera son développement. La solution du jardinier paresseux? Placer tout simplement la plante au fond de la plate-bande, là où les dégâts ne seront pas aussi visibles, ou bien choisir des cultivars qui résistent à cette maladie. Cette résistance est bien relative, mais les meilleurs cultivars présentent un feuillage beaucoup moins déparé par le blanc que les plantes plus vulnérables.

Outre cette faiblesse, le phlox des jardins est une vivace en or. Montées en larges grappes arrondies, il produit de jolies fleurs parfumées de couleur blanche, rose, rouge, violette ou mauve qui durent une bonne partie de l'été et qui n'exigent habituellement pas de tuteur. Même son feuillage est beau... jusqu'à ce que la maladie vienne l'affecter! Le centre du plant s'affaiblit après quelques années. Si tel est le cas, vous n'avez qu'à le découper et à combler le trou avec une terre de jardin fraîche.

Variétés recommandées: Cette plante compte un grand nombre de variétés, mais une seule s'avère résistante au blanc.

🌿 *P. paniculata* 'David': Si vous cherchez un phlox des jardins qui ne souffre presque jamais du blanc, le voici! Fleurs blanc pur.

🌿 *P. maculata* (phlox maculé): Proche parente du phlox des jardins et lui ressemblant beaucoup, cette plante devrait résister davantage au blanc. Malheureusement, une nouvelle souche de la maladie semble faire fi de sa résistance car, depuis quelques années, elle est redevenue presque aussi vulnérable au blanc que *P. paniculata*. Parmi les cultivars, l'on trouve 'Alpha' (aux fleurs roses), 'Delta' (aux fleurs lilas) et 'Miss Lingard' (aux fleurs blanches).

Phlox maculata 'Miss Lingard'

481

Pyrèthre

Tanacetum coccineum

Pyrèthre

(*Tanacetum coccineum*, anc. *Chrysanthemum coccineum* et *Pyrethrum coccineum*)

Hauteur: 45-75 cm.

Étalement: 30-45 cm.

Emplacement: Ensoleillé ou mi-ombragé.

Sol: Bien drainé et riche en matière organique.

Floraison: Du début jusqu'au milieu de l'été.

Multiplication: Semis à l'intérieur, à la fin de l'hiver, ou à l'extérieur, au printemps; division au printemps.

Utilisation: Plate-bande, pré fleuri, fleur coupée.

Zone de rusticité: 3.

Comme on l'a vu précédemment, la majorité des plantes de cette section sont soit très envahissantes, soit vulnérables à des maladies ou à des insectes qui les déparent de leur beauté. Le cas du pyrèthre diffère des autres en ce qu'il ne donne pas de résultats à la hauteur de nos attentes, tout en requérant un peu trop de soins. Autrement dit, parmi les quelques 700 vivaces que l'on retrouve dans la table des matières de cet ouvrage, plusieurs l'emportent sur le pyrèthre. Pourquoi donc choisir une plante de seconde qualité?

Si l'on en fait une description sommaire, le pyrèthre paraît très bien: de belles fleurs très colorées en forme de marguerite, un feuillage joliment découpé, une croissance rapide, une facilité à le semer (il fleurit aisément durant la première année à partir de graines semées à l'intérieur), etc. Mais ses défauts sont tout aussi nombreux, sinon plus: une période de floraison assez courte, un manque d'attrait après la floraison, une longévité assez restreinte dans le jardin (trois à cinq ans), une vulnérabilité au blanc, aux pucerons et aux tétranyques, des tiges florales ployant sous le poids des fleurs, des fleurs souvent déformées, etc.

Vous êtes prêt à investir des efforts supplémentaires? D'accord. Si vous trouvez que le jeu en vaut la chandelle, voici quelques conseils. En taillant les vieilles tiges florales presque au sol après la floraison, non seulement la plante a-t-elle meilleure apparence, mais elle peut même refleurir légèrement au cours de l'été. En outre, plutôt que d'essayer de diviser le plant mère lorsqu'il vieillit (une intervention qu'il supporte mal), faites des semis pour obtenir de nouveaux pyrèthres à tous les trois ou quatre ans. Enfin, comme les maladies et les insectes qui affectent cette plante ne sont pas mortels, vous pourriez toujours passer outre aux efforts de les traiter.

Il existe cependant une solution de compromis au problème qu'occasionne le pyrèthre: plantez-le dans un lieu retranché de la plate-bande, de façon à récolter de belles fleurs coupées (voilà, à mes yeux, le seul objectif louable sur lequel miser). Si vous décidez de cultiver le pyrèthre, optez pour les variétés aux fleurs roses, lilas ou rouges, mais laissez faire les blanches. Pourquoi? Parce que la marguerite *Leucanthemum* x *superbum* (voir à la page 474) y est identique et produit plus de fleurs pendant une plus longue période.

Fort curieusement, malgré le fait que les insectes l'adorent, les fleurs séchées du pyrèthre entrent dans la composition de l'insecticide appelé «pyrèthre»!

Variétés recommandées: Les cultivars suivants proviennent tous de *T. coccineum*.

🌿 *T. coccineum* 'Robinson's Giants': Voici une lignée aux fleurs simples et rouges, roses, lilas ou blanches. Plusieurs cultivars portant le nom de la série ont été sélectionnés: 'Robinson's Rose' (fleurs roses), 'Eileen May Robinson' (fleurs rose saumon), 'Robinson's Dark Crimson' (fleurs rouge foncé), etc. Hauteur: 60-75 cm.

🌿 *T. coccineum* 'Helen': Fleurs doubles et rose clair. Hauteur: 60 cm.

🌿 *T. coccineum* 'James Kelway': Grosses fleurs simples et rouge vif. Hauteur: 60 cm.

Rose trémière

Rose trémière

(*Alcea rosea*,
anc. *Althea rosea*)

Hauteur: 90-250 cm.

Étalement: 90 cm.

Emplacement:
Ensoleillé ou
légèrement ombragé.

Sol: Ordinaire,
bien drainé et assez
humide.

Floraison: Du début
jusqu'au milieu de l'été.

Multiplication: Semis
à l'intérieur, à la fin de
l'hiver, ou à l'extérieur,
au printemps.

Utilisation: Plate-
bande, arrière-plan,
pré fleuri, fleur coupée,
fleur séchée.

Zone de rusticité: 3.

Alcea rosea

Ces grandes plantes aux épis hauts et aux grandes fleurs simples, doubles ou semi-doubles, de couleur rouge, rose, jaune ou blanche, furent très appréciées au Québec au tournant du siècle. En outre, elles poussent encore en grand nombre autour de bien des maisons de campagne. Les roses trémières reviennent à la mode depuis quelques années, tout comme les autres plantes que cultivaient nos grands-parents, car leur allure «vieillotte» charme toujours. Cette plante présente de nombreux attraits aux yeux du jardinier paresseux... mais elle a aussi son lot de défauts avec lesquels il faut composer. Ne la plantez pas si vous pensez qu'ils vous incommoderont.

Plusieurs livres considèrent cette plante comme une bisannuelle mais, en fait, il s'agit d'une vivace qui vit peu longtemps. Voici d'ailleurs son premier défaut: elle ne vit généralement que de trois à cinq ans. Par contre, elle offre la compensation de se multiplier spontanément et aisément par le biais de ses propres semences. Mais voilà un autre problème: le jardinier méticuleux la trouve trop envahissante. Quant au jardinier paresseux, c'est le contraire: ses semis volontaires sont les bienvenus car ils remplissent les vides dans le jardin, lui évitant ainsi l'effort de planter. Or, dans une plate-bande quelque peu négligée où les plantations sont denses et le sol abondamment paillé, la rose trémière peut difficilement se ressemer. La solution consiste donc à faire des semis soi-même dans la maison, sinon dans un coin retranché de la plate-bande ou du potager. Cette plante se cultive très facilement par le biais de semis. De plus, les cultivars se reproduisent fidèlement lorsque traités ainsi. Il est d'ailleurs tout à fait inutile de la multiplier en procédant par division. Si vous voulez des plantes durables, évitez les lignées considérées comme des plantes annuelles (celles qui peuvent fleurir la première année à partir de semis faits dans la maison), car elles s'avèrent moins durables que les autres.

Son autre défaut, à savoir la tendance de la tige florale à ployer ou à casser sous le poids des fleurs, se corrige aisément: évitez les variétés aux fleurs doubles! Seules ces dernières posent des problèmes. Quant aux emplacements ombragés où même les cultivars aux fleurs simples s'étiolent trop et risquent de se casser, oubliez-les. Si vous tenez aux variétés aux fleurs doubles – j'avoue que leurs fleurs en forme de pompon à texture chiffonnée sont très attirantes –, choisissez des cultivars nains dont les tiges florales ont plus de résistance; si vous aimez les roses trémières hautes, plantez-les dans un endroit où leurs tiges pourront s'appuyer sur d'autres végétaux.

Enfin, voici le dernier problème: la plante souffre de la rouille, une maladie qui fait d'abord jaunir puis mourir les feuilles, surtout celles à la base du plant. Or, cette maladie n'est pas mortelle et n'affecte pas la floraison; même une plante sévèrement atteinte repoussera l'année suivante, aussi florifère que jamais. Spécifique aux roses trémières, la rouille ne met pas en jeu la santé de vos autres plantes. Bien que le jardinier méticuleux n'ait de cesse qu'il règle le problème en utilisant des fongicides, le jardinier paresseux corrigera la

Alcea ficifolia

485

lacune en positionnant cette plante au fond de la plate-bande, là où le feuillage affecté échappera aux regards.

Variétés recommandées:

A. rosea (rose trémière commune): Cette plante compte des variétés aux fleurs simples parfaitement recommandables au jardinier paresseux. Malheureusement, elles s'avèrent difficiles à trouver. Or, il existe la lignée 'Majorette' qui produit des fleurs doubles tout en offrant une gamme étendue de couleurs; à cause de sa petite taille, cette plante peut très bien supporter le poids de ses fleurs, à condition de ne pas la planter en plein vent. Hauteur: 60 cm pour 'Majorette'; 1,5 m - 2,15 m pour les autres cultivars.

A. rosea 'Nigra' (rose trémière noire): Presque oublié, ce vieux cultivar récemment retrouvé jouit maintenant d'une grande popularité. Ses fleurs simples, d'un rouge si foncé qu'elles ont l'air presque noires, offrent une couleur qui s'avère très rare dans un jardin. 'Negrita' lui est identique, mais nécessite un support, à cause de ses fleurs doubles. Hauteur: 1,5 m-2,15 m.

A. ficifolia (rose trémière à feuilles de figuier): Hormis ses feuilles plus découpées, cette plante aux fleurs simples ressemble en tous points à *A. rosea*. Bien que considérée comme moins vulnérable à la rouille, cette réputation ne semble pas toujours se confirmer. Selon certains experts, les plantes vendues sous cette désignation s'avéreraient des variantes (aux feuilles plus découpées) de l'espèce *A. rosea*, alors que l'espèce *A. ficifolia* serait effectivement plus résistante à la rouille. Si vous pouvez la trouver, adoptez-la donc. Hauteur: 1,5 m-2,5 m.

Alcea rosea

Des vivaces à éviter

Certaines séductrices, même très belles, n'obtiendront jamais les faveurs du paresseux.

La plupart des plantes regroupées dans cette section se retrouvent dans des livres qui traitent des vivaces. Or, bien rares sont les auteurs qui daignent vous mettre en garde contre les défauts majeurs de ces végétaux et contre les problèmes qu'ils occasionnent au jardinier. À la suite de ces mensonges blancs et de cette publicité quasi trompeuse, plusieurs plantes ont gagné une très grande popularité, et ce, très souvent, au détriment de ceux qui les ont plantées et qui se demandent maintenant pourquoi ils se sont embarqués dans une telle galère. Comme toute personne avertie en vaut deux, voici quelques vivaces que je ne recommande *pas* au jardinier paresseux. Vous pouvez les cultiver, bien sûr, mais il faut savoir qu'il y a un prix à payer pour les garder: plus souvent qu'autrement, elles nécessitent des soins hautement sophistiqués.

Il n'en reste pas moins que cette catégorie compte des plantes qui se comportent de façon très acceptable sous certains climats. Si vous bénéficiez du milieu qu'elles requièrent pour bien pousser, n'hésitez pas à les cultiver.

Enfin, en décrivant les vivaces à éviter, j'ai parfois inclus certaines proches parentes moins connues, qui peuvent très bien convenir au jardinier paresseux.

Benoîte hybride

(*Geum* x)

La benoîte se comporte telle une prima donna qui exigerait les plus grandes attentions et qui refuserait de collaborer chaque fois que les choses ne seraient pas parfaitement à son goût. Or, elle n'a pas le physique de l'emploi. En retour d'autant d'efforts, on s'attend à ce qu'elle fournisse une floraison extraordinairement belle, durable et originale, sinon un port magnifique, mais ce n'est absolument pas le cas: la benoîte  ne produit que de petites fleurs, assez parsemées, en une courte période et son feuillage ne présente pas d'intérêt. Mieux vaut cultiver des trolles (voir à la page 378) ou des potentilles vivaces (page 234), deux plantes assez semblables dont la culture s'avère beaucoup plus aisée.

Pour que la benoîte vive pendant de nombreuses années, elle nécessite un sol qui soit humide pendant l'été mais sec durant l'hiver, un emplacement très ensoleillé, sinon légèrement ombragé, et plutôt frais ainsi qu'une division annuelle. Faute de ces conditions, elle disparaît après un an ou deux. Certains livres en sont venus à considérer cette plante comme une bisannuelle: disons qu'il est plus facile de perdre une plante après deux ans si on la qualifie de bisannuelle plutôt que de vivace restreinte à une très courte longévité.

Parmi les plus jolis hybrides, les benoîtes telles que 'Mrs. Bradshaw' (aux fleurs rouges), 'Lady Stratheden' (aux fleurs jaunes), 'Fire Opal' (aux fleurs rouge bronzé), etc., qui reçoivent la dénomination de *Geum* x, *G. chiloense* ou *G. quelloense* (dans ce groupe, la nomenclature s'avère très confuse) souffrent toutes du syndrome de la prima donna. Néanmoins, si vous pouvez leur offrir le milieu qu'elles requièrent ou que vous êtes prêt à les diviser chaque année, n'hésitez pas à les cultiver. Le jardinier paresseux préférera plutôt leurs petites soeurs, la benoîte de Boris (*G. x borisii*, 20 cm, aux fleurs écarlates) et la benoîte de montagne (*G. montanum*, 25 cm, aux fleurs jaunes et au port rampant), deux plantes qui se cultivent plus aisément, mais beaucoup moins connues. Zone 3.

Berce

(*Heracleum mantegazzianum*)

Cela faisait très chic, il y a quelques années, d'exhiber cette plante géante dans son jardin. Quel effet extraordinaire! Avec ses 2 m de hauteur (*H. laciniatum*, anc. *H. villosum*, atteint même 3 m), produisant de grandes feuilles fortement lobées et d'énormes inflorescences plates garnies de milliers de fleurs blanches minuscules, la berce ne passe pas inaperçue! La plupart ont déchanté depuis, car non seulement cette plante robuste est-elle très envahissante à cause de ses graines nombreuses qui germent partout, mais ses feuilles causent des brûlures insupportables aux personnes qui y sont sensibles et peuvent même laisser des cicatrices qui ne disparaîtront pas avant des mois. Si vous ne l'avez pas, ne la plantez pas. Si vous avez une berce, mettez une chemise à manches longues, des gants et débarrassez-vous-en au plus tôt! Zone 3.

Bouton d'or

(*Ranunculus repens* 'Pleniflorus', anc. 'Flore Pleno')

Comme plusieurs espèces de *Ranunculus*, le bouton d'or sauvage est très joli; le cultivar 'Pleniflorus' aux fleurs doubles l'est davantage. Or, comment les contrôler? Du fait que leurs stolons courent à la surface du sol, une bordure de plastique enfoncée autour d'eux ne suffit pas à les arrêter car les tiges grêles passent facilement par-dessus les obstacles bas. Néanmoins, cette plante constitue un couvre-sol très intéressant, si vous possédez un site d'où elle ne pourrait s'échapper. Si vous aimez les boutons d'or, vous pouvez les substituer par des trolles (*Trollius*, page 378), car leur culture s'avère aisée. Emplacement ensoleillé ou semi-ombragé. Hauteur: 30-45 cm. Zone 3.

Chrysanthème d'automne

(*Dendrathema* x *grandiflorum*, anc. *Chrysantheum morifolium*)

Cette très jolie plante requiert une attention presque constante si vous voulez qu'elle fleurisse et qu'elle reste en vie. D'abord, vous devez la reproduire par division ou par bouturage à tous les deux ans car, non seulement son centre dégénère, mais le plant peut mourir même sans que vous en connaissiez la cause. Aussi, pour obtenir une belle forme et une floraison abondante, vous devez la pincer régulièrement à partir du printemps jusqu'à la mi-été.

De plus, les cultivars actuellement sur le marché se comportent très différemment: certains commencent à former leurs fleurs si tard à l'automne que la neige tombe avant que le premier bouton n'ait eu le temps de s'ouvrir; en outre, d'autres ne s'avèrent pas assez rustiques pour le Québec. Enfin, les insectes peuvent causer quelques inconvénients qui affecteront davantage l'apparence de la plante plutôt que sa santé.

Le chrysanthème d'automne possède cependant un énorme potentiel: par le biais d'une sélection poussée, l'on devrait en arriver à produire des plantes compactes et rustiques capables de fleurir plus tôt. En attendant, vous pouvez toujours choisir le chrysanthème latilobé (*Dendrathema zawadskii*), un cousin plus fiable (voir à la page 338). Par contre, si vous pouvez trouver les chrysanthèmes d'automne de la série Morden (ils en portent tous le nom, comme 'Morden Aztec', 'Morden Eldorado', 'Morden Fiesta', etc.), vous obtiendrez des plants extrarustiques (zone 3) qui restent compacts sans nécessiter de pinçage et qui fleurissent très tôt, soit à la mi-août ou au début de septembre. Comme tous les chrysanthèmes de cette catégorie, l'on doit les diviser très souvent et s'attendre à ce que les insectes puissent causer certains inconvénients.

Coqueret, amour en cage ou lanterne chinoise

(*Physalis alkekengi franchetii*)

À l'époque victorienne, on cultivait souvent cette plante à cause de son curieux calice orange qui faisait une si belle fleur séchée. Malheureusement,

491

Des vivaces à éviter

il s'agit d'une envahisseuse et les arrière-arrière-petits-enfants des gens qui l'ont plantée se trouvent encore aux prises avec cette mauvaise herbe quasi inextirpable. Elle a peu d'effet décoratif dans la plate-bande (ses calices ne deviennent visibles que lorsque les feuilles gèlent à l'automne) et elle s'étend partout grâce à des rhizomes tenaces et des graines que n'arrête aucune barrière. Si vous décidez de la planter, il faut absolument la contrôler dès le départ et l'entourer d'une barrière (un seau dont le fond à été enlevé, par exemple) enfoncée dans le sol à une profondeur minimale de 20 cm à 30 cm. De plus, il faut couper toutes les tiges florales à l'automne pour empêcher que les graines ne mûrissent (il s'agit là d'un moindre effort, car on les coupe

de toute façon pour récolter les fleurs séchées). Emplacement ensoleillé. Hauteur: 45-60 cm. Zone 3.

Herbe-aux-goutteux

(*Aegopodium podagraria* 'Variegatum')
L'herbe-aux-goutteux, aussi appelée «égopode», figure parmi *Les faux-amis* mentionnés à la page 125. Comme c'est une envahisseuse, il vaut mieux la bannir de votre jardin, à moins de la contrôler parfaitement en entourant le secteur où elle est plantée d'une barrière enfoncée dans le sol et en supprimant les tiges florales avant que ses graines ne mûrissent. Il n'en reste pas moins que la plante s'avère un des meilleurs couvre-sols pour les emplacements ombragés et secs où

rien d'autre ne réussit à pousser. Par exemple, si certaines mauvaises herbes vous causent des problèmes, celles-ci auront vite fait de les étouffer! On ne vend que le cultivar au feuillage panaché de blanc crème, dont l'éclat rehausse admirablement bien les coins sombres. Or, si vous laissez ces plantes monter en graines, les nouvelles, qui partout surgiront dans la plate-bande, seront toutes vertes! Pour quelle raison? Parce que le caractère panaché se transmet toujours par multiplication végétative, jamais par le biais de semences. Si le feuillage devient abîmé à la mi-été (cela se produit surtout si la plante se trouve au soleil), taillez la plante jusqu'au sol en utilisant la tondeuse ou le

492

taille-bordures: comme toute mauvaise herbe qui se respecte, elle repoussera très rapidement. Zone 3.

Hibiscus vivace

(*Hibiscus moscheutos*)
L'hibiscus vivace aurait tout pour plaire s'il n'était pas si lent à pousser au printemps. En effet, ses énormes fleurs rouges, roses ou blanches en forme de sou-coupe, souvent rehaussées d'un oeil contrastant, mesurent jusqu'à 25 cm de diamètre et surplom-bent des tiges ligneuses de 1,2 m à 1,8 m de hauteur. Malheureu-sement, rien ne se produit avant le début de l'été. En conséquence, les premiers gels de l'automne

l'attaquent alors que seulement deux ou trois fleurs géantes ont réussi à s'épanouir. Si vous ajoutez à cela la nécessité de tailler l'hibiscus annuellement (il s'agit, en fait, d'un sous-arbrisseau dont les tiges ligneuses doivent être rabattues à tous les printemps) et de le munir d'une excellente protection hivernale, même en zone 5, il faut considérer que cette plante requiert trop de soins de la part d'un jardinier paresseux.

Néanmoins, si vous tenez absolument à cultiver cette vivace dont la floraison s'avère si magnifique, voici deux suggestions. D'une part, vous pouvez la planter dans un sol qui se réchauffe très vite au printemps (un sol sablonneux près d'une fondation qui fait face au sud, par exemple); d'autre part, vous pouvez la cultiver comme une annuelle, en la semant dans un contenant en février pour obtenir une pleine floraison dès la première année. Seule la dernière méthode vous assure une floraison abondante et hâtive. Zone 4 (s'il existe une protection hivernale).

Iris des jardins

(*Iris* x *germanica*)[1]
Un ami jardinier m'a déjà dit: «Pour ne pas vous faire d'ennemis parmi les passionnés de jardinage, ne dites jamais un mot contre les rosiers, les iris ou les dahlias. Ce sont des plantes sacro-saintes, au-dessus de toute critique.» Je dois aimer la controverse, puisque je ne peux absolument pas recommander l'iris des jardins, pourtant très populaire, que l'on appelle aussi iris à barbe. Ce serait mentir que d'affirmer qu'il s'agit d'une bonne plante pour les jardiniers paresseux, d'autant plus qu'il existe tellement d'autres iris qui l'emportent sur elle. Après une très courte période de floraison, les larges feuilles en forme d'épée de l'iris des jardins offrent beaucoup moins d'attrait que les feuilles graminiformes de l'iris de Sibérie (voir à la page 370). En

1. Présentement, *Iris* x semble être le seul nom latin pour désigner ce groupe de plan-tes issues de croisements complexes. J'ai donc cru bon d'utiliser l'ancien nom, *Iris* x *germanica*, pour permettre de distinguer ces iris bien connus de tous les autres *Iris* x.

outre, la plante forme des touffes ouvertes dont le centre dépérit rapidement, ce qui oblige à faire des divisions fréquentes pour la garder en bon état. De plus, je ne peux passer sous silence sa vulnérabilité à nombre d'insectes et de maladies: le perceur de l'iris s'avère sans doute le pire, puisqu'il introduit diverses pourritures en creusant et qu'il transforme les rhizomes épais de la plante en une véritable bouillie, ce qui nous met dans la nécessité de la traiter pendant tout l'été. Enfin, bien cultiver l'iris des jardins demande beaucoup de recherches, car il a des besoins particuliers qu'aucune autre plante ne partage. Je suggère aux jardiniers paresseux d'oublier cette plante et de choisir des iris plus faciles à cultiver (voir à la page 370). Curieusement, l'iris nain (*Iris* x *germanica*,

anciennement appelé *I. pumila*), lequel dérive des mêmes espèces que le grand iris des jardins, offre une gamme de couleurs presque aussi étendue, présente une rusticité plus probante que celle de son frère et souffre beaucoup moins des maladies et des insectes: il mérite certes une petite place en bordure de la plate-bande du jardinier paresseux. Il n'en demeure pas moins qu'en dehors de sa floraison, l'iris nain n'offre vraiment aucun attrait. Zone 3.

Lavande

(*Lavandula angustifolia*)

Voici une plante presque mystique que l'on cultive depuis la nuit des temps à cause de ses feuilles et de ses fleurs odorantes. Or, la lavande s'avère une excellente plante de jardin en zone 6. Alors qu'en zone 5, elle commence à démontrer sa fragilité aux rigueurs de la morte saison, en zone 4, cela tient presque du miracle de sauver la moitié de vos plants après un dur hiver. Le fait est que cette plante, dont la rusticité permet théoriquement de

s'accommoder de la zone 5, ne supporte pas nos hivers humides. Ainsi, la neige et les feuilles déchiquetées qui protègent les autres vivaces ont plus tendance à la faire pourrir qu'à la préserver du froid. Planter la lavande dans un sol sablonneux et alcalin aide grandement à la garder en vie; de plus, quelques branches de sapin ou d'épinette utilisées en guise de protection hivernale semblent offrir un bon compromis: elles la protègent contre le froid

494

tout en favorisant une bonne aération et un drainage adéquat. Toutefois, la tendance de la lavande à disparaître malgré les soins qui lui sont prodigués nous force à la considérer comme une plante fort capricieuse. Si vous tenez à l'essayer coûte que coûte, sachez que les cultivars 'Hidcote Blue' et 'Munstead' ont la réputation d'être un peu plus rustiques que les autres.

Lobélie cardinale

(*Lobelia* x *speciosa*)

Comment se fait-il que la lobélie cardinale, cette magnifique fleur de nos sous-bois humides, ne soit pas plus rustique dans nos jardins? Les ouvrages de référence lui attribuent pourtant une rusticité codée zone 2, alors qu'elle réussit rarement à passer l'hiver en zone 5! La vérité, c'est que la lobélie cardinale vendue sur le marché n'est plus la lobélie cardinale indigène (*Lobelia cardinalis*), mais un hybride complexe (*L.* x *speciosa*) plus compact dont le feuillage se colore souvent de rouge (c'est le cas du populaire cultivar 'Queen Victoria'). Cet hybride semble avoir hérité de la forme générale et des magnifiques fleurs rouge vif de notre lobélie sauvage, hormis sa rusticité! Si vous choisissez de cultiver cette lobélie hybride (et elle est magnifique!), considérez-la comme une annuelle pouvant parfois passer l'hiver. Si vous préférez une lobélie rustique, procurez-vous la lobélie bleue, *L. siphilitica* (zone 3). Malheureusement, la vraie lobélie cardinale qui s'accommode de la zone 2 se retrouve rarement dans les jardineries québécoises. Aussi, ne faudrait-il surtout pas déparer nos forêts humides en allant prélever à l'état sauvage cette fleur somme toute assez rare. Les lobélies vivaces préfèrent un sol humide, voire détrempé. Emplacement ensoleillé ou mi-ombragé. Floraison: à la fin de l'été.

Lupin des jardins

(*Lupinus* x)

Très joli lorsqu'il fleurit, le lupin des jardins a pourtant de nombreux défauts, entre autres, sa vulnérabilité aux grandes chaleurs de l'été: elle diminue sa longévité et le met à la merci des pucerons. Quoique difficile à transplanter et à diviser, la plante se cultive assez facilement à partir de semis. Malgré ces inconvénients, le lupin se comporte très bien dans les régions où les étés sont frais et peut même parvenir à se naturaliser. Il devient donc une plante à recommander aux gens du nord et de l'est du Québec, mais à bannir dans le sud-ouest. Si vous tenez à le cultiver quand même, placez-le de telle sorte que ses tiges infestées de pucerons ne vous affectent pas outre mesure. Emplacement ensoleillé. Hauteur: 45-120 cm. Zone 3.

Macleaya

(*Macleaya cordata* et *M. microcarpa*)

Une fois, j'ai fait l'erreur de planter un macleaya. Or, je peux vous assurer qu'il est plus facile de déménager pour régler le problème (ce que j'ai fait) que de tenter de contrôler cette plante envahissante à l'extrême! Elle aurait pourtant du potentiel car, parmi les végétaux ornementaux, elle s'avère tout à fait unique. Ses hautes tiges pouvant atteindre 2 m et ses grandes feuilles crénelées ont une curieuse coloration bleutée; ses feuilles blanches en dessous attirent l'attention lorsqu'elles bougent au gré du vent. Portées en panicules lâches aux extrémités des branches, ses fleurs plumeuses et blanches présentent un certain attrait du milieu de l'été jusqu'aux gels, quoiqu'on ne puisse pas dire qu'elles soient vraiment belles. Pour maintenir un certain contrôle, il importe de planter le macleaya dans un seau sans fond enfoncé dans le sol, sinon il peut s'étendre sur plus de 1 m par année dans la plate-bande. N'essayez pas de retenir les ardeurs de cette plante au moyen d'une simple bordure de plastique utilisée

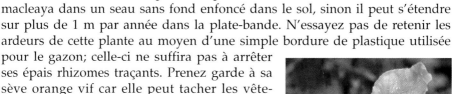

pour le gazon; celle-ci ne suffira pas à arrêter ses épais rhizomes traçants. Prenez garde à sa sève orange vif car elle peut tacher les vêtements. Zone 3.

Pavot bleu

(*Meconopsis betonicifolia*)

Ses belles fleurs d'un bleu véritable rendent cette plante irrésistible, mais ses défauts sont innombrables: elle a la vie courte; elle est difficile à établir, à multiplier et à diviser; sa floraison est souvent peu durable ou même inexistante; etc. Le pavot bleu se comporte pourtant très bien dans les régions pourvues d'un climat frais où il peut même se naturaliser. Par contre, dans le sud-ouest du Québec, n'essayez pas de le cultiver car les étés sont généralement trop chauds pour lui. Bien que l'on assigne souvent la zone 5 à cette plante, elle s'avère plus rustique que cela; l'attribution de la zone 3 lui conviendrait davantage, car ce n'est pas le froid de l'hiver qu'elle craint, mais plutôt la chaleur de l'été!

Son cousin, le pavot de Galles (*M. cambrica*) s'avère plus facile à cultiver. Malheureusement, ses fleurs n'ont pas la couleur bleu ciel; elles offrent les coloris jaune ou orange. La plante convient bien aux emplacements semi-ombragés et riches en humus. Sa floraison commence au début de l'été et se poursuit pendant une assez longue période (jusqu'au début de l'automne) si les conditions répondent à ses besoins et si l'été n'est pas trop chaud. Hauteur: 30-40 cm. Zone 3.

Pied-d'alouette

(*Delphinium* x)

Cela me coûte beaucoup de devoir placer le delphinium (les jardiniers semblent préférer son nom botanique à son nom commun) parmi les plantes à éviter, car ses hauts épis de fleurs bleues, violettes, roses, rouges et blanches sont très attrayants lorsqu'ils s'épanouissent au début ou au milieu de l'été. Néanmoins, veuillez vous consoler en pensant que son frérot, l'aconit (voir à la page 166) possède toutes ses qualités et presque aucun de ses défauts. Malgré tout, si vous maintenez votre idée de cultiver le delphinium, sachez qu'il requiert nombre de soins pour le garder en bon état: tuteurage, traitements contre les divers insectes et maladies, divisions régulières pour lui assurer une bonne longévité, suppression des fleurs fanées pour stimuler une deuxième

floraison, etc. Un jardinier paresseux pourrait très bien cultiver le delphinium en évitant les tâches par trop astreignantes: il le planterait au fond de la plate-bande; ses lourdes tiges florales iraient s'appuyer sur d'autres végétaux; ses feuilles, si jolies au printemps, deviendraient certes marquées, tachetées ou enroulées à la suite des attaques perpétrées par ses nombreux prédateurs; mais celui-là se garderait d'intervenir. Il est vrai que la plante a la vie courte quand on la néglige. Quoique les semis qui germent semblent toujours fournir des plants aux fleurs bleues ou violettes, elle se ressème néanmoins. Les plants semés semblent d'ailleurs vivre bien plus longtemps que les divisions. Zone 2.

Renouée du Japon ou bambou

(*Fallopia japonica*, anc. *Polygonum cuspidatum*)

Il n'y a pas pire mauvaise herbe que la renouée du Japon! Dotée de rhizomes épais et perçants, cette vivace aux tiges creuses de 2 m de hauteur envahit, chaque année, des milliers de mètres carrés du territoire québécois; elle élimine tout sur son passage, sauf les arbres déjà grands. Quand on pense qu'elle fut introduite exprès en guise de plante ornementale! Malgré sa mauvaise réputation, je reçois encore des appels téléphoniques et des lettres de personnes désireuses d'en planter pour faire une haie, mais qui ne réussissent pas à la trouver sur le marché. Entre vous et moi, le moins que l'on puisse dire, c'est: «Tant mieux!»

Toutefois, si vous voulez tenter l'expérience, il y a lieu de choisir des variétés moins envahissantes, à condition de les planter à l'intérieur d'un tuyau de béton (car le plastique et le métal ne suffisent pas à emprisonner les rhizomes) enfoui dans le sol et semblable à ceux qu'emploie la voirie. Tout comme son nom le suggère, *F. japonica* 'Compacta' (*Polygonum reynoutria*) présente un port plus bas, plus dense et n'atteint que 40 cm à 60 cm de hauteur. Ses fleurs rouges ou roses plus colorées que celles de l'espèce (blanches ou rose très pâle) ajoutent à son attrait. Avec ses feuilles fortement panachées de blanc et de rose, la plante *F. japonica* 'Spectabilis' ('Variegata') est encore moins envahissante, car peu de vert persiste dans son feuillage, ce qui la rend inapte à capter l'énergie solaire pour prendre d'assaut les jardins. D'ailleurs, au printemps, les panachures des feuilles peuvent être si accentuées qu'elles sortent de la terre presque sans chlorophylle. Ne paniquez surtout pas en pensant que votre plante soit devenue albinos: sa coloration verte reviendra peu à peu au cours de la saison. Hauteur: quelque 60 cm. Zone 3.

Persicaria virginiana 'Painter's Palette', une proche parente, se montre, elle aussi, hautement panachée de blanc, de rose, de rouge et de jaune crème. Elle est cependant beaucoup moins envahissante! La plante forme un dôme parfait de 60 cm à 75 cm (hauteur et diamètre). Zone 3.

Salicaire

(*Lythrum salicaria*)

Magnifique, florifère, durable et facile à maintenir, la salicaire est pourtant considérée par les autorités comme une mauvaise herbe nocive qui menace très sérieusement nos marécages qu'elle envahit actuellement à une vitesse inouïe. Étant donné la controverse dont cette plante fait l'objet (certains experts prétendent que les variétés cultivées ne posent aucun danger pour l'environnement, mais d'autres disent le contraire), il vaut mieux classer cette vivace envahissante, mais pourtant facile à contrôler lorsque cultivée, dans la catégorie des végétaux *à ne pas cultiver*, en tout cas pour l'instant. Ultérieurement, si l'on obtenait la preuve que cultiver la salicaire ne risque pas d'endommager irrémédiablement nos rares marécages, je serais parmi les premiers à recommencer à le faire.

Trèfle blanc

(*Trifolium repens*)

Il existe plusieurs cultivars ornementaux du trèfle blanc. Tous font office de bons couvre-sols, entre autres, 'Purpurascens' ('Purpurascens Quadrifolium'), au feuillage pourpré et aux feuilles comptant quatre folioles, et 'Quinquefolium' ('Pentaphyllum'), semblable, hormis une foliole de plus. Malheureusement, les tiges rampantes de ces deux cultivars prennent racine partout, ce qui les rend très envahissants. Il devient difficile d'imaginer une barrière pouvant les arrêter, car les tiges courent sur la surface du sol (pas sous la terre) et franchissent aisément les obstacles.

Par ailleurs, le trèfle blanc ordinaire mérite d'être cultivé dans la pelouse, car il enrichit le sol en azote et reste vert durant les pires périodes de sécheresse. Il a malheureusement été plus ou moins évincé de nos pelouses à cause des herbicides utilisés pour éliminer les mauvaises herbes. Zone 4.

Tritome ou faux-aloès

(*Kniphofia uvaria* et autres)

Magnifique, le faux-aloès l'est, mais facile à cultiver, pas du tout, et ce, à cause de notre climat. Quand on considère que cette plante provient de l'Afrique du Sud, l'on ne peut imaginer que très difficilement un climat plus différent! Elle a sa préférence pour les étés torrides et secs de même que les hivers doux (à peine quelques degrés Celsius sous zéro) et un peu plus pluvieux. Notre climat offre des étés souvent pluvieux et des hivers glacés! Quelle misère!

Cependant, certains jardiniers réussissent très bien avec le tritome: ils le plantent dans un sol parfaitement drainé et le dotent, à l'automne, d'une protection hivernale digne du plus tendre des rosiers hybrides de thé. Or, je vous suggère de laisser cette plante très délicate entre les mains des jardiniers assez passionnés pour y investir les efforts nécessaires et de choisir plutôt l'une ou l'autre des nombreuses plantes recommandées dans ce livre: les entretenir sera plus facile. Zone 6 (ou zones 4 et 5, s'il y a une excellente protection hivernale).

Valériane

(*Valeriana officinalis*)

Cette plante, ancienne fine herbe initialement plantée au Québec en vue d'une utilisation médicinale, est vite sortie de son encadrement pour devenir une mauvaise herbe redoutable en bien des endroits. Pourquoi l'introduire dans votre jardin comme plante ornementale? Personne ne niera que la valériane possède une grande valeur orne- mentale: outre une hauteur pou- vant atteindre 1,5 m, un feuillage découpé et des ombelles de fleurs blanches parfumées qui attirent les

abeilles, qui plus est, elle fait une excellente fleur coupée! Mais justement, le malheur, c'est que l'on doive *toujours* couper ses fleurs... sinon de petits plants de valériane pousseront partout, non seulement dans vos plates-bandes, mais aussi dans le potager et, pire encore, peut-être même chez le voisin, qui risque de ne plus vouloir vous parler pendant plusieurs années, si vous lâchez ce monstre à l'assaut de son terrain!... Zone 3.

500

Sources de plantes

près avoir épluché cet ouvrage, il faut souhaiter que vous ayez maintenant envie d'essayer toute une série de nouvelles plantes!

Mais voilà que se pose un problème majeur: parmi les plantes considérées comme les meilleures vivaces pour le climat québécois, plusieurs restent introuvables. Or, l'industrie horticole québécoise a la réputation d'être très conservatrice en regard des nouveautés. Même si elle a fait beaucoup de progrès depuis quelques années, il n'en reste pas moins que la plupart des jardineries offrent un choix assez limité de vivaces; en outre, il arrive souvent que les plants proposés aux consommateurs ne portent même pas le nom du cultivar spécifique et que la couleur seule lui serve de point de repère. Comme la possibilité de choisir le bon cultivar représente la clé de votre succès, vous n'avez guère le choix: aller chercher ailleurs.

Heureusement qu'il existe des pépinières spécialisées, soit dans les plantes vivaces, soit dans les nouveautés horticoles (y compris une bonne proportion de vivaces). Certaines offrent même plus de 2000 cultivars! C'est évidemment peu comparativement aux quelques 100 000 vivaces qui pourraient se

La plante de vos rêves n'est pas disponible à votre jardinerie locale? Un des nombreux catalogues vous permettra peut-être de l'obtenir.

cultiver au Québec, mais voilà tout de même un bon départ. Certaines pépinières vendent leurs produits par la poste; autrement, il vous faut vous déplacer pour faire votre choix.

En ce qui a trait aux catalogues de marchands qui vous donnent la possibilité de faire venir des graines ou des vivaces par la poste, vous n'avez pas à vous limiter au territoire du Québec. Tout d'abord, disons qu'il n'y a aucune difficulté à faire venir des vivaces des autres provinces canadiennes. Quant aux importations, elles demeurent possibles, mais plutôt compliquées, surtout celles d'outre-mer. Les importations des États-Unis s'avèrent plus aisées, mais il faut souvent investir un montant minimal et parfois assez élevé: le marchand vous chargera sans doute un supplément assez important pour l'obtention du permis phytosanitaire et l'inspection préalable. Dans ce cas, la solution consiste à acheter avec d'autres amateurs de vivaces afin de répartir les frais. Jadis, avant même de placer une commande, il fallait écrire à Agriculture Canada pour demander un permis d'importation. Or, lors de la rédaction de cet ouvrage, un tel permis n'était plus exigé pour les importations de plantes vivaces ornementales des États-Unis. Certaines plantes protégées par les autorités internationales ne peuvent être importées au Canada, à moins d'obtenir du vendeur un certificat C.I.T.E.S. prouvant qu'elles proviennent de cultures plutôt que de récoltes effectuées dans la nature. Hormis quelques plantes très rares, comme les orchidées terrestres du genre *Cypripedium*, de telles restrictions ne s'appliquaient pas aux vivaces. On exige toutefois un permis d'importation pour toute commande de plants vivants provenant d'un pays autre que les États-Unis.

Il existe toutefois une façon aisée d'importer des vivaces: commander des semences. Hormis quelques espèces envahissantes interdites au pays, il est possible de faire venir des sachets de graines de n'importe où dans le monde, et ce, sans permis et sans inspection. Pour ce faire, des centaines de compagnies publient des catalogues que l'on peut obtenir gratuitement ou à peu de frais. Les catalogues de semences provenant des pays froids, comme ceux du nord de l'Europe ou de l'Asie, présentent un très grand intérêt car ils offrent souvent des vivaces inconnues ici, lesquelles devraient s'avérer rustiques sous notre climat. L'Angleterre et l'Allemagne démontrent un très grand intérêt pour les vivaces et publient donc bon nombre de catalogues. Encore faut-il pouvoir lire ces catalogues et comprendre la langue employée... En

*S*auf quelques espèces envahissantes interdites au pays, il est possible de faire venir des sachets de graines de n'importe où dans le monde, et ce, sans permis et sans inspection.

revanche, sachez que le nom botanique des plantes ne change pas. Conséquemment, même si vous ne lisez pas l'allemand ou l'italien, le nom botanique de la rudbeckie jaune, par exemple, demeure *Rudbeckia* partout dans le monde. D'ailleurs, même le nom du cultivar reste, en théorie, le même dans tous les pays du globe (malheureusement, l'on retrouve dans quelques catalogues québécois les noms de certains cultivars traduits en français, une habitude outrée et abusive aux yeux des horticulteurs sérieux).

Or, il faut dire que tous les cultivars vivaces ne se reproduisent pas toujours fidèlement par le biais de semences. Néanmoins, de façon générale, si un catalogue propose des semences issues de tel cultivar, c'est que celles-ci donnent, en pratique, des plants identiques à celui d'origine.

Si vous êtes sérieusement intéressé, vous pouvez devenir membre de l'une des nombreuses sociétés spécialisées en matière de vivaces. Ces sociétés offrent plusieurs services à leurs membres: la publication d'une revue, la possibilité de participer à des congrès ainsi qu'à diverses activités et même, très souvent, l'accès à une banque de semences ou de boutures de plantes si rares qu'il est impossible de se les procurer autrement! De plus en plus de sociétés horticoles se présentent maintenant sur le réseau *Internet*, ce qui les rend plus facilement et plus rapidement accessibles.

Comment faire venir des vivaces des pépinières canadiennes ou québécoises

1. Écrivez une lettre pour faire venir le catalogue. Si la compagnie l'exige, acquittez-vous du paiement du catalogue et insérez, si requise, une enveloppe-réponse de format légal déjà affranchie.

2. Remplissez le bon de commande et calculez le montant total en incluant les frais de livraison et les taxes.

3. Postez votre commande en payant le coût total par chèque, par carte de crédit ou par mandat postal ou bancaire.

Comment importer des vivaces de l'étranger

1. Faites venir le catalogue par la poste ou par le réseau *Internet*. Il faut souvent envoyer un peu d'argent: il est possible d'obtenir, à cet effet, des mandats postaux ou bancaires en différentes devises. Impossible cependant d'envoyer une enveloppe déjà affranchie dans un autre pays, car nos timbres n'y ont aucune valeur. Dans ce cas, deux coupons-réponses internationaux (disponibles au bureau de poste) pourront couvrir les frais postaux. Pour les États-Unis, il est parfois plus pratique de joindre un billet de 1 $US pour acquitter les frais postaux.

2. Dans le catalogue, repérez les renseignements concernant l'importation. S'il s'agit de semences, il n'y a habituellement aucune restriction ou limitation: vous pouvez les commander aussi facilement de la Russie que du Québec. Par contre, pour les plants, la firme exigera certainement que vous dépensiez un montant minimal (souvent l'équivalent de 50 $, sinon plus), en plus des frais pour obtenir un certificat phytosanitaire et, peut-être, des frais d'inspection. Il faut aussi rajouter les frais de transport. La plupart des marchands qui vendent par catalogue n'exportent que des semences et des plantes: impossible de commander d'autres produits de jardinage.

3. Vérifiez auprès d'Agriculture Canada si un permis d'importation est requis en regard du pays concerné (ce ne devrait pas être le cas si vous faites venir des semences). Un tel permis pourrait être exigé pour obtenir des plants. Il s'agit alors d'énumérer les plantes que vous désirez commander sur la formule qu'Agriculture Canada vous enverra, de la faire parvenir à l'adresse indiquée et d'attendre votre permis. Ce dernier devrait accompagner votre bon de commande.

4. Remplissez le bon de commande et calculez le montant que vous devrez payer. N'oubliez pas d'inclure les frais pour le certificat et l'inspection, ceux pour le transport, le coût des taxes applicables et, s'il y a lieu, votre permis d'importation.

5. Vous pouvez envoyer un mandat postal ou bancaire qui couvre le montant total de votre commande dans la devise du pays où

il est destiné. Par contre, si vous faites une erreur de calcul ou si tel produit se trouve épuisé, cela peut mener à des complications, obligeant la compagnie à vous écrire pour obtenir des clarifications, ce qui retarde le service. Il est souvent plus pratique de fournir le numéro de votre carte de crédit internationale *(Visa, MasterCard, American Express,* etc.) et sa date d'expiration. En procédant ainsi, vous n'aurez pas à faire des calculs dans une devise étrangère ou changer de l'argent: le montant total sera tout simplement facturé en argent canadien sur votre carte de crédit. N'envoyez jamais d'argent (billets ou pièces de monnaie) par la poste et ne payez jamais une commande à l'extérieur du pays par le biais d'un chèque provenant d'une banque canadienne, car peu de banques étrangères l'acceptent.

6. Si vous commandez des plants vivants et que vous pouvez choisir le moyen de transport, prenez toujours le plus rapide, même si cela vous coûte plus cher. Il n'est cependant pas nécessaire de payer de tels frais pour une commande de semences.

7. N'oubliez pas d'affranchir suffisamment l'enveloppe-réponse! Généralement, il faut deux timbres de première classe pour affranchir votre commande outre mer, alors que l'affranchissement d'une enveloppe destinée aux États-Unis coûtait 7¢ de plus que le tarif canadien (en 1997).

8. Voici un sage conseil: pour éviter que vos plants ne gèlent au cours du transport, ajoutez une note à votre commande pour demander de ne pas livrer de plants vivants avant le 15 avril ou après le 15 septembre. En effet, les périodes de plantation effectuées en d'autres pays peuvent commencer en mars et se prolonger jusqu'en décembre. En revanche, les sachets de semences ne courent aucun risque, même en plein hiver.

L'entretien des plants reçus par la poste

Sauf avis contraire, les semences reçues par la poste ne nécessitent aucuns soins. Vous n'avez qu'à suivre les conseils

portant sur les semis dans la section *La multiplication des vivaces* (voir à la page 133). Dans de très rares cas, le fournisseur peut indiquer que certaines graines se doivent d'être semées dès leur réception ou encore qu'il faille les garder au frais avant l'ensemencement.

Quant aux plants vivants, déballez-les et inspectez-les dès leur réception. S'ils sont en mauvais état, informez-en immédiatement l'expéditeur. Le fait se produit très rarement (il faut comprendre que ces pépiniéristes gagnent leur croûte en vendant des plantes par la poste et qu'ils font tout leur possible pour assurer une livraison sans accroc). Il peut arriver que certains plants jaunissent un peu au cours de leur transport, mais ils reverdiront vite une fois exposés au soleil. S'ils paraissent quelque peu ratatinés, pulvérisez-les avec de l'eau tiède pour permettre aux tissus de s'abreuver. De toute façon, l'expéditeur s'organise le plus souvent pour que les plants vous parviennent en quelques jours seulement: le choc occasionné par le transport s'avère donc minime.

Il se peut fort bien que les vivaces que vous avez commandées vous parviennent en deux temps différents, soit au printemps, soit à la fin de l'été, car certaines plantes requièrent une plantation printanière et d'autres, une plantation plus tardive. Si tel est le cas, le vendeur vous informera que vous ne recevrez pas toutes vos vivaces en même temps. En outre, il faut prévoir que tous les cultivars que vous avez commandés ne sont peut-être pas disponibles dans l'immédiat. Dans ce cas, le vendeur vous demandera si vous acceptez qu'il vous livre un autre cultivar de qualité équivalente ou si vous préférez

*S*auf avis contraire, les semences reçues par la poste ne nécessitent habituellement aucuns soins.

attendre une livraison future. Si vous refusez toute substitution et que le plant n'est plus disponible, le pépiniériste vous offrira un crédit ou vous remboursera. Si vous payez au moyen d'une carte de crédit, le montant ne vous sera tout simplement pas facturé.

Les plants reçus par la poste sont généralement expédiés en pot, mais parfois à racines nues, libres de tout matériau d'empotage ou d'enracinement. Il s'agit de plants relativement jeunes. Il faut donc s'attendre à ce que ces végétaux prennent plus de temps à s'établir que les plants les plus gros et les plus vigoureux choisis à votre pépinière locale. Aussi, n'oubliez pas que les plants postés s'avèrent souvent des cultivars exclusifs: il vaut donc la peine d'attendre un an de plus pour les voir atteindre leur maturité.

Pour planter des vivaces reçues par la poste, procédez comme s'il s'agissait de

Les plantes commandées par la poste arrivent en parfait état, prêtes pour votre plate-bande.

divisions prélevées dans votre plate-bande (voir la section *La multiplication des vivaces* à la page 133), hormis une exception: avant de les repiquer, faites tremper les plants à racines nues pendant 2 h ou 3 h, mais pas plus de 12 h. Ensuite, vous pourrez les planter dans la plate-bande. S'il s'agit de plants très jeunes non susceptibles de fleurir dès la première année, placez-les en retrait, dans la plate-bande ou le potager, pour qu'ils puissent prendre de l'expansion. Le moment venu, vous leur fournirez leur emplacement permanent, c'est-à-dire à l'automne ou au printemps qui suit.

C'est dans les deux ou trois jours qui suivent leur réception qu'il faut planter les vivaces à racines nues. Si vous ne pouvez le faire, empotez-les temporairement, quitte à les planter dans le jardin quand la température sera plus favorable ou que vous aurez davantage de temps.

Les pépinières «attrape-nigaud»

La majorité des pépiniéristes vendant leurs produits par la poste sont des commerçants sérieux qui livrent de la marchandise de qualité. En outre, si vous avez une raison de vous plaindre, ils répondront rapidement au problème et le régleront généralement à votre satisfaction. Il existe néanmoins une infime minorité d'entrepreneurs qui opèrent à la limite de la légalité et qui vendent à un prix exagérément bas de la marchandise de moindre qualité sous le couvert de faux prétextes.

Heureusement qu'il est facile de reconnaître ces marchands peu scrupuleux. Tout d'abord, leur catalogue parvient chez vous sans que vous ne l'attendiez. Il se présente généralement en plusieurs couleurs et comprend nombre d'illustrations, dont plusieurs sont exécutées à la main afin de mieux mousser la qualité de leurs produits (beaucoup de pépiniéristes sérieux n'ont malheureusement pas les moyens de faire imprimer un catalogue en couleurs). La diversité de leurs plantes se trouve fort limitée (ce qui contraste nettement avec les bonnes pépinières qui misent sur la diversité de leurs produits en fournissant une longue liste de plantes au consommateur). La description de chaque variété comprend plus de superlatifs que de détails concrets. Elle s'avère d'ailleurs si élogieuse que vous avez peine à le croire... et avec raison! Vous avez tout à douter d'un plant qui paraît «trop beau pour être vrai» dans un catalogue et vous avez probablement raison de le penser. En plus, ces catalogues vous proposent très souvent de participer à un tirage pour vous encourager à passer une commande. Si le prix à gagner et sa valeur sont faramineux par rapport à la marchandise (par exemple, un prix de plusieurs milliers ou de plusieurs centaines de milliers de dollars alors que la valeur moyenne des plantes vendues se situe autour de 5 $!), vous pouvez être certain que vous avez affaire à un vendeur plutôt louche.

Malheureusement, ces spécialistes de la vente quasi frauduleuse savent comment rester à l'extrême limite de la légalité. Les descriptions ont l'air peut-être exagérées, mais elles s'avèrent néanmoins vérifiables: «Oui! Telle plante a *déjà* atteint 4 m de hauteur en une seule saison»... mais en Californie! Certes, elle se comportera tout autrement dans votre jardin. Voici un autre exemple: la plante codée zone 3 a bel et bien survécu dans cette zone, mais une seule fois, grâce à une protection hivernale digne des orangers de Versailles, car en réalité, il s'agit d'une plante codée zone 6! De façon générale, on évite aussi de fournir le nom botanique de la plante et on l'affuble d'un nom commun particulièrement exotique, alors qu'il s'agit, en fait, d'une vivace des plus ordinaires que vous avez dans votre plate-bande depuis belle lurette. De plus, en vous fiant à la description, vous achetez très souvent ce que vous croyez être un plant, alors qu'il s'agit tout simplement d'un sachet de semences. Enfin, les plants livrés (du moins, lorsqu'il s'agit bien de plants et non de semences) sont petits, chétifs et bien inférieurs aux normes respectées dans toute pépinière sérieuse.

Si vous avez des doutes sur la qualité de la marchandise livrée par un catalogue quelconque, posez des questions à un autre jardinier ou à votre société d'horticulture. Vous obtiendrez rapidement des éclaircissements.

Les meilleures sources de vivaces

Faire l'énumération des catalogues pouvant être utilisés en horticulture s'avère très embêtant. Pourquoi? Parce qu'un livre tel que celui-ci demeure sur le marché pendant de nombreuses années, alors que les pépinières dont on fournit la référence peuvent fermer, déménager, changer leurs prix ou leur spécialité. De plus, chaque année voit naître de nouvelles pépinières fort intéressantes. Les références qui suivent étaient à jour au moment de la publication de ce livre, mais il se peut que certaines données aient changé au moment où vous les consulterez.

À moins que ne soit mentionnée leur spécialité, toutes les sources offrent une bonne variété de vivaces.

Semences de vivaces

La majorité des sources suivantes regroupe essentiellement des spécialistes en semences de toutes sortes qui offrent néanmoins un bon choix de semences de vivaces. Certaines proposent aussi des plants ou des produits de jardinage. Par contre, s'il s'agit d'une compagnie établie à l'étranger, sachez qu'il se peut fort bien qu'elle n'exporte que des semences.

Aimers
81 Temperance Street
Aurora (Ontario)
L4G 2R1
Tél.: (905) 841-6226
Catalogue ordinaire: gratuit
Catalogue de semences rares: 4 $

The Butchart Gardens
Box 4010
Victoria (Colombie-Britannique)
V8X 3X4
Tél.: (604) 652-4422
Catalogue: 1 $

Chiltern Seeds
Bortree Stile, Ulverston,
Cumbria,
ENGLAND, LA12 7PB
Tél.: (011-44-229) 58.11.37 (24 h)
Catalogue: 4 $

The Conservancy
51563 Range Road 212A
Sherwood Park (Alberta)
T8G 1B1
Catalogue: 2 $

Dominion Seed House
P.O. Box 2500
Georgetown (Ontario)
L7G 5L6
Tél.: (905) 873-3037
Catalogue: gratuit

Far North Gardens
P.O. Box 126
New Hudson
Michigan
U.S.A. 48165-0126
Catalogue: 2 $US

Gardens North
5984 Third Line Road North, R.R. 3
North Gower (Ontario)
K0A 2T0
Catalogue: 4 $

Horticlub (anc. W. H. Perron)
Service du comptoir postal
C.P. 408, Succursale Saint-Martin
Laval (Québec)
H7S 2A6
Tél.: (514) 682-9071
Catalogue: gratuit

J. L. Hudson, Seedsman
P.O. Box 1058
Redwood City
California
U.S.A. 94064
Catalogue: 1 $US

Jardin Marisol
111, boul. Bromont
Bromont (Québec)
J0E 1L0
Tél.: (514) 534-4515
Catalogue: 2,99 $
Spécialité: fleurs sauvages

Klaus R. Jelitto
P.O. Box 560127
D 2000 Hamburg 56
GERMANY
Tél.: (0 41 03) 89752
Catalogue: gratuit (en allemand)

Living Prairie Museum
2795 Ness Avenue
Winnipeg (Manitoba)
R3J 3S4
Tél.: (204) 832-0167
Catalogue: 1 $
Spécialité: fleurs sauvages

McFayden Seeds Co. Ltd.
30, 9th Street, suite 200
Brandon (Manitoba)
R7A 6N4
Tél.: (1-800) 205-7111
Catalogue: gratuit

Natural Legacy Seeds
R.R. 2, C-1 Laird
Armstrong (Colombie-Britannique)
V0E 1B0
Liste: fournie en échange d'une
enveloppe-réponse de format standard
adressée à votre nom et déjà affranchie
Spécialité: fleurs sauvages

Park Seed Co.
Cokesbury Road (Hwy 254N)
Greenwood
South Carolina
U.S.A. 29647-0001
Tél.: (803) 223-8555
Catalogue: gratuit

Select Seeds - Antique Flowers
180 Stickney Hill Road
Union, Connecticut
U.S.A. 06076-4617
Tél.: (203) 684-9310
Catalogue: 3 $US
Spécialité: anciennes variétés

Semences Stokes Limitée
39 James Street
P.O. Box 10
St. Catharines (Ontario)
L2R 6R6
Tél.: (905) 688-4300
Catalogue: gratuit (en français)

SEPI
C.P. 5, 26 Émeraude
L'Ange-Gardien (Québec)
J8L 2W7
Tél.: (819) 281-8611
Catalogue: 3,95 $ (liste gratuite)
Spécialité: vivaces

T & T Seeds Ltd.
Box 1710
Winnipeg (Manitoba)
R3C 3P6
Tél.: (204) 956-2777
Catalogue: 2 $

Thompson & Morgan
Dept. PR 5
Jackson, New Jersey
U.S.A. 08527
Tél.: (908) 363-2225
Catalogue: gratuit

Vermont Wildflower Farm
Rt. 7, Dept. N5
Charlotte, Vermont
U.S.A. 05445
Tél.: (802) 425-3500
Catalogue: 1 $
Spécialité: fleurs sauvages

William Dam Seeds Ltd.
P.O. Box 8400
Dundas (Ontario)
L9H 6M1
Tél.: (905) 628-6641
Catalogue: 2 $ (le prix du catalogue est
déduit lors de votre première commande)

Plants de vivaces par la poste

Les sources suivantes vendent des plants de vivaces par la poste. Certaines offrent aussi des semences et des produits de jardinage. Or, s'il s'agit d'une compagnie étrangère, sachez que vous ne pourrez obtenir que des semences et des plants.

American Daylily & Perennials
P.O. Box 310
Grain Valley, Montana
U.S.A. 64029
Tél.: (816) 224-2852
Catalogue: 3 $US
Spécialité: surtout les hémérocalles

Corn Hill Nursery
R.R. 5
Petitcodiac (Nouveau-Brunswick)
E0A 2H0
Tél.: (506) 756-3635
Catalogue: 2 $

Crescent Nursery
R.R. 4
Rockwood (Ontario)
N0B 2K0
Tél.: (519) 856-1000
Catalogues:
1. Daylily Discounters (hémérocalles): 3 $
2. Grant E. Mitsch Novelty Daffodils (narcisses): 3 $
3. Swan Island Dahlias: 4 $
4. Schreiner's Iris Gardens: 6 $
5. B. & D. Lilies: 3 $

Cruickshank's Inc.
1015 Mount Pleasant Road
Toronto (Ontario)
M4P 2M1
Tél.: (1-800) 665-5605
Catalogue: 3 $ (quatre numéros)
Spécialité: surtout les bulbes, mais aussi plusieurs vivaces rares

Ferncliff Gardens
8394 McTaggart St.
Mission (Colombie-Britannique)
V2V 6S6
Tél.: (604) 826-2447
Catalogue: gratuit

Gardenimport Inc.
P.O. Box 760
Thornhill (Ontario)
L3T 4A5
Tél.: (905) 731-1950
Catalogue: 4 $ (pour deux ans)
Spécialité: surtout les bulbes, mais aussi plusieurs vivaces rares

Hortico Inc.
723 Robson Road
Waterdown (Ontario)
L0R 2H1
Tél.: (905) 689-6984
Catalogue: 3 $ (demandez le *Perennial Catalogue*)

Horticulture Indigo S.E.N.C.
80, rte 116
Ulverton (Québec)
J0B 2B0
Tél.: (819) 826-3314
Catalogue: 3 $

Iris & Plus
1269, rte 139, B.P. 903
Sutton (Québec)
J0E 2K0
Tél.: (514) 538-2048
Catalogue: 2 $ (le prix du catalogue est déduit lors de votre première commande)
Spécialité: surtout les iris, mais aussi les hémérocalles, les hostas et d'autres vivaces

Les jardins d'Olivier
371, Rte 132
Port Lewis (Québec)
J0S 1M0
Tél.: (514) 264-3536
Catalogue: 3$

Jardins Mason Hogue
3520 Durham Rd. 1, R.R. 4
Uxbridge (Ontario)
L9P 1R4
Tél.: (905) 649-3532
Catalogue: 2 $ (le prix du catalogue est
déduit lors de votre première commande)

Les Jardins Osiris
818, rue Monique, C.P. 489
Saint-Thomas-de-Joliette (Québec)
J0K 3L0
Tél.: (514) 759-8621
Catalogue: 2 $
Spécialité: surtout les iris, mais aussi
les hémérocalles, les hostas et d'autres
vivaces

Klehm Nursery
Route 5, Box 197
Penny Road
South Barrington
Illinois
U.S.A. 60010-9555
Tél.: (800) 553-3715
Catalogue: 4 $US
Spécialité: surtout les pivoines

Marc Meloche
2567, rang Saint-Jacques
Saint-Jacques (Québec)
J0K 2R0
Tél.: (514) 839-3527
Catalogue: 2 $
Spécialité: surtout les plantes sauvages

McConnell Nurseries
Port Burwell (Ontario)
N0J 1T0
Tél.: (1-800) 461-9445
Catalogue: gratuit

McMillen's Iris Garden
R.R. 1
Norwich (Ontario)
N0J 1P0
Tél.: (519) 468-6508
Catalogue: 2 $
Spécialité: surtout les iris

Millar Mountain Nursery
R.R. 3, 5086 McLay Road
Duncan (Colombie-Britannique)
V9L 2XL
Tél.: (604) 748-0487
Catalogue: 2 $

Parkland Perennials
Box 3683
Spruce Grove (Alberta)
T7X 3A9
Tél.: (403) 963-7307
Catalogue: gratuit

Prism Perennials
C-45, F-25, R.R. 1
Castlegar (Colombie-Britannique)
V1N 3H7
Catalogue: 2 $ (liste de prix gratuite)

Rainforest Gardens
13139, 224th St., R.R. 2
Maple Ridge (Colombie-Britannique)
V2X 7E7
Tél.: (604) 467-4218
Catalogue: 3 $ (le prix du catalogue est
déduit lors de votre première commande)

Richters
357 Highway 47
Goodwood (Ontario)
L0C 1A0
Tél.: (905) 640-6677
Catalogue: 2 $
Spécialité: surtout les fines herbes,
mais aussi plusieurs vivaces rares

Salt Spring Island Nursery
355A Blackburn Rd.
Salt Spring Island (Colombie-Britannique)
V8K 2B8
Tél.: (604) 537-9421
Catalogue: 2 $

Select Perennials
Box 124, R.R. 1
Morrisburg (Ontario)
K0C 1X0
Catalogue: gratuit en échange d'un timbre
de première classe

Sherry's Perennials
Box 39-J
Cedar Springs (Ontario)
N0P 1E0
Tél.: (519) 676-4541
Catalogue: 4 $ (ce prix est déduit lors
de votre première commande)

Stirling Perennials
R.R. 1, Dept. F
Morpeth (Ontario)
N0P 1X0
Tél.: (519) 674-0571
Catalogue: 2 $ (pour deux ans)

Vivaces Nordiques Enr.
2400, chemin Principal
Saint-Mathieu-du-Parc (Québec)
G0X 1N0
Tél.: (819) 532-3275
Catalogue: 2 $
Spécialité: surtout les hémérocalles

We're In the Hayfield Now Daylily Gardens
4704 Pollard Road, R.R. 1
Orono (Ontario)
L0B 1M0
Tél.: (905) 938-5097
Catalogue: 2 $ (le prix du catalogue est
déduit lors de votre première commande)
Spécialité: surtout les hémérocalles

White Flower Farm
P.O. Box 50, Route 63
Litchfield
Connecticut
U.S.A. 06759-0050
Tél.: (203) 496-9600
Catalogue: gratuit

Whitehouse Perennials
R.R. 2
Almonte (Ontario)
K0A 1A0
Tél.: (613) 256-3406
Catalogue: 2 $ (le prix du catalogue est
déduit lors de votre première commande)

Wrightman Alpines
R.R. 3
Kerwood (Ontario)
N0M 2B0
Tél.: (519) 247-3751
Catalogue: 2 $
Spécialité: surtout les plantes alpines

Plants de vivaces à aller chercher

La plupart des sources suivantes regroupent soit des spécialistes en vivaces rares ou des grossistes qui ont un choix extraordinaire de vivaces et qui acceptent de vendre à des particuliers. Aucun ne vend par la poste... mais tous méritent un détour!

Il vaut mieux téléphoner à l'avance pour aviser ces producteurs de votre visite, car il s'agit souvent de petites entreprises: si tout le monde est occupé au moment de votre arrivée, la visite risque de tomber à l'eau!

Les Introuvables
1044, av. Sainte-Geneviève
Val-Bélair (Québec)
G3K 1A8
Tél.: (418) 845-9950
Catalogue: gratuit (ne comprend qu'une liste partielle)

Les Fines Vivaces
136, rte du Pont
Saint-Nicolas (Québec)
G0S 2Z0
Tél.: (418) 831-2366 ou 831-4617
Catalogue: 2 $

Hortimont enr.
46, rue Michon 1
Montmagny (Québec)
G5V 1H4
Tél.: (418) 248-1915
Catalogue: gratuit

Au Jardin de Jean-Pierre enr.
1070, R.R. 1 Ouest
Sainte-Christine (Québec)
J0H 1H0
Tél.: (819) 858-2142
Catalogue: 6,95 $

La Maison des Fleurs vivaces
807, boul. Sauvé
C.P. 268
Saint-Eustache (Québec)
J7R 4K6
Tél.: (514) 472-8400
Catalogue: 9,99 $

Pépinière Charlevoix Inc.
391, boul. Mailloux
Rivière Malbaie (Québec)
G5A 1N6
Catalogue: 3 $

La Petite Pépinière du Village
30, rue Principale,
C.P. 227
Saint-André-Avellin (Québec)
J0V 1W0
Tél.: (819) 983-1268
Liste: gratuite

Vivaces et Vous
403, chemin Royal
Saint-Joachim (Québec)
G0A 3X0
Catalogue: gratuit

Des sociétés d'intérêt

Les sociétés d'horticulture internationales suivantes offrent, entre autres services, des listes de semences et de plants souvent très rares. Il est inutile de donner tous les détails pour vous abonner, car les modalités changent souvent. Écrivez-leur pour obtenir les renseignements concernant les modalités d'adhésion.

Alpine Garden Club of British Columbia
13751, 56A Avenue
Surrey (Colombie-Britannique)
V3W 1J4

Alpine Garden Society,
Lye End Link, St. John's,
Woking, Surrey,
ENGLAND GU21 1SW

American Hemerocallis Society
1454 Rebel Drive
Jackson
Massachusetts
U.S.A. 39211

American Hosta Society
5300 Whiting Avenue
Edina
Minnesota
U.S.A. 55435

American Iris Society
7414 E., 60th Street
Tulsa
Oklahoma
U.S.A. 74145

American Peony Society
250 Interlachen Road
Hopkins
Minnesota
U.S.A. 55343

American Primrose Society
Route 5, Box 93
Hillboro
Oregon
U.S.A. 97124

Canadian Wildflower Society
75 Ternhill Crescent
North York (Ontario)
M3C 2E4

Hardy Plant Society,
The Manor House, Walton-in-Gordano,
Clevedon, Avon,
ENGLAND BS21 7AN

New Angleterre Wild Flower Society
Hemenway Road
Framington
Massachusetts
U.S.A. 01701

Scottish Rock Garden Club,
21 Merchiston Park,
Edinburgh,
SCOTLAND EH10 4PW

SEPI
26 Émeraude
C.P. 5
L'Ange-Gardien (Québec)
J8L 2W7
Tél.: (819) 281-8611

Glossaire

Acarien: Minuscule animal proche de l'araignée. L'acarien le mieux connu est le tétranyque ou araignée rouge.

Acaule: Sans tige visible.

Acclimater: Préparer un végétal à subir des conditions différentes.

Acide: Se dit d'un sol au pH inférieur à 7.

Aérer: Laisser entrer de l'air, notamment en perçant de petits trous dans le sol.

Agrotextile: Toile utilisée en horticulture ou en agriculture pour protéger les plantes ou pour empêcher la croissance des mauvaises herbes. On dit aussi géotextile.

Alcalin: Se dit d'un sol au pH supérieur à 7.

Amendement: Substance incorporée au sol pour en modifier la composition.

Ameublir: Rendre facile à travailler, en parlant des sols.

Annuel(le): Concerne une plante qui complète son cycle de vie en un an.

Aquatique: Qui vit dans l'eau.

Araignée rouge: Acarien s'attaquant fréquemment aux végétaux. Appelé aussi tétranyque.

Arbuste: Plante ligneuse se ramifiant à la base.

Arbustif: Se dit d'un arbuste ou d'une plante ayant le port d'un arbuste.

Argileux: Qui contient de l'argile (voir aussi *glaiseux*).

Azote (N): Élément chimique important pour la croissance. Il agit surtout sur le développement des parties vertes de la plante.

Bicolore: Portant deux couleurs.

Biodégradable: Tout produit pouvant être décomposé par des agents naturels.

Biologique: Qui a rapport à la biologie; aussi, d'origine naturelle.

Bisannuel(le): Se dit d'une plante qui complète son cycle de vie en deux ans.

Blanc: Maladie provoquée par un champignon où les feuilles, fleurs ou fruits se recouvrent d'une poudre blanche; appelée aussi oïdium.

Botanique: Étude des végétaux. Qui se rapporte à la botanique.

Botrytis: Champignon pathogène qui provoque, entre autres choses, la fonte des semis et la pourriture grise.

Bourgeon: Forme embryonnaire des pousses.

Bouturage: Méthode de multiplication végétative qui consiste à faire enraciner une section de plante après l'avoir prélevée du plant mère.

Bouture: Section de plante servant au bouturage.

Bractée: Feuille différente des autres, laquelle accompagne une fleur et aide souvent à attirer les pollinisateurs (les feuilles rouges d'un poinsettia sont des bractées).

Brûlure: Tache décolorée sur le feuillage; elle est causée par une maladie, un produit chimique, une insolation, un herbicide ou d'autres facteurs.

Buissonnant: Ayant le port d'un buisson.

Bulbe: Spécifiquement, un bourgeon charnu, généralement souterrain. Par extension, tout organe souterrain charnu.

Calcaire: Se dit d'un sol riche en carbonate de chaux.

Calice: Enveloppe extérieure de la fleur, formée de sépales.

Capitule: Inflorescence formée de plusieurs fleurs serrées ensemble et donnant l'impression d'une seule fleur (une marguerite, par exemple).

Capsule: Fruit sec et arrondi contenant de nombreuses graines.

Carence: Manque d'une substance vitale dans le sol, qui se manifeste par divers symptômes, notamment une décoloration de la feuille ou une croissance ralentie.

Champignon: Végétal sans chlorophylle. Certains champignons sont nocifs aux plantes.

Collet: Limite entre la tige et le point de départ des racines.

Composée: Se dit d'une feuille constituée de plusieurs folioles sur un pétiole commun. Aussi, plante de la famille des composées, caractérisée par son inflorescence constituée de multiples petites fleurs fertiles densément serrées en capitule.

Compost: Matière obtenue par la décomposition de déchets végétaux.

Compostage: Action de fabriquer du compost.

Cordé, cordiforme: En forme de coeur.

Corolle: Ensemble des pétales d'une fleur.

Corymbe: Inflorescence dont les pédoncules partent de différents niveaux, mais arrivent à la même hauteur environ, comme une inflorescence d'achillée.

Couvre-sol: Type de plante à croissance basse qui peut remplacer le gazon. On dit aussi plante tapissante.

Croisement: Synonyme d'*hybridation*.

Cultivar: Variété obtenue et multipliée par l'humain. Son nom est indiqué par des guillemets anglais simples (' ').

Cyme: Inflorescence formée d'axes portant chacune une seule fleur.

Denté: Muni de dents.

Dentelé, denticulé: Muni de dents fines.

Dépoter: Enlever d'un pot.

Désherbant: Qui tue les mauvaises herbes (voir aussi *herbicide*).

Division: Séparation d'une plante poussant en touffe, en deux ou en plusieurs sections. Aussi, plante résultant d'une division.

Drageon: Jeune tige produite à la base d'une plante.

Éclaircir: Supprimer en partie des semis ou des fruits dans le but de permettre aux autres de mieux se développer.

Éclaircissage: Action d'éclaircir.

Éclat: Morceau de plante avec racines utilisé pour la multiplication. Résulte de la *division*.

Engrais biologique (organique): Fertilisant d'origine naturelle ayant subi peu de traitements.

Engrais chimique: Fertilisant qui emploie des minéraux qui ont été modifiés depuis leur forme originale.

Engrais complet: Fertilisant contenant les trois éléments principaux de la fertilisation [l'azote (N), le phosphore (P) et le potassium (K)].

Engrais foliaire: Fertilisant liquide appliqué directement sur le feuillage.

Engrais: Substance destinée à accroître la fertilité du sol (voir aussi *fertilisant*).

Enracinement: Action d'enraciner, de s'enraciner.

Enraciner: Prendre racine.

Ensemencement à la volée: Action de semer des graines au hasard.

Entier, entière: Se dit d'une feuille qui n'est ni divisée ni dentée.

Éperon: Projection tubulaire de la fleur, comme l'éperon d'une ancolie.

Épi: Inflorescence dont chaque fleur est attachée à un pédoncule vertical commun, comme un épi de blé.

Espèce: Division du *genre*. Groupe de plantes trouvées dans la nature et possédant des caractéristiques essentiellement identiques. Son nom suit celui du genre et est normalement écrit en italique ou souligné. Exemple: *vulgaris*, dans *Beta vulgaris*.

Étiolement: Allongement anormal des tiges, parfois accompagné d'une décoloration et généralement dû à un manque de lumière.

Évaporation: Passage de l'eau de l'état liquide à l'état gazeux.

Évasé: Largement ouvert, en parlant des fleurs ou du port des arbres et arbustes.

Famille: En botanique, regroupement de genres ayant des caractères communs.

Fécondation: Fusion des gamètes mâles et femelles.

Fertile: Se dit d'un sol riche qui permet une culture abondante. Aussi, fécond ou apte à être pollinisé.

Fertilisant: Substance destinée à accroître la fertilité du sol (voir aussi *engrais*).

Filiforme: En forme de fil.

Flétrissement: Dessèchement rapide d'une plante, généralement causé par une maladie.

Fleur: Organe reproducteur des plantes supérieures.

Fleuron: Fleur généralement tubulaire faisant partie d'une inflorescence, notamment chez les Composées.

Floraison: Moment où les fleurs s'épanouissent.

Floral: Relatif aux fleurs.

Flore: Ensemble des plantes vivant spontanément dans un lieu donné.

Florifère: Qui produit beaucoup de fleurs; aussi, qui porte des fleurs.

Foliole: Petite feuille faisant partie d'une feuille composée.

Fongicide: Qui traite les maladies cryptogamiques.

Fonte des semis: Maladie attaquant les jeunes semis en les faisant pourrir au pied.

Fronde: Feuille d'une fougère ou feuille à aspect similaire (fronde de palmier, par exemple).

Fructification: Apparition des fruits; période à laquelle apparaissent les fruits.

Fruit: En botanique, organe formé par le gonflement de l'ovaire. Selon l'usage courant, un fruit à chair juteuse.

Fumier: Mélange de déjections animales avec de la litière. En général, on utilise en horticulture des fumiers décomposés ou vieillis plutôt que frais.

Gélif, gélive: Sensible à la gelée.

Genre: Terme botanique pour un ensemble d'espèces ayant des caractéristiques communes. Une famille botanique peut comporter plusieurs *genres* qui, à leur tour, se divisent en *espèces*. Le nom du genre prend la majuscule et s'écrit en italique. Par exemple, *Rudbeckia*, dans *Rudbeckia hirta*.

Geotextile: Toile utilisée en contact avec le sol et généralement imputrescible. On dit *agrotextile* quand son utilisation est agricole ou horticole.

Germer: En parlant d'une graine, sortir de son enveloppe et former ses premières racines et feuilles.

Germination: L'action de germer ou moment où le semis apparaît.

Glaiseux: Se dit d'une terre riche en glaise (argile); (voir aussi *argileux*).

Glauque: Recouvert de pruine blanchâtre.

Globulaire, globuleux: En forme de sphère.

Godet: Petit pot, généralement utilisé pour les semis.

Gourmand: Pousse vigoureuse et élancée se développant soit sur une branche charpentière ou (dans le cas des plantes greffées) à partir du porte-greffe.

Gousse: Fruit sec à une seule loge qui s'ouvre en deux.

Graine: Organe résultant de la fécondation de l'ovule et contenu dans le fruit. Elle donne en germant une nouvelle plante.

Graminée: Plante faisant partie de la famille des graminées de gazon, dont le blé, le bambou, etc.

Graminiforme, graminoïde: En forme de graminée.

Grappe: Inflorescence formée d'un axe primaire portant des axes secondaires terminés par une fleur. Se dit aussi d'un ensemble de raisins réunis sur une tige.

Grasse: Se dit d'une plante aux feuilles ou aux tiges gorgées d'eau; (voir aussi *succulent*).

Grimpant: Qui monte sur un mur, une clôture, un arbre grâce à des vrilles, des crampons, des ventouses ou par d'autres moyens.

Grimpante (plante grimpante): Plante qui grimpe.

Haie: Écran végétal. La haie peut être taillée ou libre.

Hampe: Tige non ramifiée portant une fleur ou plusieurs fleurs à son extrémité.

Herbacé: Qui a la consistance molle de l'herbe. Se dit aussi des plantes n'ayant pas de tiges ligneuses.

Herbe: Végétal herbacé.

Herbicide: Qui détruit les mauvaises herbes; (voir aussi *désherbant*: un *herbicide sélectif* ne détruit qu'une certaine catégorie de plantes; un *herbicide total* détruit toute végétation).

Hormone d'enracinement: Substance servant à stimuler le développement des racines.

Hormone: Substance qui agit directement sur le fonctionnement physiologique d'une plante.

Horticole: Relatif aux jardins.

Horticulteur: Personne qui s'adonne à l'horticulture.

Horticulture: Science du jardinage.

Humifère: Qui contient de l'humus.

Humus: Produit résultant de la décomposition des matières organiques.

Hybridation: Action de croiser deux plantes pour obtenir une nouvelle variété.

Hybride: Plante résultant du croisement de deux races, espèces ou genres.

Indigène: Se dit d'une plante qui croît spontanément dans un pays.

Inflorescence: Ensemble de fleurs regroupées.

Insecticide: Qui tue les insectes.

Intergénérique: Se dit d'un croisement entre deux genres.

Interspécifique: Se dit d'un croisement entre deux espèces.

Irrigation: Apport d'eau sur un terrain cultivé.

Jardinerie: Commerce où l'on vend des plantes.

Lancéolé: En forme de lance.

Larve: Insecte au premier stade de son développement.

Lessivage: Traitement consistant à rincer une terre à grande eau.

Lignée: Ensemble de la descendance des mêmes parents.

Ligneux: Qui a la consistance du bois.

Linéaire: Allongé et étroit, comme une feuille de graminée.

Litière: Partie du sol composée de débris organiques plus ou moins décomposés.

Loam: Terre particulièrement riche en humus.

Lobe: Découpure arrondie d'une feuille ou d'une fleur qui n'atteint pas la nervure médiane.

Lobé: Divisé en lobes.

Maculé: Marqué d'une tache irrégulière.

Marcottage: Méthode de multiplication végétative dans laquelle les branches touchant le sol forment des racines et, éventuellement, une nouvelle plante.

Marcotte: Plant produit par marcottage.

Massif: Association de diverses plantes en un ensemble décoratif.

Matière organique: Produit issu de la décomposition d'êtres vivants et qui forme l'humus.

Meuble: Friable, facile à travailler.

Micro-climat: Conditions atmosphériques limitées à une zone restreinte.

Micro-organisme: Être microscopique.

Mildiou: Maladie où les feuilles, fleurs ou fruits se couvrent d'une moisissure duveuteuse et blanche.

Mixed-border: Plate-bande composée de vivaces, d'annuelles et d'arbustes de différentes hauteurs, couleurs et formes.

Moisissure: Différents champignons à l'aspect feutré, dont plusieurs sont nocifs aux plantes.

Monocarpe, monocarpien, monocarpique: Qui ne fleurit qu'une seule fois et qui meurt par la suite.

Mosaïque: Jardin décrivant un motif. Aussi, maladie à virus.

Motte de racines: Formée par les racines et la terre qui les entoure quand on dépote ou déterre une plante.

Multiplication sexuée: Production de plantes au moyen d'organes sexuels, laquelle s'effectue généralement par graines.

Multiplication végétative: Production de plantes sans fécondation, via le bouturage, le marcottage, la division, etc.

Multiplication: Reproduction et propagation des végétaux.

Mutation: Apparition brusque de nouvelles caractéristiques qui se maintiennent au cours des générations suivantes.

Naturalisé: Se dit d'une plante se comportant comme une plante autochtone, mais qui n'est pas indigène. Aussi, se dit d'un végétal planté dans le but de créer l'impression d'une plantation spontanée.

Naturaliser: Planter en permanence un végétal dans le but de créer l'impression d'une plantation spontanée.

Nectaire: Organe de certaines plantes produisant un liquide sucré, le nectar.

Nectar: Liquide sucré produit par des nectaires.

Nectarifère: Qui produit du nectar.

Nervation: Agencement des nervures de la feuille.

Nervure: Élément de la charpente de la feuille.

Neutre: Se dit d'un sol dont le pH correspond à 7. Se dit aussi d'une fleur n'ayant ni organes masculins ni féminins.

Noeud: Point d'insertion d'une feuille sur une tige.

Nomenclature: Ensemble des règles régissant l'appellation et la classification des plantes.

Obconique: En forme de cône renversé.

Oblong, oblongue: Arrondi aux deux extrémités et plus long que large.

Obovale, obové, obovoïde: En forme d'oeuf, mais avec la partie élargie en haut.

Obtus, obtuse: Au sommet arrondi.

Odorant: Qui dégage une odeur agréable ou non.

Oeil: Bourgeon.

Oligo-élément: Minéral contenu dans un sol, un engrais, etc., mais à dose très faible.

Ombelle: Inflorescence en forme de parasol.

Organe: Partie d'une plante ayant une activité distincte.

Organique: Dérivé d'un être vivant.

Paillis: Couche d'un matériau répandu à la surface du sol pour diverses raisons.

Palmé: Se dit d'une feuille lobée qui rappelle une main ouverte.

Panaché: Se dit d'une feuille ou tige marquée de deux couleurs. Souvent les plantes panachées portent le terme *variegata* faisant partie de leur nom botanique.

Panicule: Inflorescence de forme plus ou moins triangulaire.

Papilionacé: Corolle en forme de pois de senteur.

Parasite: Organisme qui vit aux dépens d'un autre.

Parterre: Surface garnie de fleurs ou de gazon.

Pédoncule: Support d'une fleur.

Pelouse: Surface recouverte de gazon.

Penné: Qui est disposé de chaque côté du pétiole comme les barbes d'un plume.

Pépinière: Lieu où l'on cultive des plantes, notamment là où on sème, bouture ou marcotte des plantes. Se dit aussi d'une *jardinerie*.

Pérenne, perennant: Qui peut vivre plusieurs années. Synonyme de vivace.

Persistant: Restant sur la plante pendant plus d'une saison.

Pesticide: Qui tue les parasites. Un pesticide de contact n'agit que s'il est appliqué directement sur le parasite; un pesticide systémique pénètre dans la sève de la plante traitée et contrôle tout parasite qui entre en contact avec la sève.

Pétale: Division de la corolle.

Pétiole: Organe mince et allongé de la feuille qui la relie à la tige.

pH: Échelle de notation de 0 à 14 qui indique l'acidité ou l'alcalinité d'un sol.

Phosphore (P): Élément minéral essentiel aux plantes. Il joue un rôle très important dans la floraison et le développement des racines.

Pied: Partie de la plante située près du sol.

Pincer: Supprimer l'extrémité d'une tige en vue de stimuler la ramification.

Planche: Section de jardin, généralement du potager, réservée à une culture donnée.

Plant mère: Plante utilisée pour la multiplication.

Plante tapissante: Type de plante à croissance basse qui peut remplacer le gazon.

Plantule: Jeune plant issu d'une graine.

Plate-bande: Bande de terre cultivée.

Pleureur: Aux feuilles ou aux branches retombantes.

Port: Aspect général d'une plante (port pleureur, port rampant, etc.).

Potassium (K): Élément minéral essentiel aux plantes jouant un rôle important dans la production des fruits et la formation de réserves.

Pruine: Matière cireuse et blanchâtre qui recouvre certains fruits ou feuilles.

Pubescent: Garni de petits poils.

Pyramidal: Qui à la forme d'une pyramide.

Quinconce: Disposition par groupe de cinq plants effectuée lors d'une plantation (4 plantes aux 4 coins d'un carré ou rectangle et la 5e au milieu).

Rabattre: Supprimer totalement une branche.

Rabougri: Se dit d'une plante chétive et peu feuillue.

Racinaire: Ayant un rapport avec les racines.

Radicelle: Racine secondaire.

Radiculaire: Ayant un rapport avec les racines.

Raméal: Ayant un rapport avec les rameaux.

Rameau: Pousse secondaire sur une branche.

Ramifié: Ayant beaucoup de rameaux ou de branches.

Rampant: Se dit de plantes à port bas et étalé.

Raquette: Division aplatie de certaines cactées.

Rayon: Fleur colorée en forme de pétale située au bord extérieur d'une fleur composée.

Rejet: Drageon ou gourmand.

Remontant: Se dit des plantes dont la floraison se répète au cours de la saison.

Repiquage: Transplantion d'un végétal, surtout d'un semis.

Repos: Période d'arrêt de croissance.

Reproduction: Multiplication d'une plante.

Résistance: Capacité de résister à un ennemi ou à un traitement.

Rhizome: Tige épaissie horizontale, en général au moins partiellement souterraine.

Rocaille: Jardin rappelant un flanc de montagne et où les roches dominent.

Rosette: Ensemble de feuilles disposées en cercle.

Rouille: Diverses maladies caractérisées par la formation de pustules orangées.

Rubané: Très allongé et de faible largeur.

Rustique: Qui s'adapte bien aux conditions climatiques du secteur. Au Canada, on utilise surtout ce terme pour désigner une plante résistant au froid dans une zone donnée.

Sableux, sablonneux: Qui contient du sable.

Sapinage: Branches de conifères utilisées comme paillis d'hiver.

Sarclage: Opération consistant à enlever les mauvaises herbes avec un outil tel qu'une binette.

Scarification: Faire une brèche dans l'épiderme d'une graine, dans le but de hâter la germination.

Sélectif: N'agissant que sur certaines catégories de ravageurs ou de mauvaises herbes.

Semence: Graine ou, éventuellement, toute partie de la plante pouvant assurer sa multiplication.

Semi-aquatique: Qui vit dans l'eau ou près de l'eau.

Semi-double: Ayant plus de pétales que la moyenne, mais de façon insuffisante pour atteindre le double.

Semis: Méthode de multiplication des végétaux à partir de la graine. Aussi, plants issus de semis.

Sépale: Chacune des pièces du calice. Les sépales entourent le bouton floral.

Sève: Liquide circulant dans les vaisseaux des plantes.

Sillon: Petite tranchée tracée dans un sol pour pratiquer un semis.

Simple: Se dit d'une feuille non composée, d'une tige ou d'une inflorescence non ramifiée ou d'une fleur ayant seulement un rang de pétales. Aussi, plante médicinale.

Souche: Partie souterraine de la tige des plantes vivaces.

Sous-bois: Ensemble de la végétation poussant sous le couvert des arbres.

Sous-ligneux: Intermédiaire entre une consistance herbacée et une consistance ligneuse.

Sous-sol: Couche de terre située sous la terre arable.

Spontané: Qui croît à l'état sauvage.

Sporange: Petit sac renfermant des spores.

Spore: Corps reproducteur des plantes primitives.

Sport: Mutation.

spp.: Espèces (on utilise cette abréviation avec un nom de genre pour signifier plusieurs espèces).

Stérile: Inapte à la reproduction.

Stolon: Tige rampante qui s'enracine pour donner de nouvelles plantes.

Stolonifère: Muni de stolons.

Stratification: Faire subir à une graine des conditions particulières dans le but d'en hâter la germination.

Substrat: Produit dans lequel on cultive des plantes. On utilise souvent ce terme pour indiquer des milieux de culture ne contenant aucune terre.

Succulent: Se dit d'une plante aux tissus gonflés.

Taille: Suppression de certaines parties d'une plante.

Tapissant: Qui pousse en largeur et non en hauteur, qui recouvre le sol.

Taxonomie: Science de la classification des espèces.

Tendre: Ne résistant pas aux gels sévères.

Terminal: À l'extrémité de la tige.

Terre: Ensemble des éléments constituant le sol.

Terreau: Produit provenant de la décomposition. Aussi, terre utilisée comme milieu de culture pour les plantes en contenant.

Tétranyque: Acarien s'attaquant fréquemment aux végétaux (appelé aussi araignée rouge).

Tige: Organe qui porte des feuilles.

Touffe: Plante émettant plusieurs rejets et formant ainsi une masse compacte.

Tourbe: Matière végétale partiellement décomposée. On dit aussi *peat moss*.

Transpiration: Élimination d'eau sous forme de vapeur par la voie des stomates.

Transplantation: Opération consistant à déplacer une plante d'un endroit à un autre.

Tubercule: Renflement souterrain de la tige ou de la racine (souvent appelé bulbe). Aussi, toute excroissance.

Tubéreux: En forme de tubercule ou doté de tubercules.

Tuteur: Support pour les plantes.

Vaisseau: Canal conduisant la sève dans la plante.

Variété: Plante différant légèrement de l'espèce. Si elle est trouvée à l'état sauvage, on l'appelle sous-espèce; si elle apparaît en culture, on dit que c'est un cultivar.

Végétal: Ayant rapport aux plantes. Une plante.

Végétatif: Qui concerne la vie des plantes.

Verticille: Ensemble d'organes autour d'un axe.

Virose: Maladie provoquée par un virus.

Vivace: Se dit d'une plante herbacée qui persiste plusieurs années.

Volée: Voir *ensemencement à la volée*.

Zone climatique, de rusticité: Chiffre qui indique le degré de tolérance d'une plante donnée par rapport au froid.

Index

527

529

533

534

538

539

Bibliographie

ACKERSON, C., H.E. BARKE, *et al. Guide illustré du jardinage au Canada*, Montréal, Sélection du Reader's Digest, 1981, 521 p.

ARMITAGE, A.M., *Herbaceous Perennials*, Georgia, Varsity Press, 1989, 646 p.

BOURKE, D. O'D., *French-English Horticultural Dictionary*, Angleterre, CAB International, 1989, 240 p.

BRICKELL, C.et al., *Grande encyclopédie des plantes & des fleurs de jardin*, Paris, Bordas, 1990, 608 p.

Collectif des éditeurs de *Garden Way Publishing*, *Perennials*, *1001 Gardening Questions Answered*, Vermont, Garden Way Publishing, Storey Communications, 1989, 154 p.

Collectif des éditeurs de *Sunset Books* et de *Sunset Magazines*, *Sunset Western Garden Book*, California, Sunset Publishing Corporation, 1991, 592 p.

DEWOLF, G.P. *et al.*, *Taylor's Guide to Perennials*, Boston, Houghton Mifflin Company, 1986, 479 p.

Employés de l'Hortorium Liberty Hyde Bailey, *Hortus III*, New York, Macmillian Publishing Company, 1975, 1290 p.

FORTIN, D., *Plantes vivaces pour le Québec, Tome II*, Saint-Laurent (Québec), Éditions du Trécarré, 1994, 223 p.

FORTIN, D., *Plantes vivaces pour le Québec, Tome III*, Saint-Laurent (Québec), Éditions du Trécarré, 1995, 264 p.

HAY, R. *et al.*, *Encyclopédie des fleurs et plantes de jardin*, Paris, Sélection du Reader's Digest, 1978, 799 p.

HÉRITEAU, J. et CATHEY, H. M., *The National Arboretum Book of Outstanding Garden Plants*, New York, Simon and Schuster, 1990, 292 p.

HILL, L. et N. HILL, *Successful Perennial Gardening, A Practical Guide*, Vermont, Garden Way Publishing, Storey Communications, 1988, 224 p.

HOLE, L., *Perennial Favorites*, Alberta, Lone Pine Publishing, 1995, 352p.

JONAS, G. *et al.*, *Time-Life Gardener's Guide, Perennials*, Virginia, Time-Life Books, 1989, 158 p.

PRIEUR, B., *Guide des fleurs pour les jardins du Québec*, Montréal, Les Éditions de l'Homme, 1994, 410 p.

PHILLIPS, R. et M. RIX. *Perennials*, vol. 1, *Early Perennials*, New York, Random House, 1991, 240 p.

PHILLIPS, R. et M. RIX. *Perennials*, vol. 2, *Late Perennials*, New York, Random House, 1991, 240 p.

SINNES, A. et L. HODGSON, *All About Perennials*, San Francisco, Ortho Books, 1992, 112 p.

STILL, S. M., *Manual of Herbaceous Perennials*, Illinois, Stipes Publishing Company, 1988, 512 p.

TREHANE, P., *Index Hortensis, Volume 1: Perennials*, Angleterre, Quarterjack Publishing, 1989, 504 p.

VAN DE LAAR, H.J. et G. FORTGENS, *Naamlijst van Vaste Planten*, Hollande, Boomteelt Parktijkonderzoek, 1990,244 p.

VICK, R., *Gardening on the Prairies*, Saskatchewan, Western Producer Prairie Books, 1987, 246 p.

WYMAN, D., *Wyman's Gardening Encyclopedia*, New York, Macmillan Publishing Company, 1986, 1221 p.

Guides Nature Broquet

HORTICULTURE :
Bonsaï Penjing
L'art du bonsaï
Les plus beaux bonsaïs du monde
Calendrier horticole
Ces plantes qui nous parlent d'arômes
La culture hydroponique
Fruits et petits fruits
Grands principes de l'aménagement paysager
Guide des végétaux d'ornement
Passion de cactus
Pelouses et jardins sans produits chimiques
Plantes médicinales et aromatiques
Serres à l'énergie solaire
Taille des arbres fruitiers

OISEAUX :
L'alimentation des oiseaux
Familles d'oiseaux
Guide des oiseaux (Robbins)
Guide d'identification des oiseaux (NGS)
Les oiseaux de l'Est de l'Amérique du Nord (Peterson)
Les oiseaux de l'Est de l'Amérique du Nord (Stokes)
Mangeoires d'oiseaux (Stokes)
Nichoirs d'oiseaux (Stokes)
Les oiseaux du Canada (Godfrey)
Les oiseaux de mer (Harrison)
L'observation des oiseaux
Petits Peterson, Oiseaux

ARBRES ET FLEURS SAUVAGES :
Guide des arbres de l'Amérique du Nord
Guide d'identification des arbres du Canada
Guide des fleurs sauvages (Newcomb)
Petits Peterson, Fleurs sauvages

AUTRES :
Champignons vénéneux et nocifs
Dictionnaire des sciences de l'environnement
Guide des insectes (Peterson)
Guide des mammifères (Peterson)
Guide des traces d'animaux (Peterson)
Initiation aux champignons
Les insectes nuisibles
Les insectes nuisibles des forêts
Petits Peterson, Insectes
Petits Peterson, Mammifères
Le Québec forestier
Les saisons de la baleine
La nature aux abois